U0907318

故宫里的中国史

翟晨旭 著

辽宁人民出版社

图书在版编目（CIP）数据

故宫里的中国史 / 翟晨旭著. —沈阳：辽宁人民出版社，2022.1
ISBN 978-7-205-10274-6

Ⅰ. ①故… Ⅱ. ①翟… Ⅲ. ①故宫—历史—北京 Ⅳ. ① K928.74

中国版本图书馆 CIP 数据核字（2021）第 187595 号

出版发行：辽宁人民出版社
地址：沈阳市和平区十一纬路 25 号 邮编：110003
电话：024-23284321（邮 购） 024-23284324（发行部）
传真：024-23284191（发行部） 024-23284304（办公室）
http://www.lnpph.com.cn
印 刷：三河市三佳印刷装订有限公司
幅面尺寸：170mm × 240mm
印 张：34.5
字 数：590 千字
出版时间：2022 年 1 月第 1 版
印刷时间：2022 年 1 月第 1 次印刷
责任编辑：祁雪芬 贾 勇
装帧设计：末末美书
责任校对：刘再升
书 号：ISBN 978-7-205-10274-6

定 价：138.00 元

推荐序

这是一本讲述故宫历史的书。全书以中国明清两代的重要历史事件为主线，风趣地叙述了发生在这座皇宫里面的曲折故事，主题宏大，情节跌宕浮沉，读来让人过瘾。同时，让我回想起20世纪80年代初自己第一次去故宫的感受。印象中，只记住“垂帘听政”与珍妃落井的地方。前者是昏暗压抑的氛围，后者是一个狭小的井口，让我疑惑珍妃是怎样落井的，竟然丝毫没有在意凄凉的故事本身。故宫建筑雄伟肃穆，庄重神秘。而在偌大院落中某个僻静角落，使我产生不自在的感觉。记忆中，游览完故宫，走出神武门，立刻觉得高大的院墙外面，宽敞喧闹、随意平和。我记得那时神武门门前还有卖大碗茶的摊位，走累的游客可以在此休憩片刻。当然，这些都只是一种直观感受。后来每次去故宫，我都会关注一些宫殿建筑的历史背景。但是故宫太大，不借助专门书籍，很难认识了解里面各个建筑和文物遗迹的历史缘由。看过这本书，我知道文华殿后面，就是收藏《四库全书》的文渊阁，而它的宫殿名称，是从明洪武时期的南京故宫一直沿袭下来的。我也了解到，清顺治皇帝为了省钱，迟迟不修建乾清宫，而竟在保和殿住了十年。在阅读中，我时时被这样的叙述所吸引，并提醒自己再去故宫时，一定要关注这些景物。

故宫自从永乐十八年（1420年）建成，直到1911年辛亥革命后清室退位，一直是明清两代政治权力中枢。在这近五百年的时间中，有许许多多人的命运与之息息相关。这里有帝王妃子，有权臣要员，有围绕在帝王身边的宦官侍女，他们或得志荣显，或失意沦落，但最终都归于沉寂。如今的故宫早已成为博物院，游客们也许还能感受到沧桑寂寥的氛围。当然，只有了解故宫的历史，才会从内心深处体验到那些逝去的世态人情，而不仅仅是眼前的直观景象。

讲述故宫历史的书籍已有多种，每位作者的视角和叙述方式肯定有所不同。晨旭的这部书，自有特色，能归纳为三方面。首先，语言俏皮风趣，史料依据扎实。他用现代年轻人的语言，绘声绘色地讲故事，这样既能化解历史的沉重感，又具有可读性。史料征引丰富，更具有历史叙述的可信度。我也注意到作者只是专心讲述故事，并未做无谓的联想抒情，而将必要的想象留待读者去延伸；其次，以历史人物贯穿故事始末，其间穿插各时期具有代表性的文物品类，特别是明代宣德炉、蟋蟀罐、成化斗彩鸡缸杯等。如此，故事在时空里展开，在人物行动中演绎，在器物上折射出生活的光彩；再次，历史故事具有连续性和完整性。在主要讲述明清两代故宫历史的同时，作者不仅向上追溯元代历史和元大都的宫城建筑，还将南京明故宫和沈阳故宫作了详细说明。这提醒我们北京故宫不是一天建成的，而是在历史的变迁中，经历着各种复杂的演进，并得以完善。

认识晨旭，时间并不长，大学期间，他读书兴趣广泛，勤于实地考察，令我印象十分深刻。毕业才两年，他能凭着长期的思考和积淀，完成一本内容详实、引人入胜的故宫史，着实为他高兴。我热切希望读者朋友从他的书中得到阅读的乐趣和有益的思考。

明清陶瓷史专家　汪凌川

以小见大的史观

壹

2020年的6月2日8点13分，我从南京南站出发，乘坐车次为G6的“复兴”号列车来到北京，完成了这本书的签约。那时候这本书还只是一个雏形，但在这一路上，我联想到我所看过的史料，六百年前的人和物似乎一下子在脑海中鲜活了起来。

就在六百年前，浩浩荡荡的迁都也是从南京城出发，在当时太子朱高炽的带领下，历时三个月，来到北京，那时还叫北平。他将在这里作为太子，见证一座新城的开始。

数年之后，已成为大明皇帝的朱高炽突然驾崩。他的儿子朱瞻基正在南京祭陵，在得知消息后，冒着被二叔朱高煦中途截杀的风险，连夜赶路，拿命和国运赛跑，路上到底发生了多少惊心动魄的故事，已然不为史家所知了。七天之后，朱瞻基赶到北平，就此开辟了“仁宣之治”。

而如今车轮滚滚，走的无非还是历史的轨迹，只不过速度有所差别罢了。

从南京到北京，如今高铁只需用三个小时出头的时间，而这条路，朱棣从登基到迁都，走了足足十八年，朱高炽用了几个月，朱瞻基用了七天。因此难免令人心生感慨，假如明朝能有如今的运输速度，是不是许多历史可以就此改写，许多惊心动魄的故事也许将不再发生。

那我们是该遗憾，还是该庆幸？

这种感慨或许只是文科生一种不切实际的空想，但历史的黄叶，往往并不完全存在于辉煌的律令和浩瀚的史书中，而常常在残垣断壁、古道荒野的秋风中盘旋，并不为人所察知。

汗青正史固然令人心生向往，然闲暇之时，若能从历史的细节处，考证出一二细节，弥补前者的缺失，形成独特的见解，进而赋予历史最为立体化的视角，何尝又不是读史之人的一大乐事呢？

这本《故宫里的中国史》的写作，正是基于这样“以小见大”的史观而写成。

贰

这种史观的来源，大概可以追溯到王国维与陈寅恪两位史家身上，巧的是，两人都与“紫禁城”有着千丝万缕的联系。王国维自己就是废帝溥仪的南书房行走，死后亦自沉于昆明湖，我因此将王国维的人生看作紫禁城黄昏的剪影写在了这本书的结尾。陈寅恪的家族则是那场戊戌变法的亲历者，他自身也参与了故宫博物院文物的清点工作。

在这二者的观点中，王国维所倡导的“取地下之实物与纸上之材料相对照”，与故宫史的构建不谋而合，在这座宫殿之中，明清史书里的种种记载，一下子变得鲜活了起来；而陈寅恪所谓的“史诗互证”，讲的正是于小处入手，挖掘历史潜藏的必然。

我于治史一途，当然不能及二位先生之万一，但若以这种“以小见大”的史观去看，“故宫”或是“紫禁城”，实在不应该仅仅以建筑物单纯视之。专业的古建筑知识是生硬而陌生的，可古建筑群背后的历史细节，大到砖瓦木石，小到器物摆设，往往都和历史有千丝万缕的关系。每当我们触摸这些时代的遗存，总是能感受到那些独属于历史细节处的小故事。

《汉书》曾说，天下安危，无非积渐之事。一个延续数百年的王朝，抛开成王败寇，更多则是由日常的琐碎与平庸构成的，这一点，对于紫禁城内外曾经生活过的大多数帝王将相都适用，这套书从忽必烈千里奔赴燕京城写起，到王国维自沉昆明湖结束，其间无数有名无名之辈粉墨登场，于紫禁城内外，实在别有一番故事。

当事人也许对一切并无察觉，但当我们重新回溯历史的时候，却会惊讶地发现，风起于青萍之末，那些后世的波澜壮阔，往往在紫禁城的细微之处早有体现。

不是吗？阙左门等候上朝时，让内阁和翰林院同处一室，已经为之后大学士晋升体系的固化埋下了伏笔；正德皇帝朱厚照的“远征”志向，很容易能从御窑生产的瓷器纹饰上得到验证；而乾隆帝弘历于宁寿宫区域另起中轴线，虽不能以“风水”曲解，但确实又与清朝的由盛转衰有着千丝万缕的联系……

这也是我在这本书中最想展现的东西，我希望能把“故宫”的中轴线，写成中国元明清三代的政治的“大动脉”，以一种“诊脉”的方式，给予读者一种新的视角，重新去看待元明清那些所谓的“宫闱秘事”。过程自然很难，但如果读者在阅读中，能产生一种“原来如此”的感慨，那将是本书最大的幸运。

史料和建筑本身是有趣的，但历史有时并不那么有趣，这里我想分享一点关于写作过程中的故事。

大约在写到万贵妃无子那一段的时候，我很想摆脱传统史料的桎梏，我想从我熟悉的考古学上挖掘一些内容，比如说把家喻户晓的“鸡缸杯”与万贵妃迫害后宫的行为联系起来。我为此查阅了许多资料，但古籍资料中并无此说，而查到的相关论文中虽有此说法，但都是推测，没法给到出处。

这是一个非常矛盾的过程。从文学的角度来说，这是一个极好的段子，通俗史学想写得有意思，要像讲相声那样，得不断抛出包袱吸引读者；但从史学的角度上，“史学就是史料学”，没有出处的说法，就是不能用，哪怕是通俗史学也是如此。

我在这种纠结的心理下，还是围绕这个段子写了大概一两千字，写得当然很顺畅。但写完之后就开始“不消化”。我无意用“备受良心谴责”这种矫情的词汇，但那两天我的状态确实很差，几乎没法把精力专注在后续的章节中。我觉得必须得解决这个段子的真实性，不然我会持续受到它的折磨。

第二天晚上，我给我的老师、明清陶瓷史专家汪凌川先生发了一个信息，询问他明代官窑制瓷是否会出现私人订制，或者是否有相关的资料可以参考。

汪凌川先生从史料和学术的角度否定了这种可能，并提出宫廷之中并无此惯例，瓷器纹饰都有明确的规制，不会因一个贵妃轻易改变。这个结论让我很惶恐，也很沮丧，在和汪老师交流完后的几天里，秉持着怀疑的态度，我继续疯狂地搜集相关资料，盼望着能发现些什么。

但结果是确认无疑的——至少到目前为止，没有任何明确的资料表明，“鸡缸杯”的纹饰与万贵妃有关，我们只能提出这种推测，而无法加以引申。

这个晚上，应该是这本书写作的一个转折点，我最后删除了这上千字的内容，过程当然很难受，如今回过头来再想，这其实是“以小见大”视角下不可避免的阵痛。

正如不是每一根毛细血管都连接着大动脉一样，也不是所有的细节都关乎历史大背景。我们没法创造历史，只能尽可能地追寻其中的真实。

肆

絮絮叨叨说了这么多，最后想说的还是感谢和遗憾。

这里首先想感谢北京墨染九州文化传媒有限公司推出的这套书系，能有这个得以合作的机会。其中特别要提到21世纪出版公司的王彦老师和我的策划编辑安斯娜老师，我于出版物一途，实在是门外汉，诸多懵懂之处，多亏了两位老师的耐心指点。

在写作过程中，良师益友的帮助更是功不可没。汪陵川老师的慷慨作序，以及其逐字逐句的辛勤批改，于本书裨益良多，汪老师本人在创作中的殷殷教诲，也让我这个不成器的学生深感惭愧；而北京师范大学的陈殿教授和故宫博物院的冀洛源老师不吝提携，为本书寄语推荐，更是令我这个后学感到惊喜。我想在这篇序里向他们表示我真挚的谢意。

此外我的老同学司博、李晓爽、王瑞以及学弟颜顺德，都在文字和图片资料上给我帮助良多，他们大多是文物工作一线的从业者，他们的视角和经历，让我对“以小见大”的史观有了更丰富的理解。我的好朋友孙家锐作为语文教师，在文字校对和一些措辞方面给予我指点，而我的母亲作为这本书的第一位读者，也提出了非常多的看法，并一直予以我鼓励，这很大程度上促使我写完这本书。

最后就是在南京写书的过程中，我的好兄弟兼舍友何程，忍耐了我无数个敲击键盘码字的夜晚，在这本书的序言中，我也认为应该有他的名字。

创作中的点点滴滴，在此一并致谢。

感谢之余，遗憾也兼而有之。

史书浩如烟海，明清史的研习，其最大的难度莫过于在万千史料中寻得只鳞半爪，史书中看尽许多风景，但受限于史观和自己写作笔力的不足，许多精彩之处不得不舍弃，堪称本书的一大遗憾。

我没法肯定地说，那些我所以为的精彩史料若加入书中，能否让书变得更好或更差，但也许就像钱钟书说的那样，对于吃不到的葡萄，我们不仅能想象它是酸的，也可以想象它是分外甜的。人有时候需要“贵在不知足”，才能多多少少有些盼头。

在这里，我也希望这本书能带给读者一点“不知足”的想法，除了这本书之外，历史还有更大更广阔的空间，等待着我们了解和探索，若此书能有一丝丝抛砖引玉之功，则是我写作最大的动力所在。

以上种种，且为自序。

翟晨旭

目录

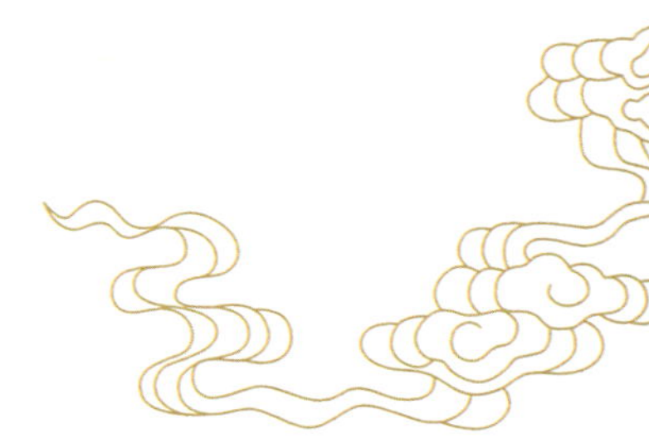

下卷 清代卷

上卷　元明卷

第一章 紫禁蓝本

天文学家的艺术

1259年的冬天，更准确一点说，是十一月的二十日，一队孤军千里迢迢，从遥远的长江流域出发，来到北方的燕京城下。为首的是一个年富力强的中年人，年纪还不到四十岁。他将接管这座金朝旧都的管控权，或者说，接管一座城市的命运。

壹

这个中年人叫作忽必烈，后来被人们尊为元世祖，在来到燕京之前，他正在指挥对南宋的战争。没想到天有不测风云，蒙古大汗蒙哥稀里糊涂地死在了四川合州钓鱼山下，英年早逝，这使得整个蒙古政权瞬间出现了巨大的变数。

蒙哥汗时代的蒙古政权，虽然没有正儿八经的建国，但是已经成为人类历史上控制领域最辽阔的国度。这么大的地方，蒙哥汗一个人肯定管不过来，但好在自己的几个弟弟都能独当一面。

其中，旭烈兀是负责往西边打，最远打到过匈牙利。匈牙利当时正在疯狂地进攻巴格达，也就是民间故事《一千零一夜》讲的那一带。

二弟忽必烈，负责掌管“漠南汉地军国庶事”，在开平（今内蒙古正蓝旗境内）建城，主要驻扎在汉地。

最小的弟弟阿里不哥，在老家蒙古草原上待着，因为蒙古族和汉族不一样，讲究的是“幼子守灶”，最小的孩子在家里待着，其他人出来打天下。

而蒙哥汗本人，则亲自指挥灭宋的战役，与弟弟忽必烈兵分两路进攻长江流域。在他看来，打完这场国战，蒙古政权才算真正地稳定下来。然而谁也没想到，这个庞大的计划玩到一半，就因为蒙哥汗的战死而胎死腹中了，摆在大家面前的，是下一任蒙古大汗谁来当的问题。

蒙古族的规矩不是汉族的宗法制，不是说光儿子可以，弟弟也可以，而且那时候蒙哥汗的儿子们还小，都得看叔叔们的脸色，因此不出意外，大汗就是在旭烈兀、忽必烈和阿里不哥三个人里面出现。而事实上是，在蒙哥汗的时代，三个兄弟已经走远了。

这个“走远了”，其实有两个含义。

第一个意思是距离上“远”，蒙古选大汗比较民主，要举行“忽里勒台”（全体贵族会议），只有大家一致推举通过了，大汗的位子才能被人承认。

而那时候呢，忽必烈在湖北，阿里不哥在蒙古草原，西征的旭烈兀最远，在地中海边上。三兄弟之间一没有飞机，二不通高铁，见个面来来回回一年的时间都打不住。

后来很多人分析，能阻止蒙古早期扩张脚步的，只有大汗的驾崩。每次亚欧大陆打得正热闹的时候，大汗死了，大家回去奔丧外加抢汗位吧。一来一回一两年，对手又能苟延残喘一时，南宋就是靠蒙哥汗的驾崩，又续了好几年命。

第二个“远”，说的就是文化上的隔阂了。成吉思汗让蒙古族短时间内获得了冠绝天下的战斗力，但文化底子的薄弱不是一两代人可以解决的。所以，我们看蒙古族崛起的早期，宗教信仰特别有意思，一会儿伊斯兰教，一会儿道家，还掺杂着蒙古族的原始信仰“长生天”。

这种文化上归属感的不确定，导致的结果就是，打到西亚的旭烈兀，成为了伊斯兰教徒，连带着后来他所建立的伊利汗国都伊斯兰化了。阿里不哥在草原上看家，身边都是一些前朝的遗老，张口闭口就是当年你爷爷成吉思汗怎么怎么样，因此阿里不哥是一个很坚定的蒙古传统的坚守者。

而负责汉地本土的忽必烈，则逐渐接受了汉文化的熏陶，身边聚拢了一大群汉人谋士，比如写“问世间情为何物，直教生死相许”的大才子元好问，当时就是忽必烈的“儒教大宗师”。

《元史》里也说忽必烈“在潜邸，思大有为于天下，延藩府旧臣及四方文学之士，问以治道”。当然，那时候蒙哥汗还在，说忽必烈“思大有为”有点不对劲，很容易被人想歪了，但整天和汉族文士在一起是肯定的。

蒙哥汗是在四川战死的，元朝的时候也没有全球直播，那对于这兄弟三个人来说，谁能抢着召开“忽里勒台”，谁就算赢了。但这也是个悖论，人都不齐，会议肯定也开不成。

在这三个兄弟里面，最有希望的是阿里不哥，毕竟叔叔、伯伯都围着他转悠。而且，根据蒙古族习俗，他在蒙哥汗死后，自动成为“监国”的身份。换句话说，只有他可以合法地召开“忽里勒台”，但开完会的结果他也无法完全左右。

关键时刻，旭烈兀率先作出了决断，太远了，不去了，老老实实地经营西亚不好吗？就表示支持弟弟忽必烈，兄弟上吧，哥哥看好你。

旭烈兀一撤，等于三足鼎立的游戏变成“楚汉争雄”了。除去西征军鞭长莫及之外，忽必烈和阿里不哥，在南到长江、北至西伯利亚的辽阔疆土上，以成千上万的人马作为棋子开始布局。

而正是在这样的局面下，忽必烈兵行险招，孤军深入，拿下了燕京城。

贰

坦白来说，当时的燕京城，在战术上很难玩出什么花样来，因为金朝刚刚灭亡，城市建设都被打废了，何况人家阿里不哥在草原上和你玩，不玩攻城战。

再者说了，当时即使不算那些乱七八糟的汗国，光是阿里不哥和忽必烈两个人控制的地盘，就比中国历史上大多数封建王朝的地盘都大，一城一池的得失根本不算什么。

但从战略上说，拿下燕京，是忽必烈在争夺汗位过程中最成功的一步棋。因为在北方文人的眼里，南宋的杭州和忽必烈自己的开平城都不算什么，只有燕京城才是天下正位所在。拿下燕京城，就等于让北方汉人，至少是文人阶层归心。

而且，当时在燕京，大将脱里赤正在召集军队，奉的就是阿里不哥的命令，见到忽必烈，整个人都傻了。那时候，阿里不哥已经正式开始执行监国身份，准备自立为大汗，让脱里赤调军就是为了对付忽必烈，但这事不能明着说。

忽必烈一见面，就说：“大汗有遗诏，你出来接个旨，把兵给我吧。”脱里赤听完㞞了，这是人家哥哥、弟弟之间的事情，自己凭什么掺和，立马缴枪了。忽必烈顺理成章地接管了燕京，捎带着把那些原本应该在战场上遇见的军队遣散了。

于是，忽必烈就以燕京为大本营，开始积极整军备战。冬天，他和阿里不哥俩

元世祖出猎图 〔元〕刘贯道绘，现藏于台北故宫博物院人什么都不做了，私底下的风起云涌却一点也不少。

俩人开始互相通信，阿里不哥的大本营在和林（今蒙古国乌兰巴托附近）。上面动动嘴，下面跑断腿，使者就在燕京与和林之间来回蹿。

阿里不哥的意思是你来和林，咱开个“忽里勒台”会议，把大汗选出来。这个说法按照蒙古规矩来说是没问题的，毕竟他是监国身份。

但忽必烈马上反应过来了，支持我的都是北方汉地的汉族人和以前金朝的女真人，我要去了和林，那些和你一块的叔叔、伯伯肯定支持你，我能不能回来都不好说呢，所以坚决不去。并且，忽必烈私底下也联络了一群贵族，准备拉开架子单干。

从这里我们不难看出来，这俩兄弟的冲突已经不是抢皇位的问题了，这是燕京与和林两个城市的对抗，也是蒙古内部的一种文化分裂。阿里不哥代表的是蒙古传统势力，大家坐在一起按蒙古规矩来，该放羊放羊，该圈地圈地。

而忽必烈则代表着蒙古草原以北的汉族文化，他希望建立一个类似于唐朝、宋朝或者是金朝一样的封建王朝，这一点从他手底下的士兵构成就能看出来，汉人比例和汉化程度非常高。

一句话，这种矛盾是不可调和的。这不仅是谁当老大的问题，还是决定未来蒙古政权走什么道路的问题，没法谈拢。因此两边使者跑来跑去，其实都在扯皮，没什么实质性进展。

一开春，大军开拔，忽必烈就从燕京到了开平，毕竟这里才是忽必烈经营多年的老巢，而且距离阿里不哥更近，相当于战场“总前委”。燕京和开平离得也不远，现在北京人自驾游，开着车就到内蒙古了。

这时候，手底下的汉人谋士就劝忽必烈，说咱们得提前登基，不能按蒙古族的规矩走，不然指定吃亏，因为阿里不哥是正儿八经的监国，名不正言不顺嘛。

忽必烈从善如流，觉得这主意不错，于是抢在阿里不哥前面，按照汉族王朝的规矩发布登基诏书。当然不是他自己动笔，是金朝以前的一个文人王鄂代拟的。诏书上说：

“惟祖宗肇造区宇，奄有四方，武功迭兴，文治多缺，五十余年于此矣。盖时有先后，事有缓急，天下大业，非一圣一朝所能兼备也。先皇帝即位之初，风飞雷厉，将大有为。忧国爱民之心虽切于己，尊贤使能之道未得其人……”

这诏书要是放到汉族来看，绝对是离经叛道。因为这里面明确地提出来，我们家从我爷爷成吉思汗以后，整天舞刀弄枪的，“只识弯弓射大雕”嘛，没什么文化，而且也不“尊贤”。等于把自家的祖宗数落了一遍，潜台词就是我上去以后不这么干，肯定要重用汉人，搞文化建设。

而且，忽必烈手底下的那帮蒙古贵族们，比如也先哥、合单、塔察儿等人，也搞了一个“忽里勒台”，推举忽必烈当大汗，这样在蒙古族的程序上也说得过去。有点类似于现代人办婚礼，中午来个中式的，晚上再来个西式的。

阿里不哥得知这件事以后，急了，我这边牛奶、烤全羊都准备好了，结果你在那里自己把仪式给办了，这也太不仗义了。于是，阿里不哥也带着一群人搞了“忽里勒台”，自立为大汗。

一山不容二虎，天底下不能有两个大汗，到这一步，只能是战场上消灭一个了。

叁

这场战争的过程都不用赘述，太没有悬念了，用一句话来说，那就是哥哥忽必烈刚刚热了个身，弟弟阿里不哥就倒下了。

自古以来，中国从南往北打，主要是两个问题：第一是士兵体质不行，人家吃牛羊肉，你吃馒头米饭；第二是对大漠草原地形不熟，比如当年汉朝的李广，带着大军连敌人都找不到。

而这俩问题在忽必烈看来都不是个事，以前从南往北打叫北伐，对忽必烈来说那叫回家。士兵更没有问题，忽必烈身边都是百战精兵，跟着蒙哥汗灭宋的，还有汉族的谋士指点。

而阿里不哥手底下都是些散兵游勇，很多都是前朝遗老，欺负宋朝还行，碰到忽必烈这个级别的对手，跑得比谁都快。

这场仗打了不到五年就结束了。能打五年，主要是因为蒙古的地盘比较大，阿里不哥一直在跑。最后实在没地方去了，就向哥哥投降。忽必烈也很大度，骂了弟弟一顿，也没杀他，把他给囚禁起来了，没几年阿里不哥就郁郁而终了。

很多人分析说忽必烈暗害了阿里不哥，这个纯属猜测，因为没必要，忽必烈好歹也是草原上的汉子，要杀早动手了。事实上，消灭阿里不哥只是忽必烈近五年来的一个插曲。在这五年里，忽必烈更多地致力于对蒙古政权大刀阔斧的改革，以达到他心目中的“天下大业”。

首先就是定制度和年号，其实国号之前有了，成吉思汗亲自定了一个“大蒙古国”。当时问题还不大，因为当时其他的汗国，如伊利汗国、金帐汗国还是承认忽必烈大汗的地位的，但制度和年号的问题是刻不容缓的，因为这直接关系到这个庞大的帝国如何运转的问题。

忽必烈是蒙古第一个使用年号的皇帝，定公元1260年为中统元年，“中统”的意思很好理解，中朝正统，等于先把名分确定了下来。

至于这个“中朝正统”到底是哪来的，忽必烈没说。到底是宋朝还是金朝，元朝一直没说清，到最后修史也是《辽史》《金史》《宋史》三本书一起修。

紧接着，忽必烈又颁布了一道诏书，叫《中统建元诏》，里面明确说“稽列圣之洪规，讲前代之定制”，就是说得按照以前的规矩来。这可不仅仅是口号，在地方上，忽必烈设了十路宣抚使，差不多相当于现在的省长。这一看就与之前蒙古的路子不一样。之前都是打到哪里算哪里，管不过来就设置一个汗国，这样最后总得乱套。

既然有了省级行政单位，那就得有个强有力的中央。历朝历代最不担心中央大权旁落的，就是开国时期，所以叛乱是不用担心的，但怎么处理这些省的政务，就让忽必烈挠头了。中央必须有一个机构，能够长期稳定存在，且可以处理日常事务。毕竟忽必烈自己也很忙，那时候南宋还没灭呢。

这时候就看出汉族制度的好处了。忽必烈决定重新启用以前的三省六部制，作为政治制度，只不过不用这么麻烦，有个枢密院搞军事，再加一个中书省就够了，没必要搞得跟宋朝一样到处都是高级干部。

既然有了中书省，接下来必须要解决的一个问题，就是首都问题。中原皇帝和过去蒙古统治者最大的区别，其实就是皇宫和蒙古包的区别。

千万不要小看住的地方，这背后折射出的，是两种完全不同的文化价值观。农耕民族都是依靠土地的，所以才会有定都和皇城。有点像我们搞装修，我房子修得越好，说明我打算在这里住得越久。

忽必烈之前的蒙古大汗们，就没有这种长久建都的意识。臣子们住蒙古包，大汗住豪华蒙古包，哪里好往哪里搬。

所以，忽必烈要想把政治体制朝汉族文化发展，就必须有个体面的京城、都城，才能把一切安定下来，否则一切免谈。

这也就赋予了燕京城新的历史使命。

肆

实际上，早在忽必烈登基之前，他手下的大将霸突鲁，也是蒙古开国元勋木华黎的孙子，曾经劝过他：**“幽燕之地，龙蟠虎踞，形势雄伟，南控江淮，北连朔漠。且天子必居中以受四方朝觐。”**

意思就是，燕京这个地方，往北是大漠，往南是江淮，天子一定要居中，方便四方来朝。而且，他明确表示：**“大王果欲经营天下，驻驿之所，非燕不可。”**意思就是，您要是想经营天下，非得在燕京不可。

之前的忽必烈可能还在犹豫，但听完这番话，马上幡然醒悟，表示“非卿言，我几失之”，不是您提醒，我差点就犯了错误。后来，忽必烈定都燕京后，自己也承认：**“朕居此以临天下，霸突鲁之力也。”**可见有的时候，军事家的眼光是无比毒辣的。

因此在收拾弟弟阿里不哥的时候，忽必烈已经在为定都燕京做准备了。

定都燕京比较麻烦的一件事，就是之前说的，燕京作为金朝故都已经被打烂了；而且，其中的皇宫历经战火和风雨，也早已残破不堪。从装修的角度来看，这种“老破小”还不如毛坯房。于是，忽必烈大笔一挥，直接重建一座新城，反正不差钱。

至于谁来设计这座新城，忽必烈的心中早有了人选，那就是他身边的汉族第一幕僚——刘秉忠。

刘秉忠是金朝官宦世家出身，从小精通佛、道、儒三家学问，二十岁出头就以布衣身份给忽必烈做幕僚，堪称后者身边的文臣第一人。从登基建元到建立中书省，忽必烈每一个大方针的出台，背后都有刘秉忠出谋划策的身影。

传说刘秉忠这个人很个性，长着一双三角眼，这是传说中的“病虎”之相。而且，作为一个蒙古皇帝的谋士，刘秉忠从来不穿蒙古族的衣服，依旧穿着一身金朝旧服在朝堂上晃来晃去。但是，忽必烈也不以为意，可见刘秉忠是真的有才，忽必烈也是真的大度。

更关键的是，刘秉忠并不仅仅是个文臣。

现在的人对刘秉忠这个人名比较陌生，但如果说他的学生，天文学家郭守敬，那真的是无人不知。因为郭守敬所编的《授时历》，在中学历史课本里都属于必考内容。而鲜为人知的是，郭守敬的天文知识就是跟刘秉忠学来的。

那个时候的天文学家，跟我们现在所定义的天文学家完全不是一个概念。中国人如果夸一个人"上知天文，下知地理"，一般都是说这个人博学，但最早的"天文地理"，并不是指"四书五经"之类的学问。

汉代王充的《论衡》明确提出：**"天有日月星辰谓之文，地有山川陵谷谓之理"**。能通晓天文地理的，绝对不是一般的书呆子，至少是天文学家兼地理学家兼风水大师。之前忽必烈的大本营开平城，正是刘秉忠本人的杰作。

但刘秉忠本人对自己的第一部作品并不是十分满意。在这之前，刘秉忠就说过：**"上都（开平）国祚近，大都（燕京）国祚长"**。言下之意就是，虽然开平离蒙古高原很近，但真要想把国家延续下去，还是得去燕京城待着。

于是乎，天文学家刘秉忠，带着郭守敬等一群学生，开始着手规划这项注定名垂青史的工程。他们将为历史上最广袤的帝国，设计一座全新的都城。

无瓮之都

在燕京城的废墟上，刘秉忠开始搭建一个宏伟的蓝图。这座城市将凝聚他一生的心血和智慧，也将象征着元朝最自信的文化。在某种意义上说，元大都也许与汉、唐时代的长安一样，并列为中国历史上最开放的城市。

壹

要建城，先得勘查水源。在古代，水源绝对是修建一个都城乃至城市最重要的参考因素。

从风水上说，中国人修建选址，风水上讲究坐北朝南，而且要**“前有照，后有靠”**。就是说后面得有山挡着，跟椅子的靠背一样，而前面要有水，反射光线。无论是一座皇城还是一座普通的宅子，都是按照这个理论去选址。

抛开封建迷信的说法，单看这个理论还是很合理的。因为中国处于北半球，寒风都是从北方吹过来的，所以背后“有靠”，是为了让自己处在一个温暖的环境之中。

而“前有照”则有两重含义。一方面，得有水，过去没有自来水，门口没有水是一件很不方便的事，现在的许多村落里也依旧保留着在河边洗衣服的习惯。另一方面，水的一个作用就是反光，好比咱们家里光线不够，可以摆几个镜子，让眼前明亮，心情开阔，这也就是所谓的“照”。

对于燕京来说，“后有靠”并不难，因为北边就是燕山山脉，不仅在军事上易守难攻，在地理学上也是绝佳的避风港。真正让刘秉忠挠头的，是“前有照”

的问题。

金朝燕京城的水源系统就不太完备，主要依靠城西的莲花池（今北京丰台区莲花池公园），莲花池是从周代一直延续下来的，南北朝郦道元的《水经注》里，称莲花池为“燕之旧池”。

但是，到了元代的时候，莲花池水系堵塞得就比较厉害了。而且，我们一听这名字就明白，“莲花池”嘛，一个池塘，能够承载的人口毕竟有限，肯定是不能再用了。

于是，刘秉忠和他的弟子大胆地抛弃了沿用了数千年之久的莲花池，而把目光望向了西边的玉泉山上。

现在的北京莲花池公园，当年曾是金朝燕京城的水源系统。

玉泉山属于西山支脉，早在金代就是著名的“燕京八景”之一。再往上能算到太行山的余脉上，中国看山要讲究“辈分”的，孤零零一座山那叫土包子，而玉泉山可以算得上是“根红苗正”。更难得的是，玉泉山本身就有水，永定河的水入西山，再经玉泉山流出，是天然的岩溶水，水量大且水质极佳。

陆羽在《茶经》中就说：“其水，用山上，江水中，井水下，其山水，拣乳泉石池漫流者上。”说的就是这种山泉水，最适宜饮用和煮茶。北方的水质普遍不好，永定河的水本身所含泥沙量也多，但玉泉山的水却是个例外，素来有“水清而碧，澄洁似玉”之称。

后世清朝的乾隆帝闲得无聊，去天下名泉，通过重量检验水质，只有玉泉山的水和木兰围场的水每斗重一两，其他的都偏重，这说明其他地方的水质没那么纯净。晚清文人王国维先生，也在他的《颐和园词》里说“西直门西柳色青，玉泉山下水流清”。

能在华北平原上有这样一脉泉水，燕京城可谓得天独厚。巧妇难为无米之炊，有了玉泉山这把“好米”，刘秉忠这位“巧妇”就可以大显身手了。

水脉一确定，就等于定了“玉脉”，相当于为新建的都城勘定了位置，整体上要比以前的燕京城更偏东北方向。

“玉脉”分为明暗两支流。看得见的明脉，在刘秉忠弟子郭守敬的筹划下，往东引导为金水河。这个“金”并不是真正意义上的黄金，指的是方位。按照风水学说，西方为白虎，主凶杀，在五行上属性为金，所以才有了这么一个名字。

暗脉则成为井水，即所谓的“洑流”。现在故宫中的井水，几乎都是打在玉泉山水的暗脉上。后来，明代的《京师泉品》上说“玉泉第一，文华殿东大庖井第二”。而文华殿的位置在元代皇宫规划中属于厨房（御膳亭），可见刘秉忠等人对暗脉的测量是非常精准的，最好的水用来给皇上使用。

这些都是地理上的安排，但这些不够，还得把“天文”也算进去，也就是我们常说的中轴线，起到零度经线的作用。不过，这件事很容易，刘秉忠、郭守敬他们玩的就是天文。在和忽必烈商议之后，他们采取了“先定点，后定线”的思路，先把中轴线的中心点定出来，再延伸出中轴线。

后来的文献记载，元大都的中央有个“方幅一亩”的中心台，相当于一个小型城市中央公园。古籍《析津志》里说“实东、南、西、北四方之中也”，从这延伸出的中轴线，南到后来的丽正门，穿过中心台一直往北。

不过，元代似乎并不是特别看重这条中轴线的天文作用。过去城市里讲晨钟暮鼓，钟楼和鼓楼都应该在中轴线上，比如以前的长安（今西安）和之后明清时期的北京都这样，现在都是地标性建筑遗迹。

但是，元大都的钟鼓楼却稍微有些偏西，反而更看重“中心点”。这里肯定不是测绘的问题。郭守敬好歹也是被写入课本的天文学家，不可能连根经线都算不明白，可能蒙古当时地界比较大，忽必烈倒时差习惯了，不太在乎这个。所以，后世提到元大都，并不是十分强调“中轴线”。

总而言之，到了这一步，天文地理都规划好了，元大都的基本位置与框架也就基本上定住了，剩下的就是建造的问题了。

贰

建首都可是一件大工程，这个“大”，一是人力上，二是材料上。但是，忽必烈直接表示：**“大业甫定，国势方张，宫室城邑，非巨丽宏深，无以雄视八表。”**还是那句话，咱不差钱，怎么豪华怎么来。

当时有个汉族大臣叫魏初，在中书省工作，他在一份奏折里就提出：“打造石材、搬运木植及一切营造等处不下一百五六十万工。”全是壮劳力，后面紧跟着说“料粟不下数十万石，车具不下数千余辆”，其他的就不用提了，动不动就是成千上万的物资，这得是多么庞大的建造量。

而透过这些数据，我们也可以想见，元大都的营建是多么庞大的建造量。要知道，那时候的忽必烈还在忙活着灭南宋呢，两边都缺人，压力全在老百姓身上，确实非常压迫北方人民。魏初在其他奏章里就多次和忽必烈争论过每个人大致抚恤多少钱的问题，至于这笔钱发没发那就不清楚了。

有了人，还得有原料。这个来源就比较复杂了，有些原料是从朝鲜来的，有些得走海路，还有的是从以前开封的皇宫里拆了拿过来的。这些材料最终会被运输到通州，无论是海运还是漕运。

现在我们从北京市中心到通州很方便，地铁六号线半个多小时就到了。但是在元代比较麻烦。后来，为了把材料从通州运到营建的工地上，忽必烈特别批准修建了通惠河。

当然这个主意还是郭守敬提出来的，他在奏折里说：“疏凿通州至大都河，改引浑水溉田……东至通州高丽庄入白河……节水以通漕运，诚为便益。”现在的积水潭，就是得益于通惠河的修建。

东西都准备齐了，建起来自然也比较快，几年的时间，整个都城基本上就修建完成了。之后虽然又增添了不少建筑，但基本的规模是定了下来。

看着雄伟的都城日新月异地建设着，忽必烈感觉到，自己离心目中的国都越来越接近了。所以，至元八年（1271年），忽必烈正式宣布重新定国号为“元”，并于次年宣布改之前所谓的“中都”燕京城为“大都”，明确了新城的地位。一直到忽必烈至元十三年（1276年），城市正式建成。

《元史·地理志》里记载，元大都“城方六十里，十一门”。现在考古发掘，都城大致是一个长方形的样子，东西两侧基本上跟后来的明清北京城一样，南边大概能到长安街一带，北边在后来的德胜门以北。

十一个门的设计感觉是不伦不类，但基本上是按照《周礼·考工记》来设计的，表现了忽必烈本人对传统儒家文化的崇尚；包括很多门的名字，也基本上是根据《易经》里的“乾坤”二卦来设定的。比如，正南的丽正门，名字出自于《易经》所说的“重明以丽乎正，乃化成天下”。

但是，还有一种特别好玩的说法，出自一个名叫长谷真逸（笔名，其人不详）的人写的《农田余话》，上面说**“燕城系刘太保定制，凡十一门，作哪吒神三头六臂两足”**。刘太保就是刘秉忠，被封为太保，意思就是刘秉忠很有童心，在元大都搞了一个哪吒的造型。南边三个门是哪吒的“三头”，东西各三门是“六臂”，北边俩门是“双脚”。

不论是不是真的，这种说法无形之中给元大都赋予了一种宗教的色彩。而且，从当时的元大都布局上来看，宗教融合的色彩非常浓厚。

比如，从五行上说，西方主凶杀，这个理论上应该是道教的思想。但是，元朝兴建了许多佛寺在这元大都的西面，比如大圣寿万安寺等。忽必烈本人也是藏传佛教的信仰者，这些宗教之间并不矛盾，甚至还有共生的趋势。

在元大都刚刚建成前后，意大利旅行家马可·波罗来到了元大都，并记下了维吾尔语中这座城市的名字——“汗八里”，翻译为汉语即为“大汗居住之都”，很符合忽必烈的霸气和期许。

这种霸气在城市本身的建设中也可以体现出来。元大都的十一个城门，都是没有瓮城的，这在中国古代的都城建设中是一个非常大胆的设计。

所谓瓮城，就是在城门外，再围上一圈小城，作为防御，这样可以让敌人不直接对城门进行攻击。因为城门是一个城市最脆弱的地方，真要是城门一破，大家全部完蛋。

但忽必烈就是有这样的霸气，他坚信在目光所及之处，蒙古铁骑所到之地，不会有人对这座雄伟的都城构成威胁。正如《孟子》里说的那样，**“域民不以封疆之界，固国不以山溪之险”**，只有这样的无瓮之城，才配得上“汗八里”的称呼。

叁

“汗八里”或者元大都指的是一座城市，这座城当然不是全给忽必烈住，以前大汗都是住蒙古包，现在必须要有一座气派的皇宫。

我们现在说“皇宫”，总觉得是一处地方，其实不是。“皇城”和“宫城”，应该是完全不同的所在。前者是皇帝的办公室，平时处理政务，召见群臣，都是在皇城。从某种意义上来说，皇城也不算皇帝专属，大臣们也经常出入。

但是，宫城就不一样了，那属于皇上的“卧室”，妃子和皇子都在里面，作为大臣去里面转悠就不合适了。所以，等于“皇宫”的修建是两个工程，同时进行。

不过，皇宫与元大都的修建不一样，忽必烈没打算完全按照汉族制度来，毕竟也是蒙古大汗，虽然不住蒙古包了，但逐水草而居的习惯还是保留着。因此忽必烈希望皇城能在水边修建，回头宫里的老少爷们儿住起来也舒坦。

这个问题刘秉忠不好解决。但没关系，忽必烈手底下什么民族的人都有，一个叫也黑迭儿的色目人（除汉族和蒙古族之外的其他少数民族的称呼）站了出来，给忽必烈建议重修万岁山，并以太液池为中心修建皇城。

现在有人考证，说这位叫也黑迭儿的哥儿们是大食人（阿拉伯人），本身就有游牧民族的传统，和忽必烈的蒙古习俗很接近。忽必烈对他的建议很赞赏，就把皇城和宫城的建设包给了他，并设置了祗应司和修内司两个衙门，专门负责宫殿的建造。

太液池在古代都城中一直就有，长安就有这个名头。而金代和元代的太液池就是现在的北、中、南三海，而万岁山对应的就是北海公园里的琼华岛，风景宜人，属于金朝时期的行宫（度假别墅）。

万岁山后来被战火毁坏得差不多了，但还有一点遗存。

当年全真教道士丘处机经过燕京去找成吉思汗唠嗑，就曾经在这里住过。忽必烈在登基之前驻扎北平，也喜欢住在这里，所以算不上是新建，只不过“重修”的幅度比较夸张而已。

琼华岛重修的时间，现在不太确定了。元朝文人陶宗仪写有一本著名的《南村辍耕录》，里面提出“万寿山在大内西北，太液池之阳，金人名琼花岛，中统三年修缮之”。《元史》里说是中统三年，“修万寿山宫殿”，总之大差不差。

新的宫殿建得很快，到了中统五年（1264年）前后就初具规模了，因为“中统”这个年号就用了五年，打完阿里不哥就不用了，改成“至元”了。至元元年（1264年）就有了在万寿山宫殿接见高丽国王的历史记载了。里面的一些前朝遗留建筑，比如广寒殿等，都已经在正常使用了。

广寒殿最早是辽代萧太后的梳妆楼，后来几经重建，一直到明朝还有，据说是特地为了历史见证去保存的，最后是自然倒塌，没有人为因素。后世明朝内阁大学士张居正，曾在自己的文集里记载，在倒塌的万寿山广寒殿内，打扫房梁，找出了一百多枚元朝时期的“至元通宝”，跟老百姓家里的“房梁钱”是一个道理。

有了房子，忽必烈就时不时地在这里召集群臣宴饮。

蒙古人喝酒跟当时的汉人完全不是一个级别。元朝的时候已经有了一种叫“阿剌吉”的蒸馏酒，是打败阿拉伯地区后俘虏的工匠们带过来的，酒精度数很高。之前中原地区的酒都是米酒，酒精度数顶破天十来度出头，而蒸馏酒则跟我们现在的白酒没什么区别。除此之外，元朝还盛行葡萄酒和马奶酒，反正酒肯定管够，大家敞开了喝吧。

我们可以通过一件器物，看出当时蒙古贵族在广寒殿喝酒有多么豪放。

至元二年（1265年），忽必烈在广寒殿外，放置了一个大酒瓮，专门用来装酒。这个酒瓮是用南阳的独山玉雕出来的，重七千多斤，人称“渎山大玉海”，从“重器”的角度上说，堪称中国玉器之最。这件器物元朝以后被道士搬去当咸菜坛子了，清朝乾隆皇帝比较有探索精神，重新找了出来并做了修复。

现在还有这件“渎山大玉海”，就摆在北京团城的玉瓮亭，可以算是一件珍贵的元代宫廷遗物了。能保存到现在，很大程度上要归功于其体积、重量等客观原因，想人为毁坏也比较困难。

渎山大玉海

当时有钱有闲的乾隆皇帝自己测量了一下，整个“渎山大玉海”一共能装酒“三十余石”。元朝一石大概是一百斤，一个宫殿办宴会，光酒就三千斤。

估计测量完之后的乾隆皇帝直接能自闭了，深刻地感受到自己和元朝同行忽必烈在酒量上的差距。正常人喝酒能按“斤”来计算就已经是海量了，到了忽必烈这里，劝酒词都是“我和诸位共饮此缸”，堪称古今饮酒第一豪迈之人。

当然，更豪迈的还在后头。忽必烈能用一年时间重修广寒殿，但在他有生之年，元朝的皇城都是一个半成品，没有修完，整个工程唯一差的就是皇城城墙。

《元史》载：“昔大朝会时，皇城外皆无墙垣，故用军环绕，以备围宿。”就是说皇城是开放式的，没防御性的城墙，顶多开朝会的时候让军队围一圈就完事了。

这在历朝历代皇帝中是不能想象的。谁家的皇城不是城墙高筑，但忽必烈就敢这么玩。放眼天下一个能打的都没有，稍微有点实力的除了我的手下就是我的兄弟，筑城墙干什么，没必要。

肆

不过，皇城（办公区域）可以不建城墙，但宫城就不能这样了。毕竟这是所谓的“大内”。忽必烈把自己的办公室搞得器张一点不要紧，但回到家里，老婆、孩子的安全还是要顾及一下的，故而元朝的宫城修得比较严谨。

我们现在会感觉元朝的宫城里没有多少故事，但事实上，元宫城才是对后世紫禁城影响最深远的建筑体系。

整个宫城“周回九里三十步”，面积很大，坐落在太液池的东边。一听这个位置，我们就明白了，覆盖区域基本上和现在的紫禁城高度重合。

宫城的中轴线，从南面的大明殿到北边的延春阁，一以贯之，基本上也和后来的紫禁城中轴线重合。宫城的南门崇天门，大概就是后来太和殿的位置，可见宫城的建筑格局整体上是偏北的。

元宫城的修建，在历史记载中是最明确的。《南村辍耕录》里甚至能把开工日期精确到小时，即“至元八年八月十七日申时动土”。调动了附近壮劳力两万八千多人去修，一年时间就修得差不多了。

这次修建，忽必烈来了个一百八十度大反转，不光修建了城墙，还把城墙包了砖，这在那个时代可是相当奢侈的一件事情。连元大都本身的城墙都是夯土制成的，到了“大内”这里就升级了，可见忽必烈也是一个相当顾家的人。

如果我们仔细观察元宫城的建筑格局，能从中发现许多现在紫禁城里所拥有的元素。比如，金水河和金水桥，河上面只有三座桥，毕竟是宫城，功能性没有那么强。包括现在我们看到的“三大殿+后宫”的规制，也是从元宫城里“大明殿（正殿）+延春阁（后宫）”里演变过来的。

再列一组数字可能更直观一点，如果按照《南村辍耕录》的说法，整个元宫城“周回九里三十步，东西四百八十步，南北六百十五步”。现在经过测算，元代一步大概是1.55米，如果我们把这段话里的数字换算成现代长度单位，大概就是元宫城周长3394.5米，东西距离约为744米，南北宽约为953米。

而现在我们测绘故宫（紫禁城），周长是3428米，东西距离753米，南北距离961米。各组数字的偏差都是十位数甚至是个位数，可见元宫城对之后紫禁城的影响有多么深远。

但要注意的是，后来的紫禁城，同时包括“皇城”和“宫城”两个功能，而元宫城却只负责“大内”的作用，等于忽必烈的一个卧室。后来明清两代皇帝，很难想象当时的元大都有着怎样的宫廷和气派。

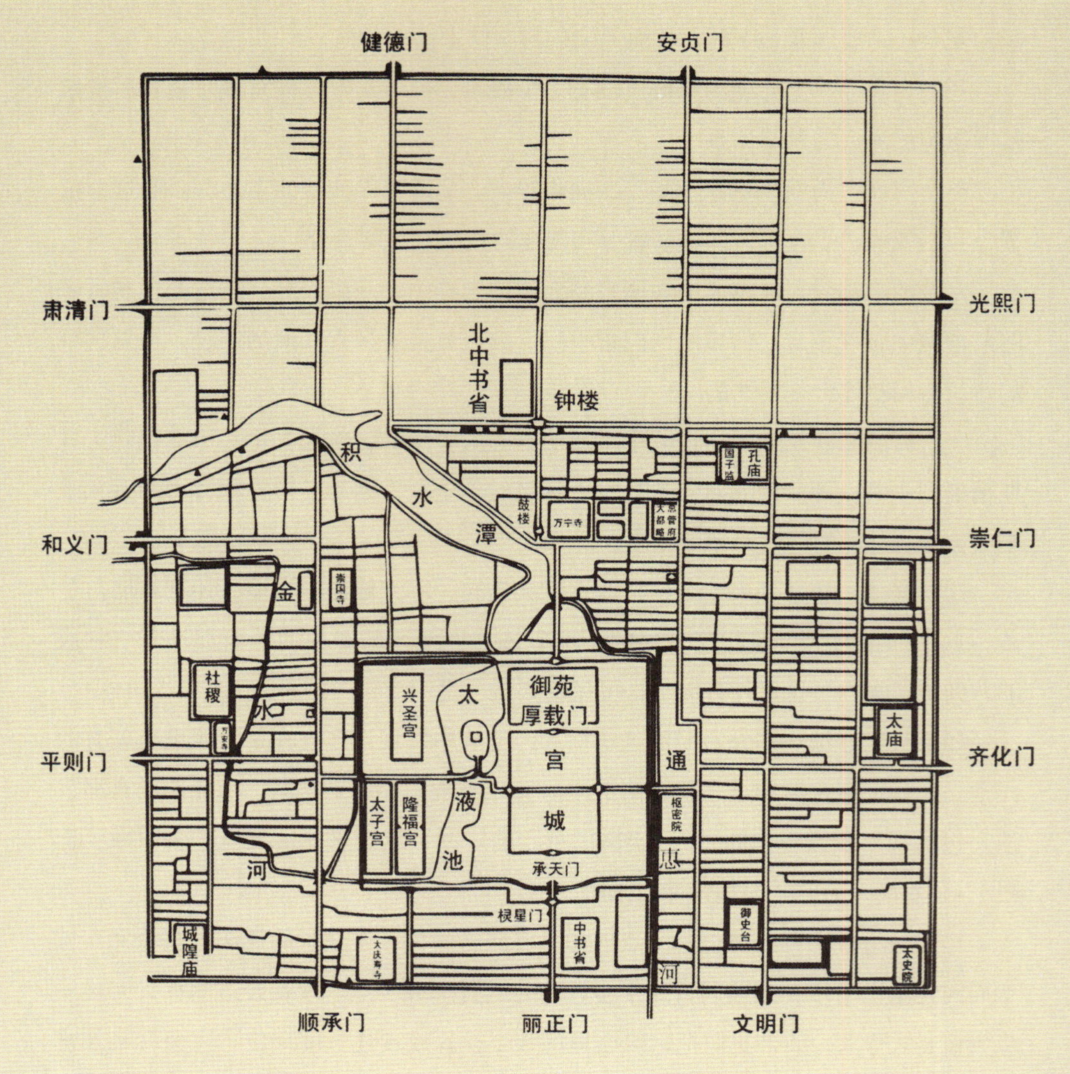

元大都布局图

只可惜，忽必烈本人的汉化政治理想，远远不像元大都的建筑一样拔地而起，也难以做到稳固且坚定。在元大都兴建的三十年后，至元三十一年（1294年）的正月，这位“世上从未见过这么广有人民、土地、财货之强大君主”（马可·波罗语）在他所兴建的都城中溘然长逝。在他的身后，帝国的崩坍才刚刚开始。

北方有战，南方有城

在忽必烈去世后不久，元朝的统治迅速陷入了动乱和黑暗之中，一个巨大的王朝，在元大都的纸醉金迷中轰然倒塌，只留下一群仓皇逃窜的身影。而与此同时，两座新城将在南方大地上拔地而起，成为未来北平的建筑滥觞。

壹

至元三十一年（1294年）的正月，八十岁的忽必烈病逝于他所兴建的元大都中。在他之后的三十多年，元朝陆陆续续地换了十个皇帝，平均三年一任，算起来比县长换届都快。

而产生这种奇葩现象的原因，在于之后各个王位继承人之间还是停留在草原上抢位子的思路上，大家都是“黄金家族”，谁兵强马壮，谁就想上来混一混。等于说忽必烈费劲巴拉地给他们建了一个汉族的都城，而后世子孙还是当成蒙古包去住。

想必忽必烈自己晚年也很绝望，在位三十多年，教育出来的这群后辈还是天天烤全羊，压根学不会拿筷子。

到了元朝最后一个皇帝元顺帝妥懽帖睦尔继位的时候，离忽必烈的时代才不到四十年，但很多东西已经不可控了，特别是民族矛盾的问题。所以，有人说“妥懽帖睦尔”这个名字起得很有意思，在蒙古语里翻译过来是“铁锅”，等于上来就是“背锅”的。

元朝建立的时候，把人分成了四等。第一等肯定是蒙古人。第二等是色目人，也就是最早被蒙古族征服的西域人，眼睛不是黑的都算，包括维吾尔族等，马可·波罗这种来旅游的理论上也算色目人。第三等是汉人，就是我们说的北方人。第四等是“南人”，就是忽必烈时代征服的南宋那一带的人，主要在长江以南。

我们乍一听，感觉是“汉人”要比“南人”高级一点，其实正好相反。“南人”是最后被忽必烈征服的，他很注重保护南方的世家大族，包括当地的手工业等，都单独给了政策上的扶持。所以，我们如果看元代经济史，很多创造性的手工业在南方都得到了创新和发展，比如松江的棉布、景德镇的元青花瓷器等。

最惨的其实是“汉人”，从蒙哥汗时代就被虐，离蒙古贵族又比较近，很容易被欺负。包括修建元大都这样的大工程，都是从北方征调的徭役，人家“南人”山高皇帝远，想找还得过长江，蒙古人鞭长莫及。

这下北方的“汉人”不乐意了，天天修工程，再加上北方本来就缺粮食，蒙古人动不动就圈地养羊，一来二去，“汉人”们忍无可忍，决定造反。

元顺帝至元十一年（1351年），民工刘福通在修黄河的时候挖出来一个石人，背上刻着字，叫“挑动黄河天下反”，刘福通带着一群民工起义了。那时候没军装，一人拿根红布条往身上一扎，自称“红巾军”。

没几年的时间，起义的烽火就开始燃遍黄河以南、长江以北的广大地区。其中，张士诚、陈友谅和朱元璋三个人最成气候。

元顺帝也开始感到压力了，哪还有祖宗忽必烈的迷之自信，紧急在城门外面修筑了瓮城，临阵磨枪，不快也光。其中，肃清门和健德门的瓮城遗址现在还有，就剩下一截土墙了，就在北京的北三环以外。

不过，元顺帝想得有点远，因为那时候起义军内部还在抢地盘，所以瓮城一时半会还用不着。

在所有起义军里面，张士诚是私盐贩子出身，占据淮北，一开始实力最强，地盘大了就开始嘚瑟，直接自称“大周皇帝”。后来《水浒传》里的“宋江”就是以他为原型，因为作者施耐庵当时是张士诚的军师。

而陈友谅就更别提了，和张士诚是差不多的货色，一看见张士诚称帝，立马急了，非得给自己弄个“大汉皇帝”，势力主要在江西一带。

和这俩人一比，贫苦人家出身的朱元璋就显得难能可贵了。

贰

朱元璋最早是安徽凤阳的农民，家里人都饿死了，被迫出家，其实主要是化缘，也就是所谓的乞讨为生。之后加入了红巾军，靠着一身本领，给首领郭子兴当了女婿。

现在有人考证的朱元璋画像，说这位后来的开国皇帝是“鞋拔子脸”，又瘦又长，明显不靠谱。因为朱元璋的妻子马氏，不是郭子兴的亲女儿，而是战友的遗孤。自己的亲闺女可以嫁给一个长得丑但有才的，但要是敢给战友的女儿找个“鞋拔子脸”，那郭子兴就等着被别人戳脊梁骨吧。

郭子兴死后，朱元璋接手了郭子兴的起义事业，在浙江一带开始拉拢当地士族和文人，地盘也拓展得很快，几年时间就拿下了应天府（今南京）。这时候，文人给朱元璋提出了三条意见，分别是“高筑墙、广积粮、缓称王”。

我们倒着来分析一下这三条近乎开天眼的建议。

“缓称王”，就是让朱元璋别跟张士诚、陈友谅一样嘚瑟，才拿了多大点地方就开始嚷嚷当皇帝，出头鸟先死，乱世之中不是比谁叫得响，而是比谁活得长。所以，朱元璋一直自称“吴王”，很长时间都没称帝，后来更低调，干脆叫“吴国公”。

“广积粮”就是得有后勤。这一点江浙一带的人看得很明白，打仗就是打后勤，别看张士诚他们在那里乐呵，真要打起来，你卖盐能换来大米吗？无论什么时候，粮草才是王道，而储存粮草，就得需要“高筑墙”了。

当时的谋士叶兑就劝朱元璋：**“定都建康，拓地江、广。进则越两淮以北征，退则画长江而自守。夫金陵，古称龙蟠虎踞帝王之都。藉其兵力资财，以攻则克，以守则固。”**建康和金陵说的都是南京，大致意思是南京城这个地方，连接着长江和广陵江，往北能打，往南能守。更何况这里龙盘虎踞，一直是帝王之都，靠着这里聚集的财力、人力，攻守都很方便。他强烈建议朱元璋把南京打造成根据地，方便以后开拓进取。

当时的朱元璋就住在应天府的南唐旧城里，对此也没什么意见。不过，朱元璋的心里还是有点膈应，南京城是六朝古都不假，问题是六朝都是些什么东西，除了残兵败将就是割据政权，于是就提出**“六朝国祚不永”**，想在旁边单独建一座宫城。

以前在南京建都的政权，皇宫都是建在玄武湖往南的中轴线上。虽然现在的南京城市急速扩展，但是最繁华的地方，如新街口、夫子庙等，依旧不离这条中轴线左右。之前朱元璋所住的南唐宫城也在这条线上，就是现在南京市张府园地铁站旁边。

但是，朱元璋决定另辟蹊径，在当时旧城的东边，即钟山山麓之南建城，而工程的负责人，正是在民间有着“神机妙算”之称的刘基刘伯温。

叁

刘基接了这活，心态都爆炸了。他就是再神机妙算，也算不到这个地方能建城，因为朱元璋圈出来的这片地，是一个湖。

湖的名字叫作燕雀湖，面积很大，除了龙王爷，一般人根本住不了。但是，朱元璋的犟劲上来了，“与天奋斗，其乐无穷”，就看中这一带了，指示刘基把这湖给他平了，非得在这上面建皇宫。无奈之下，刘基只能“移三山，填燕雀”，把湖的大多数水域填平，再修建宫城。

现在考古发现，在这一带的夯土之下挖掘出了许多大木桩子，最长的可以达到十五米以上，排列得非常整齐，正是当年刘伯温填湖的宫城遗留，木头都是杉木，防潮，几百年来都没有烂掉。我们今天去南京明故宫的遗址附近，能看到一片叫“月牙湖”的水域，就是以前燕雀湖的遗留水域之一。

而从某种意义上来说，吴王宫，也就是最早的明故宫。从一开始就是反“风水”的，只不过鉴于朱元璋强势的个性，什么天文地理都得在他面前让路。

这时候，时间已经来到了元至正二十六年（1366年），此时的朱元璋刚刚消灭了陈友谅，正准备和张士诚一决雌雄，王朝已然初具规模，所以底下的臣子们建议：**“一代之兴，必有一代之制作，今新城既建宫阙制度亦宜早定。”**让朱元璋赶紧把宫城的内部规划提到日程上来。

朱元璋那会儿已经不差钱了，也想赶紧换个新房子住一下，就让手下的人着手开始动工。

关于吴王宫的最初建设，能够参考的资料已经不多了，但根据万历年间的《明会典》，我们可以找到如下记载：

吴元年作新内，正殿曰奉天殿，前为奉天门，殿之后曰华盖殿，华盖殿之后为谨身殿，皆翼以廊庑；奉天殿之左右各建楼，左曰文楼，右曰武楼；谨身殿之后为宫，前曰乾清宫，后曰坤宁宫，六宫以次序列；周以皇城，城之门，南曰午门，东曰东华，西曰西华，北曰玄武。

资料很长，不用翻译，看里面的名词我们也能发现，现在北京故宫的许多建制，尤其是所谓的“三朝两宫”，那个时候就已经有了。

当时负责修建的官员拿着图纸，让朱元璋批准。朱元璋还是比较务实，一看装修得花里胡哨，当时就掉了脸子，跟手底下的人指示：**“宫室但取其完固而已，何必过为雕斫。”**意思是，宫殿这玩意儿，届时能住就行，搞得这么精细干吗，没必要。

接着再后面又跟了一句：**“吾尝谓珠玉非宝，节俭是宝，有所缔构一以朴素，何必极雕巧以殚天下之力也。”**我早就说过嘛，珠宝玉器这些都不是宝贝，节俭才是，这些建筑都搞得朴素一点，别因为这些耗费民脂民膏。不愧是大领导，这话一说，立马把修宫殿材料的经济问题上纲上线了，底下的人只能照办。

朱元璋的风格，在很长一段时间内都成为明朝修皇宫的一个指导思想。在之后明朝的头一百年里，许多宫殿都没有特别精细的雕梁画栋，可以看出朱元璋的“节俭是宝”思想还是传承了蛮久的。

而由于用料节俭，新的宫城修建得很快，至正二十六年十二月动工，到了次年九月就建好了。从无到有，一共就用了不到一年的时间，可以想见是相对简陋的。

但无论怎么说，有了宫城，朱元璋就开始着手准备称帝了。

1368年的正月，朱元璋在新建的宫城之中正式登基，定国号为“大明”，宣布当年的年号为“洪武”。

一个新的时代，已然在新的宫城中开始。

肆

建国后的朱元璋，加快了自己统一全国的脚步。在吴王宫的修建过程中，他已然战胜了最大的敌人张士诚，接下来要做的就是直捣黄龙，向着元大都进军。

明洪武元年（1368年）的八月，抑或是元顺帝至正二十八年的八月，意气风发的大将军徐达，一路北伐，来到了元大都城下。对于此时的徐达来说，元大都是这趟征程的终点；而对于未来的徐达而言，这座之后被改名为北平的城市，将是他无数次征程的起点，他将以此为人生的坐标，建立不亚于汉代霍去病、唐代薛仁贵那样的功勋。

朱元璋曾经这样评价这位和他从小玩到大的至交好友：“受命而出，成功而旋，不矜不伐，妇女无所爱，财宝无所取，中正无疵，昭明乎日月，大将军一人而已。破虏平蛮，功贯古今人第一；出将入相，才兼文武世无双。”

这么高的评价，徐达是当之无愧的，至少对于洪武元年的元大都来说，很应该感谢一下徐达的“不矜不伐”和“财宝无所取”。

在八月之前的时候，元顺帝没敢拿自己的性命去赌一把临时修建的瓮城的稳定性，提前跑到了上都开平。这要是忽必烈活着，大概会被气疯了，当年搬家“农转非”多不容易，这后代的败家玩意儿说跑就跑了，“汗八里”你都守不住，开平那地方能守吗？

于是，徐达兵不血刃，拿下了元大都。进城之后，徐达并没有为此狂喜，而是马上告诉部下**“封府库图籍，守宫门，禁士卒侵暴”**，让这群大头兵们千万别进城以后打砸抢，都是咱们的东西了，得爱惜。也幸亏徐达的理智，才保存了元大都的完整，为之后北京紫禁城的修建提供了思路。

朱元璋得知这个消息非常高兴，欣然地把元朝的“大都”改名为了北平。而在之后的十八年里，徐达都以北平为前线根据地，出发征讨已然跑到草原上的蒙古人。最后，徐达在洪武十八年（1385年）病逝于北平城。

后世有说法是徐达当时有背疮，不能吃“发物”，朱元璋觉得徐达功高震主，派人送了只蒸鹅，把徐达害死了。这说法其实出自于一本名叫《龙兴慈记》的文人笔记，里面的内容基本上属于明朝版的“儿童睡前故事”，绝大多数是子虚乌有。最起码的，徐达在北平，朱元璋一不会真空包装，二没有飞机空运，从哪搞一个蒸鹅给老兄弟送过去。当然这个是后话加笑话了，暂且不提。

拿下北平城之后的朱元璋，开始不满足于金陵一个都城了，决定把北宋的开封市定为“北京”（是的，“北京”最早说的是开封），同时定老家凤阳为“中都”，自己住的金陵为“南京”，本来还想有个“西京”，在长安。总而言之，朱元璋是希望像金朝一样，搭建一个多都城体系。

不过考察了一圈，朱元璋以一个战略家的理智暂时按下了这个念头，他认为“北京”汴梁城地处中原，属于四面受敌之处，而西安则是“漕运艰难”，容易断粮，也不好办。最后只定下了在中都凤阳和南京建皇宫。

在这其中，南京的是改建，比较容易，但改建得有个章程，以前是“吴王宫”，现在是“明皇宫”，规格绝对不一样。于是，朱元璋想了个主意，先在老家凤阳建一个“试验品”，建起来之后再修南京的皇宫，这样不但建起来稳妥，老家还能有个“度假别墅”，也算是回馈故乡了。

伍

关于明“中都”凤阳的建设，历史遗存的资料不是特别多，只能从《明实录》和凤阳当地的史料里面挖掘一二了。但基本上能够确定的是，当时的朱元璋确实是按照都城的标准设计的，规模很可能超过最早的吴王宫。

这次建的时间就不是九个月了，而是三至五年。明代有一本《中都志》，里面记载：“洪武三年，建宫殿，立宗庙、大社于城内”，这个“大社”说的就是社稷坛。如果我们结合考古资料去看这个配置，基本上和现在北京紫禁城的配置一样，“宫殿”应该对应的是午门以内的区域，然后东边为祭祖的太庙，西边就是“大社（社稷坛）”，位置就是现在故宫博物院售票处后面那一带。

此外明中都的营建，大多采用砖石构建，比如午门以及城墙都是如此，这个又和元朝不同了。之前说过，忽必烈比较横，除了宫城城墙是为了保护家属用的砖墙，其他都是夯土筑墙，有的地方连墙都没有。

朱元璋跟忽必烈完全是不一样的性格，早年靠的就是“高筑墙”起家，本身就是走的低调奢华路线。再加上元大都的教训太深刻了，一个大一统的王朝，从祖宗开始自信不修防御工事，到最后了才开始临时抢修瓮城，直接被徐达一举拿下了。

朱元璋绝对不犯这个错误，来了一个反其道而行之，宫殿可以“节俭是宝”，但宫门包括城墙都必须要包砖，越结实越好。

现在考古发现，明中都凤阳的城砖，几乎都是用桐油、石灰、糯米浆浇筑的，有些地方甚至还用了矾，数百年过去了都是乳白色半透明的样子。这绝对不是纯粹为了气派，内在的防御实用价值很高。

后来，南京的明城墙也是这个配方。所以，我们看南京明城墙的修建和元大都只差了一百年的时间，但后者只剩下一截土墙了，但明城墙依旧是世界上保存最完整的古代城防体系。如今我们从明城墙下走，依然会被其雄伟和完整所震撼。归根结底，这是忽必烈与朱元璋两个皇帝思想上的区别。

明“中都”凤阳的修建，一直持续到了洪武八年（1375年），但朱元璋这个时候的思想已经改变了。这一年的四月，朱元璋亲自回了一趟老家，感觉中都的建设实在是太浪费了，本来就是一个试验品，没必要搞得这么正式，因此“诏罢中心都役作”，把这工程停掉了。理由后面也给了，“以耗费罢”，说明朱元璋开始心疼钱了。

当然，更深层次的原因可能是，朱元璋觉得十鸟在林不如一鸟在手。凤阳修得热火朝天的，但自己一年到头去不了几回，反倒是自己现在住的南京城看上去差得比较多，因此想把人力、物力抽调回来，正式开始改建南京的皇宫。

说动手就动手，当年四月把中都的工程停了，到了九月就“诏改建大内宫殿”。同时，鉴于“中都”建设的铺张浪费，朱元璋再次强调，“朕今所作，但求安固，不事华丽。凡雕饰奇巧一切不用，惟朴素坚壮可传永久，使吾后世子孙守以为法。至于台榭苑囿之作，劳民费财以事游观之乐，朕决不为之”。看来朱元璋艰苦朴素的本性没有丢掉。

陆

既然要求节俭，加上朱元璋就在南京亲自监督，建起来自然很快。两年后的洪武十年（1377年），就有了“改建大内宫殿成”的记录了。当然，所谓皇城的体系，并不仅仅是一个皇宫，后来陆陆续续又增添了许多外围的建筑，比如詹士府等。

如果我们现在去看改建后的南京皇城的体系，会发现几乎和之后北京故宫的形制完全一样，一条中轴线，一开始是承天门，往后依次是端门和午门。

午门呈“凹”字形的形制也是从这开始的。《明会典》里说**“阙门曰午门，翼以两观”**，就是打这开始的。不过，这个也不算是朱元璋的首创，北宋皇城就有，应该是朱元璋去开封参观以后觉得不错，直接搬了过来。午门前面有所谓的“T”字形广场和千步廊，用来安置官署，实用性很强。这个也是从北宋皇城拿来的创意，看得出来朱元璋对于迁都开封还是正儿八经考虑过的。

过了午门，还有奉天门，再往后就是内金水河。元大都只有金水河，这里算是明代紫禁城的一个创举，上面有五龙桥，过了桥就是所谓的“三大殿”，即奉天殿、华盖殿和谨身殿，这个属于办公区域了，基本保留了之前吴王宫的建制。

“三大殿”的起名都很有意思，“奉天”指的是“奉天承运”，之前提到的“奉天门”就是从这里来的。我们现在看电视剧，太监颁圣旨开头嚎一嗓子“奉天承运皇帝诏曰”，跟这个是一个意思。

其中，奉天殿是整个紫禁城最重要的一座建筑，其他的都好商量，这个不行，相当于核心办公大楼，必须要标准，是朝廷的门面。奉天门到奉天殿这一片区域被称为奉天殿广场，在当时的利用率非常高。

朱元璋不到四十岁能统一全国，能力先不说，精力旺盛那绝对不是吹的。当了皇帝以后，他定了个规矩，所有大臣每天早上要在奉天门前集合，汇报工作，被称为“御门听政”。这个制度自打朱元璋制定以后，明朝除了朱元璋没有一个人能坚持下来，只能说有些人确实是天赋异禀，模仿不来。

华盖殿和谨身殿也很有说法。“华盖”指的是古代天帝座位上的九颗星星，和奉天殿的意思差不多；谨身殿则是提醒君王别嘚瑟，凡事得谨慎。

过了“三大殿”，就是真正意义上的“宫城”了，后面有皇上住的乾清宫以及东西六宫。这个规制也在之后得以保持，臣子不能进入，只有皇帝和后宫妃嫔能住。

再往后就是御花园了。南京故宫的御花园，其具体规模可能和现在北京故宫的御花园差距比较大。朱元璋本人可能也不太喜欢花园，比较朴素，反而喜欢“农家乐”。

《明太祖实录》里面有这么一个细节，说的是朱元璋有一天带着孩子们在皇宫里溜达，指着一片空地特意告诫这群孩子：**“此非不可起亭馆台榭为游观之所，今但令内使种蔬，诚不忍伤民之财，劳民之力耳。”**意思是，这里不是不能造个亭子作为游玩的场所，但是我让太监们在这里种菜搞“农家乐”，真的是不忍心再劳民伤财了。在“大内”皇宫自己种地，而且是强调实用且并非作秀的人里面，朱元璋大概是古往今来第一个。

只不过物是人非，明故宫的遗址尤其是后宫以及御花园的部分已经不可考了。我们能够参考的，只有一些出土的琉璃瓦当和残破石雕。

现在我们去南京坐地铁二号线，其中还能看到“明故宫”这一站，这个更多的是定位于“前朝”奉天殿的遗址，而御花园包括乾清宫的部分已然很难辨认了。

历史总是带着遗憾往前走。由朱元璋一手缔造的明“中都”和南京城皇宫的建

明故宫遗址所出土的龙纹黄釉瓦当，象征着皇权。

筑，分别毁于明末的李自成起义和清晚期的太平天国起义，都属于“人祸”范畴，现在只能依靠考古去做渺茫的追寻了。

不过尽管“肉体”得以毁灭，但是两座都城的“灵魂”却以一种不可思议的方式，在遥远的北平城得以传之后世，并与当时得以保留的元大都宫阙一起，再次获得新生，不得不说这是一个传奇。

而这个传奇的开始，则始于洪武十三年（1380年）的一只“燕子”。

第二章 永乐的逆袭

隆福宫里的燕子

洪武十三年（1380年），一支队伍从南京出发，一路上走走停停，来到了当时的北平城下，这支队伍的领袖正是皇四子燕王朱棣。作为就藩王爷中的一员，不会有人想到，这位年仅二十岁的皇子，将会在未来几十年内改变这座城市的命运。

壹

让燕王就藩北平，并非是朱元璋脑子一热作出的决定。在朱棣还很小的时候，洪武皇帝就已经为他的儿子们规划好了美好的未来。

排行老四的朱棣出生在1360年，换成年号还是元朝至正二十年，老爹朱元璋还处于创业阶段，当时正在安徽、江西一带跟陈友谅角逐。朱棣一出生，他连看一眼的时间都没有，匆匆忙忙地上了前线。

所以，导致的结果就是朱棣当时并没有大名，估摸着就是朱小四这种乳名叫着。不光是朱棣没名字，而且他的三个哥哥和三个弟弟都没有名字，加起来七个人，后来被朱元璋合称为“渡江七子”，意思是渡江之前生的七个孩子，搞得有点像葫芦娃。

老朱家在起名方面都有先上车、后补票的习惯。朱元璋本人就很典型，叫了二十多年的朱重八，参了军才算有了大名，改名叫朱元璋。称帝以后连带着追赠了自己的父亲和兄弟一人一个新名字，老爹从“朱五四”改成了“朱世珍”，兄弟分别叫作“朱兴隆、朱兴盛、朱兴祖”。其实，朱元璋自己也在称帝后改了名，叫作“朱兴宗”，和兄弟们加起来正好是“隆盛祖宗”，相当吉利。只不过后来这名字不怎么用而已。

到了朱棣这里也不例外，直到明朝正式建立前一个星期，朱元璋才去太庙祭祀，禀告祖宗把孩子的名字补上。《明太祖实录》上讲：**“维子之生，父命以名，典礼所重，古今皆然。仰承先德，自举兵渡江以来，生子七人。今长子命名曰标、次曰樉、曰棡、曰棣、曰橚、曰桢、曰榑……”**意思是说，感谢祖宗保佑，从渡江以来，生了七个孩子，现在开始起名。到这为止，朱棣的名字才算定了下来。

朱元璋对自己儿子们的定位相当长远，早在“高筑墙、广积粮、缓称王”的时期，他就已经在思考国家之后的运转问题了。

尽管元朝靠着刀和马打下了天下，但正如之前说的那样，抛开忽必烈的三十年以及元顺帝的三十年，元朝跟走马灯一样，三十年换了十个皇帝。从权臣专政到后宫乱权，历朝历代政治上能犯的大忌，元朝基本上都登峰造极地展示了一遍。而朱元璋的青少年就是在这种乱世中度过的，所以他必须想办法规避这种政治上的混乱。

想来想去，还是自己的亲儿子靠得住。所以，还没等打下江山，朱元璋已经把皇长子朱标的正统地位，以及其他儿子作为王爷分封各地的体系搭建好了。到时候老大在南京城坐着，弟弟们往边疆一站，老朱家的江山万寿无疆。

但是，培养一个镇守边疆的王爷可不容易。像电视剧里演的普通的太平王爷就无所谓，混混日子，等二十岁成年以后找个地方，该遛鸟遛鸟，该听戏听戏，该成家成家。

但是，要去守国门就不一样了。首先你得懂军事，总不能打起仗来分不清炊事班还是骑兵营，那一准要丢完人丢城，全部完蛋。

而且，当时北方被少数民族统治了几百年了，很多地方人烟稀少。所以，边疆驻守的长官必须上马打仗、下马管民，放个草包在这很容易祸害平民。万一到时候天怒人怨，老百姓回头一急眼把城门打开，北方就不稳定了。

也就是说，以朱棣为代表的这群二十多岁的年轻人，至少要担负起封疆大吏外加“军区司令员”的工作，那培养的路子就任重而道远了。

贰

所以，在洪武三年（1370年）的时候，朱元璋就建立了所谓的“宗人府”，当时还叫“大宗正院”，对皇室子弟进行管理。当然，那时候的老朱家还没有开枝散叶，宗人府基本上就是朱元璋父子们自娱自乐，统计成表格估计也就一页纸不到，不像后来的几十万人，凑一块能顶一个县城。

既然人少，那基本上人人都有官来做，当时的宗人令，正一品的职位，由秦王朱樉担任。然后，晋王朱棡任左宗正，燕王朱棣任右宗正，周王朱橚任左宗人，楚王朱桢任右宗人，也全部都是正一品。反正都是自己的儿子，职位不要钱，随便给，见了领导都叫哥。

当时最大的二皇子秦王朱樉才十四岁，勉勉强强地能处理事务，反正也就统计一下宗府的人数，加起来没有十个人。其他的就比较离谱了，当时燕王朱棣才十岁，最小的楚王朱桢才六岁，鼻涕还没擦干净。所以，最早的宗人府本质上就是学堂，宗人令相当于班长，每天负责点名，外加给老爹汇报弟弟们的学习进度。

学什么呢？首先儒家经典和兵法谋略是必不可少的，这是朱元璋和他的创业团队起家的东西。尤其是儒学，打仗这种事大差不差就行，那会儿大明朝最不缺的就是能打仗的。但很多将领都是大老粗，包括朱元璋自己也没有接受过系统的文化教育。我们现在看朱元璋写的很多诗，基本上格律都对不上，只有意境，放在过去是要被文人笑话的。

所以，朱元璋和他的皇后马氏都很希望孩子们读书，甚至请了很多隐居的宿儒来给孩子们教书。当时有个宿儒叫李希颜，河南人，被朱元璋特地下诏书请过来给皇子们上课。结果，这位老先生实属不客气，拿着戒尺，上来就把不听话的学生敲了个满头大包。

这下朱元璋不乐意了，我的孩子你教可以，打学生算怎么回事，你这违反“素质教育法”呀。结果，老先生慢条斯理地说：**“乌有以圣人之道训吾子，顾怒之耶？”**就是说，我拿圣人的道理教育你孩子，你居然还生气？

朱元璋马上懂了，觉得这人说的有道理，动不得，哪能和圣人过不去！在中国传统文化里，你和圣人作对，基本上跟畜生差不多。所以，朱元璋不光没收拾李希颜，还以礼相待。在皇子都去就藩以后，李希颜光荣退休，朱元璋还特别赐给他“绯袍”，就是大红的官服，待遇跟四品以上的官员一样。

除了儒学以外，朱棣他们还要特别去学两本书，一本叫作《宗藩昭鉴录》，另外一本叫作《祖训录》。前者记载着历朝历代藩王的好坏事迹，先把定位给你们明确了，该学谁不该学谁自己掂量好；后者则记载着朱元璋平时教育孩子们的话，时不时地要回想一下老爹的教诲，别忘了自己该干什么。

到这还不算完，朱元璋还给儿子们布置了社会实践任务，比如《明太祖实录》上载有：**“宜习劳，令内侍制麻履行縢。凡诸子出城稍远，马行十七，步行十三。”**就是让孩子们特意穿上布衣麻鞋，出城远足，骑马走十分之七的路程，步行十分之三的路程，感受行军打仗的劳累。

等到了朱棣十七岁（洪武九年，1376年）的时候，朱元璋还把哥几个扔回了老家凤阳，就是所谓的“中都”，城市建设水平上肯定不能跟南京比，也没什么正儿八经的宫殿。所以，朱元璋希望朱棣这群皇子能在其中感受民间疾苦，别回头到了地方上天高皇帝远，不守规矩，胡作非为。

所以，到了洪武十三年（1380年），朱棣已经在文韬武略上初具水准了。这一年三月，燕王朱棣正式就藩北平，和他一起同行的，还有大将军徐达的女儿徐氏。

在燕王就藩之前，朱元璋琢磨着成家才能立业，所以就跟好兄弟徐达商量：**“朕与卿，布衣交也。古君臣相契者，率为婚姻。卿有令女，其以朕子棣配焉。”**意思是说，咱俩从平头百姓开始就是哥儿们，过去君臣关系好的都得结为亲家，你这边有个女儿，跟我家四儿子朱棣凑一块吧。徐达哪敢说不呀，命都卖给朱元璋了，不差一个女儿。所以，在去凤阳老家之前，徐氏就被赐封为燕王妃，第二年和朱棣成婚。

其实，这一桩婚姻在朱元璋看来，远不止联姻这么简单。朱棣就藩的地方是北平，属于反攻北元的前线，将来朱棣肯定是要带兵打仗的。徐达在军中树大根深，朱棣手底下免不了要有徐达的手下，朱棣治军需要徐达的辅助。

有了徐达做岳父就不一样了，老丈人的人就是我的人。所以，后来朱棣打北元，手底下就有徐达当年北伐的大将傅友德，顺顺当当地就打赢了。

等朱棣到了北平以后，王府已经给他准备好了，就是当年元大都的太子府——隆福宫。

叁

现在有很多人认为明代之后元故宫就拆除了，其实不完全对。元故宫的大多数建筑在明代初年是完整保存的，只不过在明代的数百年里陆陆续续地坍塌毁坏了，比如前文说过的放置渎山大玉海的广寒殿就是其中之一。

后来，万历年间的首辅张居正就曾经写道：**“皇城北苑有广寒殿，瓦甓已坏，榱桷犹存，相传以为肖后梳妆楼。成祖定鼎燕京，命勿毁，以垂鉴戒。至万历七年**

五月，忽自倾圮……”说明至少在明中后期，北京城里还有很多元代的建筑遗存。

隆福宫的位置大概是在现在太液池（中南海）以西，灵境胡同以北的地方。明朝洪武年间的工部官员萧洵写了本书，叫《故宫遗录》，后来被人们在几百年后的地摊上找到了。

萧洵描述这个“故宫”跟现在的故宫完全不是一个意思，说的就是元故宫，即过去的元宫城，里面提到**“山后仍为寝宫，连长庑，庑后两绕邃河，东流金水，亘长街，走东北。又绕红墙，可二十步许，为光天门，仍辟左右掖门，而绕长庑。中为光天殿，殿后主廊如前，但廊后高起，为隆福宫”**。按照这个思路，隆福宫离过去元代的寝宫不远，属于标准的元代“大内”。

所以，既然是过去的太子宫，又在“大内”，那么隆福宫的规制建设跟普通藩王的宫殿绝对不是一个级别。所以，这在当时引起了很大的争议。朱棣的兄弟们为这事眼都红了。

因为那时候明朝刚刚建国，本来就是百废待兴，比较穷。老爹朱元璋又是农民出身，崇尚节俭，你建个王府稍不留神就可能赶超皇宫，谁敢大兴土木？万一惹得老爹不开心了，王宫直接给你改成王陵。所以，朱棣白捡了一座现成的宫殿，很容易树大招风。

为了这件事，朱元璋煞费苦心，特地在《祖训录》里面解释了一下：**“凡诸王宫室，并依已定规格起造，不许犯分。燕府因元旧有，若子孙繁盛，小院宫室任从起造。”**大致就是说，只要是藩王的宫殿，都得按照目前已经制定的规制来建设，不能逾越。老四朱棣那个属于例外，本来就是元朝留下的，所以比较特殊。如果以后他的孩子多了，可以单独再建小院子。

现在很多学者为这个讨论，就是在宫殿安排这件事上，朱元璋有没有点特殊用意在里面。不过，这个有点过分演义了。朱标的皇太子之位是跟朱元璋的皇帝之位一块定下来的，稳得不能再稳，以朱元璋的性格，也犯不着这么纠结，提前十几年去暗示。

因此隆福宫的安排，大概率就是朱元璋觉得没必要麻烦，因为当时建宫殿的木头主要得从南方找，真要在北京建个王府指不定猴年马月才能建成，有现成的，不用白不用。

所以，从洪武十三年（1380年）开始，燕王朱棣将在隆福宫里，度过他人生中

姚广孝墓塔　位于北京城西南房山区常乐寺村。

最无忧无虑的十年，并积极地为反攻北元做好准备。

功夫不负有心人。到了洪武二十一年（1388年），蒙古发生了内乱，阿里不哥的后代也速迭儿趁着蓝玉打败北元之际，截杀了北元后主脱古思帖木儿。

朱元璋一看机会来了，果断决定出手。洪武二十二年（1389年）的正月，由燕王朱棣和晋王朱棡做统帅，西线归晋王朱棡管辖，从太原往北走；东线则由燕王朱棣统帅，带着颍国公傅友德、南雄侯赵庸等人，从北平出发。

这是朱棣第一次真正意义上独自统兵，后来齐王朱榑也跟了过来，归朱棣统辖。一群人在北平，就等着开了春远征塞外。

朱棣一行人三月从现在北京密云的古北口出发，没想到路上正好碰上了大雪，按理说大雪行军属于作死。但朱棣年轻，不信邪，满脑子都是出奇制胜，就跟傅友德说：**“天雨雪，彼不虞我至，宜乘雪速进。”**就是说，雨雪天气，对面也猜不到我们敢在这种天气下行军，应该加速前进。

傅友德他们一听人都傻了，心说我们也想不到呀，正常人谁这么玩命，这种天气如果迷路断了补给，基本上就是全军覆没的结果，属于兵家大忌。但没办法，你不能和王爷对着干吧，敢跟朱元璋的儿子作对，你有几条命呀？所以就只能硬着头皮往前走。

结果走着走着，就走到了迤都，也就是现在的蒙古国苏赫巴托省境内，跟元军来了个脸对脸，碰到了当时的蒙古太尉乃儿不花。乃儿不花没想到朱棣能从这边冒出来，吓得拔腿就跑。结果当时朱棣手底下有个蒙古投降过来的叫观童。观童和乃儿不花是老朋友，一见面俩人抱头痛哭，捎带着就把乃儿不花劝降了。

这场仗打得非常漂亮，因为乃儿不花不是一个人，他是带着他完整的部落一起回来的，相当于不战而屈人之兵。而且，与之形成对比的，是西线晋王朱棡直接在敌国迷路，导致西路军毫无所获。所以，朱元璋评价道：**“肃清沙漠者，燕王也！”**这话一说，基本上奠定了朱棣作为北方东线的军事节制地位。

所以，假如没有任何意外，朱棣这只住在隆福宫里的燕子，将会逐渐被磨炼成一只傲视北方的雄鹰，他和他的后代也许会成为世代镇守边疆的一支贵族，就这么繁衍下去。北平也将因为政治中心的南移逐渐被冷落，成为类似于西安或是洛阳那样的故都。

只可惜，历史从不缺少意外。

庆寿寺之谋

意外发生在两年后的夏天，就在这一年，皇太子朱标因病逝世，年仅三十七岁。

朱标的死是一场“蝴蝶效应”，很快在整个大明朝引起巨大的风暴。

壹

首先承受不了这个打击的是朱元璋，老来丧子。洪武皇帝朱元璋戎马一生，活到七十一岁，已经是相当的硬朗了，估计朱元璋自己都没想到他是大明朝最长寿的皇帝。

古代人均寿命比较低，所以年纪大的皇帝免不了要面对皇太子英年早逝的问题。换成一般皇帝可能还好，但朱标属于开国皇太子，他当太子的时间跟朱元璋当皇帝的时间一样长，班底都给他搭好了。

早在洪武十年（1377年）的时候，朱元璋开始让朱标代理国政，比朱棣就藩北平还早三年。朱元璋连太子幕府都没有设立，所有的重臣全都在太子府有兼职。其中，开国第一文臣李善长担任太子少师，中山王徐达兼太子少傅，大将常遇春兼太子少保，后面跟着冯胜、刘基等一批名臣。

简而言之，朱标可能是整个明朝历史上最稳的皇太子，整个洪武朝只有一个“太子党”，就是朱元璋本人，其他人都得往后站。

结果朱标一死，朱元璋所有的政治安排全乱套了，必须把手底下那些人清理一遍才能安排继承人。所以，他被迫清理了蓝玉、冯胜、傅友德等一批大将，导致本来人才济济的明朝军界居然出现了青黄不接的尴尬现象，也为后面建文朝的无人可用埋下了伏笔。

朱标之死的另外一个影响就是迁都。在这之前的几年里，朱元璋改变了建国之初的思想，开始谋划着迁都的问题，但不是迁到北京，而是迁到长安（今西安）。因为汉朝和唐朝的首都都在这儿，从历史角度上说正儿八经地经营中原，这里最合适。

洪武二十四年（1391年）的时候，正好在西安就藩的秦王朱樉多次犯错，朱元璋急了，把他叫回了南京，臭骂了一顿，责令他反省一年。然后，朱元璋派出太子朱标去西安巡视，捎带着勘察一下迁都的准备工作。

没想到可能是水土不服，朱标从西安回来以后突然一病不起，在病中还上疏筹建新都的事，结果第二年直接暴毙了。这件事导致朱元璋一看见西安俩字就有心理阴影，迁都的事情也就不了了之了。

朱标一死，朱元璋就得重新安排继承人。过去的家族传承是按分支走的，从朱标确立太子开始，基本上朱标的血脉就是属于"帝系"，除非帝系血脉断绝，否则不太可能考虑其他人。所以，朱元璋就把孙子朱允炆确立为了皇太孙，准备让他继承大统。

洪武三十一年（1398年）的闰五月，朱元璋病逝于南京，葬在了明孝陵，就在现在南京的紫金山风景区。朱允炆毫无争议地继承了帝位。

过去皇帝继承帝位，干的第一件事就是颁布先帝的遗诏，得先表明自己的合法性。而且，朱允炆并不是朱标的长子，他是二儿子，上面还有个大哥，只不过后来夭折了。结果在给朱标出殡的时候，朱允炆哭得撕心裂肺的。朱元璋一看这孩子真孝顺，再加上朱允炆熟读儒家经典，很符合朱元璋心中的"仁君"形象，就把朱允炆立为太孙。因此"仁孝"属于朱允炆的标签，别管是不是真的，起码得把牌子打出来，所以遗诏显得特别重要。

朱元璋的遗诏上有一条特别引人注意，就是"诸王临国中，毋至京师"。翻译过来就是，藩王们在自己的地盘悼念一下就行了，用不着来一趟京城了。

这一点问题比较大，按理说当爹的去世，儿子奔丧属于正常礼节。所以，很多人从这里开始就觉得，朱允炆已经对叔叔们起了戒心了，否则不会这么不近人情。

这下也搞得朱棣非常郁闷，自己亲爹临终一面都见不到，只能在北平哭几声。结果还没等哭完呢，那边的建文帝朱允炆就开始削藩了。

贰

朱允炆放到今天来说，属于那种假装好孩子的文艺青年。朱元璋在的时候还比较老实，结果一当上皇帝直接开始放飞自我了。爷爷“洪武”，我“建文”，天天跟齐泰、黄子澄等一群书生在那里纸上谈兵，商量着把这个国家改为井田制，就是跟商朝的农业制度一个水平，非常富有理想主义色彩。

这时候，建文帝手下的一群儒生们就开始建议了，说：“咱们这么改制，很容易遭到反对，谁敢反对呀？大臣们肯定不敢，有这个胆子的都被太祖给带走了，只有皇上您的那些叔叔，仗着辈分比较高，敢教训您，所以我们开始‘削藩’吧。”

朱允炆一听，乐了，早就看这些叔叔们不顺眼了。《明史》载，朱允炆还是皇太孙的时候，就在当时明故宫的东角门边上跟黄子澄聊天，说：**“诸王拥重兵，多不法，奈何？”**就是问他，这些叔叔一个个兵强马壮的，而且都不太守规矩，怎么办。黄子澄马上回答：**“诸王护卫兵，才足自守。倘有变，临以六师，其谁能支？”**您叔叔那几个兵自我防卫还可以，真要是打起来，朝廷大军一到，全都完蛋。

这一听就是书生之见，打仗哪是单纯拼人数呀？但这俩人一个敢说一个敢信，朱允炆居然当真了。朱允炆继位之后，马上把黄子澄找了过来，开口就是“先生忆昔东角门之言乎？”，您还记得咱俩当年在东角门时聊的雄心壮志吗？黄子澄马上跪下磕头，表示不敢忘。

其实“削藩”这个思路本质上是没有问题的，因为要加强中央集权，“削藩”是必然的。中国几千年来都这么干，不然藩王很容易尾大不掉。但“削藩”不是平叛，藩镇的存在是合法的，人家藩王合法的权利被剥夺，后果会很严重。

因此我们看历朝历代，“削藩”都是一场持久战。比方说汉朝，历经汉文帝、汉景帝、汉武帝三代明君，才把这件事摆平，即使是这样也出现了“七国之乱”这样的局面。但朱允炆完全没想这么多，说干就干。

朱允炆当时的一个优势在于，排名比较靠前的藩王在洪武朝的最后几年都死的差不多了，其中老二秦王朱樉病死在洪武二十八年（1395年），晋王朱棡则病死于洪武三十一年（1398年）的三月，比老爹朱元璋早了三个月不到。这样一来，燕王朱棣就成了建文帝最年长的皇叔，而且离得比较远。

这时候，朱允炆有两个“削藩”思路。第一个思路就是“擒贼先擒王”，这是齐泰的建议，挑最硬的骨头啃下来，直接削掉四叔燕王朱棣，这是年纪最长而且军功最大的一位藩王，摆平了他，其他人肯定没人敢反抗。但朱允炆想了一会儿，还是动摇了，决定按照另外一个思路，先从软柿子下手。

谁是软柿子呢？周王。周王朱橚和朱棣一个娘生下来的胞弟，而且人就在凤阳，离得比较近。所以，朱允炆等人就教唆周王的二儿子朱有爋，告发周王谋反，并承诺封朱有爋为王。

这件事干得相当不地道。朱橚是个老实人，属于学者类型的王爷，热爱医学事业，他编纂的《救荒本草》，后来被李时珍写《本草纲目》时大量引用。这种人哪有精力造反，编书的时间都不够用的。但朱允炆不管这个，自导自演，直接把周王押回南京囚禁起来了。

有了第一个，下面就好办了。短短几个月的时间，建文帝连续举起“削藩”的大刀，代王朱桂、齐王朱榑、岷王朱楩、湘王朱柏先后落马。一年削掉五个叔叔的王位，成绩斐然。

其中，代王和齐王等人还好，只是被圈禁或者是被废为庶人。湘王就比较惨，估计是心理落差比较大，心想父皇在的时候我活得好好的，现在侄子对我动手动脚的，一气之下，直接自焚而死。

到了这份儿上，朱棣就是再傻也明白过来了，造反是很难造反，可也得做两手准备。何况这一年里建文帝没少敲打他，他刚继位不久，就开始拿着隆福宫说事，说他僭越。

朱棣很愤怒，我都在这住了快二十年了，欲加之罪，何患无辞，直接回信道：**“谓臣府僭侈，过于各府，此皇考所赐……盖《祖训录》营缮条云，明言燕因元旧，非臣敢僭越也。”**意思是，这地方是太祖爷给我的，我接手以后连块瓦都没敢加，当年《祖训录》里就讲了，跟其他王府不一样，不服你去查。

建文帝一看，不吱声了，他还没胆子跟朱元璋的遗训过不去，不过这不耽误他从别的地方下刀子。他扯了一个理由，说蒙古军队有可能要南下，把朱棣手底下的军队调到了开平。我们之前讲过，开平就是元朝的上都，在现在的内蒙古境内，当时离蒙古军队还远着呢。

朱棣自己就在抗击蒙古军队的一线，哪能不知道消息的真假，气得鼻子都歪了，但也没办法。之后，建文帝又把朱棣的得力手下观童，就是之前劝降乃儿不花的那位调走，派宋忠过来管理朱棣的军队。朝廷又在北平城安排了张昺为北平布政使，谢贵、张信为都指挥使，就在北平城内。当时北平城不算太大，所以基本上对朱棣开启了全天候的监视。

到这一步，朱棣头都大了，造反又打不过，老实待着又被朱允炆折腾，这种情况必须找个地方静静心，琢磨琢磨下一步怎么走。

去哪儿呢？庆寿寺！

叁

庆寿寺始建于金章宗大定二十六年（1186年），位置就在现在北京的西单边上。对于明代初年的北平城来说是很有名的宝刹，距离朱棣所住的隆福宫也很近，走路不到10分钟的路程。元朝大汗蒙哥在这里建了两座佛塔，所以又被称为“双塔寺”。这对佛塔一直到新中国成立后都还保存着，直到1953年西长安街扩建才被拆除，这让建筑学家梁思成倍感痛心。

当然，朱棣去庆寿寺肯定不是为了看双塔，而是去找一个住在庆寿寺里的老和尚，和尚法号道衍，俗名姚广孝。

姚广孝是元末明初那个乱世特有的人物，他本人出身于医学和儒学世家。这种世家在元朝很多，都是被民族制度坑惨的人。之后，他在姑苏出家，法号道衍，拜的老师却是著名的道家名师席应真，也就是说他一个人贯通佛道儒三家。传说这老和尚双目三角眼，跟之前兴建元大都的那位刘秉忠一个相貌，属于“病虎”之相，主一生杀伐。

当年马皇后去世之后，朱元璋为了纪念她，就派了一批僧人，跟随儿子们去就藩，引导着儿子们信佛，为马皇后祈福。姚广孝的路子比较广，和当时的文人领袖宋濂、高启等人关系很好，再加上是难得的“通儒之僧”，就被派到燕王朱棣身边，和朱棣非常聊得来。很多人觉得姚广孝应该和朱棣是一代人，但实际上他只比朱元璋小七岁，算是朱棣的长辈，更像朱棣的老师。

一见面，朱棣就问姚广孝这事怎么办，总不能活活等死吧。结果姚广孝一开口，大不了咱们就造反呗。

朱棣一听，人都吓傻了，心说这到底是谁被“削藩”，怎么老和尚比我还急？其实很好理解，姚广孝那会儿都六十多岁了，佛道儒学了一辈子，再不找机会疯狂一把，满腹经纶就带到棺材里去了，所以力劝朱棣造反。

问题是当时朱棣手底下的军队都没多少了，就剩下一群护卫，加起来大概不到千把人，这要是造反，难度不比老爹朱元璋起家来的小。何况朱元璋还算是乱世出英雄，浑水摸鱼成功率比较高。现在大明已经建国三十多年，天下太平，中央政府的威信很高，你一个叔叔去和侄子抢位子，说破大天也不占理。所以，朱棣哆哆嗦嗦地问了一句：**“民心向彼，奈何？”**

造反这种事没什么回头箭，要么一飞冲天荣登九五，要么全家被诛九族。既然准备动手，甭管动机是什么，总得奔着成功的目标冲。但在古代，你想得天下，第一要素就是大义民心。比较典型的就是晋朝，连续三代弑君上位，这样造成的后果是别人觉得你得国不正，你能上我也能上，那国家就完蛋了。

这个时候，老和尚很霸气地回答道：**“臣知天道，何论民心。”**摆明了就是要流氓，管民心干吗，咱造反属于替天行道，跟宋公明哥哥一个级别。

而为了给朱棣洗脑，姚广孝还劝说了自己的好朋友袁拱和金忠去辅佐燕王。这俩是干吗的呢？一个是相面的，一个是占卜的，主要的作用就是给朱棣洗脑。这下朱棣就开始坚定信心了，至少要做最坏的打算，不然就得跟湘王一样在隆福宫里自焚了。

既然确定了想法，那很多事就好办了，姚广孝当仁不让地接过了最重要的任务，练兵。

现在我们回看这一段历史，会感慨这老和尚真的是造反专业户出身，构思太缜密了。《明史》记载，姚广孝**“穴地作重屋，缭以厚垣，密甃翎瓴瓶缶，日夜铸军器，畜鹅鸭乱其声”**。意思是，挖了地洞，盖上厚墙，埋下了大量的瓷缸，用来吸收声音，然后开始造兵器。就这还不算完，又养了一群鹅和鸭，扰乱练兵和打造兵器的声音。

这里也亏了是隆福宫，如果换成普通的王府，根本不可能完成这些活动。隆福宫的面积大，这些全部在燕王家的后院就办妥了。就这样，在姚广孝的安排下，造反的物质条件就这么具备了。

但打造兵器、选拔将领、制订作战计划都需要时间。这时候，姚广孝又给朱棣出了个主意，让他装疯，以此来迷惑建文帝，反正天高皇帝远，他也没法当面确认，只要把北平这些盯梢的瞒过去就行。

所以，朱棣在建文元年（1399年）的六月，开始装疯。他大夏天穿着皮袄在北平的大街上乱跑，又哭又笑，时不时地抱着个炉子喊冷。张昺和谢贵他们几个一看，六月天你不吃冰镇就算了，还吆喝冷，马上就信了，赶紧汇报给建文帝，说您四叔疯了。

但这种事情也就瞒一下外人，朱棣不可能天天穿着皮袄，回到家就脱下来了，要不然回头中暑就麻烦了。所以，当时燕王府的长史，也就是大管家葛诚，一看朱棣回去以后判若两人，就明白了，燕王是装的。他为什么装呢？肯定是想造反，就跟张昺和谢贵告了密。

建文帝一听，装的？马上告诉都指挥使张信，赶紧找机会把朱棣抓起来，南京也有“精神病院”，不差他这一个。

到这一步，造反已经是一触即发的事情了。

从北平到南京

现在我们常常讲，历史往往是由无数个小人物构成的，而张信可能就是其中之一。最终让建文帝万万没想到的是，张信这厮看上去浓眉大眼的，居然反水了。

壹

如果按照建文帝的安排，张信应该找一切机会抓捕朱棣。结果这件事被张信的母亲知道了，就劝儿子说，我早就听说燕王要夺取天下，这种人是抓不得的。不知道老太太在哪听说的，真要有这样的流言，估计朱棣早就死十次了。张信就去找到朱棣，想把实际情况告诉他。

一开始朱棣压根不敢见，张信去了两次，连门都不让进。所以，张信急眼了，想了个办法，直接找了一辆妇人坐的小车，伪装成女眷，进入了燕王府的后苑，这才见到了朱棣。

刚一见面，朱棣还在装，跟中风一样，不说话。张信说您甭装了，我都知道了。朱棣马上回答：**“疾，非妄也。”**意思是说，我真有病，不是假的。

张信一听，乐了，病人哪有自己承认有病的，这演技也太差了。他就告诉朱棣，你要是再装，我就按照命令直接动手了。

朱棣这才明白过来，这兄弟真是来帮忙的，马上叩首拜谢，说您这是救了我全家老小呀。然后，燕王朱棣马上联系姚广孝，养兵多日，用兵一时，马上召开动员大会，咱也替天行道一把。

结果这件事比较匆忙，没选好日子，那天风雨大作，直接把房顶上的瓦片都给掀起来了，落在地上。过去出征都得找个风和日丽的日子，大风吹瓦，相当不吉利，会直接影响士气。朱棣自己也㞞了，当场就变了脸色。

这时候，姚广孝站出来了，一开口就是：**“祥也。飞龙在天，从以风雨。瓦堕，将易黄也。”**这话简直绝了，意思是说这太吉利了。为什么有风雨？说明飞龙在天呀；瓦片为什么掉了？说明灰瓦不能用，得换黄的，什么人用黄瓦，皇上呀！一段疯狂解释，成功地把士气提上来了。

动员完了士兵，就该动手了。首先就是得控制北平城，这对朱棣来说太容易了，他在这里混了接近二十年，要是连个北平都稳不住，那干脆就别起兵了。

当时北平城还保存着元大都的建制，一共九座城门，朱棣只用了一晚上就取得了所有城门的控制权，捎带着杀了叛变的长史葛诚。这就正式打响了对抗建文帝的战争，号称“靖难”。

“靖难”是一个简称，全称是“奉天靖难”，跟姚广孝当时在庆寿寺里的话差不多。另外给出的口号是“清君侧”，就是说不是我侄子想除掉我，而是齐泰、黄子澄那些小人挑拨的。

而且，这话也不算瞎扯，因为朱元璋在《祖训录》里面写得很明白：**“朝无正臣、内有奸恶，必训兵讨之，以清君侧之恶。”**朱元璋的意思是，如果朝廷上奸邪当道，藩王可以组织军队讨伐奸邪之人，让皇帝身边干净一下。

问题是朱元璋说这话的时候没琢磨过来，到底怎么算奸恶？这样一来，等于给了藩王一个合法造反的理由，当然一般情况下没人用。但是，到了朱棣这里，起码证明了自己的合法性，这在造反的过程中非常重要。

这边建文帝一看四叔造反了，很高兴，因为在他的认知里，这种造反基本上等于送死，而且给了他一个“削藩”的理由。所以，他就派出了老将耿炳文，去镇压燕王的叛乱。

耿炳文是明朝当时硕果仅存的开国元勋，当时已经六十多岁了，跟徐达是一个等级的功臣。只可惜打仗这种事不看年纪，耿炳文一开始也没太把朱棣当回事，没想到朱棣敢主动出击，遭朱棣当头一棒，大败于真定府（今河北正定县），随后采取了守势。

建文帝一看，急了，这到底谁造反呀，你去平乱怎么还守着不动呢？果然老同志靠不住，没冲劲，就让耿炳文回来，换上了曹国公李景隆。李景隆在对付周王的过程中出了很大的力，是“削藩”的一把好手，所以朱允炆可能觉得他行，就让他统兵镇压朱棣。

贰

从某种意义上说，李景隆打朱棣是无论如何也不可能输的，双方兵力悬殊。当时李景隆手底下有差不多五十万大军，整个江北都归他节制。但是，朱棣戎马半生，对李景隆这种靠祖上功勋起家的货色太了解了，他对付一下手无寸铁的周王还行，真打起来基本上不行。所以，朱棣评价他为**“纨绮少年耳”**，花花公子，啥都不会干。

而且，朱棣也明白，造反这种事情，你要指望防守，那肯定是必死之局，所以他选择了主动出击。由姚广孝和王妃、世子坚守北平城，自己带兵穿插到敌人的后方。

那段时间，理论上是“靖难之役”中朱棣最艰难的时候，因为李景隆就算再草包，朱棣老巢就在北平，所以举兵攻打北平。

千钧一发之际，世子朱高炽，也就是朱棣的大儿子开始站出来了，说：**“君父身冒艰险在外，此岂为子优逸时？且根本之地，敌人所必趋者，岂得不御备。”**我爹在外头拼命，现在哪里是当儿子在这享福的时候，而且北平城是老窝，敌人也不傻，肯定过来，必须做好准备。

朱高炽是个大胖子，而且身体不太好，但他咬着牙，**“每四鼓以起，二鼓乃息”**，二鼓相当于晚上9时到11时，四鼓差不多是现在凌晨不到3时，朱高炽每天晚上11点才睡，凌晨两三点爬起来巡逻，确实够拼命的。当时姚广孝是他的老师，这俩不愧是师徒，可能一碰上造反都比较亢奋。

燕王妃作为徐达的后代，也不是吃素的，不光帮助参考城防部署，甚至亲自上阵，带着城里的娘子军参加防守。后来，一直到好多年后她本人临终之际，都始终记得这些军嫂们，并嘱托儿子朱高炽多加抚恤。

但即使是这样，当时也打得非常困难。当时明军的大将瞿能，一度从彰义门登城。彰义门就是现在的广安门，在当时北平城的西边。眼瞅着城要破了，但李景隆给了机会，感觉早晚都能打上去，干吗把功劳给瞿能呢？所以，就让瞿能回来了。朱高炽一看，马上亡羊补牢，往城墙上浇水。那时候已经是北方的冬天了，第二天城墙上冻了一层冰，根本上不去，这才勉强守住。

北平城没打下来，朱棣就有了发挥的空间了，从后面包抄李景隆的大军。李景隆一看，害怕了，直接跑回了德州。当时南北交通主要靠大运河，所以德州属于战略要冲，等于李景隆直接把整个河北（当时叫直隶）给丢了。

这算是朱棣在“靖难之役”中第一个大胜仗。回去之后将士们给他庆功，说燕王用兵如神，朱棣都没好意思承认，说**“此适中尔，无所喜也”**，说这都是运气好，没什么好高兴的。朱棣自己也在后怕，万一北平真被端了，那基本上属于必死之局。所以，还是得感谢李景隆。

但是，就算打赢这一场，对于朱棣来说成功依然遥不可及，因为当时全国的大多数地方还是在建文帝的控制下。所以，之后的几年里，朱棣带着他的军队在中国北方展开了艰苦卓绝的斗争，打得非常惨。

当时济南是块硬骨头，李景隆在接连战败后逃到了济南。当时的山东参政铁铉和李景隆手下大将盛庸不信邪，就在济南城跟朱棣硬杠，硬生生地把朱棣挡在了北方。然后，朱棣一看打不下来，想走。盛庸等人趁机追杀，让朱棣大败于东昌，还折损了手下大将张玉。

这次失利让朱棣非常恍惚，一度打起了退堂鼓。关键时刻，还是姚广孝站了出来，鼓励朱棣重振旗鼓，第二年，在河北打败了盛庸。

叁

一场胜仗当然不能说明什么，因为造反这种事风险很高，百胜不足定乾坤，一败足以失天下。

不过打到了这一步，姚广孝开始慢慢地琢磨过来了，就劝朱棣：**“毋下城邑，疾趋京师。京师单弱，势必举。”**就是说，别天天盯着济南那些城市了，你是“清君侧”又不是“清济南”，在这耗着没用，直接冲南京，南京的兵都调出来放在江北了，直接杀进去这事就稳了。

姚广孝看明白了这场战争的实质，不是纯粹意义上的造反，这是叔叔打侄子，打来打去天下还是姓朱。建文帝说破大天也就是一个皇帝的名号，你冲进南京当了皇帝，那些军队就都是你的了。

朱棣一听，明白了。所以，建文三年（1401年）的十二月，朱棣带着军队直接绕开济南和徐州，长驱直入，几个月就冲到了长江边上。而且越往南打越好打，像扬州和泗州，比较认可“朱元璋儿子”这个身份，直接投降了。

就这样，到了建文四年（1402年）的六月二号，朱棣直接杀到了南京的郊外，就是现在南京市的浦口，准备过江。到这一步，朱棣距离他大侄子朱允炆只有几十里路的距离，放到现在坐地铁也就半个小时的时间。

到这一步，朱允炆慌了，就想割地求和，咱俩叔侄按长江一人一边。朱棣一听，生气了，可能是觉得侄子在侮辱他的智商，这缓兵之计也太低级了。直接放话说：**“吾今救死不暇，何用地为。”**我人都快死了，要地有什么用，干净利落地就过了江。水军一看人家叔侄两个相攻相杀，咱也别掺和了，果断投了降。

到这一步，南京城已经算是近在咫尺了，但打南京是一件很难的事情，打个济南都这么费劲，何况当时的首都南京呢。这要是拖得久了，估计赶回来支援的军队能把朱棣生吞活剥了。

关键时刻，又是李景隆站了出来。他一琢磨，当时我带着五十万大军都没打过朱棣，现在更打不过，所以直接开了城门，卖给朱棣一个面子。就这样，几乎是兵不血刃的，朱棣就打进了南京。从渡江到进城，朱棣一共花了不到十天。从某种意义上来说，李景隆帮助朱棣创造了冷兵器时代的战争奇迹。

进了城的朱棣第一反应就是找侄子算账，但可惜没见到。朱允炆一看四叔进城了，吓得点了把火，自焚而死。关于建文帝到底死没死这件事，历史上争议比较大，有传说他到了正统年间还活着。不过，这已经不重要了，因为新的时代来临了。

在假模假样地悼念了一番朱允炆以后，朱棣毫无争议地荣登九五，改元“永乐”。

肆

永乐帝上台后的第一件事，就是把“建文”这个年号取消。他宣布建文四年为“洪武三十五年”，这个非常重要。因为这直接决定着，朱棣的皇位到底来得正不正。

如果承认“建文”这个年号，就意味着明朝的帝系还是“朱元璋—朱标—朱允炆”，那么朱棣就相当于“外人”，是毫无争议的篡位。但是，现在一否认“建文”，帝系就变成了“朱元璋—朱棣”，纯粹父子之间的传承，所以简单的一个年号，背后所含的意义非常深远。

再接着就是要面对建文朝的老臣了，黄子澄、齐泰甚至铁铉这些人不用说，基本上就是诛九族，但有一个人，让朱棣感到很棘手。

这个人就是建文帝的近臣方孝孺。当初建文帝跟朱棣商量割地求和，主意就是方孝孺出的。他相当于建文帝的半个老师，天天给学生灌输心灵鸡汤，比如劝建文帝说北方士兵不擅长水仗，咱在长江上跟他们决战，结果没几天朱棣就过江了。

按理说，这种书呆子没有任何用处，成事不足，败事有余，又属于“清君侧”的范畴，直接杀了就完事了。但是，早在北平还没出兵的时候，老和尚姚广孝就对朱棣再三叮嘱，千万不能杀方孝孺，这个人是文坛领袖，你打天下可以刀枪棍棒，治理天下还是得靠文人，因此留他一条命，便于收买人心。

方孝孺是宋濂的学生，宋濂编写了《元史》，方孝孺总编了《太祖实录》。在古代，能负责修这种正史的，绝对都是官方认证的文坛硕学加朝廷重臣。比如说，元代负责编史的脱脱帖木儿，就是当时的宰相，从治理黄河到镇压红巾军都有份，编史顶多算兼职。

那既然姚广孝都开了口，再加上确实需要收买人心，于是朱棣就耐下性子，忍了方孝孺。不光没杀他，还让他继续当官，反正大明朝不差你这一口饭吃，也算是一段佳话。

结果，没想到方孝孺给台阶不要，犟劲上来了。朱棣让他上朝，他直接穿了一身丧服，哭哭啼啼地就过来了。朱棣的脸色很难看，但还是安慰他：**“先生毋自苦，予欲法周公辅成王耳。”**就是您别伤心了，我这是学周公辅佐成王，帮我侄子一把。

谁知道方孝孺还是不罢休，就质问朱棣，你干吗不立你侄子的儿子当皇帝呀，你想干吗呀？问来问去把朱棣问急了，来了一句**“此朕家事”**，我们老朱家内部矛盾，你管不着。然后就让方孝孺起草继位诏书。

按理说到这一步，给个台阶您就下呗。没想到方孝孺把笔直接摔在地上，说：**“死即死耳，诏不可草！”**这诏书打死不写。

朱棣一看，火了，说那你就去死吧。直接下令把方孝孺车裂，就在当时的南京明故宫的午门外。现在南京市的午朝门公园正是明故宫的遗址，进门不远有一块“血迹石”，相传就是方孝孺的血迹溅在上面染的。

现在传的比较邪乎的是方孝孺被诛十族的故事，意思是朱棣一气之下，诛杀了方孝孺传统的九族以外还加上师生关系，凑了个整数。

方孝孺血迹石　现存于南京明故宫遗址，相传为方孝孺被车裂时的血迹染成。

其实，这件事属于传说，最早见于祝枝山所写的《野记》，原文很具有神话色彩，不怎么可信。因为《明史》里记载的很明白：**“万历十三年三月，释坐孝孺谪戍者后裔。”**就是说，明朝中晚期以后被方孝孺牵连的人的后代还活着，只是方孝孺本人一家老小被灭了门。何况当时方孝孺是文坛领袖，弟子、门人很多，永乐帝要是真按师徒关系去诛杀，那大明朝估计会陷入动荡，所以这不可能。

现在方孝孺的墓就在南京的雨花台。方孝孺在万历年间被平反，当时写《牡丹亭》的汤显祖正好在南京，就给他修建了坟墓，后来清朝的李鸿章也曾经帮助重修。

无论怎么说，方孝孺的反抗给了永乐帝当头一棒，让他意识到他所建立的政权并不是简单的叔侄互换。因为建文帝无论多么不堪，但在读书人眼里却很符合“仁君”的形象，这为永乐帝收服人心造成了很大的障碍。

朱棣本来以为方孝孺的事件会是一个结束，但他没想到这仅仅是一个开始。

就在永乐帝登基没几天，一个叫作景清的人开始发难了。

景清建文初年在北平做过官，和当时还是燕王的朱棣关系不错，后来回了南京任职。永乐元年（1403年），朱棣加封他为御史大夫。

结果就在一天早朝，景清穿了一身大红衣服，带着刀子就进了朝堂。忽悠朱棣说“异星赤色犯帝座，甚急”，翻译过来就是天上有一颗星星变成了红色，冲撞了皇帝所对应的位置，这事比较急，能跟您聊聊吗？

那个时候的人都比较信这个，但这事应该归钦天监管，你一个御史大夫这么急干吗？何况那一天是早朝，不是大朝会，我们讲过明朝四品以上官员穿红色，那是正式朝会才这么穿，平时都是常服。所以，朱棣就怀疑了，觉得景清很反常，就让人搜他的身，结果把刀子搜出来了。朱棣一看，既惊且愤。

这时候，景清一看事情败露了，就开始骂朱棣，说我是为了建文帝报仇来的。朱棣怒火中烧，好心当成驴肝肺，我给你升官，你还为了我侄子要杀我，直接让人抽他。结果可能是当时朱棣离得比较近，景清一口血直接喷在了朱棣的龙袍上。朱棣大怒，直接把他车裂了。

方孝孺和景清，是当时比较突出的为建文帝死节的文人，但绝不是孤军作战。很多文人在朱棣进城的时候就直接自杀了，比如理学大师程颐的后代程本立，服毒自尽。再比如礼部右侍郎黄观，更绝，全家都投水而死。

这些人在精神上给了朱棣很大的打击，因为他感觉和南方的这些文人没法沟通。这里面有很多人都是从宋代开始就传承的文化世家，而朱棣在北平待了二十年，是一个豪爽的北方汉子。

所以，在南京的皇宫里待着，朱棣感到了精神上的孤立和政治思想上的格格不入，他必须打破这种僵局，为明朝的政治文化注入新的力量。

朱棣开始动了迁都的念头。

午时三刻一把火

如果我们回看历史，朱棣的迁都想法在很早就有体现。甚至在某种意义上说，朱棣作为皇帝的政治生涯中，绝大多数时候都在为这一刻做着准备。

壹

《明太宗实录》记载，早在永乐元年（1403年）的正月，当时的礼部尚书李至善比较擅长拍马屁，看出皇上的心思来了，就上疏，说：**"昔帝王或起布衣定天下……肇迹之地皆有升崇，切见北平布政司，实皇上承运兴之地，宜遵太祖高皇帝中都之制，立为京都。"**

这话太上道了，意思是说过去皇帝只要获得天下，他发家的地方肯定要得到推崇。现在北平是皇上您发家的龙兴之地，应该跟您老爹把老家凤阳定为"中都"一样，把北平也定为京都。

朱棣听了很开心，但也得矜持一下，何况南京城当了三十多年首都了，遗老遗少的贵族比较多，一下子改了也不合适。所以，只是把北平改成了"北京"。

从此以后，明朝相当于有两个真正意义上的都城了，凤阳作为"中都"已经边缘化了，而且离南京太近，不太具备实际意义。而南京则被称为“京师”，说明还是中心，而北京则被称为“行在”，意思是天子巡游途中所在的地方。

大臣们一看，只要不傻基本上都懂了，皇上要准备迁都。

不过，好在当年朱元璋的时候就做了铺垫，朱元璋晚年讲得很明白：**“本欲迁都，今朕年老，精力已倦。又天下新定，不欲劳民。且废兴有数，只得听天。”**就是说，我本来想迁都，但年纪大了，加上天下安稳没多久，就别折腾了，听天由命算了。所以说，对于迁都的事，大臣们都有心理准备。

到这一步，朱棣也就不藏着掖着了，三月春天一到，就宣布开海禁，走海路运输物资到北京，而且每年如此。而且，迁徙了很多人口去北京，从这开始，北京城

通州北运河　南方的漕运运到此处后再转运到北京。

真正意义上的建设开始了。

当然，只开海运肯定是不够的，因为那个时代海运虽然快，但是成功率比较低，而且不准时，这就很麻烦。而且，朱棣的定位中，北京不仅是未来的首都，也是北伐的前线总指挥部。在北方打仗，发兵的时间很有讲究，得春夏出发，总不能军队齐了，军粮还不到。

而且，将来北京的人口肯定会大规模增加，把吃饭问题交给大海，那北京也就不用建天坛了，家家户户供奉龙王爷算了。所以，朱棣做了一个对明清两代政治影响极深的决定，那就是开通漕运。

漕运的意思是通过大运河直接把南方的粮食运到北方，思路有点像现在的南水北调。这样一来，直接产生了两个影响。

第一就是北京的建都稳住了，不然解决不了粮食问题，北京城就谈不上建设。第二就是从这以后，北京等于把经济命脉交到了南方手里，这将在未来产生一系列的连锁反应。

粮食一解决，再往后就是宫殿了。过去的京城不像现在，皇宫占地面积很大，基本上可以称为“皇城”。

贰

明朝建宫殿，跟元朝一个路子，讲究的是先“天文”后“地理”。天文注意的是得把“一点一线”给定住。首先，这个跟国运相关，古代人很讲究这个。其次，总不能开始的时候先建一批，回头随心所欲地添，到最后皇上跟老百姓抢地方，弄得跟“拆二代”一样，那不好规划。

“一点”说的是天文学上的紫微宫，又叫紫薇垣。《宋史·天文志》里讲了**“紫薇垣在北斗北，左右环列也”**，紫微星是古代天文学里面的帝王星，其他星辰都围绕它转。所以，紫薇垣对应的就是“三大殿”的区域，然后以“三大殿”为中心，再去建设其他宫殿。

在秦汉和唐宋，宫城都是以紫薇垣为中心，比如唐代的杜甫比较爱国，就曾经写过：“紫薇临大角，皇级正乘舆。”而到了元代，蒙古人的皇城是逐水草而居，所以是围绕着太液池建的，偏离了紫薇垣，就不能叫作紫禁城。汉族人不讲究这套，反正不放羊，到朱元璋的时代又给改了回来。

现在我们讲紫禁城的“紫”，就是紫薇垣的意思。要是非得抠字眼，北京故宫的历史，那正儿八经算起来是从元朝开始。但是，如果讨论“紫禁城”的历史，不好意思，元朝那个就不能算，毕竟连个“紫”都没有。

因此理论上的“紫禁城”不止一个，秦汉、唐宋的皇城都能叫紫禁城，不过现在都没有了，所以“紫禁城”成为明清皇宫的专属称呼。

“一线”就是中轴线。这一点的思路也和元朝一样，先定中轴线再安排建筑。因为这根线相当于中国的“零度经线”，得定时，总不能皇上在北京看时间按四川的时区走。因此这根中轴线又叫“龙脉”，动不得。

后来，清朝的贪官和珅，把康熙皇帝“天下第一福”的碑文从皇宫里偷了出来，放在自己家后院的假山山洞里。和珅家就是现在的恭王府，嘉庆皇帝抄他家的时候本来想把石碑弄回皇宫，结果和珅比较有心机，直接把假山造在了中轴线上。嘉庆皇帝一看，傻眼了，犯不着为了一个“福”字把“龙脉”挑了，干脆就那么着吧。所以，这块碑现在还在恭王府假山的秘云洞里。

确定好了“一点一线”，就得开始动工了，图纸基本上都是现成的。

之前说了，北京紫禁城的建设有两个蓝本，第一个就是南京的故宫，我们现在看明故宫的复原图，从端门、午门到奉天、华盖、谨身“三大殿”再到后面的东西六宫，基本上规制是一样的。而修好了紫禁城，后续城市整体的配套设施其实都好办。

第二个就是当年被朱元璋叫停的凤阳“中都”宫殿，虽然停工了，但是图纸保留了下来。所以，从南京到凤阳再到北京，基本上一脉相承，后来《明朝典汇》里说得很明白：**“凡庙社、郊祀、坛场、宫殿、门阙，规制悉如南京。”**

有了图纸就好办了。所以，在永乐四年（1406年），永乐皇帝就下诏，说：**“以明年五月建北京宫殿，分遣大臣采木于四川、湖广、江西、浙江、山西。”**意思是说，明年在北京造房子，今年先找一下木头。

从元朝开始，宫殿建造就大量地使用楠木，因为楠木木质好，结构紧密，纹理也漂亮，不易变形。但是，找楠木特别费劲，因为需要找成材的，树要是比人都矮，你好意思拿去造房子吗？

朱棣运气比较好的是，虽然元朝也用楠木，但是元朝比较乱，除了忽必烈以外用的不多，所以还能找到不少好料子。

现在故宫里已经没有当时永乐时期的原样建筑了，但从永乐皇帝的陵寝长陵祾恩殿所使用的木料来看，最大的木料高14米，直径约1.2米，这在后世的帝王来说基本上不敢想。祾恩殿当然不能和“三大殿”去比，可以想象当年的故宫有多气派。

为了找木头，当时的工部尚书宋礼连办公室都坐不住了，大老远地从北京赶到四川，亲自盯着手下找木头。楠木主要生长在南方，尤其是四川和云贵，路特别难走。为了找楠木，人在深山老林里出点意外太正常了，当时的四川人甚至达到“入山一千，出山五百”的程度。

当时有个吏部主事萧仪，比较不怕死，写了一首诗叫《伐木谣》，里面写得很真实，跟唐朝白居易的《卖炭翁》有一拼，里面就说：

去年拖木入闽关，后平山里天正寒。
夫丁已随瘴毒殁，存者始惜形神单。
稚子多孤母多老，几度临门望归早。
火伴还家始报音，遗骸已润荒山草。
官家役簿未除名，孤儿嫠妇仍登程。
去年丁壮已殒殁，今年孤弱知无生。
君门如天多隔阻，圣主那知万民苦。

而且，这木材不是说找到就完事了，还得运到北京去。人力是不可能的，爬山都费劲，更不用说扛木头了。所以，必须等夏天，暴雨引起山洪，把木头冲下山，然后拖到江里，走水路运到北京。

有的时候，人跑得没水快，木头丢了，那不好意思，运木头的人全都论罪处死。这件事放到现在来看相当不讲理，我找的木头，我丢了怎么了，回头再给你找一根不就完了吗。不好意思，普天之下，莫非王土，你找到就不是你的了，是皇上的，弄丢了皇上的木头你还想活着？

所以，运一根木头都这么麻烦，何况其他的材料呢？这也就导致紫禁城的建造速度并不快。而且，建宫殿这种工程，对于国家来说属于标准的锦上添花，所以但凡国家有点事手头紧，工程就得暂缓，因此紫禁城的建设准备工作持续了很多年，一直断断续续地做。

叁

虽然宫殿暂时没修好，但是也不耽误朱棣在北京办公。

永乐五年（1407年），陪伴朱棣多年的患难夫妻徐皇后因病逝世。在家庭和事业的发展上，朱棣与父亲朱元璋的轨迹有着惊人的相似：都是四十岁左右登上皇位，都是壮年丧妻。对于突如其来的不幸，朱棣也选择了和朱元璋一样的态度：深切悼念，从此不再立后。同时，朱棣宣布，徐皇后将葬于北京郊外的长陵。

皇后都葬在北京了，那朱棣迁都的心思也就更明显了，将来不可能来个夫妻南北分居。尤其是在永乐八年（1410年），朱棣亲征蒙古之后，他待在北京的时间就更多了，就住在之前的燕王府里。

当然，既然是皇帝，那以前的王府肯定比较寒酸，必须大修。以前当燕王的时候，是“不曾一毫增损”，现在当了皇上，那就可劲地建吧，再也没人说你是违章建筑了。所以，当时北京等于同时开了三个工程：燕王府的重建、皇宫的准备工作和北京郊外帝陵的修建。

好不容易到了永乐十四年（1416年）底，朱棣从北方再一次打仗回到南京，外部形势暂时稳住了。朱棣也已经五十六岁了，感觉这件事得抓紧。毕竟准备了十几年，别哪天龙驭宾天了，到头来新宫殿都没住过那可太亏了，于是就让工部递折子，并召集群臣商议这件事。

首先，朱棣自己表示**“营建事重，恐民力不堪”**，刚打完仗，劳民伤财地造房子不太好吧。

臣子们一看，马上就明白了，纷纷说：**“皇上营建北京，为子孙帝王万世之业。”**表示您这是为大明朝开万世基业呀。

所以，**“天意人心，昭然可见，然陛下重于劳民，延缓至今，臣等切惟宗社大计正……伏乞早赐”**。这马屁拍得太舒服了，翻译过来就是，建京城和宫殿这件事，上合天意、下应民心，只不过之前皇上您心疼老百姓，因此一直没干，现在我们这些当臣子的，跪求您赶紧为了江山社稷，答应这件事吧。

朱棣听了，很高兴，臣子们都很上道，于是就批准正式开始建设紫禁城。

北京和紫禁城的建设，从永乐十四年开始，一直持续到永乐十八年（1420年）结束，相当于用了四年的时间，当然之前做的准备工作也很重要，很多物资都已经通过漕运和海运送到了北京。

即使是这样，四年的时间在帝都的建设中也算很快了。这可能要归功于当时大明朝才开国四十多年，工程很多，培养了一大批成熟的工匠，永乐朝的时候大多还在，活动一下老胳膊老腿，还能发光发热。老人们一边带徒弟一边干，不仅保质保量地完成了任务，还在原蓝本的基础上有所创新。

比较典型的就是紫禁城的角楼，非常有特色，上上下下加起来一共有九梁十八柱七十二条脊，结构之复杂，设计之巧妙，确实令人瞠目结舌。

相传这种想法最早是朱棣提出来的，打算建这么四个角楼，把紫禁城搞得与众不同一点。问题是朱棣这明显是外行指导内行，随口一说就是世界级难题。

上面动动嘴，手下跑断腿。以前的工匠们都没造过这种样式，压力很大。后来，工部的匠人们凑一块，琢磨了很长时间，忽然有人想到了装蝈蝈的笼子是用秸秆插起来的，买来一个一看，正好就是想要的那种结构，就从蝈蝈笼子上借鉴了思路，才有了现在的角楼。现在的角楼已经是紫禁城的代表景物之一了，基本上仅次于午门和太和殿。

在老中青三代工匠的共同努力下，到了永乐十八年（1420年）年底，工程正式完工。这次建设基本上奠定了之后六百年里北京城和紫禁城的建筑格局。

现在我们去看紫禁城，基本上所有的正式建筑，都是始建于永乐十八年，比如“三大殿”和东西六宫等，之后的工程基本上都是翻修和重建。

而在北京城的建设上，比较突出的就是把之前元大都的南城墙继续往南边移动，之前的南城墙在现在的长安街上，从永乐朝开始就移动到前门大街了。其他的一些建筑，诸如钟楼、鼓楼，包括大多数的城门，都是那时候修建的。

房子修好了，就该准备搬家了，所以这一年的十一月四日，朱棣正式发布了迁

故宫角楼

都的诏令，宣布从第二年开始，北京就是大明朝正式的首都了。为了这一天，朱棣足足准备了十八年。

肆

皇帝搬家比较讲究，得算凶吉，否则会影响国运。《嘉兴府志补》里面记载了这样一个故事，说朱棣找了当时钦天监的漏刻博士胡鐅，占卜“三大殿”搬迁的凶吉问题。

钦天监是负责观察天文星象的机构，从秦汉时期就有，历朝历代最大的作用可能就是制定一下历法，然后捎带着给一些大事件算算日子，拿点赏赐。而漏刻博士是里面很小的官，从九品，主要负责报时。

结果，胡鐅不知道哪根筋搭错了，一开口就跟朱棣说“三大殿”**“某月某日午时当毁”**，这个时间结合文意应该给了出来，即四月庚子日。

朱棣听了很不高兴，眼看着要迁都，你一个负责报时的小官在这瞎嚷嚷什么呢。就把他关了起来，说等着，要是“三大殿”没事，回头砍了你。

结果到了第二年四月初八（庚子）这一天，应该就是胡鐅所说的那一天了，一到正午，就是中午12点，胡鐅拜托狱卒去看看“三大殿”怎么样了。狱卒一看，跟他说啥事都没有呀，“三大殿”好好的呢。胡鐅一听直接服毒自杀了，朱棣秋后算账那么狠，还不如落个全尸。

结果，到了午时三刻（中午12点45分左右），风起云涌，雷电砸下来，点燃了“三大殿”，全部烧没了。朱棣傻眼了，再去找胡鐅来不及了。

要么说胡鐅在从九品升不上去呢，这专业知识太不过关了，古人说一天里阳气最盛的时候应该是午时三刻，所以都在这个时候处决人犯。结果，老胡12点就直接喝药了，再等个45分钟什么事都没有了。

当然，这件事有很多传说的色彩。但不可否认的是，在四月初八这天，“三大殿”确实遭到了雷击，而且确实被烧毁了。后来，有些官员的奏折名字是《奉天殿灾疏》，说明火灾应该是从奉天殿（后来的太和殿）烧过去的。

这下官员炸了窝了，过去有个地震，皇帝都得出来道歉，毕竟你是天子，国家出现这种天灾，说明你有违天意。

何况雷击烧毁刚刚建成的“三大殿”，这种事也太邪乎了，连朱棣本人都开始害怕了，下了诏书认错：**“朕心惶惧，**

莫知所措……朕所行果有不当，宜条陈无隐，庶图悛改，以回天意。”就是说，我现在怕了，之前做的要是有哪里不对，你们这些大臣直接说，我改，请求上天原谅我。

但众所周知，给领导提意见是一门学问，皇上这么说可以，你要是当真，那就完蛋了。但是，修建北京城这件事加上迁都，群臣确实压了一堆意见，既然有了机会，那很多人就憋不住了。

以侍读李时勉为首的一批人，开始批评朱棣在建设北京城和皇宫的过程中操之过急，造成很多浪费，而且夹杂了些贪污现象。朱棣一开始的态度还比较好，虽然生气，但还是决定实行“惠政”，比如暂停了很多花费冗杂的采买项目，给参加徭役的人增加补贴，这对于人民都是比较实在的好事。

“三大殿”侧视图，始建成于永乐十八年，后经多次重建。

这样导致的结果是，有的人看到皇帝好说话，就开始蹬着鼻子上脸了。其中，比较突出的就是吏部主事萧仪，就是我们之前讲过的，写《伐木谣》的那位。

萧仪一开口，就是直接扯到了迁都问题上，说：**“岂不以金祚仅百年，元祚不盈百年，非宜都乎？”**就是说北京这个地方就不行，你看金朝一共在这地方待了百十来年，元朝连一百年都没待够，所以说这个地方不适合作为国都。

这下子朱棣不能忍了，迁都北京是朱棣坚持了将近二十年的国策，大明朝为此耗费了上亿的财产，现在你萧仪上嘴唇碰下嘴唇，一下子给否了，你想造反吗?

萧仪的下场，我们现在已经不好考证了，《明史》里说他“病卒于狱中”，当然这很可疑。后世王世贞说的更为可信一点：**“本朝言事之臣……惟萧仪之谏迁都至于剐。”**意思是，本朝敢于上书直言的大臣里，只有萧仪因为谏言迁都的事情，最后落了一个被千刀万剐的结局。

无论死法是什么，萧仪的死给了其他人一个很大的震慑，不敢直接说迁都的事情了，而暗流依旧在朝廷里波涛汹涌。

午时三刻的一场火，几乎让朱棣的所有筹划化为灰烬。

此时的朱棣，已经是风烛残年的老人了，再也没有当年力排众议的雄心壮志。

他被迫承认了“两京”的存在，并在之后的岁月里，再也没有开启重修“三大殿”的活动。

大明朝在法律的角度上，正式形成了两个都城的政治格局。而对于刚刚遭遇劫难的紫禁城来说，一切才刚刚开始。

第三章 仁宣之治

仁君朱高炽

假如时光可以倒流，我们不妨回到永乐八年（1410年）的那个春天，朱棣就开启了他漫长的亲征之旅。而从某种角度上讲，永乐八年将会成为整个永乐王朝的分水岭。

壹

可能是从小朱元璋就没把朱棣当作皇帝去培养，所以朱棣本人对处理政务，包括和文臣打交道这些事特别不耐烦。毕竟个人有能力是一回事，但愿不愿意干就是另一回事了。

但老话讲“在其位，谋其政”，所以在继位的头几年，朱棣还是硬着头皮待在南京的奉天殿里，老老实实地批阅奏章。不得不说，除去已故的太子朱标，朱棣是朱元璋最有天赋的儿子，诸如“郑和下西洋”、编纂《永乐大典》等，都是出自于永乐朝的头几年。

但是，到了永乐七年（1409年），大将朱能在漠北兵败身亡，这下朱棣就坐不住了。

我们之前讲过，在朱元璋的时代，流亡的北元政府成为洪武年间武将获取功勋的最大来源，包括朱棣发家的军功，也是在征战北元的过程中取得的。

到了永乐年间，明朝开始把残余的蒙古人称之为“鞑靼”。而与此同时，另外一支少数民族瓦剌也在草原上崛起，这两个民族基本上构成了永乐时期的北方对外格局。

瓦剌的崛起很好理解。之前亚欧大陆差不多快被蒙古人包圆了，结果蒙古人架子一倒，被压制的各路好汉都开始出山。比如，现在的俄罗斯，之前就是一个城，叫莫斯科。后来一看蒙古人大势已去，莫斯科就公开宣布反抗蒙古，慢慢地就发展了起来。

瓦剌当时混得可能比蒙古人还要好一点，属于一个完整的部族。在成吉思汗和忽必烈的时候非常老实，基本上都是和蒙古的大汗结为“安达”，就跟《射雕英雄传》里的拖雷和郭靖的关系差不多。

到了洪武二十二年（1389年）北元内乱，瓦剌一看，马上翻脸不认账，掏出刀子开始动手。敌人的敌人就是朋友，因此在永乐时期，明朝跟瓦剌的关系不错，主要是对付鞑靼。

一开始，朱棣没想着自己动手，所以就派了自己的老部下丘福带兵远征鞑靼。

丘福虽然因为“靖难”有功被封淇国公，但是，在“靖难”之前，丘福当过最大的官是燕王府的中护卫千户，放到现在也就一个团的编制。那会儿丘福已经快六十岁了，在朱元璋时代，绝对不缺武将出人头地的机会，而丘福年近六十岁还在燕王府当千户，这本身就很能说明问题了。

朱棣显然对自己的手下严重估计不足，真拿着丘福当徐达了。结果，丘福到了战场上，马上就被鞑靼诱敌深入，甩开大部队，直接带了千把人开始追击，可能还是觉得一个团用起来比较顺手。追击之前，手下将士哭着劝他，不听，估计是把鞑靼当成李景隆了，最后中了埋伏，全军覆没。

消息一传来，朱棣大为恼火，直接剥夺了丘福的世袭爵位，然后全家流放海南。但是，朱棣也没办法，大明朝那会儿的将领正好青黄不接，能打的都被朱元璋在晚年干掉了，不然也轮不到朱棣“靖难”成功。于是乎，朱棣前后一想，干脆自己御驾亲征算了。

在古代，御驾亲征是一件很有风险的事。因为以前通信不发达，皇上一离开首都，那么很多奏章就都到不了皇上手里，八百里加急这种待遇不是哪都有的，所以得留下人在首都处理政务，不可能让邮差跟着皇上满世界跑。

好在朱棣完全不用担心这个问题，因为有个现成的人选就摆在那里，不做他想。

这个人就是太子朱高炽。

贰

父皇出征，太子监国，这套流程朱高炽太熟悉了。当年在北平守家的时候就是这么干的，处理朝政再难，也不可能难过北平保卫战吧。

朱家起名字很有讲究，因为朱元璋起名字有瘾，不光给父母、兄弟都换了名字，还给子孙后世制定了起名字的规矩。儿子的名字是他亲自起，这个不算，但从孙子辈开始，每一支血脉都赐二十个字，每一代用一个字，放在第二个字做辈分，比如朱棣这一支就是“高瞻祁见祐，厚载翊常由，慈和怡伯仲，简靖迪先猷”，“高”是第一辈。

这还不算完，朱元璋还规定，每一代的第三个字，必须用“金木水火土”的偏旁顺序轮换，不能改。所以，后来老朱家子孙一见面，很难认错辈分，看看偏旁，五代以内基本上搞不错。

朱棣这一批是“木”，所以长子朱标、四子朱棣等都是带“木”字旁的。而根据“五行相生”的原理，“木生火”，所以第三代必须都带“火”，朱允炆、朱高炽以及朱棣三儿子朱高燧都是这样。

可能有人不理解为什么朱棣二儿子会叫朱高煦，那是因为在古代汉语里，“灬”这个部首就是读“huǒ”，所以也等于有“火”。后来的正德皇帝朱厚照也是“火”那一辈，只不过那已经是朱高炽五代之后的事情了。

朱高炽生得很早，是朱棣的长子，当时朱棣才十八岁。按照朱元璋的个性，朱高炽的名字应该是他老人家亲自操的刀。而且，朱高炽本人也被爷爷朱元璋所喜爱，因为他少年就有仁厚之相，很符合朱元璋对子孙的定位。

不过朱高炽毕竟不是大明“宝钞”，不可能人见人爱，因此这边爷爷疼他，那头老爹朱棣就不喜欢了。

朱棣不喜欢朱高炽的原因，主要是朱高炽本人由于疾病，到最后胖到走路都得要人搀扶的地步。朱棣戎马一生，从侄子打到蒙古人，最看不惯的就是像朱高炽那样二百斤肉坐在那里，天天批文件。

这老爹一看不惯大儿子，其他孩子就容易跳出来争家产。于是，朱棣的二儿子朱高煦就站了出来。

朱高煦比哥哥小两岁，但各方面跟朱高炽正好相反。从前在南京的时候，朱元璋就特别不喜欢这个孙子，因为当时藩王的儿子都是在一起上学的，而朱高煦是出了名的调皮捣蛋不学习。但是，人长得孔武有力，很有朱棣年轻时的感觉，所以被老爹所喜欢。

到了“靖难”的时候，两个儿子开始面临不同的任务了。中国的传统是嫡长子继承制，这个继承不光是继承财产，也有手下人的效忠。所以，朱棣带兵出去打仗，朱高炽必须留在北平镇守，否则如果朱棣真有点什么意外，燕王府也不至于树倒猢狲散。而朱高煦则作为二儿子陪着父亲一起打天下，征战四方。

结果，就在某一次战败后，朱棣比较惨，正好赶上朱高煦带着部队前来救援，转危为安。

故宫文华殿　过去为太子居住、学习之所。

朱棣当时很激动，毕竟打虎亲兄弟，上阵父子兵，关键时刻还是老二靠得住，换成朱高炽，估计马都驮不动他。人一激动，说话就不过脑子，朱棣就来了一句：**“吾病矣，汝努力，世子多疾。”**这话一说不得了，意思就是，老爹我累了，你加油吧，你哥哥的身体不太好。

这话暗示得太明显了，朱高煦一听，就跟打了鸡血一样。当时他人在军中，所以朱棣身边的一群武将，诸如朱能、丘福等人自发地也聚拢在他的身边，形成了一股势力。

如果换成一般人，可能大明朝就真的换了太子了，奈何朱高炽实在是太优秀了，优秀到朱棣都找不出他的毛病。

叁

在古代，嫡长子继承制是不能随便更改的，何况在永乐二年（1404年），朱高炽被确立为太子，那就更换不得了。在古代，如果皇帝打算换太子，无论朝臣愿不愿意，一般都得上疏劝谏，因为太子属于“半君”，也是大臣们需要效忠的对象，不痛心疾首地表示一下，都不好意思说自己读过圣贤书。

况且，朱高炽也有自己的班子，早在北平守城的时候，他的老师就是姚广孝。

姚广孝对朱棣的影响力不用说，地球人都知道。这位老和尚在“靖难”之后拒绝了朱棣让他还俗的好意，白天一身朝服，晚上一身僧袍，人称“黑衣宰相”。跟朱高炽，那是北平城并肩作战了四年的师生情，所以朱高炽一当太子，姚广孝就做了太子少师。平时朱棣不在南京，都是姚广孝辅助太子处理政务。只要老和尚往那一坐，基本上没人敢造次。

再一方面，朱棣登基后，朝堂上新老更迭，新提拔起来的一批读书人，都自发地围绕在朱高炽的身边，所以朱高炽有一个很稳定的文臣班子。这个班子在朱高炽监国期间，维持着这个国家的日常运转。

更何况，朱高炽还有一个得天独厚的优势，那就是生下了皇太孙朱瞻基。

老朱家都有隔代亲的习惯。朱元璋在儿子面前基本上都是暴力执法，但教导起孙子来都是循循善诱，慈祥地跟换了一个人似的。而朱棣也不能免俗，他看二百多斤的朱高炽怎么看怎么不顺眼，却格外疼爱朱高炽的长子朱瞻基。

朱瞻基的出生就很不寻常。当时是洪武三十一年（1398年），朱元璋去世的前夕，还是燕王的朱棣突然梦到老爹递给他一个白圭。白圭是过去帝王或者诸侯手里拿着的礼器，这种东西是不能轻易授人的。结果，朱棣一觉醒来，下面的人就告诉他，您的大孙子出生了。朱棣一听，非常高兴，觉得这个孙子正好对应了梦境，加上又是长孙，所以特别疼爱他。

但即使是这样，朱棣在两个孩子之间还是犹豫不决，要不然也不会到了登基第二年才确立太子。很多改朝换代的君主都会有这种疑虑，因为好几个儿子都属于创业班子，感情都很深。

所以，朱棣就去问别人，做一个参考意见。

首先问的是解缙。

解缙是明朝的大才子，不过比较恃才傲物，年少轻狂，在朱元璋的时候就做了翰林学士。朱元璋很喜欢他，就告诉他说：**“朕与尔义则君臣，恩犹父子，当知无不言。”**意思是，咱俩表面是君臣，但关系跟父子一样，有什么事你就说。

谁承想，解缙人比较直，把领导的话当真了，隔三差五地上个万言书。朱元璋受不了了，觉得这样太得罪人了，就把他打发到地方上，希望磨炼一下他的性格。

到了永乐朝，朱棣又想起了解缙，就把他提了上来，让他主持编修《永乐大典》和《太祖实录》。解缙办得很漂亮，一跃成为了文臣里数一数二的人物。

解缙不仅文章漂亮，字也写得好。北京迁都筹备期间，很多对联就是解缙所写的。比如，大明门上的对联**“日月光天德，山河壮帝居”**就是他亲笔写的。

要不说解缙是出了名的有文采没脑子，这副对联的问题太大了。因为它最早的出处，是陈后主被隋朝俘虏后的酬和之作，不要脸的程度堪比刘禅的“乐不思蜀”，属于亡国之音。而大明门是国门，是出入皇城最重要的大门，这对联哪能用到国门上呀。从这也不难看出，解缙是一个很不讲究细节的人，这也为他之后的命运埋下了伏笔。

解缙作为文臣，是一个标准的“太子党”。一看皇帝问话，马上回答说：**“为长，古来如此。皇太子仁孝，天下归附，若弃之立次，必兴争端。先例一开，怕难有宁日，历代事可为前车之鉴。”**就是说，立储一定要立长，何况朱高炽仁慈孝顺，没事把他废了，相当于给后世开了一个不好的头，往后就没有安宁了。

这话是没问题，但属于和稀泥，朱棣听完很不高兴，我跟你掏心窝子，你在这里用一堆废话搪塞我。解缙一看，没辙，就说了一句**“好圣孙”**。朱棣一听，马上明白了。

因为那会儿孙子朱瞻基已经七八岁了，古人讲“三岁看大，七岁看老”，朱瞻基很有朱棣本人的风范，从小能文能武，就冲这个孙子，也不能把他爹给换了。

然后，朱棣又问了几个人，基本上也都是这些套话，没人敢说立朱高煦。朱棣一看，也就死心了。朱棣就告诉朱高煦以及三儿子朱高燧：**“元子仁贤，又太祖所立，真社稷主，汝等勿复言。”**意思是，你哥做事没毛病，加上你爷爷当年也很认可他，确实是当皇帝的料，你们别说了，老老实实地当个太平王爷得了。

所以，朱棣就把朱高煦封为了汉王，地点在云南；而三皇子朱高燧则封为了赵王，住在北京，为迁都做准备。

知道这个消息的朱高煦整个人都傻了，老三好歹在北京，我一个二儿子去了云南，那还有活路吗？何况当时他身边还有一堆武将势力，根本不叫他“汉王”，依旧叫他“二殿下”。

所以旨意还没下来，“二殿下”就跑去找父皇了，一见朱棣的面就开始一哭二闹三上吊，问朱棣：“我犯了什么罪，你把我扔这么远？”说云南那地方山高路远，米酒又难喝，我才不去。紧接着，他就流着眼泪跟老爹开始回忆，比如当年打仗多么多么不容易，我对您多么多么孝顺。

一来二去，朱棣不好意思了，觉得云南确实太远了，流放犯人才三千里，把最疼爱的二儿子扔在云南，确实不太合适。改朝换代的皇帝都有这个毛病，儿子们大多是属于创业一代，感情很深，换成之后的皇帝早就开骂了，这种事也能讨价还价吗？

经不起念叨的朱棣耳朵一软，就问朱高煦：“那你想去哪儿呀？”朱高煦难得的聪明了一回，知道自己在京城里还是“二殿下”，出去以后基本上想见老爹一面都难。所以，他马上表示，哪儿都不去，就想陪着老爹在京城。朱棣没辙，就说我带着你去北边巡视得了。所以，打这以后，朱高煦就赖在了老爹身边，一直不去封地就藩。

肆

敌明我暗，敌忙我闲，这下朱高煦就有机可乘了，一天天地有事没事就去找哥哥的茬。

俗话说“常在河边走，哪能不湿鞋”，而且朱高炽是监国太子，老爹要么北伐要么巡视，整天不在南京待着，朱高炽的能力越大，责任越大，犯错的机会也就越大。

朱高煦苦心孤诣地等了几年，终于等到了朱高炽犯错的机会。

事情发生在第二次北征结束后。

当时的北京也算是京都（只是不算京师），所以朱棣北征回来，按理说应该要安排仪式在郊外欢迎皇帝归京。结果，不知道是什么原因，朱高炽安排的车马耽搁了，然后解释也让朱棣不满意。朱高煦一看，机会来了，就在旁边各种煽风点火。

朱棣一气之下，不光臭骂了朱高炽，还把他身边的几个文臣也抓了起来，作为警告。

到了这一步，只要不是傻子，都知道朱高炽被针对了。所以，就有人告诉朱高炽：“您知道有小人在暗伤您吗？”

朱高炽回答得非常老实：**“吾不知，知为子耳。”**这话任谁也挑不出毛病，意思是我只知道做儿子的本分，其他的一概不知。

一看大儿子这么谦卑有礼，朱棣也不傻，慢慢地明白过来了，“二殿下”耍嘴皮还行，真要是治国稳定后方还得是老大。再加上当时朱高煦确实不像话，一回到京城就带着一群卫士横冲直撞，天天自比于唐太宗，还把自己的后卫叫作“天策卫”，完全不知道自己姓什么了。

朱棣没办法，心一横，敲打了朱高煦一顿，就把他改封到青州去就藩。青州就是现在的山东潍坊，这样朱棣从北京到南京都能见着儿子，也不至于心疼。

没想到“二殿下”一到青州，马上开始变本加厉。直接招募了几千私兵，在青州附近各种横行不法。这在过去已经是近乎谋反的行为了，当年燕王府起家才八百号侍卫。所以，朱棣就派了当地的兵马指挥徐野驴去警告一下。

徐野驴这哥儿们也是倒霉催的，朱高煦听完他的话就不耐烦了，我们父子俩的事，你一头驴在中间掺和什么，直接拿着铁锤活活地打死了徐野驴。

朱棣这下不能忍了，藩王擅杀朝廷命官，这性质太恶劣了。朱棣就把“二殿下”叫到了南京，数罪并罚，关在了当时南京城的西直门内，并剥夺了他的一切待遇，准备将他废成庶人。

关键时刻，一个最不应该帮忙的人站了出来。朱高炽一把鼻涕一把泪，拼命地拦着老爹，才把弟弟保了下来。

有人说朱高炽是做戏，其实当时的他大可不必，装装样子就行。《明史》里给的说法是“力救”，可以看出确实是以德报怨。而且在这之后，朱棣将朱高煦安排在了乐安（今山东广饶），基本上没受到太多惩罚，可见朱高炽出力不少。后来，朱高炽本人也多次写信劝告弟弟，别天天作了，哥哥又不会亏了你，只不过“二殿下”对此领不领情就另说了。

伍

永乐十八年（1420年）九月，朱棣正式发布了迁都诏书。

当时，朱高炽人还在南京监国，但迁都这种大事，把一国储君扔在南京也不合适。所以，朱棣就下了诏书，让朱高炽带着太孙朱瞻基，在迁都大典之前来到北京。当然，诏书里说得很好听，还派了人来告诉太子，不用着急走。估计是朱棣知道儿子胖，走两步得喘一口，所以提前嘱咐了。

朱高炽哪能当真呀？自己的老爹客气一下而已，迁都这种事真要是去晚了，那还不得挨抽。自己这二百多斤肉就是滚着走，也得按时滚到北京。

但皇太子离京是大事，特别是还涉及迁都，程序很麻烦。朱高炽先去了凤阳祭祖，得跟祖宗汇报一下，我们几个搬家了，你们别回头托梦找错了地方。

紧接着，朱高炽从安徽到山东，一路往北京赶过去，路上还得不断地考察民间疾苦和政务得失。

等朱高炽到了北京，剩下的事情我们都知道了。“三大殿”一把火，直接把朱棣的老脸都抽肿了，晚年的朱棣再也无法乾纲独断地镇压下文臣们的呼声。迁都的事情也正式搁置了下来。能够维持他最后颜面的，只不过是“南北两京”的空壳子罢了。

面对一地鸡毛的局面，朱棣在永乐二十二年（1424年）以一种近乎逃离的姿态离开了北京城，开启了他人生中的最后一次北征。最终当年七月病逝于返程途中榆木川（今内蒙古锡林郭勒），此时，距离他爱恨交加的北京城，还有整整一个月的路程。

皇帝驾崩在外，对于任何王朝来说都是一场严重的政治危机。而对于坐在京城里处理文件的皇太子朱高炽，以及他身后的巍峨的紫禁城来说，一切才刚刚开始。

文渊阁里的春秋

朱棣的突然驾崩，无论是对朱高炽本人还是对明朝的政治体制都是一个极大的考验。因为朱棣当时并没有在北京城留下遗诏，皇太子上位和遗诏继承完全是两回事。

此时的大明朝，外有瓦剌、鞑靼虎视眈眈，内有“二殿下”在乐安待时而动。关键时刻，朱高炽身边的内阁大学士们站了出来。

壹

内阁大学士并不是一个新鲜的东西，宋朝就有。《明史·职官志》里讲得很明白：**“十五年，仿宋制，置华盖殿、武英殿、文渊阁、东阁诸大学士。”**

朱元璋是中国历史上极少数的没有经过帝王教学培养，却极其勤政的皇帝。朱元璋往前就不说了，在明清之前的政治体制中，皇帝能做到勤政水平的相当有限。再往后数，清朝的康熙皇帝、雍正皇帝都是正儿八经从学堂出来的，从小就被教着怎么当皇帝。

只有朱元璋，天赋异禀，打完江山还热衷于坐江山。每天早晨四点多爬起来早朝，几十年从不间断。特别是在诛杀宰相胡惟庸之后，六部的事情一个人全管着，这边刚刚批准水利工程，那头又得处理贪污腐败，忙得不亦乐乎。

现在的说法是朱元璋实在是太累了，所以搭建了内阁作为秘书班子，其实相当不靠谱。洪武十二年（1379年），“胡惟庸案”就爆发了，而设置内阁大学士是洪武十五年（1382年）的冬天。朱元璋一个人足足熬了三四年，真要觉得累，早就找秘书了。

真正的原因应该是在洪武十五年的八月，马皇后突然抱病身亡。朱元璋和马皇后两口子的感情很深。因此这件事对当时五十一岁朱元璋的打击很大，他很长一段时间内对朝政都不是那么热心了。但是大明朝每天无数的政务在那堆着，朱元璋没办法，就设置了大学士辅佐政务，相当于秘书班子加高级智囊团。

内阁只是一个简称，明朝大学士的设置一开始是仿照宋朝，按照殿阁来划分。比如，著名的包拯，当时就被封为龙图阁大学士。

朱元璋一开始设置了五个大学士。“三大殿”的后两个，华盖殿和谨身殿各一个，然后广场上相对的文华殿和武英殿也各有一个。最后设置了一个虚职——东阁大学士。东阁不是一个独立的宫殿，应该是宫殿的一部分，相当于离皇上最近，随时待命，所以后来大学士之首就是东阁大学士。

再往后，又设置了文渊阁大学士。文渊阁是藏书的地方，南京明故宫的文渊阁在当时奉天门的东边。后来，朱棣在北京按照相同的图纸规划，也修建了文渊阁，在文华殿的后面。在朱元璋时代，文渊阁也是太子朱标读书的地方，跟弟弟们在宗人府学习不一样，因此文渊阁大学士相当于太子的老师，最早都是一些儒生担任。

到这为止，明朝大学士的“四殿”“两阁”的说法就奠定了，明清两代基本上没什么变化，变的只是宫殿本身的名字而已。只不过到了清代，乾隆皇帝有强迫症，强行把中和殿拿掉，换成了体仁阁，凑成了对称的“三阁”“三殿”。

明朝一开始规定，内阁大学士的品级是正五品。不过，这句话在朱元璋时代就是一句废话，最早的一批内阁大学士里面就有礼部尚书邵质（华盖殿大学士），标准的正二品。明朝的正五品在京城跟太医院院长一个级别，放到地方上就是同知，相当于今天的市委副书记。朱元璋除非脑子出问题，才会真找这个级别的官员参与国家大事。

在洪武一朝，由于朱元璋的乾纲独断，内阁班子并没有起到什么影响国家的作用。只不过朱元璋还是没拿发展的眼光去看问题，除非老朱家代代都是奋力运转的工作机器，否则只要出现一个正常人，内阁大学士作为皇帝身边最近的一批官员，马上就会在政治格局中凸显出巨大优势。

很不幸，朱棣和朱高炽爷儿俩都是正常人。

朱棣一登基，就觉得自己的老爹简直是无敌的存在，这么多活哪能一个人解决？所以，朱棣就选拔了一批人，进入文渊阁当值，参与商量军国大事，第一批入

故宫文渊阁　现在的文渊阁为清代所建，与明代时期不同。

选的名单里有解缙、胡广、杨荣等人。也是从这开始，内阁在文渊阁当值的惯例正式形成。

既然是在一起办公，那么内阁大学士里也得分三六九等，带头的大学士被叫作“首辅”，而编写《永乐大典》的解缙当仁不让地成为大明第一任首辅，也就发生了之前讲过的关于“立储”的那番对话。

打这以后，朱高煦就开始恨上了解缙。而且，解缙身上有非常明显的“太子党”色彩，打击他就是打击朱高炽，一石二鸟，何乐而不为。

永乐四年（1406年），当时丘福还在“二殿下”朱高煦的阵营中。朱棣正好找了一群机要大臣谈话，丘福和解缙都在其中。朱高煦就指使丘福，在外面散播这次谈话的内容。这下朱棣不高兴了，私下谈话就是私下谈话，你给暴露出去算怎么回事，“君不密则失臣，臣不密则失身”，所以就开始查到底是谁捅出去的。

巧的是，就在前几天，朱棣给每个内阁大臣人手一件纱罗衣，但因为之前解缙劝过朱棣不要打安南（今天的越南），朱棣不开心了，所以独独没有给解缙。朱高煦等的就是这一手，因为这样一来，解缙就成为了唯一有动机的人。

这下朱棣怒了，就把解缙贬官到了广西。解缙这种脾气平时得罪了一群人，这会儿也都站出来了，开始火上浇油。朱棣一琢磨，你不是反对我打越南吗，我不光不听，还打了下来，所以直接把解缙打发到了交趾（就是今天的越南）当官，正好去感受一下自己的丰功伟绩。

按理说，解缙这种才子简在帝心，你只要不惹事，过几年也就回来了。但是没想到没过几年，解缙好死不死，犯下了天大的失误。

永乐八年（1410年），解缙从交趾眼巴巴地回南京述职，结果正好赶上了朱棣第一次北征鞑靼的时间。那时候没电话，解缙不知道这件事，好不容易到了京师，第一时间就往皇宫跑，得让皇上知道自己这几年多么不容易。结果到了皇宫，看门的太监告诉他，皇上正在北方和蒙古人打仗，您改天再来吧。

解缙一听，急了。当时从南京到越南，一来一回可能就得一年时间，要是再耽搁上几年，回头皇上都忘了我姓什么了。人一急，脑子就不清醒，解缙在浑浑噩噩之下，直接去找了当时正在监国的太子朱高炽。

这样一来，麻烦大了。因为监国太子不是皇上，顶多算一个临时CEO，没有人事决定权。你解缙本来就背着“太子党”的标签，进了京先见皇太子算怎么回事，而且见完以后直接回去了，也没说留在南京等等皇帝。

这件事被跟在朱棣身边的“二殿下”知道了，马上开始给老爹吹耳旁风，说解缙：**“伺上出，私现太子，径归，无人臣礼。”**翻译过来就是，解缙故意趁您不在京师，私下里会见太子，见完以后还直接回去了，哪里像一个臣子。朱棣听完，气炸了，原话都没改，直接就以“无人臣礼罪”把解缙下了大狱，捎带着把朱高炽也狠狠地教训了一顿。

从此之后，解缙就退出了明朝的政治舞台，几年后凄凉地死在了雪夜中。

但尽管如此，内阁还在继续发展着。

贰

解缙之后，内阁的接力棒到了杨士奇的手里。

永乐六年（1408年），也就是解缙离京两年后，朱棣命令杨士奇留在南京辅佐。对于刚刚监国不久的朱高炽来说，杨士奇在一定程度上扮演了老师的角色。

朱高炽一开始可能没把杨士奇放在眼里，觉得这家伙是编《太祖实录》出身，舞文弄墨还可以，问题是大明朝要论编书谁比得过解缙呀，他都走了，何况你呢？

但是没几天，杨士奇就给他上了一课，告诫他：**“殿下当留意《六经》，暇则观两汉诏令。诗小技，不足为也。”**翻译过来就是，你应该多看看儒家经典，没事的时候多留意汉朝的帝王诏令，诗文这种东西玩玩得了，别天天琢磨这个。朱高炽也是明白人，对此马上肃然起敬，从此特别敬重杨士奇。

杨士奇真正厉害的地方在于他是一个标准的“太子党”，却能让朱棣觉得他是一个“保皇党”，进而信赖有加。

在朱高煦就藩青州之前，其实朱棣好几次都动过换太子的念头。换太子得师出有名，所以朱棣一回京就打听太子最近怎么样呀，有没有调皮捣蛋之类的。

跟谁打听呢？杨士奇。

杨士奇作为辅助太子监国的内阁大学士，享有这个问题的最终解释权。老杨马上回答：**“殿下天资高，即有过必知，知必改，存心爱人，决不负陛下托。”**这不光吹上天了，还把朱棣后面的话也堵上了，有错就改，这么好的孩子你去哪找呀。朱棣听了特别高兴，老师都夸我家孩子聪明。

之后，朱高炽犯了事，迎接的车马晚了，被“二殿下”煽风点火的那次，也是杨士奇及时地站了出来。他跪在地上表示“凡所稽迟，皆臣等罪”，都是我们的错，跟太子爷没关系。朱棣心说，合着是你们这群人教唆的，就把杨士奇等一批太子身边的大学士下了大狱。不过，没几天又放了出来，毕竟政务太多了，离了这几位玩不转。

俗话说，有仇不报非君子，杨士奇打这开始就惦记上“二殿下”了。到了永乐十四年（1416年），就是朱高煦没忍住击杀徐野驴之后，朱棣开始清算朱高煦，杨士奇终于等到了机会。

当时，朱高炽是以德报怨，各种给“二殿下”求情。但这种事已经上升到社稷稳定的高度了，不能凭借家庭关系解决，所以朱棣就把几个亲信的大臣拉了过来，想问问他们“二殿下”真的不可救药吗。

没想到问了好几个人，都没人敢说话。最后，问到了杨士奇身上。杨士奇一开口，就告诉朱棣：“我和前面几个人都是太子手底下的人，不太好开口。但陛下您想，汉王（朱高煦）两次让他去封地，他都不想去，现在说是要迁都了又琢磨想留在南京，您自己看着办吧。”

这话简直堪称阴阳怪气的巅峰了，先是把自己“太子党”的立场摆明了，打消了朱棣的疑虑，然后又引导着朱棣去深思。朱棣听完就沉默了，几天以后就教训了朱高煦，裁撤了他的两队卫士，然后将他打发到了乐安就藩。

从某种意义上来说，杨士奇是明朝真正意义上的第一位内阁权臣，也是朱高炽身边的“定海神针”。所以，当朱棣驾崩于榆木川时，朱高炽第一时间就找到了杨士奇。

那时候的北京城处在一个很微妙的危局中，因为北京没有兵，京城的士兵都被拉去北征了，只剩下老三赵王朱高燧的王府卫兵得以保留。而朱棣并没有留下遗诏在紫禁城里，也就是说，虽然朱高炽是皇太子，但是也不能直接登基，必须把遗诏和朱棣的灵柩迎回来才行。在这段时间里，万一朱高燧动点心思，紫禁城就直接被一锅端了。何况这个消息要是传出去，“二殿下”人在山东，估计也能拉一支兵马杀过来。

鉴于这种情况，朱高炽就派了太孙朱瞻基去迎接爷爷的灵柩，自己坐镇京城。但是，这个时候，朱瞻基提出了一个技术性难题。

那时候出长城，迎接灵柩，需要皇帝的印章，这种国家大事印章就一个，叫“皇帝奉天之宝”，其他的小印不行，得让朱瞻基带在身上作为凭证。但是，这样

《杏园雅集图》　明代谢环绘。画的是杨士奇、杨荣等内阁大学士休假期间在杨荣家聚会的场景。

一来北京城里就没有了大印，万一有人递重要奏章上来，没有印章就露馅了。而皇家做一个印章很麻烦，不可能随便找个萝卜刻一个，何况重新做已经来不及了。

关键时刻，还是杨士奇站了出来，告诉爷儿俩不用慌。说太子爷您还没继位，平常应该也没什么事情，用你自己皇太子的印章也可以，反正大家都知道你监国。

杨士奇是在赌，赌这段时间没有国家大事发生，也在赌大明的国运。

幸运的是，他赌赢了，而他赌赢的底气，是“小杨”杨荣的能力。

“小杨”叫作杨荣，也是内阁大学士之一，当朱棣驾崩于榆木川的时候，杨荣作为大学士正好在朱棣身边。

杨荣之前并不叫这个名字，他有一个现代人更熟悉的名字，叫作杨子荣。没错，跟《林海雪原》里的那位同名同姓。只不过两者的反差比较大，差了几百年，一个是大学士，一个是侦察兵。

杨荣在很早的时候就被朱棣记住了。在朱棣“靖难之役”进南京的时候，还是翰林院编修的杨子荣，在大街上直接拦住了当时南京人人闻之色变的燕王。那会儿朱棣正是志得意满的时候，刚刚打进南京，大好的江山就在眼前，没想到有人不开眼地拦住自己。结果，杨子荣只说了一句话，就让朱棣肃然起敬。

杨子荣说的是：**“殿下先谒陵乎，先即位乎？”**您是先拜祭皇陵呢，还是先去登基呢？朱棣马上明白过来了，先拜祭皇陵，说明我是来“靖难”的，但要是先跑

去皇宫抢椅子，那就成了居心不良了。所以，朱棣马上调转马头，去明孝陵找老爹朱元璋唠嗑去了。

打这以后，朱棣就记住了这个当街拦道的读书人，不光给他改了名叫作杨荣，还让他进入内阁。但和杨士奇辅佐东宫不同的是，杨荣更多的是跟在朱棣本人的身边。

朱棣也对他极为信任，但凡朱棣生气骂人，只要杨荣一到，马上就烟消云散了。这让当时的很多大臣都对杨荣特别嫉妒，就想把他推举为翰林院祭酒，相当于现在的教育部部长，想用闲职把他挂起来。朱棣不乐意了，一句话堵上了所有人的嘴："我知道他能当祭酒，问题是他现在的活谁来干呀？"

事实证明，比起当教育部部长，更适合杨荣的还是军旅。从第四次北征开始，朱棣就把大大小小的军务都交给杨荣去处理。到最后一次北征，撤军的点子也是杨荣想出来的，只不过没想到朱棣没扛住，在路上即龙驭宾天了。

杨荣不愧是带兵的人，关键时刻雷厉风行，他就把所有朱棣的近臣召集起来，告诉他们："六师在外，去京师尚远，秘不发丧。"意思是说，我们现在带着军队在外面晃悠，离北京太远了，先不要把皇上驾崩的消息说出去。

接着，杨荣又马上收集了军队里全队的锡，把永乐帝的棺材焊死，放在皇帝的车里，当时是夏天，这样可以保证没有异味。然后，每天一日三餐地照样往车里送，臣子们每天早请示、晚汇报，一切如常。安排好了这一切，杨荣马上千里奔袭，来到北京报丧，为朱高炽争取了最宝贵的时间。

就这样，在内阁这个团队的扶持下，朱高炽有惊无险地顺利登基，年号"洪熙"。

遗恨钦安殿

已然不年轻的朱高炽第一次以“九五之尊”的身份君临天下，对他来说，处理政务早已成为生命中的一部分。但对于老爹遗留下的很多政策来说，他依旧认为有着变革的必要，其中之一就是——迁都。

壹

朱高炽并不喜欢北京。尽管和朱棣一样，北京都足以称为“龙兴之地”：他在这里出生，也在这里娶妻生子，更曾在这里面对五十万大军而力保城池不失。他曾见证着这座城市从“北平”到“北京”，这座城市也看着他从“世子殿下”到“洪熙帝”。

但无论如何，就现在的资料来看，朱高炽对老爹迁都的决定并不是十分满意，所以在即位之初，朱高炽已经作出了决定，迁都，爷要回南京。

转过年来，已经是洪熙元年（1425年），一百年太短，只争朝夕。朱高炽决定不能等了。他开始试探着迈出第一步。这一年二月，他派出郑和，就是下西洋的那位，让他去了南京镇守。这相当于把“大内”的一部分放到了南京，“大内”属于皇帝的家事，如果大臣提意见，也可以有一个缓冲。

过了一个月，朱高炽发现没人提意见，马上就明白了，合着你们都等着这一茬呢。于是，他果断地取消了北京的“京城”地位，重新改成“行在”，同时收回之前北京各部门的印章。等于北京的所有衙门一夜回到迁都前，从“国”字头改成“省”字头了。然后，他明确地颁布文件，宣布还都南京。

还都南京可比当年朱棣迁都北京容易太多了，南京本身就是自己完整的一套班子，而且和北京的班子兼容。朱高炽刚登基，就特别赏赐给夏元吉、杨士奇以及杨荣等臣子“食三禄”，就是一个人拿三份工资，南京一份，北京一份，其他比如大学士、太子少保之类的差事再加一份。后来，杨荣他们不太好意思了，觍着脸表示拿两份就行了，三份太多。反正大学士名义上是正五品，工资只有象征性的十六石粮食，不差这点。

到了五月，朱高炽又把皇太子朱瞻基打发去了南京，名义上是祭祀明孝陵，实际上就没打算让他回来，你先打个前站，爹随后就到。

假如不出意外，迁都的事情就这么愉快地确定了，而中国和紫禁城的历史也将就此改写，呈现出完全不同的风景。只是很遗憾，历史没有假如。

就在朱瞻基祭祖的一个月后，一封八百里加急的诏书突然送到了南京，让朱瞻基赶紧回北京。诏书里只说了一件事：皇上不行了，赶紧回来。

朱高炽病倒得非常仓促，他甚至没能等到儿子朱瞻基回京。在五月底，朱高炽病逝于紫禁城的钦安殿，时年四十七岁。

钦安殿就是现在御花园的钦安殿，就在中轴线上，位置在靠近北门的地方。当时，朱棣登基后，为了吹嘘自己，就说自己是真武大帝转世，就在紫禁城北边建了

故宫钦安殿

钦安殿，供奉北方玄武大帝。

比较有意思的是，到目前为止，钦安殿是故宫唯一得以保存的明代建筑。其他宫殿包括“三大殿”之内，都经历过火灾之类的毁坏，唯有钦安殿安然无恙，据说是北方主水，所以比较防火。后来的钦安殿成了明清两代的官方道场，皇上一般不住这。

无论怎么说，一个叫“洪熙”的时代尚未开始就已经戛然而止了，留给历史的，只有无尽的遐想。紫禁城的命运，将交付在那个还在千里之外的年轻人手上。

贰

朱高炽的去世，让年轻的朱瞻基措手不及。但老爹的身体不好，已经是从永乐时代就开始的朝廷共识，所以在继承人的培养过程中，朱瞻基并不比老爹晚太多。早在永乐七年（1409年），朱高炽刚刚监国那会儿，朱棣就把孙子带在了身边，言传身教，并且给他单独地安排了老师悉心教导。

在这种不同的教育模式下，朱瞻基呈现出和老爹朱高炽完全不同的性格。

朱高炽的特点是仁慈、能忍，是被朱元璋的审美标准塑造的。但是，朱瞻基从小就被爷爷朱棣带在身边，朱棣肯定不能允许自己的大孙子也变成二百多斤的肥肉在那坐着，所以给予朱瞻基更多军旅上的培养。隔代教育的问题在老朱家的头四代体现得淋漓尽致。

朱瞻基很早就知道自己在家庭中的定位。要不是爷爷疼着，皇太子是不是自己的爹就两说了。而老爹朱高炽的风格放到朝堂上是仁君，扔到家里就是典型的受气包，姥姥不疼、舅舅不爱。而自己的二叔在爷爷面前除了煽风点火就是挑拨离间，所以朱瞻基必须得站出来。

《明史纪事本末》里面讲了这么一个段子：说朱瞻基还小的时候，有一回朱棣带着几个儿子去明孝陵祭拜。明孝陵在山上，走的是标准的山路，而朱高炽又是个大胖子，得靠人扶着才能往上爬，爬得非常辛苦。

爬着爬着，朱高炽没留神，一脚踩空，二百多斤直接跌在那了，搞得自己非常狼狈。这时候，后面的“二殿下”开始阴阳怪气了，说**“前人失跌，后人知警”**。意思就是，前面的人倒了，我得吸取教训呀，一语双关，暗示得非常明显。

没想到话音刚落，身后的朱瞻基就接上了：**“更有后人知警也。”**意思是，二叔您甭嘚瑟，吸取教训也轮不着你，我爹后面还有我等着呢。朱高煦往后面一看，脸色大变，不说话了。朱家的内部生态链，大哥朱高炽对“二殿下”下不去手，而作为二叔的朱高煦面对自己的大侄子也很头疼，头疼的原因就在于朱棣太宠这个孙子了。

宠到什么地步呢？早在建设紫禁城的过程中，朱棣已经把皇太孙的宫殿建好了。这是历史上极少见的情况。明朝有的皇太子都是住在文华殿里，很多皇太孙都是跟着母妃住，而朱瞻基作为皇太孙居然也拥有了一片独属于自己的宫廷区域，叫作“东苑”，可以想象朱棣对这个皇太孙的重视。

现在我们一说紫禁城，一般都是“两内”，也就是“大内”和“西内”。“大内”就是指皇宫本身，又被叫作“禁中”；而“西内”则是说的“南中北”三海，就是明朝所说的西苑。但很少有人知道，明朝还有一个“南内”。

“南内”是唐代的说法，最早说的是唐玄宗建的兴庆宫，就是跟杨贵妃双宿双飞的地方。所以，白居易在《长恨歌》里讲“西宫南内多秋草”，就是说的这里。明朝的“南内”一开始就叫东苑，跟后来的西苑刚好相对，作为皇太孙宫。它的位置就在现在的天安门东边的普渡寺周围，范围很大，连带着菖蒲河公园和南池子大街一带都属于这一块。

朱棣当时是住在西苑，但经常来东苑这边玩，毕竟年纪大了，喜欢孙子，所以很多仪式都会放到东苑。《明太宗实录》里记载了一件小事：

说在永乐十一年（1413年）的端午，当时朱棣带了一群人来到东苑过节，包括当时在北京的文武百官以及前来朝贡的少数民族。那会儿没什么娱乐，朱棣也不好带着一群大臣搓麻将，就让子孙们挨个去射箭，作为娱乐。结果年仅十五岁的朱瞻基，连着中了好几箭，着实让朱棣的老脸光彩了一把。

射完箭之后，朱棣就把朱瞻基叫到跟前来，跟他说：“今日华夷之人毕集，朕有一言，尔当思对之。”就是说，今儿“外国”朋友都来了，人很多，我出个对联考考你。然后，朱棣说了上联：万方玉帛风云会。朱瞻基不假思索，马上对道“一统山河日月明”。这寓意太好了，朱棣特别高兴，看我孙子，多会说话呀，赏赐了他一大堆东西。

无论这件事朱棣有没有给孙子当托，但至少很能说明朱棣对朱瞻基的期许：允文允武，无所畏惧。

实际上，当朱瞻基从南京来到北京城外时，他的内心确实是无所畏惧的。但与此同时，在不远处的乐安城，一支兵马也在蠢蠢欲动。

“西内”的囚徒

洪熙元年（1425年）的六月，紫禁城的接力棒到了年轻的朱瞻基手里。但相比起祖父的披肝沥胆和父亲的战战兢兢，朱瞻基，或者说大明朝已经有了足够的底气应对即将到来的疾风骤雨。这种底气将推动着时代，走向明朝下一个盛世。

壹

朱瞻基底气的来源有两个，一是住在后宫里的太后张氏，二是在文渊阁里当值的文臣们。一内一外，堪称大明朝当时的擎天白玉柱、架海紫金梁。

皇太后张氏早在洪武三十一年（1398年）就被册封为了燕王世子妃，所以这个孙媳妇的选定应该有朱元璋的意思在里面。张氏陪着朱高炽从北平保卫战一路走过来，是名副其实的患难夫妻。

朱棣对自己的大儿子怎么看怎么不顺眼，但对这个儿媳妇却很满意。《明史》给的说法是朱高炽“体肥硕不能骑射成祖恚，至减太子宫膳，濒易者屡矣，卒以后故得不废”。就是说，朱高炽因为体重被老爹各种嫌弃，被朱棣亲自下令削减他的饭食，甚至朱棣差点因为体重废了他，而且不是一回两回。朱高炽作为一个胖子估计当时特别痛苦，最后还是因为张皇后，朱棣才没有下手。

朱高炽从年轻的时候就被朱棣称为“多疾”，浑身毛病，搞得朱棣都开始着手培养皇太孙了。但是，最后朱高炽硬生生地撑到了四十七岁。明朝算上建文帝加起来十六个皇帝，朱高炽的寿命名列前五。排在他前面的，除了爷爷朱元璋和老爹朱棣这俩“马上天子”，再有就是后面嘉靖和万历两个“宅男”，不得不说，作为妻子的张氏对朱高炽的照料居功至伟。

而作为母亲，张氏对宣德皇帝朱瞻基的影响也很大。朱瞻基敢对自己的老爹不以为然，但在母亲面前要多老实有多老实。

宣德二年（1427年），张太后去长陵（朱棣的陵寝）和献陵（朱高炽的陵寝）祭奠，朱瞻基亲自给母亲驾车，侍奉左右。回去的路上，附近的百姓跪在路旁迎接。张太后就告诉朱瞻基：**“百姓戴君，以能安之耳，皇帝宜重念。”**意思就是说，小子，百姓拥戴你是因为你能让他们过安稳的生活，你要重视这件事。

而且，张皇后还亲自访问了一些居民，问当地的老太太平时吃的怎么样呀，退休工资多少呀？大走亲民路线。并且，她还找了一些农家的酒饭让朱瞻基尝尝，体会一下民间疾苦。

从这些事情不难看出，张太后是一个非常知道进退而且能够把握大局的女人。她住在哪里并不重要，但在宣德初年来说，她所住的地方基本上等同于紫禁城的中心。

除了张太后，朱瞻基身边的叔叔伯伯们也都不是吃素的。比如，吏部尚书蹇义，在洪武朝的时候就是中书舍人，朱元璋的近臣，算上建文朝，到了朱瞻基的时候已经是名副其实的“五朝元老”，辈分大得吓人。当然那会儿皇帝换得有点频繁，所以不是“三朝元老”你都不好意思跟人打招呼。

朱高炽给儿子留下了一个绝对可以信赖的班底，武将方面有英国公张辅，是“靖难”时期牺牲的大将张玉的长子。从“靖难之役”到平定安南再到朱棣北征，张辅都有参与，是当年燕王府的旧臣，绝对可以信任。

而文臣上，内阁号称“三杨”，就是杨士奇和杨荣，再加一个原本朱高炽身边的老师杨溥，三个大学士坐镇中枢。六部里面，吏部尚书蹇义、户部尚书夏元吉号称“蹇、夏”，一个管钱袋子，一个管官帽子，还兼理着其他几个部门的政事，经验丰富。

历朝历代太子登基很大的一个问题，就是太子的近臣要替换上一批执政大臣，而太子身边的人才出出主意还行，不见得能总领全局。

但是，在宣德时期，完全不存在这个问题。杨士奇、夏元吉等人在永乐时期就负责处理政务，很多人既是朱棣的臣子，同时也是朱高炽的幕僚，更兼职教导朱瞻基。三朝皇帝一个班子，对朝政各方面驾轻就熟，避免了动荡。

从各种角度来看，朱瞻基接手的都是一个铁打的江山。只不过，在极个别的人眼里不那么看。能这么看的一般都是疯子，但当疯子手里有了兵，很多事就不太一样了。

这个“个别人”正是“二殿下”朱高煦，或许我们现在应该称之为“朱二叔”了。

贰

朱高炽一驾崩，朱高煦就觉得机会来了。当时朱瞻基人还在从南京到北京的路上骑马狂奔，“朱二叔”就带了兵马，准备截一下大侄子。没想到朱瞻基年轻，跑得快，等“朱二叔”反应过来，夏元吉已经在卢沟桥上跪迎新皇登基了。朱高煦没办法，只得恨恨作罢。

朱高煦不知道，他错过了离皇位最近的一次机会。

登基以后的朱瞻基对俩叔叔很有容人之量，尤其是对二叔朱高煦，更是赏赐有加。要马给他二十匹，要骆驼给了四十头，各种华贵的衣服也都跟不要钱一样赏赐。

朱高煦一看，马上就飘了，还给朱瞻基上奏折，说了一大堆利国利民的政策。朱瞻基看了很欣慰，我二叔终于长进了。他马上照单全收，吩咐下面去办。这样一来，朱高煦就更不拿侄子当回事了。

可真实的情况是，两个人其实都在演戏。朱瞻基太清楚自己的叔叔是什么玩意儿了，我爹他都不服，能服我？而朱高煦则是极力表演叔侄情深，为谋反做准备。

到了宣德元年（1426年）的七月，朱高煦感到时不我待了，越往后拖，朱瞻基的江山就越稳固。造反这种事嘛，时间长了夜长梦多，那会儿朱高煦都四十多岁了，论年纪肯定拖不过侄子。

《明仁宗实录》记载，正好那年七月初，“京师地震”。当然《明仁宗实录》是后人修撰的，所以京师就是北京。但地震这种事，放到古代属于帝王有罪，老天爷罚你，特别是京师地震，所以朱高煦就有理由了，准备起兵造反。

造反之前，朱高煦还特别联系了一下童年的小伙伴，当年在“靖难之役”中一起扛过枪的英国公张辅，跟他说咱俩里应外合，把我侄子给办了。

问题是张辅太了解对方了，俩人从小在燕王府一起长起来的，知道朱高煦除了要嘴皮子、装装样子，什么都干不了。再说了，张辅本来就是明仁宗朱高炽的托孤之臣，武将里面基本上已经封无可封了，你朱高煦要真成了总不能把皇位赏我吧。所以，张辅压根没犹豫，直接把这事汇报给了朱瞻基，这下朱高煦不反也得反了。

但朱瞻基好歹是个皇上，对自己的叔叔，不能肆无忌惮地下手，当年朱允炆还得遮掩一下呢。于是，朱瞻基一边休整兵马，一边假惺惺地派人去告诉朱高煦，**"即位以来，天地神明鉴临在上，岂有一毫拂违叔父之心"**，但是呢，**"小人离间，不得不敷露中悃。且传播惊疑，或有乘间窃发者，不得不略为之备。唯叔鉴之"**。

这话太缺德了，大致意思就是先表白，说我对二叔您的信任苍天可鉴，您老说啥我干啥。只是现在有小人在挑拨离间，我怕被某些人乘虚而入，想提前准备一手，二叔您别见怪哈。

这下朱高煦怕了，要是让朱瞻基倾全国之力准备下去，这仗还有得打吗？所以，他马上发布文件昭告天下，把夏元吉一群人称为"奸佞"，然后说侄子不遵守祖宗的法制，我是为了干掉奸臣才起兵的。

朱瞻基看到这就乐了，这不就是爷爷"靖难"那套吗？合着二十多年了，二叔没长进呀，玩来玩去还是我爷爷剩下的东西。朱瞻基不慌不忙地召集群臣，"痛心疾首"地表示，我二叔居然反了，你们说说怎么办吧。

怎么办？打呗。所以，夏元吉他们都开始推荐合适的人选担任主帅。当时，朱棣北征刚过去没多久，手底下的将才很多。比如，阳武侯薛禄，洪熙时期就是太子太保，之前跟着朱棣一起北征的右前哨，打仗也比较稳妥。

但是，这时候杨荣突然站了出来，不阴不阳地来了一句：**"皇上独不见李景隆事乎？"**皇上，您还记得北平城外的李景隆吗？朱瞻基听完整个人沉默了，不光是朱瞻基，文武百官集体沉默了。

见过损人的，没见过这么损的。这下谁要是再跳出来请战，那不就是默认自己是"李景隆第二"了吗？李景隆是什么人，五十万大军打几千人都能大败而归的"神仙"。正好朱瞻基年轻气盛，一咬牙，亲征算了，我们老朱家的事，我自个清理门户。

当时英国公张辅的压力比较大，毕竟朱高煦和他联系过，可能急着洗清嫌疑，赶紧跳出来跟皇上表示，您给我两万人，我把这事给您摆平了，犯不着您亲自动手。

朱瞻基不同意，说我知道您老可以，但现在我刚刚登基，手底下有人还在观望，我亲征效果更好。不过，为了安慰这位老臣，朱瞻基还是任命张辅作为大军的前锋。明朝打仗是"五军"，就是前、后、左、右、中各一军。明朝有个衙门叫

“五军都督府”，就是这么来的。

就这样，在祷告过天地以后，朱瞻基统领着五路大军，浩浩荡荡地从北京城出发。

叁

这场仗打得跟旅游差不多，在路上朱瞻基就问大臣们：“你们猜我二叔怎么打？”大多数人都觉得朱高煦会出兵济南。因为乐安城在济南的东北，现在在东营，就是胜利油田那一带，属于冲积平原，无险可守。这个地方理论上没法造反，从战略角度来说，朱高煦必须要把济南拿下来作为根据地，然后去德州掐断大运河，就跟当年盛庸追击朱棣的路子差不多。

但是，朱瞻基太知道自己这个二叔有几斤几两了，评价朱高煦：**“外多夸诈，内实怯懦，临事狐疑，展转不断。今敢反者，轻朕年少新立。”**意思是，这个家伙欺软怕硬，其实内心犹豫不决，现在也就是欺负我刚登基才敢造反。所以，**“今闻朕行，已胆落，敢出战乎！至即擒矣。”**现在二叔一听，估摸着就㞞了，哪里敢打济南，咱们直接过去，他就束手就擒了。

果不其然，朱瞻基直接带着大军长驱直入，一路上连个伏兵都没碰上，就杀到了乐安城下，把朱高煦包了饺子。当时乐安城一共才多大，大军围上几圈，还有富余。然后大军对着四面城门开了几炮，朱高煦直接吓傻了。

当时手底下的人还劝朱高煦别投降，当年你大哥好歹在北平撑了四年，你现在一看见侄子直接投降，多丢人呀，还不如战死。结果，朱高煦来了一句“城小”，这地哪能和北平比呀，算了算了。就从小道溜了出来，穿了一身白衣，见了侄子就磕头认错了。

朱瞻基很不爽，仗都没打起来你就跪下了，派了个御史过来，叫于谦，就是写《石灰吟》的那位，把朱高煦臭骂了一顿。然后，朱瞻基把乐安城改名叫作“武定”，展现一下自己的功绩，然后就带着二叔回北京了，后来还编了一本书，叫《东征记》。

从宣德元年八月出发，到九月班师回朝。这场叛乱总共打了不到两个月，正儿八经的交战时间可以按小时计算。由此可见在明朝，王爷造反不是谁都能行的，朱高煦和老爹朱棣差得太远了。

现在《明史》上讲，回到北京以后，朱瞻基把朱高煦一家囚禁在了“西内”，这个不是特别准确。因为“西内”很大，明朝早年定义的“西内”可能要比后来的西苑范围更靠北一点。“西内”的南部大概就是过去燕王府所在的地方，你朱高煦是对抗朝廷的千古罪人，别恶心你爹了。

因此，《明实录》里讲将朱高煦囚禁在了西安门内，现在北京有一条西安门大街，就在西什库教堂那边。西安门一直到1950年才被烧毁，当时朝廷就在西安门以内，给朱高煦修建了一座房子，作为囚禁的地方。当然，也就是做做样子，因为没多久朱高煦就被杀了。

朱高煦的死，基本上消除了明初以来一直都有的藩王隐患。宣德皇帝的那把龙椅也算正式坐稳了。在文武大臣的群策群力下，一个大明朝真正的盛世——仁宣之治，已经到来。

第四章 定都前夜

蟋蟀罐里蛐蛐叫

朱棣在教导孙子朱瞻基时，曾经给出了“他日太平天子”这样的评价。而相比起祖父的披肝沥胆和父亲的战战兢兢，朱瞻基作为“太平天子”，终于可以静下心来，好好地欣赏一下这座宏伟的紫禁城。而他又将在这座皇城中，呈现出怎样的宫廷生活呢。

壹

如果我们仅仅从史料中来看，朱瞻基本人是非常喜欢待在北京的。比如，平息朱高煦叛乱，从北京来回北京去，这么大一个事压根就没琢磨着回南京跟祖宗报备一下。

而且，当时所有的大臣，首要的职务就是北京的差事。后来修撰的《明宣宗实录》里关于北京当时的描述特别矛盾，一开口都是“京师”，其实对不上。当时，文武百官前头都得加个“行在”，比如吏部尚书蹇义，在书里面的全称是“行在吏部尚书蹇义”，少前面俩字不行，否则回头文件寄错地方就麻烦了。

但无论朱瞻基多么喜欢北京和紫禁城，有两条红线，是他绝对不敢触碰的。

第一根红线就是迁都问题。

老爹朱高炽一共当了九个月皇帝，最主要的政策方向就是迁都，而且是以当时还是太子爷的朱瞻基去南京祭祖作为信号发布的，你现在正了大位，总不能一句话把老爹否了吧。所以，你再喜欢北京，北京在宣德一朝也只能是“行在”；你再对南京爱搭不理，人家也是“京师”，改了就是不忠不孝。

第二根红线就是不能重修“三大殿”。

这玩意儿就更要命了。“三大殿”理论上是要修的，但这个你敢修吗？朱瞻基明确表示不敢。不修“三大殿”，那是爷爷朱棣留下来的政策。朱瞻基从小就是跟着爷爷长起来的，再没心没肺也得有个度吧。

何况修宫殿需要材料，但削减征税和停止木石采集也是洪熙帝朱高炽的国策之一，违背不得。这样一来，朱瞻基感到很麻烦，迁都是不孝，修“三大殿”是双重的不孝。

“三大殿”没法修倒是不影响皇上的起居。明朝皇帝都得住在乾清宫，这个名字取自于《道德经》的“天得一以清”，皇上就是天嘛，所以必须得住在乾清宫。乾清宫前面有乾清门，过了乾清门就是“三大殿”。

现在我们去故宫旅游，因为售票处的原因，总会觉得午门才是紫禁城最重要的分界线。但其实貌不惊人的乾清门在臣子心目中的地位更重要一点。因为进了这道门就是内廷，内廷是外臣绝对不能逾越的。老板的办公室你都不可以随便逛，老板的卧室你要去溜达那就更不合适了。

不过即使是这样，朱瞻基也还是觉得很恶心，每天起来一出乾清门，对面一片拆迁工地，关键是这工地还不能动，成天在这当“钉子户”。

再说了，朱瞻基还是个年轻人，好动，不可能天天待在乾清宫不出门。所以朱瞻基索性避开“三大殿”，在紫禁城内外到处转悠。之前从朱元璋到朱棣再到朱高炽，要么天天忙于政务，要么带兵北征塞外，基本上没有到处溜达的时间，只有朱瞻基，可以“偷得浮生半日闲”。

后世王鏊在他的著作《震泽长语》里写过这么一件小事。说朱瞻基没事的时候喜欢在皇城的城墙上溜达，有一次正好看见阁老们从文渊阁下班出去吃饭。

朱瞻基很奇怪，就问手底下的人，为什么他们不直接在文渊阁吃饭。手下一听就晕了，文渊阁是藏书阁，不能生火做饭，总不能一人一包压缩饼干让他们啃吧，所以就告诉皇上，这地属于“大内”，不能点火。

那会儿阁老们都是在文渊阁两边的厢房里办公，环境非常艰苦。明朝文渊阁跟我们现在看见的文渊阁不一样，现在的是清朝仿照宁波天一阁修建的。明朝的比较简陋。而且，阁老们虽然掌管着财政大权，但是自己也没法找人去修，毕竟皇上的“三大殿”都没着落，你们做臣子的好意思翻修办公室吗？

朱瞻基《唐苑戏春图》

朱瞻基一听，不忍心了，紫禁城里面不能骑马、坐轿，一帮老头子一日三餐步行出去吃，太不人道了。他就下令在院子中间建了一个厨房，叫作“烹膳处”。打这开始，内阁这个大明朝最大的机关单位才算有了食堂。

写这本书的王鏊后来也是内阁成员之一，因此件小事的可信度很高，可以想见朱瞻基在紫禁城的宫墙上散步的场景。

但是，紫禁城就这么大，天天溜达也没意思，而且文臣班子确实太强了，朱瞻基百无聊赖之下，就开始天天琢磨着怎么玩。

贰

首先想到的就是玩蛐蛐。

作为现代人，我们已经很难理解宣德玩蛐蛐的兴趣到底是怎么产生的，估计跟之后的遛鸟、斗鸡原理差不多。皇上养宠物比较讲究，养鱼容易死，不吉利；养鸟太费劲，不符合朱瞻基年轻人的性子；也不能天天在皇宫里养一群藏獒，有失体统。所以，思来想去，还是蛐蛐比较好，体积小，品种多，可玩性强。

但是，什么东西一碰上“皇家”二字，那就完全不一样了。平时老百姓玩蛐蛐，田间地头随便逮俩就行，但朱瞻基要玩，那必须高端大气上档次。

《皇明纪略》里记载：**“宣庙好促织之戏，遣取之江南，其价腾贵至十数金。时枫桥一粮长，以郡遣觅得其最良者，用所乘骏马易之。”**意思是，在朱瞻基的带领下，蛐蛐的价格暴涨，各地官员都在找蛐蛐，甚至一个好的蛐蛐能换一匹好马，

已经到了骇人听闻的地步。

后来，沈德符在他的《万历野获编》里直接连民间俗语都记上了，当时很风靡的一句话是**“促织瞿瞿叫，宣德皇帝要”**。意思是，皇帝直接开口了，管大臣要蛐蛐。而且，还给当时的苏州知府下了圣旨，圣旨里说：

“宣德九年七月，敕苏州知府况钟：‘比者内官安儿吉祥采取促织。今所进促织数少，又多有细小不堪的。以敕他每于末进运，自要一千个。敕至，而可协同他干办，不要误了！故敕。’”

古代皇帝的圣旨很讲究，不像电视剧里演的那样动不动“奉天承运，皇帝诏曰”，“诏”说的是布告天下子民，加上玉玺的。再往后是“制”，一般重大的加官晋爵，比如封个将军之类的。之后才是“敕”，也是正规文件，有告诫官员和嘉奖普通官员的意思。最不起眼的叫“谕旨”，跟小字条差不多，随口一说，你看着办。

结果，朱瞻基一开口就是管苏州知府要一千个蛐蛐，要求保质保量地完成，必要的时候可以和其他部门一起合作去办，甚至直接下了“敕令”。颁发敕令找四品大员要蛐蛐，朱瞻基真是开了历史先河。

不光蛐蛐本身要讲究，养蛐蛐的罐子也得讲究。拿个方便面盒子斗蛐蛐不符合宣德皇帝的身份，所以他嘱咐了御窑厂，定制了一批青花瓷蟋蟀罐。

御窑厂是专门给皇家烧造瓷器的机关，位置就在现在的景德镇，以前属于饶州府管辖。在历史上，古代人都以为青花瓷是在宣德时期出现的，因为之前的青花瓷很难找到年号，自打宣德皇帝开始，把年号印在瓷器底部才算形成惯例。

后来，近现代人们发现了元朝一个青花云龙纹象耳瓶，上面写着**“至正十一年四月良辰谨记”**，至正是元顺帝的年号。当时这玩意儿拿到北京琉璃厂，没人收，觉得这造假太不走心了，就好比现在拿出个手机上面写着大清年号一样，问谁谁也不信。

后来，这个瓶子因为战乱流到了国外，现在在大英博物馆里。经过考证，明确了这个瓶子的真假。人们才反应过来合着青花瓷不是朱瞻基搞出来的，人家元朝就有，而且技术还很高，洪武和永乐也有，只不过不加年号。

但无论如何，宣德的青花瓷在陶瓷艺术史上都是浓墨重彩的一笔。现在古董界关于古陶瓷有句行话叫作“青花看宣德，彩瓷看成化”，就是说青花瓷发展到宣德时期，基本上是一个巅峰了，不仅空前，而且绝后。空前是因为当时最好的工匠经过几代人的积淀，绘画技术比较成熟，都在御窑厂汇集；而绝后则是因为原料。

当时画青花瓷用的原料叫苏麻离青，名字很奇怪，属于舶来品。这个名字是从波斯语来的，“苏麻离”就是波斯语里“苏莱曼”的音译，指的是产地，因为这种釉料来自中东的伊拉克。

在元朝的时候，这玩意儿可以随便用，反正欧亚大陆基本上都是我家管着。到了明朝，这玩意儿不好搞了，只能靠“三宝太监”郑和下西洋带回来了一批。

但是从宣德八年（1433年），由于郑和去世，再加上明朝为了节约开支，下西洋的活动停止了。“苏麻离青”变成了无根之水，用一点少一点，到了十几年后基本上就用光了，改成了江西本地出产的平等青料，跟“苏麻离青”颜色差很多。现在我们看宣德时期的瓷器，青花瓷颜色深蓝里带着深黑色宝石般的斑点，这是“苏麻离青”釉料里的铁含量偏高导致的，俗称“铁锈斑”，是永乐、宣德时期瓷器的典型特征。

朱瞻基当时应该定制了一大批蟋蟀罐，因为蛐蛐一张口就是要一千只，少了养不过来。但是，现在流传下来的蟋蟀罐很少。因为朱瞻基比较作死，天天玩，三十六岁就英年早逝了。

张太后当时一把年纪了，身体还很硬朗，非常伤心，觉得都是因为孩子不务正

宣德蟋蟀罐

业，才让她白发人送黑发人，一气之下，直接砸了紫禁城里所有的蟋蟀罐。所以，明朝的时候，宣德蟋蟀罐就被炒得很高，基本上见不到，能传出来的要么是太监贪财偷出来的，要么是当时朱瞻基随手赏了大臣几个的。

不过，好在当时明朝御窑厂有个制度。因为烧瓷器这种手工业有一个成品率的问题，比如，画工没注意手一哆嗦多画了一道；再如，烧制过程中有一点小小的开裂，理论上都不影响使用，可这种残次品进贡给皇上百分百要诛你九族。但是，也不能废物利用，皇上不用的谁也不能碰，所以必须打碎了埋在了御窑厂的地下。

近些年考古发掘，挖出了当年宣德时期埋瓷器碎片的底层，在里面清理出了很多蟋蟀罐的碎片，非常精美。所以，我们现在在个别博物馆里看到的宣德蟋蟀罐都是修复过的，也算是一个历史见证。

叁

除了玩蟋蟀罐，玩铜炉也是朱瞻基另一项比较出名的事业。

当时，明朝有一个内官监，专门负责制造皇室需要的器物。这个说法是从元朝继承来的，以前叫作“内府”，现在我们看元朝有些瓷器写着“内府”两个字，就是这个部门造的。到了清朝就叫“造办处”了。

《明史·职官三》说得很明白：“内官监……掌木、石、瓦、土、塔材、东行、西行、油漆、婚礼、火药十作，及米盐库、营造库、皇坛库，凡国家营造宫室、陵墓，并铜锡妆奁、器用暨冰窨诸事。”整个宫廷从衣食住行到柴米油盐，内官监基本上都包了，相当于皇家工部，工艺标准就俩字“完美”，只用贵的，不用对的，不计成本地伺候好主子们。

宣德炉指的是朱瞻基亲自设计，让内官监去铸造的一批铜炉。这种铜炉在很多影视剧或者文学作品中都有出现，后来甚至成为香炉的代名词之一。比如，鲁迅的《阿Q正传》里，说尼姑庵里“又不见了观音娘娘座前的一个宣德炉”，说的就是普通香炉，可见宣德炉对后世影响力之大。但到底宣德炉是用什么打造的，现在比较有争议。

一种说法是宣德三年（1428年），当时紫禁城的库房一把火，把金属都烧熔化了，金银铜铁什么玩意儿都有，弄成了一大块，没法作为正常金属流通了，朱瞻基干脆化了做了一批炉子，就是后来的宣德炉。不过，这种说法经不起推敲，且不说《明实录》等资料里无此火灾记载，而且熔点上也说不通。金银铜铁的熔点都不一样，紫禁城的建筑都是木头做的，一般的火灾温度根本达不到。

后来，嘉靖年间流传出了一本书，叫《宣德彝器图谱》，是当时的礼部尚书吕震和负责冶炼的太监吴诚编的，后来被于谦拿到了副本，留给了后人。这本图谱里面有各种宣德炉的样式。这才基本上澄清了意外冶炼的说法。这说明朱瞻基是真的闲，亲自设计并专门定做了这么一批铜炉。

当时朱瞻基刚登基没多久，就去皇宫的库房里找古董。历朝历代皇帝都有收藏古董的习惯，而且品位很高，不是青铜器就是书画古籍，一般的不入眼。

结果，朱瞻基去库房翻了半天，感慨明朝收藏的青铜器太少了。明朝初期的青铜器大多数都是从宋朝宫廷里继承过来的，特别是青铜鼎。当时，忽必烈灭宋，把南宋收藏的青铜鼎搬到了元朝的大明殿，因为鼎象征江山社稷，不能和其他东西混在一起。明朝攻陷元大都，当时乱哄哄地丢了一批，剩下的基本上都是放在太和殿里面。但是，数量很不让朱瞻基满意。

不满意怎么办，自己造呗。正好宣德三年（1428年），暹罗国（泰国）进贡了一批风磨铜，大概三万来斤。泰国信佛，估计是用来铸造佛像的，没想到朱瞻基大笔一挥，按照商周青铜鼎的样式，直接用来造了香炉。

造之前，朱瞻基问了一句，一般青铜炼造几次才能铸造呀。工匠告诉他，民间大概四次，宫廷里得六次，精益求精，才能显出所谓的“宝光”。朱瞻基一听，反正不是自己动手，说你们直接把次数翻一倍，冶炼十二次，俗称“十二炼”。

结果炼完又出现问题了，杂质去除得太干净，分量不够了，就问皇上怎么办。朱瞻基说不就是分量吗，铜不够就加上金银，凑不就行了，这才打造出这么一批绝无仅有的精品，色彩丰富，款式大方。朱瞻基看完很满意，在宣德炉的底部加了年号——“大明宣德年制”。

现在一提起宣德炉，都是作为古董怎么怎么样。其实宣德炉的珍贵之处是作为工艺品的艺术价值。毕竟材料难得，巧匠难得，像朱瞻基这种有艺术追求的皇帝就更难得了。

宣德炉的成就，是宣德时代紫禁城的一个缩影，也是明朝真正意义上宫廷物质生活的第一个巅峰。而在紫禁城的巍峨的宫墙后面，朱瞻基对这座皇城的掌控才刚刚开始。

宣德款朝天耳三足炉

太监与卫士

朱祁镇接手的紫禁城，并不是简单的一个文渊阁中枢或是一条简单的中轴线。随着明朝政治体制的完善，隐藏在阴影中的力量也不可忽视，这些力量将直接左右明朝三百年的朝堂格局，成为左右文臣武将的重要力量。

这些力量分为两拨儿，一拨儿叫锦衣卫，一拨儿叫东厂。

先说锦衣卫。

受影视作品的影响，我们现在一提起锦衣卫第一反应就是特务，一群高手穿着飞鱼服，提着绣春刀，满大街地抓人、砍人，捎带着精通各路审讯手段，简直就是体制内的“大侠”。

这样理解就对锦衣卫产生了一个很大的误区。实际上，锦衣卫是实打实的军队编制，不算秘密机关，属于大明二十四卫之一，朱元璋时代就已经发光发热了。最早的时候叫作“拱卫司”，意思很明白了，“拱卫天子”呗，相当于贴身警卫营，官也比较小，正七品。

到了洪武十五年（1382年），朱元璋感觉人手不够用了，因为要清理功臣。但这种事没法让刑部去干，毕竟刑部是正儿八经的朝廷衙门，堂堂天子不能觍着脸跟刑部尚书说，我觉得那谁谁有点问题，你去查查，这不合适。刑部属于司法部门，要走正规的司法程序，更何况人家好端端的朝廷重臣，你也不能随便查。

所以朱元璋改革了禁卫军，分为了十二卫所，其中就把拱卫司改成了锦衣卫，

锦衣卫木印 中国国家博物馆藏。

而且提高了级别，正三品，并把职权也扩大了。

《明史》载锦衣卫**“所属有南北镇抚司十四所，所隶有将军、力士、校尉，掌直驾侍卫、巡察缉捕”**。意思是，朝廷给锦衣卫设置了南北两个镇抚司，并且明确规定，锦衣卫不光可以作为侍卫和门面，也可以作为秘密警察负责办案，相当于三军仪仗队加国家安全局。

南北镇抚司在锦衣卫的发展史上是一个绝对不可或缺的衙门，因为镇抚司是负责审案和关押的地方。在这里面，北镇抚司主要干皇上嘱咐的案子，所谓的“诏狱”就在北镇抚司，后来的杨士奇、夏元吉等人都在里面被关过，不在“诏狱”待一遭，你都不好意思说自己是朝廷重臣。而南镇抚司主要是盯着北镇抚司，别让他们玩脱了。

以前的拱卫司顶多算是军队，现在有了镇抚司的锦衣卫，相当于一套独立的司法体系，能甩开刑部直接自己干。

不过即使是这样，也不足以解释为什么锦衣卫如此豪横。锦衣卫顶多是正三品，但巅峰时期的锦衣卫号称“缇骑”，碰到正一品的大臣也敢直接找机会拿下。因此，很多人忽略了一个问题，那就是锦衣卫里的这些“大侠”们，到底是从哪来的。

关于第一任锦衣卫指挥使，现在已经不可考证了，其实也不重要。因为《明史》

里给的答案很明显，**“择公、侯、伯、都督、指挥之嫡次子，置勋卫散骑舍人”**。

这下就明白了，能进锦衣卫当官的，都是各路开国元勋的二儿子，一群顶级“官二代”组成的特务班子加仪仗队，这在天底下基本上可以横着走了。所以，最初锦衣卫里面拼的不是职位，而是家世，谁当指挥使压根不重要。一说某某国公、某某侯爵，不是你家大爷就是我家哥哥，敞开了干吧，有事他们担着。

这样一来，在朱元璋的授意下，锦衣卫这群“二代”们出手就肆无忌惮了。洪武朝光是宰相“胡惟庸案”，还有新贵族“蓝玉案”，林林总总地加起来就处决了四万人。

这下文臣们不干了，文臣们都是打工的，不像武将们家大业大，一个爵位天长地久。现在这帮武将们的孩子们完全不按司法程序走，逮谁咬谁。这样下去，文臣们还有出头之日吗。所以，朱元璋一看，没办法，就做了做样子，烧掉了锦衣卫的刑具，然后撤销了他们的独立司法权。

贰

锦衣卫自己对此倒是无所谓，反正查案本来就是兼职。

明朝初年，锦衣卫的职权和部门主要倾向于侍卫的职能。因为这些人都是“官二代”，父辈们都是跟朱元璋一起打天下的兄弟，信得过，所以护驾这种事都是他们来干。

当时禁卫军一共十二个卫所，比如金吾卫、府君卫等，但只有锦衣卫有资格“守四门”，其他的不配。这里的四门说的是紫禁城东南西北的四门，也就是东安门、西安门、天安门和地安门。然后，皇城内的正门，也就是午门，只有锦衣卫的官员需要日夜值守于此。

能进宫参与值守的锦衣卫，跟一般士兵有区别，不能长得歪瓜裂枣，毕竟是代表紫禁城的颜面。就跟现在的仪仗队一样，得看身材和颜值，这种标准“官二代”里不太好选，因为缺口比较大，值守紫禁城需要的锦衣卫得几千人，所以很多要从民间选拔。

《明会典》里给的标准是**“锦衣卫大汉将军……务要身长五尺三寸以上、力胜三百五十斤及无恶疾、体气、过犯，不系正军及犯极刑之家，方许收用”**。身世清白、身体健康先不说，光是这个身高一般人就达不到。

明朝量身高，一尺说的是裁衣尺，不是木工尺，一尺大概是34厘米左右，“五尺三寸”就得一米八出头，这放到明朝算是相当了不起的身高了。

而且，这里不是说你身高一米八就行，你瘦得跟麻秆一样也没法保护皇上。所以，要求能举起三百五十斤的重量，明朝一斤比现在重二两，算起来三百五十斤跟现在的四百二十斤差不多，基本等于省级举重运动员往上的水平。

这里面还得再选，最后才能“于奉天门及丹墀者尤取恢大”，意思是身材最好的才可以值守在奉天殿内和殿外的石阶上。为了叫起来响亮，还给这批人起了一个好听的名字，叫“大汉将军”。当然这个“将军”连官衔都不算，说了算的都是锦衣卫指挥使，所以明朝的“将军”不值钱。比如，奏折里，动不动就是“将军一千人”，说的就是一千个锦衣卫力士。

平时皇帝上朝之前，锦衣卫的各级头目必须先进紫禁城，文武百官先在午门外面候着。等锦衣卫进去之后，百官才陆续从午门进入，沿着内金水桥，来到太和殿前。这时候，锦衣卫们全副武装，拎着金瓜、刀剑之类的东西在边上站着，看看有没有人带着刀剑等兵器进来。当然这也只能看，不能挨个搜身，否则有辱斯文，反正也有“将军”站在皇上边上。

不过凡事都有例外，之前我们讲过永乐时期的大臣景清，就是一个典型。他在官服里藏了把刀子就上来了，结果痕迹太明显，被大殿上的锦衣卫逮了。

这哥儿们是个文人，加起来百十多斤，锦衣卫力士一个人能举他三个。景清这纯粹是对锦衣卫的武力值一无所知，别说他是被搜出了刀子，以锦衣卫的武装和身手，那个距离给景清一把手枪，他都不见得有机会瞄准。

这事让朱棣很生气，忽然想起来了，你们锦衣卫不是会查案子吗，那你们就直接上手得了。这下可是猛虎归山了，锦衣卫那个兴奋呀，终于有机会重操旧业了。不光把景清全族老小查了个遍，还不辞辛苦地找了他家祖籍，直接去了景清老家，把一个村子变成了废墟。后世人们管这种绝户的行为叫作“瓜蔓抄”，顺藤摸瓜，一干二净，可以想见锦衣卫办事之狠。

朱棣感受到了锦衣卫的好处，特别是他刚刚夺了侄子的江山，急需这么一批人帮他处理很多事情，所以又把锦衣卫重新抬了起来。但从这开始，锦衣卫就开始转

变职能了，以前审案子是有需要才办，现在有点专职干这个的意思了。

这时候，锦衣卫指挥使这个位子就比较关键了，因为以前指挥使基本上是“背锅”位，惹怒文臣犯了众怒，然后被朱元璋拉出来砍头以平民愤，毕竟锦衣卫骨干是一群“官二代”，总不能砍他们，所以老大得出来顶缸。第一任指挥使毛骧、第二任指挥使蒋瓛都是这么死的。

但是，到了朱棣的时候，就不一样了。开国勋贵基本上都跟着侄子混，必须得任命一个靠得住的指挥使。所以，朱棣选择了纪纲。

纪纲是秀才出身，“靖难”的时候，他在老家德州。正好朱棣打仗经过这儿，纪纲看见了冲上前去，跟《水浒传》里写的一样，“纳头便拜”，指名道姓地要追随朱棣。朱棣看傻了，那会儿造反朝不保夕，怎么还有人想跟着我混呢？加上纪纲文武双全，还会骑射，就让他当了两年马夫。

职场上，两个职业最容易被领导信任，一个是秘书，一个是司机。纪纲给领导驾了两年车，深得朱棣的信任。因此“靖难”结束后，朱棣就把纪纲任命为锦衣卫指挥使，专门负责审案和诏狱，清扫建文遗臣。

纪纲一开始办事非常漂亮，加上为人又狠，所以处决了一大批人，从小太监到文武百官，只要进了“诏狱”没有不老实的。所以，朱棣越发信任纪纲了，《明史》里说**“帝以为忠，亲之若肺腑”**。

没承想这“肺腑”用多了，就开始出问题了。由于朱棣的信任，纪纲做事变得越发肆无忌惮了，欺上瞒下、抢夺官船，甚至伪造诏书，还和朱高煦混在了一起。朱高煦构陷大学士解缙，当时就是纪纲动的手脚。

到最后，锦衣卫在纪纲手里变成了一个一手遮天的怪物，他自己也膨胀了，一来二去，就办了一件作死的事情。

事情发生在永乐十四年（1416年）端午节，那会儿端午节有个活动叫“射柳”，就是把柳树刮下来一块皮，露出白色的木质，然后皇帝带着大家拿弓箭去射，看谁更准。结果，纪纲在射箭之前，就跟手下嘱咐了一句：**“我故射不中，若折柳鼓噪，以觇众意。”**我故意射不中，你在一边就说射中了，看看谁敢多说话。

纪纲的剧本相当完美，手底下人一开口，大臣们全都当了瞎子，没一个敢说话，因为谁也不想得罪这个家伙。这下纪纲很满意，说：**“是无能难我矣。”**我独孤求败，一览众山小，谁也难为不着我了。

纪纲满意了，朱棣在那边却看傻了。我还活着呢，你就开始“指鹿为马”地搞这个，再这么下去，你该改朝换代了。朱棣忍不了了，两个月以后，就有和纪纲有仇的内侍举报其违法，这一看就是朱棣安排的，不然借内侍十个胆子也不敢得罪纪纲。

纪纲违法的事都不用刻意搜集，太多了，随便找找都能诛纪纲九族，真要是都写成供状，加起来可能比《永乐大典》都厚。有了罪名，朱棣直接动手了，从审案到行刑，一共只用了一天。明朝谋反之罪不用等到秋日处决，当天就把纪纲给分尸了。

纪纲一死，朱棣也开始反省了。锦衣卫这个东西确实是不太可控，而且锦衣卫主力平时是常驻在紫禁城之外的，用起来也没那么方便。所以，朱棣眉头一皱，把目光放在了身边的太监身上。

于是，就有了一个机构，叫作东厂。

肆

明朝的太监是一个很庞大的团体，就像禁卫军有十二卫一样，宦官的部门也可以分为十二监、四司、八局，合称“二十四衙门”。之前提过的号称“皇家工部”的内官监就是十二司的其中之一，大名鼎鼎的郑和就是永乐初年内官监的大太监。

一开始，太监并没有很高的地位。因为朱元璋在太监这方面很有原则，他知道元朝亡国就有太监们的一份功劳。所以，他定下了制度，太监们“不得兼外臣文武衔，不得御外臣冠服，官无过四品”，就是说太监干好自己的事就行，不能有任何兼职的差事，最高等级也不能超过四品，跟知府一个级别，相当于今天的正厅级干部。

为了告诫子孙，朱元璋还在宫门口设立了一个大铁牌，上面刻着**“内臣不得干预政事，预者斩”**。这块铁牌到底挂在哪处的宫门，目前已经不可考证了，但肯定是在乾清门或者乾清门以内，因为是给皇上看的，所以要放在内廷。

但是，到了永乐十八年（1420年），筹备迁都以后，朱棣觉得必须要压制一下锦衣卫了，就改了老爹朱元璋的规矩。他利用太监，设置了“东缉事厂”，简称“东厂”，这个名字和地方有关系，因为东厂的位置就在东安门以内。

永乐时期的东安门正对着东华门，门口有一条玉河，到了宣德时期给扩建了，往东边移了一段距离，到了玉河东边。现在的北京还有一条东厂胡同，往西边一走就是北河沿大街。北河沿大街里的“河”，说的就是之前的玉河，只不过后来被填平了。

过去上朝的时候，官员们都是从东安门进到皇城内，然后再转到午门。宣德时期，玉河上有一座桥，就叫“承恩桥”，意思是你能进来是皇上赐给你的恩德，别不知足。

这么一看，当时上朝的官员确实比较惨，进东安门之前，锦衣卫给盯着；进去以后，东厂还得再查一遭。

所以，朱棣把东厂安排在这里，就是想着让东厂去监视百官。

现在我们一说明朝的特务机构，都是东厂、锦衣卫并列，合称“厂卫”，其实构架完全不一样。锦衣卫是有名有姓的军事机构，只不过被朱元璋和朱棣赋予了太多特权，比如“诏狱”这种完全可以绕开司法程序的存在。

但东厂不一样，它并不是一个具有正式编制的部门。一开始，东厂没有所谓的首领，直接对朱棣本人负责，后来才放权给身边的亲信太监。

东厂里面当官的太监，编制都是挂靠在“十二监”下属的，相当于兼职，手底下也没有太监，都是从锦衣卫里面选拔出来的。从这个角度上说，东厂不能算是一个太监部门，应该算是太监监管的部门。东厂衙门的正堂里挂着一幅岳飞像，就是告诉手底下的人要忠诚，咱们跟军队不一样，要完全忠于皇上。这可能是岳飞历史上被黑得最狠的一次，天天被一群太监当榜样。

最底层的东厂办事员叫“番子”，戴着一个尖帽子，穿一身纯褐色或者青色的衣服，脚上再加一双白皮靴，在京城里只此一家，别无分号。“番子”再往上有小队长，俗称“档头”，大约有百十来个，像电影《新龙门客栈》里的“四大档头”就是这个级别。

“档头”的上面，还得再加上一个千户和一个百户，又叫“贴刑官”，也是从锦衣卫里拉来的兼职。东厂只有抓人的权力，审案还是得给锦衣卫，因为东厂没有自己的“诏狱”，得和锦衣卫“资源共享”。但是，东厂的人在审案过程中可以旁听，被称为“听记”。

区别在于，锦衣卫是按程序走，东厂则是听完直接出门找皇上汇报了，所以“听记”这种事到底是谁听谁的，想想也知道。东厂的人往那一坐，基本上锦衣卫就不敢插话了。

“贴刑官”再往上，才是监管的太监，这个太监被称作“督主”。其实，他的全称是“钦差总督东厂官校办事太监”，是一个临时职务，只不过被固定下来了而已。

在明朝，能够执掌东厂的“督主”，通常都是二把手、一把手的大太监，被东厂称之为“宗主”。而且，“宗主”和“督主”都是一个部门出来的，绝对不会有这山望着那山高的情况出现。

这个部门叫作司礼监。

伍

明朝太监的所谓“二十四衙门”，为首的就是司礼监，当时大多数太监都住在紫禁城的东北方，就是景山的东边。司礼监的旁边是内府供用库，往西边一点就是尚衣监。

顾名思义，司礼监就是掌管宫廷礼仪的部门。跟内官监那些整天叮叮当当的工匠不一样，司礼监干的活都是很体面的。

比如，太监们想要进出宫廷，你得有“马牌”作为通行证吧，不然出不去，那谁管着“马牌”的发放呢？不好意思，是司礼监。

再如，皇宫内的各种婚丧嫁娶，礼部尚书只能帮忙拿一个章程出来，真正跑前跑后地调动宫里面各项物资的是谁呢？是司礼监。

又如，皇上今天高兴了，随手赏赐了内阁大学士一幅书画，那么谁负责去送，然后和大臣们说说笑笑呢？对不起，还是司礼监。

到这为止，我们不难发现，司礼监是一个何其无敌的存在，有钱有权，还有外朝大臣们的关系。但这些还不是司礼监可怕的地方。司礼监手里还有两个权力，一是制帛与“御前勘合”，二是纠察内官人员违犯礼法者。这两项权力，奠定了司礼监在内廷宦官中至高无上的地位。

过去的圣旨都是用帛做的，由翰林院的庶吉士书写，书写好了皇上不可能自己校对，没那个工夫，都是由司礼监确认无误后，再用印并备案。

而下面递上来的折子，要先给“通政使司”汇总，整理后由司礼监送给皇上和内阁批阅，然后再送回司礼监加印，称之为“御前勘合”。也就是说你这折子好不好使，司礼监很容易动手脚，八百里加急送过来的文件，司礼监只要愿意，能给你拖上个三五天。

第二项权力更厉害了，只要内廷中有人违背“礼法”，司礼监都有“纠察”的权力。这就不得了了。

今天你不小心摔了皇上的一个蟋蟀罐，凑巧司礼监的太监和你关系不错，那没事，这玩意儿库房里有的是，皇上自己也数不过来，换一个就行。但哪天你要是和司礼监关系不好了，在紫禁城里随便吐口痰，被司礼监知道了，不好意思，这事有违礼法，直接拖出去打死，没得商量。

所以，《万历野获编》里说“司礼今为十二监中第一署”，就是这个原因。宫里面所有的太监，看见司礼监里的小太监都得磕头行礼，人家搭理不搭理还两说。

司礼监里面有四个大太监：一个掌印太监、一个秉笔太监、一个提督太监，再加一个随堂太监，手底下没有具体官职了。毫无疑问，跑腿的不如管人的，管人的不如写字的，写字的不如盖印章的。所以，掌印太监是司礼监的一把手，也是整个紫禁城里太监的头，二把手才是秉笔太监，也就是管辖东厂的“督主”。

现在一说起司礼监和大太监都是影视剧里的形象，一脸的不阴不阳，在皇上面前当各种狗腿子。但最早的大太监都不是伺候皇上的，而是有点客卿的性质。

最典型的例子就是郑和。虽然郑和不是司礼监出身，却是标准的从龙之臣。那会儿太监都是不读书的，因为朱元璋在祖训里面明确规定“内臣不能读书识字”，不过这个说法有争议。理论上，司礼监的太监大多数都是识字的，只不过是不读书，抄写没什么问题，相当于小学文化水平往上。

郑和属于家传的学问，而且深得朱棣的信任，当上大太监没几年，就被朱棣派出去下西洋了，相当于以外交使臣的身份兼任外交使者，压根用不着在朱棣身边伺候。

第一个有名有姓的司礼监大太监叫作侯显，也没待在朱棣身边。当时，朱棣听着西域的番僧哈立麻很有影响力，加上朱棣自己受到姚广孝的影响，也信佛，就派侯显出使东印度。侯显前前后后地去了差不多五趟西域，但永乐期间的司礼监大太监一直是他。可见在永乐时期，东厂归东厂，而司礼监还不能算是一个权力机关。而如果按照这么发展，锦衣卫和东厂最多是平级的暴力机构，跟司礼监不产生直接关系。

所以，从某个意义上说，司礼监应该感谢朱瞻基。

陆

朱瞻基作为一个“太平天子”，面临的很大一个问题，就是文臣势力不可避免地要压过武将。因为武将必须在战争年间才能获得功绩，而洪熙、宣德两朝以仁政著称，不可能天天在那里舞刀弄枪的。所以，东风压倒西风，文臣压死武将就是很自然的事情了。

“三杨”还不用太担心，好歹是看着朱瞻基长起来的，不至于有什么歪心思。但文强武弱是一个长期存在的体制问题，不仅是一朝天子一朝臣的问题。所以，朱瞻基必须对厂卫有所动作，拉一派打一派，整合为一股力量对文臣进行牵制。

毫无疑问，锦衣卫被抛弃了。因为文臣们都下过“诏狱”，也都被当年的纪纲折磨过，对锦衣卫那是深恶痛绝。除非朱瞻基想和杨士奇、夏元吉这些叔叔伯伯们彻底决裂，否则锦衣卫是一定会被打压的。

那为了找一帮大臣们信得过的人，朱瞻基决定扶太监们一把，于是就设立了内书堂。

内书堂就是太监们的学堂，专门教太监们读书的地方。这等于朱瞻基公然抽了曾祖朱元璋的脸，改变了祖训，给予太监们系统读书学习的机会。

内书堂的位置最早在文华殿的东庑，后来搬到了宫外，也就是司礼监的大门内，进去往南一走，就是内书堂，所以这个学堂基本上等同于是给司礼监开的。里面的布置跟正常的私塾差不多。想象不出来的可以看一下鲁迅先生描绘的“三味书屋”，跟那个差不多，进门一张画像，是孔夫子的画像，然后就是桌椅板凳。

然而，就是这个看似普通的学堂，却有着大明几乎是最豪华的教学阵容。朱瞻基直接指派了翰林学士去教育这些太监们，而且还不重样，轮流上课。翰林学士基本上都是科举的佼佼者，很多人甚至有可能入阁执政。所以，和内书堂一比，国家最高学府国子监顶多算一个“野鸡大学”，太寒碜了。

第一个在内书堂教学的“老师”是刘翀，原本是户部的陕西清吏司主事。这哥儿们比较悲催，回家服丧三年，回来发现位子被人顶缸了，暂时没有缺。所以，朱瞻基就给他挂了一个刑部主事的名头，兼职翰林修撰，让他“专授小内使书”，改行给小太监们教书了。

后来，“教授”的等级上来了。宣德四年（1429年），朱瞻基派了陈山给太监

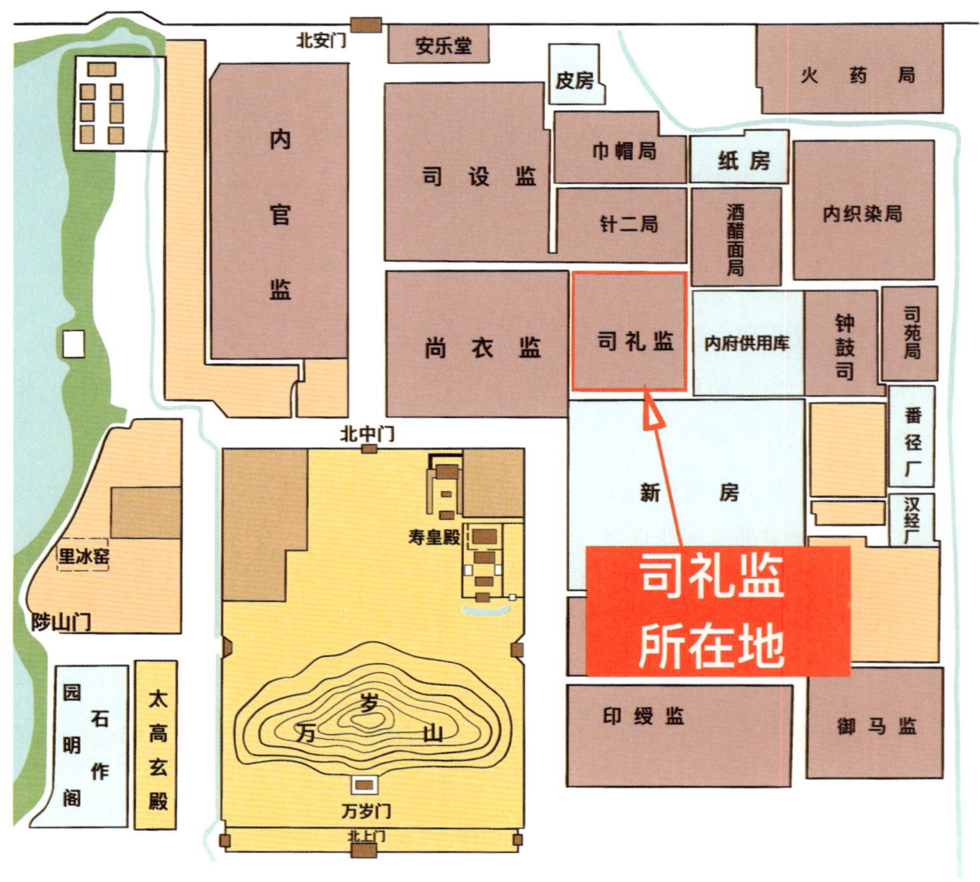

司礼监位置示意图

们上课。教的东西都不难，从《千家诗》和“四书五经”讲起。但是，陈山的等级摆在那里，户部尚书兼谨身殿大学士，规格非常高，快赶上太子了。

这样一来，出现了两个新情况。

首先，太监开始接受系统的儒家思想体系。以前的太监连秘书都不算，顶多算个文字录入员。但是，经过内书堂的培养，开始往高级秘书上靠拢了，能够在一定程度上独立处理政务了。

再有一点，内书堂的太监可以直接和大学士这个级别的外臣接触了。内书堂里面大概率会出现之后的司礼监掌印太监，而翰林院则是未来内阁大学士的摇篮，不是翰林的话，基本上就和内阁无缘了。这两者之间形成了一种既熟悉又对立的关系。

在朱瞻基手上，从东华门后的文渊阁，到景山后面的司礼监，一种微妙的政治平衡态势正在形成。号称“三代从龙”的那批文臣正在逐渐老去，文臣的影响力正在逐步减弱，达到一个完全可控的范围。

而以司礼监为首的内廷势力，在整合厂卫后，则成为制衡文臣集团的一支重要力量，而且还在萌芽期，完全可控并将其规范化。

这样既避免了朝廷内部的文臣一家独大，又让政务处理过程变得规范而高效，一举两得。朱瞻基自己也可以节省下大量时间玩蛐蛐，简直不要太舒服。

只可惜，现实和理想往往很难共存。谁也没想到，宣德十年（1435）的正月，乾清宫突然传来噩耗，宣德皇帝朱瞻基驾崩了。

重修“三大殿”

宣德十年（1435年）的正月，并没有太多过年的喜庆。就在去年的十二月，允文允武、敢作敢死的朱瞻基身体突然撑不住了。正月初三这天，朱瞻基把大臣叫到了文华殿，让他们参拜了年幼的皇太子朱祁镇，紧接着就龙驭宾天了。就这样，年仅八岁的朱祁镇，成为整个紫禁城的主宰。

壹

朱棣看了一辈子的人，唯独看寿相的眼光奇差无比。本来以为朱高炽命不久矣，结果朱高炽硬生生地拖到了四十七岁，反倒是从小英武过人，被称为“太平天子”的朱瞻基，三十多岁就把自己玩死了，可见养生是一门技术活。

朱瞻基在遗诏中说：**“死生常理，修短定数，惟不能光承列圣之洪业，终奉圣母皇太后之養，中心念之，虽殁弗宁。”**大概也是后悔了，不该玩得那么嗨，让自己的老娘张太后白发人送黑发人，自己死了以后也不安稳。

这样一来，之前“仁宣之治”打下的政治格局就得重新规划了。之前明朝的几个皇帝，包括朱允炆在内，最小的也是二十多岁即位，已经系统地接受过太子的培训了，跟文臣班子也有磨合，所以问题不大。

但是，到了朱祁镇这里，没辙了。朱祁镇才八岁，完全是一张白纸，必须得依赖张太后和群臣的扶持。那会儿老臣们大多已经不在了，夏元吉在宣德五年（1430年）就病逝了，蹇义和朱瞻基前脚后脚，比朱瞻基晚一个月去世。“三杨”内阁还在，但已是垂垂老矣。

按理说，朱祁镇不应该年纪这么小，因为朱瞻基驾崩的时候都快四十岁了，他爷爷朱棣“靖难”起家的时候也差不多这个岁数，但那时候他老爹朱高炽早就成家立业，在北平城头来回巡逻了。所以，这里就不得不说到朱祁镇的母后孙皇后了。

在宣德朝之前，大明只有三个皇后，马皇后、徐皇后和张皇后，老朱家三代都是标准的一夫一妻制。谁承想，到了朱瞻基这里，开始出幺蛾子了。

最早给朱瞻基配的皇后是胡皇后，是朱棣亲自给孙子选的，在《明史》里难得的有闺名记载，叫胡善祥。而孙氏一开始是侍妾，家里走张皇后的路线，软磨硬泡，才入选了皇太子府。但孙氏长得很漂亮，《后妃传》里说她“幼有美色”，能在史书里加这么一笔，可见颜值是绝对靠得住的，所以很得朱瞻基的欢心。

朱瞻基登基以后，孙氏被封为皇贵妃。明朝初期，皇贵妃和皇后的差距还是很大的。明朝的皇后不像后来清朝一样住在东西六宫里，而是住在坤宁宫，而贵妃只能住在东西两侧的六宫里。

明朝早期的时候，坤宁宫在现在的真武门附近，因为女子在风水上属水，对应的是北方玄武，所以寝宫设置在内廷的北边。坤宁宫这个名字也是与皇帝的乾清宫相对应的，《道德经》里说“天得一以清，地得一以宁”，合起来正好是“乾坤清宁”。

但是，胡皇后人太老实，而且有个致命的缺陷，婚后数年一直没有生下男丁。国家没有嫡长子，是一个非常危险的事情。正好在宣德二年（1427年），备受宠爱的孙贵妃诞下一子，正是长子朱祁镇。

当然这个孩子到底是不是孙氏所出，现在比较有争议，《明史》里给的说法是**“阴取宫人子为己子，即英宗也”**。说朱祁镇是宫女的孩子，被孙氏偷着抱养了。

这事朱瞻基多半自己也清楚，但没有开口，因为他早就看贤惠的胡皇后不顺眼了。张爱玲说，男人的“白月光”结了婚就成了“白饭粒”，何况胡皇后在朱瞻基这边顶多算个“白炽灯泡”，朱瞻基婚后一直想换个“灯泡”，这个孩子就成了废后的最好理由。

胡皇后自己也清楚孩子对于天下的意义，就跟张太后以及朱瞻基表示：**“皇上春秋三十未有子嗣，是妾所累也。”**说都是我的错，害得皇上没有孩子。所以，她主动上疏，请求辞去皇后的位子，朱瞻基比较不讲究，顺水推舟就同意了。

如此一来，坤宁宫也就易主了，胡皇后搬到了东六宫里的长乐宫去居住，也就是后来的景仁宫。母凭子贵，孙氏则顺利地登上了皇后的位子，这也宣告着大明朝

“第一届宫斗大赛”圆满落幕。

废黜胡皇后，在当时并不是没有争议，“三杨”和夏元吉都想开口，但这属于皇上家事，况且太子涉及“国本”问题，该妥协还是得妥协，所以就没敢出声。后来，朱瞻基也愧疚了，表示“此朕少年事”，那会我年轻，不懂事，稀里糊涂地把人家给废了。

但孙氏能上位，实质上还是靠美色和心机，平时仗着朱瞻基的宠爱在后宫玩玩还行，真到了朝堂上，水平基本等同于幼儿园级别，别说镇场子，能把话说利索就不错了。

所以，朱瞻基自己也明白自家媳妇什么德行，所以在遗诏里特别说明：**“凡国家重务，皆上白皇太后、皇后，然后施行”**，等于把军政大权交给了母后张太后，皇后在旁边跟着听听就行。毕竟张皇后的资历摆在那里，没人敢在这位历经五朝的老太太面前造次。

这样一来，张太后又被迫升级了，成为大明历史上第一位太皇太后。不过，张太后很懂规矩，知道后宫干政这例子不能开。老朱家的皇帝身体素质不过关，寿命整体偏短，导致这个大明朝盛产皇太后，所以从这个角度来说，张太后为晚辈们开了一个好头。

朱瞻基一驾崩，张太后就带着朱祁镇在乾清宫开会，指着朱祁镇跟杨士奇他们说：“此新天子也。”然后，大家山呼万岁，定年号为“正统”，这就是后来的明英宗。

老杨他们也很上道，磕完头马上恭请太皇太后垂帘听政，但张太后打死不同意，说事情不能这么干，一切以祖宗的法度为准。我老太太在后边给你们把把关就可以了，不重要的事可以先不办。

这话暗示的意思太明显了，不重要的事先不办，那意思就是先挑重要的事解决呗。

那当时什么事最重要呢？毫无疑问是迁都。

贰

之前，朱瞻基由于孝道的原因，对重修“三大殿”和迁都北京城两件事，一直不敢下手。所以，朱瞻基当了十一年皇帝，北京一直是“行在”，没法升级。现在好不容易皇帝年幼，内阁辅政，后面还站着一个分量十足的太皇太后。再加上经历过“仁宣之治”的十几年，明朝的经济实力比起永乐末年有了很大的恢复。

有钱有权，天时、地利、人和凑一块了。“三杨”看年纪，当时自我感觉也没几年了，干脆咱们老哥几个快刀斩乱麻，把这事办了，别再让未来皇帝亲政以后为难。

但迁都不是说改个名字，把“行在”俩字删了就行。当时北京城和紫禁城已经十几年没有大规模翻修了，当时朱棣搬进来的时候就是一个大框架，先把要紧的修理了。后来，朱瞻基进来，针对紫禁城平时的日常运转，又做了一些细节上的修补，但作为正儿八经的京师来说，还是不够看。

最关键的是，“三大殿”当时还是废墟状态，正式迁都有一个仪式在里面，这种载入史册的大仪式，必须得在奉天殿举行。乾清宫那是皇上的卧室，搞“派对”这种事不能在卧室里办，真要是在乾清宫办迁都仪式，“三杨”大概率会被后人喷死。

所以，从正统二年（1437年）的正月开始，朝廷先派工部尚书吴中（之前为朱瞻基造宣德炉的那位）去西直门、平则门和护城河附近去祭祀，从外到内开始修，先从城门开始。

现在北京城很多城门的名字，都是正统初年改的名字，《明会典》里说：“更丽正为正阳，文明为崇文，顺承为宣武，齐化为朝阳。”并给这四个门增加了防御的瓮城和城楼，以前的城门真的就是个门，现在开始有了完整的设施。

然后又整修了护城河。以前城门外护城河上的桥都是木桥，现在既然准备定都了，得有一个长期居住的打算，所以就改成了石桥，比较高端大气上档次了。桥下还修建了河闸，护城河的水从西北玉泉山的方向流下来，然后往东南方向流去，经过大通桥出城，其中要经过九道河闸。

到正统四年（1439年），基本上修建得差不多了。《春明梦余录》里说当时杨荣带着一帮老头颤颤巍巍地登上正阳门去验收工程，所有人放眼望去，只见**“高山长川之环固，平原广甸之衍迤，泰坛清庙之崇严，宫阙楼观之壮丽，官府居民之鳞次，廛市衢道之棋布，朝觐会同之麇至，车骑往来之坌集”**。太雄壮了，老臣们都给出了“前所未有”这样的评价，认为只有这样的城市，才配得上“京师”的称号。

这次重修“三大殿”，比起永乐时期建设紫禁城，优势就大了很多。

首先是物资的积累，之前永乐时期剩下了很多东西，可以直接拿来使用，比如神木厂里储存的木料、亭台楼阁绘画的颜料等，能节省一大部分成本。

其次就是城市本身的繁华。随着十几年的积累，北京城已经从元朝末年的残破之都，变成了当时中国最发达的城市之一。北京附近的人口也比之前增加了许多，征调修建的徭役也更为便捷。

最大的优势来自北京城和紫禁城重修的总设计师，他的名字叫作阮安。

叁

阮安是越南人，换成明朝的叫法是安南人。朱棣上台以后热衷于南征北战，就派英国公张辅去镇压安南。

张辅在历史上算不上名将，但打安南确实是一打一个准。有战争就有俘虏，张辅就从俘虏里挑选了一批机灵能干又长相俊美的少年，送到宫里去当太监，阮安就是其中之一。

朱棣对这些越南来的幼童很是喜爱，因为他们没有本土势力的瓜葛，能够委以信任，因此就把这些小太监们打发到了“二十四衙门”里去当差。而阮安则被分到了“皇家工部”之称的内官监。在这里，聪明伶俐的阮安很快就得到了出头的机会，不但接触到了这个国家顶级的工程建筑，还学会了统筹工程的能力。

在永乐年间，朱棣也搞了一个太监读书班，不过跟后世的内书堂不一样，只有临时培训性质，第一批四个学员，其中就有阮安。同班同学里，比如王瑾，是朱瞻基的贴身太监；而范弘，后来则做了司礼监的大太监。所以，这个“培训班”相当于朱棣在培养未来的内廷领导，而阮安也毫无疑问地接下了内官监的班子。

等到阮安学成技艺，正赶上迁都北京和紫禁城初建，阮安作为内官监的年轻一代全程参与了这项工程。因此他对于紫禁城的了解和规划早已经烂熟于胸。所以，时隔近二十年后，站在前人的肩膀上，阮安对于紫禁城有了更深入的思考。

搞建筑工程是一门很大的学问，尤其是北京城和“三大殿”这种级别的工程，不光得考虑到建成的时间和效果，还必须对成本有所核算。

本来这种工程应该是工部来办的，当时北京“行在”的工部尚书是蔡信，紫禁城最早的设计者之一，也是永乐时期遗留下来的老臣了。结果，这蔡信大致做了一个预算报上去，直接把杨士奇他们老哥几个给吓傻了。按照蔡信的意思是跟当初的工程差不多，征调大量的徭役和物资，反正给皇上修房子，怎么豪华怎么来。

老杨他们哆哆嗦嗦地就把这方案给否了，感觉蔡信这败家玩意儿实在是靠不住。这种级别的工程玩不好是要动“国本”的，“仁宣之治”十几年攒下这点底

正阳门　门外曾有正阳桥，为正统四年阮安所建，后多次重修，新中国成立后因道路改建填平。

子，不是让你蔡信在这装大爷的。刚巧这个时候内官监也拿出了一个方案，内阁一看感觉很靠谱，就把工程委托给了内官监的阮安。

阮安给的方案很清晰，先城墙后宫殿，等宫殿建好了直接迁都。而且，也不用四处找人，反正是太平盛世，驻京军队平时闲着也是闲着，直接从北京的军营里拉一万个人来，每个人多补贴一些饭钱，再加上北京本地的徭役，足够了。何况阮安还盘点了北京建筑用料的库存，用的基本上都是当年剩下的料子，能省就省，怎么节约怎么来。

于是，在阮安的手里，“三大殿”有条不紊地被建成了，而且雄伟程度更胜往昔。不仅如此，阮安还捎带着翻修了乾清宫和坤宁宫，并为六部重新修整了衙门，相当于紫禁城内外来了一个焕然一新。

这项历时数年的大工程也为阮安带来了极高的声誉，工程落成之后，阮安修了一块碑，纪念北京营造正式完成。朝廷重臣们都纷纷写了相关的诗篇刻在石碑上，盛赞阮安的功绩。

在太监这种体制内，阮安作为技术性人才已经差不多封无可封了，所以明英宗常常赐给他大量的金银作为赏赐，但阮安分文不取，后来都捐给了宫中的内帑。他一生勤勤恳恳，最后七十多岁，在去山东治河的路上逝世。《明史》载阮安去世时“囊无十金”，身上加起来不到十两银子。

这个来自越南的紫禁城建造者，用自己的清廉和无私，给明朝往后搞工程的人上了最后一课。

就这样，到正统六年（1441年），“三大殿”正式修整完毕。而在这六年中，朱祁镇也从一个懵懂儿童步入了青年时代。万事俱备，只欠东风，即将亲政的朱祁镇将接手的，是一个前所未有的宫殿建筑群，以及一个承平了数十年的庞大帝国。

第五章　兵临城下

司礼监里王公公

正统六年的十一月初，明英宗朱祁镇在新建好的奉天殿里举行大朝会，召见群臣，颁布大赦天下的诏书，正式宣布定都北京，撤销“行在”的说法，“南京”的叫法也是从这时候开始定名的。从此之后，一个独属于紫禁城的时代正式开始。

壹

迁都之后的正统七年（1442年），朱祁镇已经是十四岁的少年了，这个时候辅政的“三杨”内阁已然不复当年。

最早撑不住的是杨荣，虽然当了三十八年大学士，但是年轻的时候就跟着朱棣南征北战，一身伤病，在迁都前夕的正统五年（1440年）去世，享年七十岁。朱祁镇虽然年纪小，也知道国失柱石，特意辍朝一日，追赠杨荣为太师。

杨士奇的年纪比杨荣还大，但身体保养得比较好，见证了迁都的盛事。结果，没想到老杨一生谨慎，到头来晚节不保，儿子天天在外头惹是生非，甚至动手杀了人。一开始，朝廷还想冷处理，结果后来又有人爆料，说杀的不是一个两个，杀了十来号人，快赶上一个排了。

这下朝廷没法装聋作哑了，杨士奇也被儿子的所作所为震惊了，把儿子下了大狱。虽然朱祁镇下了诏书安慰，但是古代人讲究“修身齐家”才能“治国平天下”，你儿子混成这样，你还好意思领袖群臣吗？杨士奇从此声望大减，几年后郁郁而终，享年八十岁。

最后剩下一个杨溥，那会儿也已经风烛残年了，加上一直当三把手，很难把朝局打起来，所以需要朱祁镇尽快成长起来。

根据古代人的思路，必须成家才能立业，虽然皇帝与常人不同，但是总得先结了婚才方便号令天下。所以，迁完都，册立皇后也就势在必行了。

正好这一年，明朝在云南地区打赢了第二次麓川之战。朱祁镇一看很高兴，干脆来个双喜临门，就在收到捷报的次年举行大婚，册封皇后钱氏。

朱祁镇是第一个在紫禁城里举办婚礼的皇帝，当然也是明朝第一个在位期间成婚的皇帝。之前那几位登基的时候都已经老夫老妻了，犯不着登基以后再补办一个。

这就导致关于朱祁镇的婚礼，司礼监和礼部也没什么可以参照的例子，只能根据古代的典章制度，配合紫禁城的建筑体系去设计，所以我们现在看《明会典》里记载的迎娶皇后仪式，就是以朱祁镇这次的大婚为案例写的。

结婚那天，首先司礼监得派内臣，给皇后颁布册封的诏书和皇后的宝印，样式和一般的王爷级别一样，印的上面用篆文写着“皇后之宝”。皇后是后宫之主，有了这两样东西才算有了合法性，就跟现在的结婚证一样，得先领证再办婚礼，持证上岗才算合法夫妻。

然后，宫里派出车驾，经过大明门，把皇后接到皇城外面。钟鼓齐鸣之后，车队从午门的中门，也就是正门进去，这是皇帝独尊的荣耀，这里表示与皇后分享。然后再进入奉天门，从西边进入内廷。

这时候，皇上已经在东边的台阶上等着了，俩人一块进殿。当然不能直接拜天地、进洞房，这样比较俗套。要先换好礼服，去奉天殿行礼，相当于现在走民政局的程序一样，然后再由司礼监的人把皇后领到坤宁宫，让皇后娘娘看看自己以后的卧室。

最后的婚礼也是在坤宁宫举行的，没什么一拜天地之类的活动，因为之前都拜过了；二拜高堂也用不着，明朝能以皇帝身份成婚的，老爹都躺在十三陵长眠呢，有点远没法拜，太后也不能一个人坐在那里，等着儿媳妇端茶。所以，通常都是皇帝和皇后东西相坐，敬完酒之后再洞房。

我们现在来看这一段是最没意思的，新婚之夜没有你侬我侬，夫妇俩人一边一个坐着，中间无数太监和宫女忙活，谁都不敢走错任何一个程序，一忙活就是一整天。

坤宁宫内的婚房布置

到了第二天，新婚燕尔的两人依然不能赖床，必须早早地爬起来穿好礼服，去拜见皇太后。当然，朱祁镇这里多了一道程序，得去拜见太皇太后张氏。这一道程序相当于后宫之主名分的交接，婆婆要对儿媳妇耳提面命一番。

这还不算完，之后的几天里，朱祁镇必须去华盖殿接受文武百官的朝贺。新皇后也不能闲着，皇太后会带着新皇后去和王妃以及各路诰命夫人见见面，毕竟母仪天下嘛。为了防止外戚专政，明朝的大多数皇后都是出自寒门，之前没接触过这个圈子，提前过来混个脸熟。

一直到了第五天，皇后还会有一个“盥馈礼”，尚膳监会送来食品和清水，然后皇后穿礼服去某个宫中进奉，表示自己不忘娘家的孝悌之道。到这为止，大婚才算正式完成。

成婚之后，就意味着朱祁镇可以独自地处理朝政了。也是在这一年（正统七年，1442年），太皇太后张氏完成了她一生中最后的任务，于十月溘然长逝。临走之前，她把杨士奇等人叫了过去，言辞恳切地嘱托他们辅佐皇帝“惇行仁政”。

然而，杨士奇他们也已经是古稀之年，有心而无力。张太后的逝世，象征着一个名叫“仁宣之治”的时代即将过去。宣德皇帝朱瞻基生前竭力打造的政治平衡，将随着文臣和太皇太后的老去逐渐走向崩溃。司礼监的力量开始走出紫禁城的宫墙，左右整个朝局。而明朝也将真正意义上出现第一个实权宦官。

他的名字叫王振。

贰

王振是司礼监的掌印太监，是从小伺候朱祁镇的贴身太监。

但王振跟之前阮安那些年幼就进宫的越南宦官不同，他是土生土长的河北张家口人，据说从小在外面学过一些诗书，考过秀才，但没考上。明朝的读书人十二三岁去考秀才很正常，但考不上也很正常。王振不知道怎么想的，心一横，居然自宫进了皇宫，可见确实是个狠人。

王振这种人在历史上一般比较可怕，属于科举制度下的失败者，然后想换个角度找成就感。前面有黄巢起义，后面有洪秀全太平天国起义，都是这种例子，自我感觉良好，然后怎么考怎么不中，就想方设法地开始寻找出路。但王振比黄巢和洪秀全更狠，直接给自己来了一刀，顺利地进入了帝国的中枢。

现在王振的年龄已经不可考了，有传言说他在外面中过举人，甚至结婚生子才进宫的，这明显不可能。王振进宫的时候应该不会很大，因为年纪大了自宫这种事有风险，估计皇宫也不会收这样的货色。但太小也不可能，因为他是永乐末年进宫的，朱祁镇是宣德二年（1427年）出生的，不可能让一个孩子去伺候另一个孩子，所以王振进宫的时间顶多是十几岁或者二十岁左右的样子。等朱祁镇登基的时候，王振大概也就三十多岁，正是年富力强的时候。

作为太监，王振在读书人眼里不入流，但放到太监堆里那就显得出类拔萃了，当时太监们大多数还停留在能识字就高人一等的水平上。王振这种通读“四书五经”还会背注释的人，在里面简直就是“天神”下凡，很快被选到内书馆，然后被派到东宫去伺候太子朱祁镇。

这样等于王振是跟着朱祁镇一起长起来的，而且兼职私人保姆和家庭教师。所以，在朱祁镇的心目中，王振的地位非常高，登基以后经常称呼王振为“先生”。

明朝的皇帝都是在文华殿的经筵上学习。就是大臣凑一块，轮流给皇上上课。一共两门课，一门是儒家经典，一门是历史，每天都讲，隔十天有一次大讲，不能断。更恶心的是，上课的老师绝对不跟你客气，皇上哪怕坐姿不端正，讲课的人都会停止授课，对皇上提出警告。而且，跟皇上年纪的大小没关系，活到老学到老。所以，我们看《明实录》会发现明朝的皇帝经常得病，越不靠谱的得病越多，那个多半不是真得病，是受不了经筵想逃课。

朱祁镇登基的时候才九岁，正是逃学的好年纪，在王振的教唆下，开始三天一小病，五天一大病，动不动就请病假。

杨士奇他们也很无奈，要是朱瞻基还可以劝谏，但对朱祁镇这种孩子没法弄。打不得骂不得，你要找家长？不好意思，人家爹在景陵里躺着，奶奶太皇太后怎么说也是年纪大了，犯不着为了孙子逃课天天在那里磨叽。这就给了王振很多的可乘之机。

《明史》载王振**“导帝用重典御下，防大臣欺蔽。于是大臣下狱者不绝，而振得因以市权”**。就是说，王振天天教唆朱祁镇，治理天下得用重刑，免得他们忽悠你，结果导致一大批大臣下狱。

当时，司礼监是有“批红”权的，就是内阁上来的折子，司礼监可以代替皇上用红笔批改。这个制度在朱瞻基时代就有，但完全没有问题，秘书代替老板做个方案而已，大权还是在皇帝自己手里。

但是朱祁镇年纪小，又信任王振，等于“批红”权都在王振手里，加上是掌印太监，具有最终解释权，这下王振就开始弄权了。你的折子上来好不好使，和你有关的折子批不批，怎么批，升官发财还是流放三千里，全凭王公公一个人说了算。

在正统七年（1442年）之前，王振还被太皇太后和“三杨”的内阁所压制着。那个时候，虽然太皇太后张氏不直接垂帘听政，但隔三岔五就会派人到文渊阁问政。

这样以太皇太后为首的后宫，以老臣为首的内阁以及以王振为首的司礼监，在正统初年的政治版图上形成了一个微妙的平衡。

但这种平衡注定不可能长久，因为这个平衡的轴心就是皇帝朱祁镇本人。随着朱祁镇的日渐成长以及太皇太后和内阁大学士们的老去，王振已然变得不可控了。

叁

正统六年（1441年），“三大殿”建成，在宫里面举办宴会，宴请文武百官。

按照以前的规矩，太监是不能上桌的，毕竟是国宴，是伺候人的。但那时候太皇太后已老，内阁的影响力也大不如从前。所以，王振开始飘了，看到自己不能进场，非常生气，就在东华门这里吵，说：**“周公辅成王，我独不可一坐乎！”**

这话简直令人瞠目结舌，大明开国这么多文臣，从李善长到姚广孝再到杨士奇，没哪个敢厚着脸皮说自己是周公。周公那是什么级别的人物？唐尧、虞舜往下，孔子、孟子往上，儒家排名靠前的圣人，你一个太监居然敢自比周公，这已经近乎谋反了。

而朱祁镇也是真奇葩，知道这件事以后，第一反应居然是：王先生说得好像有道理。然后，他就命令打开东华门的中门，把王振迎了进来。这下群臣也明白了，一朝天子一朝臣，王振“挟天子以令诸侯”，不能和他对着干。于是乎，王振很霸气地进入宴席中，刚到殿门外，群臣就望风而拜。王振也很开心，知道从此之后没什么能挡住自己了。

这件事是正统时期政治上一个很大的转折点。它表面上是王振一个人跋扈，实际上是在朱祁镇的专宠下，内廷的宦官势力开始正式凌驾于群臣之上的一个分水岭。

在此之前，王振已经在百官中拓展自己的影响力了，锦衣卫指挥使马顺于是就当了王公公的忠实走狗，这下王振的势力就无限膨胀了。以前，虽然锦衣卫被东厂制衡，但还没到俯首听命的程度，顶多算是合作关系。马顺一投靠王振，等于送给了王振一套完整的国家机器。

而且，这套国家机器是凌驾于司法之上的，名义上唯一能控制司礼监和锦衣卫的只有皇上，但皇上见了王公公还一口一个“先生”地喊着。这样一来，王振看谁不顺眼就可以直接扔到“诏狱”里，势力自然也就快速扩张起来。

当时，有个工部侍郎叫王佑，直接管王振叫“翁父”，太监没儿子，一般都会从小太监里找一些人当干儿子。王佑作为一个工部侍郎，副部级高官，竟然给王振当干儿子。

更绝的是，王佑这个人长得很帅，并且没留胡子。古代人讲究“身体发肤，受之父母”，过了二十八岁就得留胡子了。所以，有一天王振就问他，你为什么不留胡子呀。这哥儿们很会来事，来了一句：**“老爷所无，儿安敢有。”**爹你都没有胡子，我怎么敢留胡子？

这话一说出来，整个朝廷都被王佑的无耻震惊了，你爹没有的东西多了去了，你能全没有吗？你要是锦衣卫指挥使就算了，特务配太监，反正都不是什么正经货色。但你王佑一个科举出身的人来这么一手，天地君亲师都不要了。由此又不难看出王振当时膨胀成什么样了。

正统七年（1442年），太皇太后张氏逝世，最后一个能压住王振的人也走了。

而王公公干的第一件事，就是先把宫门口，朱元璋立的那块“内臣不得干预政

故宫太和殿上的鸱吻

事”的铁牌给移除，这样一来，做事基本上就肆无忌惮了。

比较典型的例子发生在正统八年（1443年）的夏天，当时一道雷劈中了刚建好不久的奉天殿的鸱吻。这在当时看来是不吉利的事情。

因为“鸱吻”是龙的第九子，龙头鱼身，喜欢东张西望，所以被雕刻在了宫殿的脊柱上，做张口吞咬状。传说鸱吻能够呼风唤雨，所以有辟火的作用，结果好端端地被雷劈了，那放到儒家思想里就是老天爷在示警，所以皇上得下诏书客气一下，让大臣们直言。

这种事朱棣也干过，意见提着提着就砍了一批人，所以后来这种事大家差不多客气一下得了。没想到朝廷上有个侍讲叫刘球，就因为这道雷，直接上来就是十条意见。这下王振火了，心说雷劈的是奉天殿又不是你，你在这上蹿下跳的干吗呢？一气之下，王振直接把他下了“诏狱”。

正好王振手下的锦衣卫里有刘球的同乡，以前可能有点不愉快，就跑到王振这里，说刘球的奏疏里说了您老的坏话。

王振是内书堂毕业的，放到今天可能九年制义务教育都没学好，奏折也没看很仔细，就直接嘱咐马顺杀掉刘球。马顺也很听话，直接在监狱里把刘球杀了。据说还是分尸，也完全没有经过任何司法程序。

所以我们看，大明朝的政局走到这个地步，基本上已经是脱缰的野马，不可控了。内阁大学士所有的权力都被卡得死死的。而从年纪来看，朱祁镇和王振一个青年加一个壮年，大概至少能再折腾几十年。

按理说，“仁宣之治”打的底子足够厚，一个皇上加一个大太监在紫禁城里再怎么玩，天下还能照常运转。但是，谁也没想到，这俩人没过几年就玩了一把大的。

明朝历史上最大的国耻——土木堡之变，就这么发生了。

土木堡里明英宗

在明朝陷入宦官政治的动荡中时，在遥远的草原上，瓦剌的领袖绰罗斯·也先也在崛起，成为第二十八代蒙古大汗。从新疆的哈密一直到东北的兀良哈，一个远比之前强势的瓦剌和一个远比之前有野心的领袖正在崛起，而此时的明朝则对他漠然无视。

壹

瓦剌在朱棣时期和明朝的关系还是很好的，毕竟那时候蒙古的直系后裔是鞑靼。但是，到了也先的父亲脱欢这一代，瓦剌开始迅速崛起。

之前，朱棣为了分裂蒙古内部，给蒙古草原上封了一堆王，反正盖章也不花钱，封的都是蒙古的地盘，也先这一支也是其中之一。

到了永乐十六年（1418年），脱欢继承了父亲的爵位，被封为大明顺宁王。但是，脱欢肯定不想当王爷，你紫禁城里发一个空头文件就想让我听话，那不可能。最早的时候，脱欢给自己的定位是蒙古大汗，结果遭到大家的一致反对，因为瓦剌不算“黄金家族”。从成吉思汗开始，蒙古大汗都必须是“黄金家族”出身。

这下脱欢就很郁闷，到死也没混个大汗当当，人生极限就是扶植了一个大汗叫脱脱不花（不是明初朱棣打的那个，属于重名）。但是，到了也先这里就不客气了，我爹把司马昭的活都干了，我该当司马炎建国了，就甩开脱脱不花，单独地和明朝建立外交关系。

当时蒙古国和明朝的外交往来都是送两份礼物，一份是脱脱不花给的，一份是也先给的。

明朝也乐见其成，那会儿还是“三杨”内阁当家，老哥几个都不傻，这种挑拨离间的关系肯定不能放过，就把也先叫作“瓦剌大汗”，赏赐也是分为两份给。反正脱脱不花和也先两个人，一个在东边，一个在西边，路上也凑不到一块。

此时，明朝的思想还停留在让草原上的分裂势力相互打，自己相安无事的路子上，但没想到绰罗斯·也先虽然不是“黄金家族”的后裔，却是一头地地道道的头狼。

这头狼在正统四年（1439年）一上位，就把新疆的哈密咬了下来，比吃哈密瓜都顺嘴，这样西域对也先就没有威胁了。到了正统十一年（1446年），也先又开始往东边打，直接拿下了兀良哈。等于也先的势力横跨蒙古草原的东西两端，变得非常庞大。《明实录》里说也先当时**“漠北东西万里，无敢与之抗者”**，应该不是虚言。

地盘一大，也先的胆子也肥了，就开始整天地来明朝的边关“打秋风”。过去外藩入朝，赏赐的数量是根据使者的数量来定的，毕竟雨露均沾嘛，人家大老远地来一趟，不能空着手回去。瓦剌最早的使团是五十人，人数不多，人手一包瓷器、茶叶外加金银珠宝，怎么名贵怎么来。结果，也先尝到甜头了，直接派了两千多个人过来，而且还不是真两千，里面有虚报的人数。

这下王公公不高兴了，我不识字还不识数吗？当场就翻脸了。在对外关系上，王公公是明朝历史上为数不多地能做到心口合一的主战派，并且非常坚定，能动手的绝不还嘴。之前的麓川之战就很典型，一次不行就两次，从正统四年（1439年）打到正统十三年（1448年），反正钱是老朱家的，功劳是咱家的，干就完了。

最后连吵带闹，很不情愿地给了也先五分之一的礼物，也就是四百人的份额。这也是也先使团的实际人数，蒙古人凑两千多号人相当不容易，都是瞎报的数字。但是，这样一来也先就不高兴了，所以开始叫上小弟，准备和明朝干上一票。

当时的明长城还没完全修好，但基本体系已经搭建起来了，对北方的防守主要依托于三座城市：西边的大同，中间的宣府，还有北京本身，然后把战线推到长城的位置。所以，也先也是兵分三路，直接打了过来。也先亲自率兵攻打大同，并在猫儿庄大败明军。

对面都动手了，肯定得还手，否则不是明朝的风格，至少不是仁宣时期的风格。所以，迎战是没有问题的。但是，问题在于，王振出了一个馊主意，鼓捣着二十多岁的朱祁镇御驾亲征。

贰

御驾亲征并不是一个特别值得大惊小怪的事。明朝早期都有御驾亲征的传统。朱棣就不说了，不是在北征就是在北征的路上，巴不得在西伯利亚上朝。而朱瞻基在玩蟋蟀之余也是箭法了得，碰到来“打秋风”的也喜欢御驾亲征，时不时地还能射几个蒙古兵玩。问题是，朱祁镇从小就在宫里长大，对战场一无所知，去了除了添乱什么都干不了。

何况这次敌人也不一样。早在正统初年，负责军事的英国公张辅就对瓦剌的日益兴盛感到警惕：**“瓦剌……日益强大。乞敕各边广储积，以备不虞。”**那时候，瓦剌还是也先的老爹脱欢当家，到了也先时代更不用说了，兵强马壮，达到了瓦剌的顶峰。

正统年间老是打仗不假，问题是几次麓川之战，打的都是云南的少数民族土司，说白了就是本地土著农民，平时往树林子里一钻，跟明军打游击战。真要是放在正面战场，那明军就是降维打击，很多时候，水土不服病死的明军都比战死沙场的多。

可如果要是打瓦剌，那就得反过来了，靠着长城打防守反击还行，真要是拿着骑兵对冲，大概率没法和马背上长大的蒙古人打。朱棣打鞑靼，朱瞻基打兀良哈，打的都是蒙古的某一个部落，但现在也先基本上控制了整个蒙古，很多部落都参与了这次征战。这种时候，明朝老老实实地守着就行了。

那会儿已经农历七月了，从气象史的角度说，明朝的时候正好赶上小冰河期，长江冬天都结冰，北方十月就开始飘雪。游牧民族和农耕民族不一样，中原搞农业都是注重夏秋两季收获，到了冬天基本上就是农闲时候，大家凑一块打打麻将玩玩牌，准备过年。但是，游牧民族最看重冬天，一场大雪冻死一批牲畜，基本上就要家破人亡。

所以，形势很明确，这场仗拖着就行，用不着打。但王公公却表示拒绝，非得拉上朱祁镇亲征。当然这是《明史》里给的说法，更大的可能是朱祁镇自己也想出去溜达一圈。因为在一个月之前，南京的“三大殿”遭到雷击，焚毁了。这件事的政治影响远大于三大殿的那点经济损失，朱祁镇逼不得已，只能下了“罪己诏”。

朱祁镇被搞得灰头土脸，急需做点什么证明一下自己，这才选择御驾亲征。

这下文武百官急了，文官以吏部尚书王直为首，武将里英国公张辅带头，齐刷刷地跪了一排，求朱祁镇别折腾了，老老实实地回去吧。但是，朱祁镇找的理由冠冕堂皇，说：**“贼逆天悖恩，已犯边境，杀掠军民，边将累请兵救援，朕不得不亲率大兵以剿之。”**翻译过来就是，不是我想去，但现在战事危急，边军将领多次求援，我没办法才御驾亲征。

这话明显就是糊弄鬼呢，也先打过来才几天，怎么可能多次求援。但是，朱祁镇不管这个，一意孤行地要御驾亲征。

问题是御驾亲征是需要筹备的，京城一共三个大营，不说调集援军，起码你得征集粮草吧。结果，朱祁镇和王振俩人才，从说要走到动身一共几天呢？两天！

那这仗结果基本上不用看了，朱祁镇要是能赢，那基本上可以改写中国军事史了。你作为防守方，拼的就是后勤和士气。结果，朱祁镇一不要粮草，二不听大臣谏言，全都扔开了干。

而且，这场仗选的时候还不好，正常明朝征战，都是春天去打，水草富足，后勤压力也小。当时，王直就上谏言说了：**“秋暑尚盛，旱气未回，青草不丰，水泉犹涩，人畜之用实有未充。”**意思是，天这么热，草原上青黄不接，真要是打起来人和马连水都没得喝。王直一个当吏部尚书的文臣都明白的道理，结果朱祁镇无知者无畏，紫禁城长大的孩子没这经验，觉得没什么大不了的，直接出征了。

王公公倒是成竹在胸，准备得非常充分，都准备了什么呢？从金银珠宝到钞、绢、布衣服、红毡帽，各种乱七八糟的应有尽有，预备着皇上在路上以及得胜归来后赏赐用，非常富有理想主义色彩。

当然，朱祁镇走得也不能这么痛快，京城得留个人监国。但是，当时朱祁镇的儿子朱见深才刚出生不久，当太子没问题，但监国肯定不行，就让郕王朱祁钰监国。朱祁钰是朱瞻基的二儿子，比朱祁镇晚一年出生，这样就等于皇叔监国，然后文武百官都跟着出征了。

叁

到了居庸关这里，百官就跪下了，告诉朱祁镇说您到这差不多了，别往前走了。因为居庸关是防守内长城的关口，出了居庸关就算是一只脚到了前线了，兵荒马乱的谁也保不齐怎么样。但拦不住，朱祁镇一路向北，开始“飙车”，没几天就到了宣府。

那个时候，前线的形势已经非常危急了。当时，带兵的是英国公张辅和成国公朱勇，这两位都是“四朝元老”，太师级别的人物，加起来都一百三十多岁了。当年这俩人都跟着朱棣北征蒙古，知道战场无情。所以，他俩直接跪在了草地上，请求王振不要一意孤行。

这下旁边的大臣也看不过去了，“三杨”一走，张辅和朱勇就相当于臣子之首了，因此也都跟着跪在王振面前请求。

王公公一看，你们喜欢跪着是吧？行，那就跪着呗，就当锻炼身体了，自己转身进帐篷喝茶去了，到了傍晚才把他们放走。而且，王振放了话：**“设若有此，亦天命也。”**就是说，真要是有点什么事，那也是运气不好，反正我一个太监，该享受的都享受了，死了也不亏。

所有大臣听完人都晕了，合着您王公公是拿着大明的江山社稷在这玩诈金花呢，赶紧表示：**“臣下命不足惜，惟主上系宗社安危，岂可轻进。”**我们死了就死了，大明朝啥都缺就不缺臣子，问题是皇上要是有个三长两短，国家社稷那就危险了。但王振还是不听，继续向前进军。

到了八月，大军来到了大同。这时候，前线基本上已经打崩了，一路上走过来，看到的全是散落在野外的尸体，连个收尸的程序都没有，可见危急到什么程度。再加上当时是盛夏，天上时不时地有暴雨雷电，大军士气也很低沉。

这样一来，等于本来是防守方的明朝被瓦剌以逸待劳了，也先带人打个埋伏，直接吃掉了属于明军前锋的西宁侯朱瑛、武进伯朱冕以及他们手下的部队。

这时候，原本值守在前线的太监郭敬赶紧溜过来告诉王公公，这仗没法打了，已经玩脱了。王振自己也慌了，这才反应过来，本来守都不见得守住，现在还要去正面硬碰硬，那不是找死吗。

鉴于此，王公公赶紧告诉朱祁镇，“夏令营”差不多了，赶紧打道回府吧，再瞎转悠估计要耽误“开学”了。朱祁镇也不傻，本来就是准备出来躲风头的，现在有危险了，不走等什么，所以大军开始后撤，没几天就回到了宣府。

问题是到了这一步，能不能走已经不是朱祁镇完全说得算了。来的时候，你可以游山玩水，但现在是跑路，想走得问也先的骑兵同不同意。

从宣府进内长城，最近的距离是走紫荆关。紫荆关与倒马关、居庸关并列为长城的“内三关”，古人称之为**“南阳盘道之峻，北负拒马之渊……一关雄距于中，群险疵于外”**，属于兵家必争之地，只要进了紫荆关，基本上就安全了。

但是关键时刻，王公公又开始犯二了。因为紫荆关的位置刚好在王公公的老家。附近的田地，全是王振的家产。太监没有直系子孙，就指望收钱拿租子开心一下。所以，王振走到一半，琢磨着大军一过肯定要践踏庄稼，就想让大军改道。

但那时候已经走出去四十里了，我们现在感觉四十里没什么，一脚油门半个小时就到了，可放到过去，行军起码要一天以上。跑路最重要的是速度，结果这么一折腾，也先的骑兵已经赶在朱祁镇的前头了。

前有追兵，后有堵截，一个完美的包围圈已经形成了，就等着朱祁镇这只小白兔一头撞上去。

肆

如果我们抛开正史的角度，纯从军事思维思考，在这场战役中，也先的表现无愧于一代枭雄的称号。

八月十三日，尾随在朱祁镇后面的瓦剌骑兵追了上来，袭击了大部队。成国公朱勇等人本来属于先头部队，撤军的时候就属于殿后了。也先算好了朱祁镇在大军之中，这一招属于攻敌之不得不救。剩下的事情就很简单了，军事史上最经典的战术就是围点打援，直接在鹞儿岭这个地方设了埋伏。

鹞儿岭属于山区地形，朱勇带着军队中了埋伏，自己也战死了。结果，就是这一仗打下来，四万军队全军覆没。后来的华盖殿大学士李贤当时也跟着朱祁镇，在他之后的著作《天顺日录》里讲朱勇“有勇无谋”，这个就有点冤枉人的意思了。那个时候，朱勇也没得选，皇帝在包围圈里，不去就是谋反，等着被诛九族吧，真要牺牲了，还能有个好名声。

但朱勇一死，朱祁镇最后的指望也没了，等于大军陷入了孤立无援的境地，被也先围困在一个叫土木堡的地方。

土木堡离当时的怀来县城就差二十里，就是一个方圆五百米的小堡垒，城墙也就六米多高。长城都挡不住也先，所以土木堡对于朱祁镇已经是必死之地了。

也先很有耐心，怕朱祁镇带着大部队困兽犹斗，因此围而不打。结果，两天不到，朱祁镇就撑不住了。之前说了，当时是八月，大军喝水是一个大问题。也有人想过打井取水，但往下打了两丈多，也就是六米，还是打不到水。

这下大军就炸了，也先趁乱杀了过来，简直就像砍瓜切菜一样。《明史纪事本末》里给的说法是明军将士的尸体**“蔽野塞川”**，情景非常之惨烈，史称“土木之变”。

作为这场惨祸的始作俑者之一，王振本人也死在了这场战役中，反正土木堡离蔚州也不远，王公公魂归故里也算方便。只不过对于这个国家而言，送走王公公的代价大得有些无法承受。

在这场“土木之变”中，近十万士卒伤亡，二十万以上的马匹丢失或死亡，无数战略辎重丢失。而且，文武百官从英国公张辅往下，泰宁侯陈瀛、驸马都尉井源、户部尚书王佐、兵部邝野、文渊阁大学士曹鼐等六十六人全部战死。这是这场“土木之变”中，明朝最不可估量的损失，等于“仁宣之治”所有的人才积累毁于一旦，整个明朝高层基本上被一锅端了。

而令人无语的是，大臣们基本上没剩下几个了，朱祁镇反而以一种奇葩的姿态活了下来。

当时有个太监叫喜宁，想护着朱祁镇跑出来。但是，朱祁镇感觉没希望了，干脆下了马，盘膝而坐，而且是面南背北，保持了皇帝的气度。这可能是朱祁镇这辈子最像皇帝的一刻了。

当时战场上的瓦剌兵们都穷疯了，有个士兵看见朱祁镇衣服不错，就想去抢。幸亏旁边的战友一把将他拉住了，因为当时的场景比较诡异，周围人仰马翻的，这个年轻人居然完全没反应，还盘膝坐在这里，不是精神错乱了，就是大人物气度沉稳。

战友就跟这位瓦剌兵说，先别急着动手，我看这哥儿们不是一般人，这要是逮住了可是大功。抢衣服的这位一想也对，我抢他衣服干吗呀，说不定老大回头一高兴赏我几件羊毛衫呢，就把朱祁镇抓起来，送给了也先的弟弟赛刊王。

赛刊王是也先的弟弟，之前瓦剌打兀良哈的就是这位带的兵。结果，朱祁镇见到这位，一开口问：**“子其也先乎？其伯颜帖木儿乎？赛刊王乎？大同王乎？”**翻译过来就是，你是也先，还是也先的弟弟伯颜帖木儿，要么是赛刊王或大同王？

这一串名字报完，直接把赛刊王吓得腿肚子都在转，他非常确定眼前的这位不是精神病患者，因为一般的精神病不可能这么平淡地问出他们的名字和王号。普通的明朝士兵都不识字，能知道自己的对手是瓦剌就不错了。所以，赛刊王马上去找也先，跟也先说，哥，我可能把大明的皇帝给绑了。

也先听完也晕了，他打明朝是为了求财，不是为了入主中原，成吉思汗干起来都费劲的事，他哪有这种心思。想当年，忽必烈为了抓个南宋皇帝要追到海南，谁能想到朱祁镇居然废物到主动地送上门来，搞了也先一个措手不及。

但名义上，也先还是大明朝的“顺宁王”。况且也先也知道朱祁镇动不得，这要是真把朱祁镇杀掉，那就是不死不休的国战了，大家和气生财，没必要。

于是也先赶紧去见朱祁镇，见了面就行礼，非常恭敬，这可是财神爷，得小心伺候。

最早的时候，也先想让朱祁镇叫开宣府的城门，大军长驱直入，进去抢劫。朱祁镇人在屋檐下，不得不低头，直接在宣府南城门下面开始吆喝，以谕旨的形式让守城的人把门打开。

好在当时负责宣府守卫的两个官员，杨洪和纪广，在大是大非面前很理智。一看皇上脸都不要了，本来是“天子守国门”，现在变成了天子开国门，所以很委婉地拒绝了朱祁镇的“谕旨”，说“所守者皆皇上城池，天暮不敢开门”。意思就是，我们是为了皇上您守城的，现在天色已晚，不太适合入城，要不您换个地方看看？

之后，瓦剌又带着朱祁镇到了大同城下。这种边关重镇一般囤积着很多粮草，骗开一个就够瓦剌的军队吃半年的。当时，大同城的守将是郭登，是明朝有名的儒将，跟皇室还有点亲切关系，但不管皇上怎么说，死活不肯开城门。

到最后朱祁镇没辙，就问郭登：**“大同库内钱物几何？”**意思是，你们手里还有多少钱？郭登说有银子十四万两。结果，朱祁镇觍着脸，让郭登拿两万两出来，给了也先和他的弟弟伯颜帖木儿，先把命保住，别回头他们再撕票。当皇帝当到这个份儿上，朱祁镇真的是史上一绝。

晃悠了一圈才到手两万两银子，也先有点不耐烦了，说你到底行不行呀，就想教训一下朱祁镇。但当时是夏天，天气不太稳定，正好赶上风雨大作，也先以为是上天示警，就没敢下手。

朱祁镇也知道自己现在的处境，说你不就是要钱吗，这个好办。

正好当时朱祁镇手底下有个锦衣校尉，叫袁彬，之前为了保护朱祁镇也跟着来了也先的军营。朱祁镇就问袁彬，说你识字吗？袁彬表示粗通文墨，然后就让袁彬写了封书信（按规矩，皇上不能亲自动笔），带着去京都。后来，朱祁镇又派了太监喜宁去北京要钱。

没想到就是这个喜宁，把明朝给卖了，他跟也先说，现在北京也就不到十来万士兵了，而且全都是老弱病残。也先听到这个信息，心思马上就活了过来。以前想的是“打秋风”，现在开始琢磨干一票大的了。

于是，也先带着朱祁镇，先回了长城以北，同时开始准备进攻北京。

德胜门上于少保

“土木之变”的两个月后，也先率领大军再次侵袭，兵锋直指紫禁城。但与之前的战争不同的是，这一次也先手中多了一张绝世好牌——明英宗朱祁镇。皇帝被掳，京城乏兵，大明朝在建国近八十年后，迎来了它最危急的时刻。

壹

明英宗朱祁镇被抓的消息，在“土木之变”的几天后就被传到了北京。整个朝堂所有的留守官员全都炸了窝。当然他们炸了也很正常，因为文臣系统以及武将勋贵系统的高层，全在土木堡被一锅端了，而司礼监的头子王振也死了，等于大明朝从永乐时期开始搭建的政治体系全部瘫痪，没有任何人牵头。

关键时刻，孙太后站了出来。毕竟在太皇太后张氏和明宣宗朱瞻基身边熏陶了多年，这个年轻时以美色著称的女人作了一个决定。她果断地让当时不足两岁的朱见深担任皇太子，同时让郕王朱祁钰继续担任监国，这样表示天下有主。

当然诏书里说得特别好听：**“皇帝率六军亲征……尚未班师……特命尔暂总百官，理其事。”**大致意思就是，皇上带着大军出征了，现在都还没回来，以前就让你监国，现在你还是接着干吧。

这个时候，孙太后还是抱有幻想的，她不想让朱祁钰直接登基，毕竟朱祁钰不是亲生的，所以打算让朱祁钰当CEO，拖到朱见深成年。当然朱祁钰自己也不想干，倒霉哥哥朱祁镇留下来的已经不能算烂摊子了，当时的龙椅就是一个火药桶，很容易把自己栽进去。

作为CEO，首先就得处理内部矛盾，不然工作干不下去。所以，朱祁钰决定拿王振开刀，逐渐清理司礼监的势力。

所以，在八月二十三日这天，朱祁钰颁布诏书，说王振**“罪恶滔天，擢发难数，怨声动地，粉骨莫偿，虽三尺之童，恨不寝其皮，饮其血；六军之众，皆欲刳其心，剖其肝”**。

这话都不用翻译，在不带脏字的情况下，基本上已经是骂人的巅峰水准了。诏书上的文字一般以含蓄著称，王振作为一个宦官能在圣旨中被骈体文骂成这样，可见负责拟旨的翰林学士心情激动成什么样。当然这些话王公公也是受之无愧，大家一听都觉得很解气。

当时，颁布圣旨是在朝会上，也就是奉天门（太和门）前，到了清朝才改为乾清宫门前，这就是所谓的“御门听政”。现在电视剧一拍都是在太和殿里面搞朝会，那明显不可能，因为空间不够。一品级别的不光是官员，还有功勋贵族，光是国公加侯爷可能就几十个，奉天殿里根本站不开。

在过去都是四品以上的官员参加朝会，再往下只能在午门外站着，纯粹形式主义，所以《劝学诗》里叫“满朝朱紫贵”。这不废话吗，四品以上才能穿红袍，皇上一眼看过去肯定是大明山河一片红，其他颜色的都得在午门外面候着。

而无论是门外的还是皇上眼前的，参加朝会的礼仪都是必须的。众臣不能随便喧哗、耳语、咳嗽、吐痰等，否则负责巡查的锦衣卫就会以失礼将其问罪，严重的甚至有可能会被杖刑。但是，批判王公公的诏书一读，群臣直接沸腾了，管他什么规矩不规矩，先嗨起来再说。

这么一闹，负责维持秩序的锦衣卫指挥使马顺不开心了，他本来就是王公公的小弟，说我大哥在的时候，你们哪敢这么嘚瑟呀。他就准备行使自己的权力，治这些文臣们一个殿前失仪的罪过。

之前，文臣们还没注意到马顺，没想到马顺自己跳了出来。之前，王振干的那些残害大臣的事情，马顺基本上都有参与。这下大家不能忍了，直接开始动手。

第一个出手的是户科给事中王竑，给事中是言官，这种人脾气比较硬，直接带头冲锋，开始揍马顺，一边打一边说：**“马顺往时助振恶，今日至此，尚不知惧！”**以前你就帮着王振干坏事，都到今天了，还在这装大爷。

群臣激愤，大家一股脑地全上了。一群文臣，在午门门口，硬生生地把锦衣卫

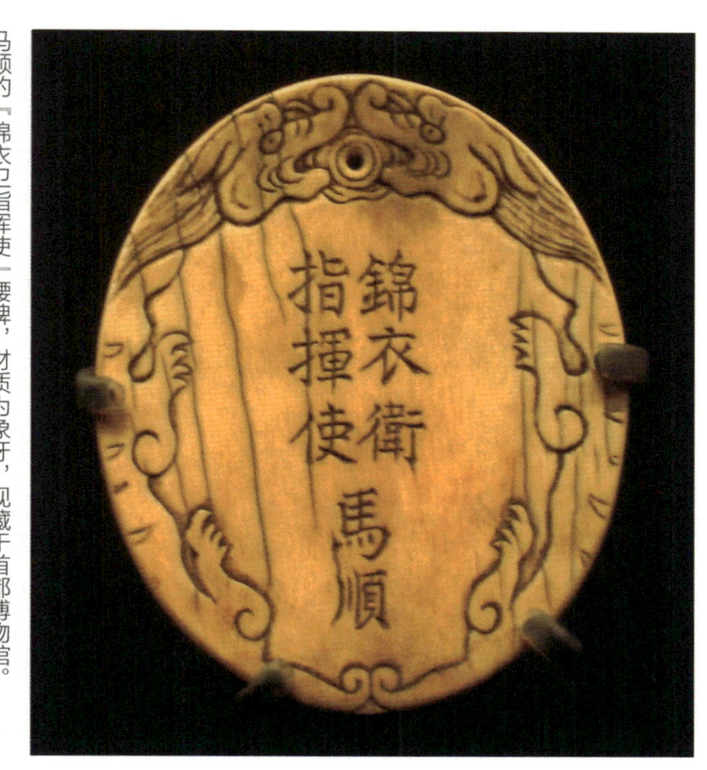

马顺的『锦衣卫指挥使』腰牌，材质为象牙，现藏于首都博物馆。

指挥使马顺给打死了，史称“午门血案”。

朱祁钰看到这里人都傻掉了，心说我哥这是留下来一群什么人才，当着我的面，敢直接上演群殴事件，今天他们看马顺不顺眼，明天也许就该轮到我了。朱祁钰当场就开始哆嗦，准备开溜。

问题是朱祁钰一走，这件事就不好定义了，大家打得比较爽快，回头要按规矩走，这性质就非常严重。所以，关键时刻，英雄站了出来。兵部侍郎于谦一把拉住朱祁钰的手，说：**“殿下止。振罪首，不籍无以泄众愤。且群臣心为社稷耳，无他。”**

这话非常关键，等于让朱祁钰现场表态，不然动手的文臣们回去之后要是后怕，那就无心做事了。所以，他就告诉朱祁钰，您先别急着走，王振的罪过很大，现在大家发泄一下也很正常，都是为了江山社稷，不会把您怎么样。朱祁钰这才定住神，宣布大家无罪，说马顺罪有应得，死了活该。这才把群臣的心安定下来。

贰

于谦这一站出来，群臣顿时就有了主心骨。

当时六部尚书里面，户部、兵部和工部的尚书都死在了“土木之变”中。百官以礼部尚书胡濙和吏部尚书王直为首，但这俩都是老头子了。特别是礼部尚书胡濙，那时候都八十多岁了，年轻的时候曾经帮着朱棣找过建文帝，那都什么年代的事了，跟杨士奇一个级别。

所以，朝会一散，所有人都向于谦表示感谢，吏部尚书王直则直接明说了：**“国家正赖公耳。今日虽百王直何能为！”**现在国家都指望您了，今天这事换成一百个我都解决不了。

这是一个很高的评价，因为吏部尚书名义上是百官之首，而内阁大学士差不多都折在“土木之变”里了，王直的这句话，基本上奠定了于谦在当时臣子中的地位。

于谦当时的官衔是兵部侍郎，但他站出来，没什么人不服气。

一方面，他是朱瞻基和“三杨”共同培养的下一代文臣接班人之一。早在宣德初年，安乐城外，负责宣旨的于谦就凭借**“正词崭崭，声色震厉”**把朱高煦骂得头也抬不起来，从此简在帝心。“三杨”也很看重他，但凡于谦奏上来的折子，早上递上去，下午就批下来，这绝对是一般人没有的待遇。

另一方面，虽然于谦是兵部侍郎，但是跟之前的邝埜关系极好。当初朱祁镇出征之前，俩人一起去极力劝谏，朱祁镇没听。没办法，俩人都知道这一趟凶多吉少，所以邝埜自己上了前线，把于谦留在京城主持兵部的日常工作。等于虽然于谦是二把手的位子，但干的却是一把手的活。

最关键的是，那时候北京城最缺什么？缺的就是能打仗的。王直说破大天也是一个管官帽子的，平时当然是六部之首。但是，瓦剌真要打过来，脑袋都不见得能保住，你留着官帽子有什么用，追赠吗？

因此毫无疑问，于谦作为北京城里当时名义上最大的军事长官，当仁不让地站了出来，把明朝的家国社稷扛在了自己的肩膀上。《明史》给的说法是**“上下皆倚重谦，谦亦毅然以社稷安危为己任”**，这个评价非常了不起。

之前也有人讨论过，北京要不要守的问题。比较突出的就是翰林院侍学徐理（后来改名叫徐有贞），说咱们要不南迁算了，再回南京不好吗？

于谦当时就怼了回来，表示：**“言南迁者，可斩也。京师天下根本，一动则大事去矣，独不见宋南渡事乎！”**再说南迁就砍了你，北京才是天下中心，真要是迁都了，那咱们跟南宋就是一种货色了。而宣德时期的大太监金英也表示，祖宗的陵墓都在这呢，不能走。

朱祁钰自己也很认同这个观点，被少数民族打到南迁的货色，除了东晋就是南宋，去了就回不来了，所以坚定了守城的信心。

这样朝局就稳住了，名义是郕王监国，实际上是于谦干活。孙太后也通过诏书将于谦提拔为兵部尚书，负责主持大局。

这个大局主要是备战，都知道也先狼子野心不死，所以必须加紧备战。北京当时的战备情况非常不乐观，老弱病残加起来不到十万人，战略物资也被朱祁镇掏空了家底，现在更是国库空虚了。

比如，盔甲和武器，制作都是需要时间的，越精良的武器制造就越需要时间。更要命的是原材料问题。《明英宗实录》里有这么一个细节，当时让打造一批战车。战车要用牛皮包起来，不然没有防御力，一辆战车大概要用四十张牛皮，但就是这四万张牛皮，明朝一时也凑不出来，只能用竹席代替。

这个时候，只能是亡羊补牢了，明朝从南京征调了大概三分之二的武器，尤其是一批火器，捎带着还有一批工匠，磨刀不误砍柴工，南京可以走大运河到北京。然后停止国内一切不必要的建造，筹集军费。总之能多准备一分是一分。

叁

这个准备过程连一个月都不到，也先就率军打了过来。这回郕王朱祁钰连监国王爷都干不成了，因为也先打的口号就是**“奉上皇还”**，就是把朱祁镇送回来。这下仗没法打了。朱祁镇再怎么丢人现眼，他也是明朝唯一的皇帝，你拦着皇上回宫等同造反；不拦着，他后面的十来万瓦剌大军就跟着一起进来了，所以臣子们纷纷劝谏郕王登基，毕竟名不正则言不顺。

朱祁钰的第一反应就是你们早干吗了，用到我了才让我登基，马上表示不干，并且多次推让。这里应该是真心的，因为这种事风险太大，真要是上去了，万一瓦剌破城，他加上朱祁镇就是宋朝的徽钦二帝，放到历史上那是要遗臭万年的。

这时候，于谦代表群臣说：**“臣等诚忧国家，非为私计。”**就是说，现在国家需要你当皇帝，你凑合着干吧。

一看躲不过去，九月，朱祁钰正式登基，改明年年号为“景泰”，并把哥哥朱祁镇尊为“太上皇”。这就等于告诉也先，你手里的那个只剩一个空名，别拿来忽悠人了。

不过，名字顺过来后，也先的骑兵也到了。几个月前，朱祁镇没走过的紫荆关，这次也先带着他走了一遭。这一年的十月，瓦剌从紫荆关入长城，大军从西北方向直逼北京。

那个时候，阮安还活着，他应该很庆幸自己当初的设计，要不是之前把城门设计了包砖，这一仗就不用打了。

面对来势汹汹的瓦剌军，负责“提督各营军马”的于谦精打细算。北京那会儿手里号称二十二万大军，可能一半是后勤，分到九个城门，并分配了主将负责，其中都督陶瑾负责安定门，广宁伯刘安负责东直门，武进伯朱瑛负责朝阳门，都督刘聚负责西直门，镇远侯顾兴祖负责阜成门，都指挥李端负责正阳门，都督刘得新负责崇文门，都指挥汤节负责宣武门。

而于谦本人，则带着“五军都督府”的右将军石亨亲自坐镇德胜门。因为这是北京城的北大门，相当于直面也先。

德胜门这名字还是徐达给取的，元朝叫“健德门”，是为了庆祝当初攻克元大都。估摸着徐达也没想到，这才过了八十年，草原上这群败军之将居然能故地重游。

在守城的策略上，石亨的建议是九道城门玩死守，敌不动我不动，敌动了我还是不动。于谦说不，表示**“奈何示弱，使敌益轻我”**，就是说也先这种货色欺软怕硬，你不能㞞，得打出大国的气势出来。

一开始，也先还是想谈一谈的，就派了太监喜宁过去，漫天要价，以前两万两白银太少了，这次怎么着也得上亿吧，然后让于谦、王直和胡濙三个人出来谈。

没想到朱祁钰不像哥哥，起码不蠢，知道这三人要是出去回不来，这北京城也不用守了，因此看都不看也先，干净利落地拒绝了。

这么一来就得开打了。也先发兵一万，来打德胜门。没想到于谦来了手诱敌深入，直接在德胜门用火器炸了也先一个满脸开花。虽然明朝的火器相对当时来说较为先进，但在遭遇战中还是拿不出手，可放到守城中威力就很大了。也先措手不及，吃了大亏。于谦趁乱带兵打了出去。

这一次勉强算是一场局部胜利，很提士气。朱祁钰特别高兴，加封于谦为太子少保，这已经是当时文臣里面能给到最高的官衔了，不算职位，属于官方荣誉。再往上，太子太傅是礼部尚书胡濙，太子太保是吏部尚书王直，总不能让这俩人下去吧。得按照辈分走，反正当时的官职也不值钱，先把北京保住再说。

但是，于谦坚决地推辞了这些虚头巴脑的东西，掷地有声地表示：**“四郊多垒，卿大夫之耻也，敢邀功赏哉。”**说现在还在打仗呢，国家战乱，是我们这些读书人的耻辱。不过，这种东西于谦说了不算，朱祁钰也明白现在应该抱紧大腿，说不要你也得给我拿着。所以，打这开始，于谦就被叫作“于少保”了。

也先一看，德胜门这地太不吉利了，他“德胜”我就完蛋，所以调转马头，开始转攻西直门。

肆

当时值守西直门的是都督刘聚，任锦衣卫千户。这个职位放到平时完全不值一提，但他的另一个身份却至关重要，他是御马监掌印太监刘永诚的侄子。在京城三大营折在“土木之变”的情况下，御马监成为当时京城最精锐的部队。

这里必须要感谢朱瞻基，不声不响地给儿子们留了一手救命的政治遗产。

御马监是内廷最早的“十二监”之一，朱元璋时候就有，主要负责养马。明朝的马属于战略物资，所以围绕着御马监，一支专业的军事队伍也在形成。到了宣德六年（1431年）整顿禁军的时候，朱瞻基直接设置了一个“羽林三千户”的职位，分为腾骧左、右卫，武骧左、右卫四个卫所，都交给御马监，手底下大概有三千多人的正规军。

如果说东厂和锦衣卫算是“皇家警察”，那么御马监手下的这批人相当于皇家骑兵。当时，朱祁镇上战场的时候没把这些人带上，可能觉得人太少了，放到战场上不够看。结果，愚人千虑，必有一得，就是这个举动，成为后来京师保卫战的救命稻草。

当时京城里号称有二十二万人，很可能是把后勤也算上了。这些兵靠着城墙防守还能凑合，但反击就没法看了。这个时候，只有御马监是唯一的机动性部队。所以，石亨等人就凭借御马监的人马，组建了一队后援军，依靠各路支援，在西直门与也先大战了一场，还斩杀了也先的两个前锋。

这件事很给御马监长脸，刘永诚也是永乐时期的老人了，从朱棣北征一直到平定朱高煦再到这次北京保卫战，各种功劳积累下来，刘永诚基本上到了封无可封的地步。因为宦官不能封侯，所以直接把他的侄子刘聚封为了伯爵。

从这之后，任何专权的太监都没有封侯，很大原因就是刘永诚这位前辈的功绩实在是太大了，大到足以让其他不要脸的晚辈们绝望。当然这是后话了。

一看西边不行，也先又改攻南边的彰义门，从卢沟桥一路打过来，结果记吃不记打，又被石亨等人用火器埋伏了一手。而且，当时京城的老百姓众志成城，拿着石头、瓦块跟瓦剌军对抗，把也先打了个灰头土脸。

与此同时，石亨跟文官们表示：**“宰臣不出计，莫能支矣。”**这话等于告诉文臣们，爷在前线玩命，你们就别在那里袖手旁观了，回头城破了，大家全玩完。

文臣们这才反应过来，马上给边关发消息，人家都打到首都了，你们也不用在那当木头桩子了，赶紧过来支援。当时，最近的军队应该是居庸关，但居庸关离北京太近，已经被打烂了，连之前几个皇帝的陵都没守住，被瓦剌兵祸害得不轻，只能从辽东和宣府调兵。

那头的宦官们也开始正式出手了，朱祁钰自己的身边也有大太监，叫作兴安。兴安玩阴的很有前辈们的风范，就伪造了一封书信，发给叛变的太监喜宁，信里面说咱俩把也先引进来，干他一票大的。而且，这封书信还没有直接给，而是让巡逻的瓦剌兵捡到。

事实证明，这两手计策玩得相当漂亮，在文官武将以及内廷的通力合作下，也先面临着外战不利、内部失和的困境。那会儿瓦剌兵也都不想打了，本来就是联军，到了十一月，士兵们都琢磨着家里的牲口怎么样了，根本无心作战。

也先无奈，老老实实地带着朱祁镇撤军了。如此一来，双方又从纯粹的战争状态变成了和谈状态。

东华门外太上皇

面对也先的攻势，明朝迅速推出了朱祁钰登基，并在北京城上下一心的情况下，成功地打赢了京师保卫战。而朱祁钰也凭借这场战争，迅速地稳定住了自己的帝位。于是，在也先身边，被升级为“太上皇”的朱祁镇，就显得很尴尬了。

壹

京师保卫战以后，明英宗朱祁镇等于跟着也先来长城以内度了个假，故地重游，游完以后又回去了。明朝内部给朱祁镇的这个行为起了个特别带感的说法，号称是“北狩”，意思是我们的太上皇去北边打猎去了，其实就跟北宋末年的宋徽宗、宋钦宗一个水准。

不过，跟前朝的宋徽宗、宋钦宗待遇不一样，瓦剌没有跟大明全面开战的底气。眼看着勒索不成，一手好牌烂在手里了，也先只能老老实实地伺候好明英宗。瓦剌不光给他安排了翻译和卫士，还隔三岔五地送牛羊给他，牛奶和羊奶更是每天不间断，反正这玩意儿草原上有的是，您要是愿意，拿来洗澡都行。

要么说牛奶强健一个民族呢，喝着牛奶、烤着羊排的朱祁镇终于智商在线，慢慢地琢磨过来了。北京那边新皇登基已经成为定局，形势比人强，能安安稳稳地回去就不错了。

这个时候呢，朱祁钰还在犹豫要不要把自己的奇葩哥哥迎回来，要是迎回来呢，显得自己名不正言不顺，毕竟天无二日、国无二主；但不迎回来呢，大明的太上皇老是“北狩”也不像话，有辱国体，难堵天下悠悠之口。

这时候，于谦于少保发话了，说：**“天位已定，宁复有他，顾理当速奉迎耳。万一彼果怀诈，我有辞矣。”**意思是，现在您都登基了，哪还轮得着别人，赶紧把太上皇弄回来算了，别让他在外头丢人现眼了，要是真有人图谋不轨，胡说八道地拿这事做文章，我跟他们去理论。

当时，于谦刚刚打赢京城保卫战，风头一时无两。朱祁钰一看于少保都发话了，还有啥不放心的，就派了左都御史杨善去和瓦剌谈判。估计于少保自己都没想到这句话会给自己以后挖了坑，不过也不怪于谦没留后手，翻遍史书也没有太上皇重新上台的先例。

杨善是永乐时期的老臣了，跟着朱祁镇去过土木堡，侥幸逃了出来，心心念念的就是把朱祁镇迎接回来。当时，京师保卫战一打完，杨善就在朝房里掉泪，别人问大喜的日子你哭什么，他来了一句：**“上皇在何所，而我曹自相贺乎！”**周围的人听完全部沉默了，可能没想到这老头这么耿直，也可见杨善是坚定的“太上皇党”。

杨善到了瓦剌，也先作为对手，也对朱祁镇归国后的待遇这个问题很感兴趣，可能是生怕朱祁镇回去记仇，就问杨善：**“上皇归将复得为天子乎？”**意思就是，这哥儿们回去还能继续当皇上吗？

杨善在宣德时代就是鸿胪寺卿，相当于今天的外交部部长，论嘴皮子能把也先说傻了。杨善一听也先这么问，就开始往大明脸上贴金：**“尧让舜，今兄让弟，正相同也。”**这回答绝了，把朱祁钰的临危受命直接说成了是朱祁镇的“禅让”，跟唐尧、虞舜一个级别。

然后，杨善又去见了朱祁镇。朱祁镇自己也受不了了，那时候已经是景泰元年（1450年）了，朱祁镇等于在草原上过的年，和几个侍卫挤在帐篷里。

之前朱祁镇哪里吃过这种苦头，平时在紫禁城的暖阁里都觉得冷，再继续待下去说不定这条命就交代在草原上了。

所以，“太上皇”就让杨善给弟弟带话：**“朕得南还，就令朕守祖陵或为庶人，亦所甘心。”**就是说，要是我能回去，要么去给祖宗守陵，要么当个平头老百姓，只要能让我回去，怎么样我都愿意。

贰

朱祁钰一听，觉得老哥还算靠谱，起码位置摆得很正，何况当时臣子们也给了不小的压力。于是，景泰元年（1450年）八月，朝廷就派人把朱祁镇迎了回来，这时距离“土木之变”，已经过了整整一年的时间。

临行之际，瓦剌那边也给了朱祁镇很高的礼遇，大汗的弟弟伯颜帖木儿之前一直陪着朱祁镇，俩人关系非常好，按蒙古族的说法都快结为“安达（兄弟）”了。

因此伯颜一听说兄弟要走，带着自己妻妾前来相送，并赠送了良马、银鼠皮等礼品，而且陪朱祁镇走了大半天的路程。最后，俩大老爷们在路边洒泪而别，不知道是不是一起喝马奶酒喝出来的感情。

告别了伯颜，朱祁镇踏上了归途。这次的路线是从宣府进外长城，再从居庸关入内长城，最后进京入紫禁城。但是，这一路上怎么迎接太上皇，用什么礼仪，成了大问题。

礼部尚书胡濙活了八十多岁，对这种事都是脑子一片空白，因为这种事在中国历史上八百年可能都没出现过。最后，老爷子博闻强记，拿出当年唐肃宗迎接老爹李隆基回京的仪式做参考。

而礼部尚书的建议也很好地提醒了朱祁钰，天无二日、民无二主，礼仪的问题非常关键，必须摆正了，以后才好说话。

正常来说，无论是皇上还是太上皇，都属于“九五之尊”，回京城应该从安定门进来，然后一路往南进南门，也就要从承天门（后来的天安门）这里进紫禁城。现在天安门门口的华表上有两只面南而坐的石犼，就叫“望君归”，寓意就是希望外出巡视的帝王能够早日归来处理政务，别天天地瞎转悠。

结果，到了朱祁镇“北狩”回来那天，这俩石犼左等右等就是见不着人。原来朱祁钰为了恶心朱祁镇，直接给他安排到在东安门进皇城。东安门就是现在的皇城墙遗址花园，相比起紫禁城那是相当的偏。意思很明白，就是告诉“太上皇”，您也不用参观承天门了，老老实实地去皇城根遗址花园走一趟得了。

这里面有一个非常明确的内涵，那就是君臣之礼。我们之前说过，平常都是文武百官从东安门进来，然后再进午门。而君王则是走承天门，这差了一个门，就是一个天一个地。

当然，表面文章还是要做的，所以这天在东安门，朱祁钰直接带着文武百官在这等着迎接太上皇。兄弟俩一见面，彼此之间执手相看泪眼，那叫一个感天动地。

朱祁镇也明白过来了，东安门就东安门吧，三十年河东三十年河西，于是一见面直接就给朱祁钰跪了下来，行臣子礼。朱祁钰一看老哥这么懂事，也就赶紧地扶了起来，把尧舜禅让的戏份演足了。

不过，死罪可免，活罪难逃，见完了群臣，朱祁镇直接就被关在了南宫。南宫就是以前的“南内”，当年朱棣给大孙子朱瞻基建的皇太孙宫。但是，皇太孙这种东西在大明朝来说比太皇太后都少见，所以基本上没人住。结果，现在房主升级，直接从皇太孙变成太上皇了。

但跟老爹朱瞻基不一样，朱瞻基是坐拥整个“南内”，而朱祁镇只有一个房间，也就是被囚禁在崇质殿。而且，朱祁钰做得很绝，把大门直接用锁锁上，甚至还浇上了铅汁封死，然后砍断附近的树，防止有人在附近营救，更不许任何人探望，连吃饭都是从墙洞送进来。

更绝的是，“南内”几乎没人来，送饭都是断断续续的，经常把太上皇饿得饥一顿饱一顿，比判了无期徒刑还难受。以至于“太上皇后”钱氏不得不亲自做一些针线活，从墙洞里递出去，请太监们代卖维持生计。

综合来说，等于明英宗朱祁镇从瓦剌“天字第一号战犯”，变成了大明朝“天字第一号政治犯”，剥夺政治权利终身。

叁

按理说事情到了这一步，基本上已经成为定局了，朱祁钰还是朱祁镇的弟弟，从年龄上讲，“太上皇”应该活该在南宫待到死。但事情很快就出现了问题，根源就在立储上。

我们都知道朱祁镇正统时代统治了十四年，虽然随后朱祁钰接任，但太子还是没换，依旧是朱祁镇的长子朱见深。而且，朱见深名义上当太子还比朱祁钰登基更早，名正言顺，你不能一上台就废太子，不然这会寒了臣子们的心。

但朱见深总在这太子位子上待着也不像话呀，当皇帝的是你叔叔，等回头他两腿一蹬、龙驭宾天，那你肯定得反攻倒算。朱祁钰也不傻，很明白这一点，所以在景泰三年（1452年），朱祁钰不顾一群老臣的反对，把朱见深贬为沂王，想立自己的儿子朱见济为太子。

这件事在当时阻力很大，《明史纪事本末》里面记载，朱祁钰指使太监头子兴安警告群臣：**“此事不可已，即以为不可者，勿署名，无得首鼠持两端。”**就是说，你们别想着两头讨好，这件事没得商量，顶多允许你们不署名，省得后世说你们对先帝不忠。

当然这是不可能的。所以，我们现在看史书，上疏的大臣们从官职到人名全部列得清清楚楚，从于谦、王直再到往下的六部侍郎，基本上朝廷里有头有脸的全被逼着上疏换太子，奏折上写着：**“陛下膺天明命，中兴邦家，统绪之传宜归圣子。”**到这一步，朱祁钰才假惺惺地点头同意，把自己的儿子扶了上去。

结果，没想到到了第二年，这太子没福气，直接走在皇上前面了。朱祁钰白发人送黑发人，而且他就这一个儿子，到头来大明朝就等于没有太子了，这也就给后续增加了很多变数。

当时，大多数大臣都提议，重新把废太子朱见深再立为东宫。这件事搞得朱祁钰相当不开心，自己还年轻，死了一个儿子可以再生嘛，你让我侄子再上台算怎么回事。所以，这件事好几年间朱祁钰都在和臣子们扯皮，但儿子一直也没生出来。

扯皮一直扯到了景泰八年（1457年），这一年刚过完年，朱祁钰突然病倒了，病得还不轻，连上元节正常跟文武百官的宴席都没出席。这下所有大臣都坐不住了，太子相当于“国本”，这皇上要是躺下起不来，大明朝可就乱了套了。因此刚过了年，文武百官就在右顺门，就是后来的熙和门这里扎堆。右顺门是百官奏事的地方，大家有事都在这里集合。

大太监兴安出来以后，把大家的折子收了上来送进去，过了一会儿，出来告诉大臣们说**“候十七日御朝”**，就是说等十七天以后，皇上在朝会再说这件事。文武百官觉得反正都扯皮好几年了，不差这一会儿，就各回各家了。

但石亨不这么想。

石亨在京师保卫战以后，就被封为了武清伯。他当时负责在朱祁钰身边值守，知道朱祁钰的身子骨不行了，大概率熬不过这一遭，所以必须早做打算。他觉得那些文臣们的建议太没有创造性了，要么就是让朱见深回来，要么就是找一个藩王世子继位，要干干脆就干一票大的，越冷门的就越容易获得拥立之功。

毫无疑问，太上皇重新登基这事听起来就很刺激，而且绝对冷门。

但这事一个人比较难干，而且石亨是个武将，得找个文臣商量一下，所以石亨就找到了太常卿许彬。许彬表示自己年纪大了，心脏受不了这种刺激，所以又给石亨推荐了徐有贞。徐有贞就是当年建议迁都的徐珵，因为得罪于谦被外放了，后来靠着治河有功才重新回到北京城。眼看这辈子的官当到头了，徐有贞决定赌一把，跟着石亨干。

这样通过联络，一个初步的政变班子搭建起来了，武将石亨、张軏，文臣徐有贞、杨善，再加上一个宦官曹吉祥，着手准备行动。

肆

正月十七日的凌晨，石亨和张軏以及徐有贞带着大约千把人，在夜色中来到了长安门前。

长安门就是科举考试里“鲤鱼跃龙门”里的“龙门”，过去的殿试名额一出来，都是从这里送出来的，而这里也是进皇城的第一道门。张軏作为将领，跟守门的将士说边关告急，带着一群士兵就混了进来。

普渡寺　在明朝时为“南内”，清朝时改为睿亲王府。

进来以后，石亨他们就开始哆嗦，这里徐有贞的确是个狠人，直接把门反锁了，然后把城门钥匙扔到了井里，告诉石亨：**“时至矣，勿退！”**都到这一步了，开弓没有回头箭，敞开了干吧。

入了皇城，再往后就太容易了。因为参与这场政变的还有一个司设监的太监，叫曹吉祥。因为司设监属于清水衙门，加上曹吉祥后来造反了，正史也就不怎么提他。但是，在当时的皇宫里，太监比什么都好使，因为他认路。

就这样，一群人顺顺当当地来到了南宫，一看门被铁水焊死了，直接用出了攻城的手段，硬生生地把门给砸开了。朱祁镇一听砸门的声音也醒过来了，在众人的劝告下哆哆嗦嗦地上了轿子，趁着夜色开始往奉天殿（太和殿）走。

到了东华门这里，卡住了。当时故宫有宵禁，大晚上的一帮人抬着一顶轿子，当然会被查问了。但当时必须要抢时间，因为正月十七号就是朝会了。这是掉脑袋的买卖，必须得把太上皇送到朝会上才算名正言顺，卡在门外头还是属于图谋不轨。

这时候，废物了七年的太上皇终于王霸之气一震，开口对守门的侍卫喊道：**“朕太上皇也。”**这句话比什么都好使，侍卫直接听傻了，皇宫里的人都有条件反射，听见“朕”就是皇上来了，后面的听都没听清，直接就把门打开了。

就这样，朱祁镇在众人的拥护下，来到了奉天殿，比朝会的时间早了几个小时。就是这几个小时，直接改变了历史。当时天都是黑的，奉天殿里面也好久没人来了，椅子都是歪的，徐有贞带着几个人费了半天劲，才把仪仗摆好。

到了朝会的时候，徐有贞指挥着在午门上敲起钟鼓，午门大开。大臣们不走长安门，都不知道昨天晚上发生了什么，结果进来一看，太上皇已经坐在龙椅上了，所有人都傻了眼。

好在才过去七八年，朱祁镇的余威犹在，何况木已成舟，除了他也没别人了。于是，**“文武群臣入行五拜三叩头礼”“皆呼万岁”**。明英宗朱祁镇就这么正式复位了，改景泰八年为天顺元年，意思是这皇位是老天爷赏的，复位是顺天命而为。

上了台以后，朱祁镇干的第一件事就是封赏这些把他放出来的“功臣”们。

功劳排第一的就是徐有贞，这个政治赌徒靠着一手“梭哈”，直接进入内阁，同时兼职兵部尚书和翰林学士。连推荐他的太常寺卿许彬都被封为了礼部右侍郎，并且也进入内阁。

其他的就更不用说了，石亨被加封为忠国公。大明朝的国公相当值钱，开国和

"靖难"各自封了一批，于少保带头打赢了京师保卫战都没混到国公，石亨开了个门，就到手了。

伍

这次介乎于传奇和闹剧的政变，史称"夺门之变"，是中国历史上为数不多几乎没死人的政变，连景泰帝朱祁钰也没被处死，只是被重新废为郕王，然后关在了西苑。相当于当年你怎么对付我，我怎么还回来，多出来的也不要你的利息。

不过，朱祁钰当时的身体本来就不好，所以没多久就一命呜呼了。当时给的谥号是"戾"，到了南明朱由崧的时候才给追加了庙号，为明代宗，谥号是"符天建道恭仁康定隆文布武显德崇孝景皇帝"。

所以，我们现在看《明实录》，这一段历史的开头都是"废帝郕戾王附录"，相当于搭上的。到了清朝修的《明史》，就改成了"恭仁康定景皇帝，讳祁钰，宣宗次子也"，正式当作明朝皇帝载入史册。

当然，完全不死人也不可能，所以死得比较惨的就是于谦。朱祁镇连面子工程都不做，直接把于谦送进了锦衣卫的"诏狱"，没过几天就下了命令，将于谦抄家，处以极刑。

朱祁镇一开始还没打算直接杀掉于谦，但徐有贞太缺德，来了一句：**"不杀于谦，此举为无名。"**因为这伙人都是被于谦在朝堂上压制的，所以必须得挪开于谦腾位置。

朱祁镇一琢磨似乎是这个道理，就直接动手，给的罪名是谋反，因此没等到秋后问斩，直接杀了。于少保自己也很明白，懒得搭理他们，笑着说：**"亨等意耳，辩何益。"**知道他们想让自己死，没必要多费口舌辩解了，之后坦然赴死。《明史》中给的描述是**"阴霾四合，天下冤之"。**

于谦一死，六部尚书集体辞职，最后一批永乐、宣德时期的文官们彻底地退出了朝堂。等于朱祁镇靠着一个"土木之变"加一个"夺门之变"，直接把明朝的底子给败了个干净，朝堂上又开始变得乌烟瘴气起来。

第六章 依稀中兴年

状元走过承天门

对于紫禁城来说，天顺元年（1457年）可谓是天灾人祸，躲都躲不过。先是正月里“夺门之变”，朱祁镇又出来祸害了；紧跟着就是到了七月，承天门被雷击焚毁。无数的朝臣雨打风吹去。而七年之后，对于继承者朱见深而言，比起重建承天门，如何重建政治秩序，将成为这个年轻人必须深思的主题。

壹

朱祁镇重回帝位后，于政治方面基本上都是反攻倒算，而且以喜怒无常著称。“夺门之变”的功臣们基本上没过几年都被收拾了，当然这些人里面本来也没几个正常人。

其实，不光是在政治上，在建设上朱祁镇也堪称奇葩。

承天门好歹是皇城的正门，自打天顺元年七月焚毁以后，就晾在那里了，一直没修。按理说，承天门和大明门、端门、午门、奉天门（太和门）一样，都是“三朝五门”级别，别的不修就算了，承天门不能烂在那里。

但朱祁镇不管这个，反正当年我回来也没从那走，大臣们上朝也不走承天门，无所谓。转头在北京的智化寺，朱祁镇给王公公修了祠堂，还亲自题写了匾额，叫作“旌忠祠”。现在在智化寺还能找到碑文，是非常珍贵的文物，因为上面刻着王公公的画像，等同于历史的见证。

更令人目瞪口呆的是，朱祁镇还给也先修建了纪念堂。是的，你没听错，就是那个带着朱祁镇“北狩”的也先。后来，清朝人写了一本《道咸以来朝野杂记》，里面载：**“西四牌楼北，当年在甬中间有一庙宇……庙供额森牌位。据闻明英宗北狩，后为额森（也先）放还朝，感其义，为之立庙。”**这座庙到了民国还有，就叫作当街庙，后来建马路挡道了才拆的。

从这俩工程上不难看出，朱祁镇在他的“天顺时代”都干了些什么。不过，朱祁镇晕归晕，用人还是比较稳当的，在复位之后重用吏部尚书兼大学士李贤，朝政还能维持下去。

《明史》中对李贤的评价是“三杨以来，得君无如贤者”，这是对他很高的评价。但是，拜朱祁镇所赐，加上晚年有点贪污受贿的说法，所以常规史书不怎么提这一位。但李贤的确是一个很有原则的首辅，在位期间很好地限制了宦官和锦衣卫的势力，不然朱祁镇的耳朵比较软，指不定还能干出什么事来。

李贤对于文渊阁来说，是一个比较有纪念意义的首辅，这里有一个小故事。

最早的时候，文渊阁一般皇上是不去的，包括后来也是，所以首辅一般是坐南朝北，坐在正座上。但是，到了宣德年间，朱瞻基没事喜欢瞎转悠，就转悠到文渊阁，坐了一次主位。在这以后，这位子就没人敢碰了，杨士奇他们都不敢逾越规矩，首辅只能坐在右首第一位。

等李贤掌权以后，打算改改规矩，就跟周围的人说，反正这么多年皇上也没来，没必要留着，不如我坐了算了。这下子朱祁镇急了，我爹坐过的位置，你坐上来算怎么回事？不过朱祁镇也不好直接处罚李贤，因为首辅坐在这里确实符合规则，只不过不合礼数。

这里朱祁镇秀了一手管理学的艺术。他给文渊阁直接送了一尊孔子像。大学士都是读书人，总不能让孔圣人摆在一边吧，必须供奉在中央，首辅只能往边上坐。打这开始，内阁大学士不能坐南朝北的规矩才算定了下来。

从这也不难看出来，朱祁镇对于李贤处在一个既防备又尊敬的态度。

天顺八年（1464年），朱祁镇病危，躺在文华殿里，临终之际又开始瞎琢磨，想要不要换个太子。话说皇太子朱见深的命也是真的苦，小的时候被叔叔折腾，长大了老爹留下一堆烂摊子不说，这个烂摊子居然还不太想给他。

这个时候，李贤站出来了，义正辞严地质问朱祁镇：“此大事，请陛下三思！”朱祁镇马上反了，试探性地问了一句：“然则必传位太子乎？（真要给太子吗）”

这次李贤都不想搭理他，太浪费智商，只是冷冷地说了一句“社稷幸甚”，就不开口了。

朱祁镇也觉得自己不像话了，哪有这个时候换太子的道理，然后就把朱见深叫了过来。朱见深一见面二话不说，抱着他爹的大腿就开始哭。他知道跟朱祁镇这种人没法讲理智，只能拼感情。一嗓子号下去，朱祁镇心软了，得，不换了，就是你了。

临终之际，朱祁镇其言也善，颁布遗诏，首先是说**“殉葬非古礼，仁者所不忍，众妃不要殉葬”**，废除了明朝开国以来惨无人道的后宫殉葬制度。这一点非常不容易，算是明朝皇帝遗诏里很难得的创举，在这之前，没生育的妃子们都得陪葬。

再有就是明确让患难夫妻钱皇后将来与自己合葬。因为朱见深不是钱皇后生的，是妃子周氏生的，之前明朝皇子都是皇后嫡出，所以到了朱见深这里比较麻烦。这一点直接在遗诏里说明白了，将来和钱氏合葬。

办完了最后两件大事，朱祁镇溘然长逝。长子朱见深毫无争议地登基为帝，年号“成化”。

新人新气象，朱见深刚一继位，就开始着手重修承天门。

贰

我们现在很难想象雄伟的承天门（即现在的天安门）之前是怎么样被雷击焚毁的，其实这个很正常，因为那时候的承天门和“雄伟”俩字压根不沾边。最早的承天门与皇城的其他三个门：东安门、西安门以及地安门完全一样，是仿照南京故宫建的，用的是牌坊式，上面写着“承天之门”四个字，象征着皇权“承天启运”。

现在南京的承天门已经荡然无存了，大概的位置应该是在现在的秦淮区瑞金路一带，因为金水河的位置是可以确定的，大致能推测出来。当时的“中都”凤阳也有那么一道承天门，相对之后的紫禁城来说非常简陋。

也就是说，最早的承天门，真的就只是一个门，其他的什么也没有，所以重新修建起来理论上也不是很麻烦，但设计师蒯祥不这么看。

最早的承天门，也就是永乐十八年（1420年）迁都的承天门，就是蒯祥亲自设计的。当时蒯祥还是个大小伙子，不到二十岁，但技艺精湛，甚至被朱棣称为“蒯鲁班”。如今几十年过去了，蒯祥从永乐、洪熙、宣德一路走过来，如果朱祁镇的正统、天顺俩年号都各自算一朝的话，那蒯祥堪称绝无仅有的“七朝元老”，非常难得，等于亲自见证了紫禁城最初的半个世纪。

工匠做到蒯祥这个地步，基本上都算艺术家了。所以，蒯祥老骥伏枥，志在千里，决定把承天门做一个天翻地覆的改变，也算是自己一辈子最后一件呕心沥血的作品。

之前的承天门，是与其他三个宫门一脉相承的木牌坊，五门三层，上面有琉璃瓦。蒯祥决定换一个思路，将承天门建造成一座宫殿，或者说，成为真正意义上的“国门”。

新的承天门采用了砖石结构，由城台和城楼两部分组成。从一开始的东西宽五间、南北进深三间，扩大为东西宽九间、进深五间，象征着“九五之尊”。宫殿中绘有九百余条龙纹，雕梁画栋，彰显着这扇皇城第一门的威严。

修成后的承天门，高达33.87米（新中国成立后经过修整略有增高），是整个北京城里最高的建筑。在之后的数百年里，承天门尽管名字有所改变（清朝改为天安门，沿用至今），但基本形制几乎没有任何改变。

成化三年（1467年）的春天，就在蒯祥热火朝天地重修承天门的时候，有一位年过半百的老翁，时隔七年，再次从紫禁城前走过。望着已然不复昨日的承天门，他的心中无限感慨。

二十二年前，他曾从这个门里走出来，进而声震天下。那个时候，他是这个王朝最风光的年轻人。

他的名字叫商辂，明朝唯一一个“三元及第”之人，堪称“天下文宗”。

叁

承天门平时没什么人走，一般情况下，皇帝也不会从承天门进出。皇上平时都是走西华门，毕竟挨着西苑，走起来方便。只有祭祀或者大婚，再就是御驾亲征的时候，才会从承天门出去。

但还有一种情况，在承天门里走出来的不一定是皇上，而是科举考试中的“一等甲”（状元、榜眼与探花），这就是所谓的“金殿传胪”。

在明朝，想出人头地一般就两条路子。第一条路子是造反，把皇上拉下来自己上，只不过风险系数和难度系数不是一般的高，整个大明朝也就朱棣和李自成成功了，其中朱棣还是叔叔打侄子。

第二条路子就是读书科举，农民读书，考上进士，就能当地主，甚至位极人臣，因此无数读书人为此趋之若鹜。

不过呢，科举也没有那么简单。正儿八经的科举是四轮，从最早的童子试，再到省里主持的乡试，礼部主持的会试，最后才是在皇极门前的殿试。

并且在这里面，童子试还分为“县试”“府试”及“院试”，算来大概是六次大考。有些考试，如“会试”等，可能一考就是数天，对考试者的身心都是极大的折磨。所以，明朝的皇帝大多短命，内阁大学士反而大多数都是高寿。比如“三杨”全都活到了古稀之年，很大程度上是因为能熬过科举的身体都不差。

而每一轮考试的第一名，则被称之为“元”。“元”有“首”的意思，比如明朝内阁大学士中的“首辅”，就被人敬称为“元辅”。并且，在科举考试中，每一轮的“元”的说法不同。乡试第一名叫作“解元”；会试第一名叫作“会元”；到了殿试，皇上御笔亲点，才能称为“状元”。

这里为了展现难度，还要说一下“殿试”和其他几场的区别。

其他几轮都是“淘汰制”选拔人才，而殿试则是“排名制”。一般考上会试的人，殿试问题也不大，都能当进士，但第几等那就不好说了。况且“殿试”不考“四书五经”，考的是策论（时政议论文），主观性非常大。之前是会试前三名的，但写的文章不符合皇上的心意，那么被扔到五十名开外也是有可能的。

所以考上“解元”，基本上是凭实力；考上“会元”，堪称当世才子。但是，能考上状元，那除了运气好、学问好，还有很多其他因素，比如字迹和相貌等，稍微让皇上有一点不顺眼都不行。

根据《明会典》记载，当时的殿试是在皇极殿前的广场上举行，如果遇到风雨天气，就改为两边的庑房内。就考一天，考完之后，皇上和“点卷官”们连夜到文华殿去阅卷。阅完卷，然后过两天发“金榜”，挨着点名，从高到低。

点完名，执事官会拿着皇榜，从皇极门的左门出来，进士们也会随之一起，到皇城外等宣布排名。因为“胪”有“陈列”的意思，所以这个过程被称作“金殿传胪”。

而排行“一等甲”的三位，走的路子和其他进士不同。他们会身披红绸，头簪金花，从午门走出来，一直到承天门以外，走的全部是中门。这说明这三人是天子门生，老师把自己的待遇赏给你。

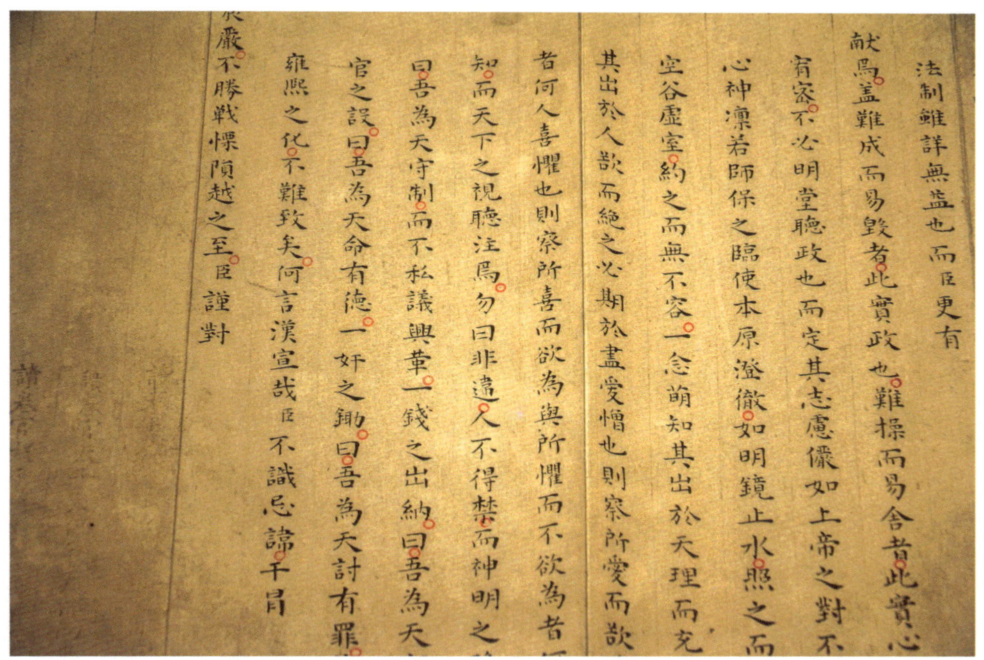

法制雖詳無益也而臣更有
献焉蓋難成而易毀者此實政也難操而易舍者此實心
宥密不必明堂聽政也而定其志慮儼如上帝之對不
心神凜若師保之臨使本原澄徹如明鏡止水照之而
空谷虛室納之而無不容一念萌知其出於天理而充
其出於人欲而絕之必期於盡愛憎也則察所愛而欲
者何人喜懼也則察所喜而欲為與所懼而不欲為者
知而天下之視聽注焉勿曰非遠人不得禁而神明之
曰吾為天守制而不私議興革一錢之出納曰吾為天
官之設曰吾為天命有德一好之錫曰吾為天討有罪
雍熙之化不難致矣何言漢宣哉臣不識忌諱干冒
宸嚴不勝戰慄隕越之至臣謹對

明代状元卷　其中的“臣”字要靠右缩小一半，以表示对皇帝的尊敬。

走出承天门之后，还有一个更“拉风”的步骤，俗称“御街夸官”。即由礼部的官员带着，骑着马在城里游行，接受全城的欢呼和跪拜。这个跪拜不是跪状元本身，而是跪御赐状元的圣旨。现在有人说是所有进士都会参加“御街夸官”，这个可能性不大，因为进士大概一批有三百来个人，从礼节上来说很难操作。所以，“金殿传胪”和“御街夸官”，是“一等甲”进士，尤其状元是最大的荣耀，堪称“春风得意马蹄疾”。

而明朝最风光的状元，正是商辂，因为他是整个大明绝无仅有的“三元及第”。《明史》里载**“终明之世，三试第一者，辂一人而已”**。他在宣德十年（1435年）乡试第一，拿到“解元”名号。中间隔了十年，到了正统十年（1445年），一举拿下了“会元”和“状元”，可以想象当时的商辂是何等的意气风发。

这么说吧，“商三元”要是在学问上谦虚一下，说自己粗通文墨，只读过“四书五经”，那么整个翰林院只能跪在那里，都没人好意思承认自己识字。

那这位连中“三元”的商辂，前途自然是一片光明。

肆

商辂是正统十年（1445年）的状元，那时候朱祁镇已经开始全面执掌朝政了。对于一个皇帝来说，一个“三元及第”，本质上和天降祥瑞一个级别，是老天安排文曲星来辅佐的，必须予以重用。何况商辂长得“丰姿瑰伟”，特别帅，看上去就赏心悦目，因此简在帝心。在正统十四年（1449年），商辂就当到了翰林院侍讲（正六品），并且入职内阁。

这里有一个误区，那就是翰林院不能看品级，得看官名。在明朝，翰林院是一个相当可怕的衙门，到后期，不是翰林院出身，甚至都没有资格进内阁。

翰林院的最高级别就是正五品的翰林学士，就是所谓的内阁大学士，都是兼职。侍讲学士基本任职出来就是三品，所以商辂作为侍讲入内阁是毫无问题的，只不过这个速度也确实可怕，可以想象朱祁镇对他的喜爱。

商辂更厉害的是，他在正统、景泰两朝都得到重用。景泰元年（1450年），也是他作为内阁学士，去长城把朱祁镇迎接回来的。此后七年，朱祁钰也是一直给他加担子，从兵部左侍郎一直到太常寺卿，等于他成了大明朝的一块砖，哪里需要往哪搬。

朱祁钰病危的时候，商辂也是带头上疏立太子的人之一。没想到过了几天，上朝一看，太上皇又蹦跶出来了。

重出江湖的朱祁镇对商辂这个学生还是很仗义的，对于少保等人，那是能分尸的绝不砍头，一分钟都不等。但唯独没有清算商辂，还把他叫到偏殿，让他来起草诏书，这等于是把拥立之功亲手送到了商辂的手里。

当时朝堂上大换血，你把诏书写了，哪还有李贤什么事。商辂当翰林学士的时候，李贤还在吏部当郎中呢，官场上讲的就是论资排辈。

结果，没想到商辂对朱祁钰比较有感情，面对这种不要脸的诏书下不去笔。石亨当时在旁边，不阴不阳地警告他，被商辂回了一句：**“旧制也，不敢易。”**祖宗怎么样我怎么样，你别在这里龇牙咧嘴的。这下子朱祁镇伤心了，心想：为师对你这么好，让你写个诏书，还在这拖拖拉拉的。于是，朱祁镇就把他贬为了平民。

晚年的朱祁镇也有点后悔，比较心疼学生，说：**“辂，朕所取士。”**意思是，这是我的学生，念念不忘。但是，朝堂上一个萝卜一个坑，再加上朱祁镇自己也抹不开面子，就一直没把商辂叫回来。

到了成化三年（1467年），前一年李贤刚刚逝世，朱见深就把商辂招了回来，直接入内阁。当时首辅高谷已经垂垂老矣，让商辂回来就是做顶梁柱的。一见面，朱见深就把话说开了：**“先帝已知卿枉，其勿辞。”**就是说，我爹知道他错了，先生您别介意，接着干吧。

此时距离商辂离开紫禁城已然过了整整十年，一切已经沧海桑田，承天门从牌坊变成了城楼，商辂也从青年步入了老年。从承天门的“金殿传胪”，到东华门外的领袖群臣，这条路，“三元及第”的商辂足足走了二十二年。

重回内阁的“商三元”出手即不凡，上来就给朱见深提出**“勤学、纳谏、储将、防边、省冗官、设社仓、崇先圣号、广造士法”**八项意见，朱见深一一予以采纳。其中，最引人瞩目的，莫过于恢复先帝郕王朱祁钰的名号，帝号肯定是不能恢复的，但好歹恢复了王爷的名号，也算是当年的君臣善始善终。

商辂的回归，相当于在李贤之后，重新扛起了内阁乃至整个文臣群体的大旗。在成化时期的头十年里，政治上出现了一片清明的景象，大有中兴开始的迹象。新建的承天门仿佛一个好兆头，带给了紫禁城无限的新希望。

而与此同时，一个微妙的政治平衡，也在重新形成。

贵妃坐镇昭德宫

在以商辂为首的文臣集团的辅佐下，新生的成化时代正如阳光下的承天门一样，拥有无限的朝气。而承天门虽高，却也难以揽尽紫禁城的所有风光。

成化帝朱见深，也许是明朝历史上最难以评价的一位皇帝，他性情仁厚，却出手果决；他开创中兴，却也因皇庄和西厂而饱受诟病；他驭下有方，却崇信后宫和道士。假如我们拨开历史的烟雾，看到生活在紫禁城的朱见深，也许并没有一张波诡云谲的面孔。

壹

和老爹朱祁镇的嚣张跋扈、不靠谱，外加间歇性多动症不同，朱见深绝对算得上是一个老实孩子，这和他近乎奇葩的成长历程有很大的关系。

让我们从之前讲过的历史里回溯一下朱见深的人生吧。他在正统十二年（1447年）出生，到了正统十四年（1449年），两岁的小朋友朱见深就成了皇太子。没办法，老爹赶着去土木堡送人头，紫禁城里不能没人坐着，这个叫“国本”。

没想到老爹“北狩”的时间太长了，朱见深还没开始记事，朱祁镇就被“太上皇”了。这么一来就比较难办，因为皇太子他爹是太上皇，你让皇帝朱祁钰往哪里摆。朱祁钰那会儿的年纪不小了，也不是没有后代。所以，没过几年，就把侄子拉了下来，改为“沂王”，将其打入冷宫。

这个冷宫的待遇估计跟太上皇待的那个“南内”一样。那几年朱见深不光是住的差，还时时刻刻要面临生命危险。尤其是他的弟弟，朱祁钰的唯一儿子夭折以后，他就更危险了。因为一群大臣天天地在那里唠叨，要把他重新立为太子。万一哪天他叔叔被唠叨烦了，他怎么死的都不知道。

在这种极端的环境下，朱见深别说健康快乐地成长了，能不神经崩溃已经是天赋异禀了。因此当时朱见深在很小的时候，就落下了口吃的毛病，这件事对后来的明朝政局影响很大。

这个时候，一个女人走进了朱见深幼小的心灵，这就是被后世津津乐道的万贵妃。万贵妃被传言叫万贞儿，这个名字应该是以讹传讹，因为明朝包括皇后在内，很少有后妃能留下名字的。万氏当时作为宫女一直陪着朱见深，年纪比朱见深大了大概十九岁，当然这个数字不好考证，但十几岁是肯定有的。

在朝不保夕的童年时光里，朱见深对万氏的依恋可想而知。从心理学的角度上说，我们可以将朱见深的这种感情，归结为某种母爱缺乏。

两个人相依为命，这样的日子熬了几年，好不容易，朱见深终于时来运转了。老爹朱祁镇仿佛天神下凡，一嗓子吼开了宫门，重新登上皇位，而十岁的朱见深也就再次成为皇太子，并度过了安安稳稳的七年。在这期间，他和万氏产生了明确的男女感情。等到朱见深登基的时候，万氏已经三十五岁了，这个时候就面临着一个名分的问题。

万氏肯定是想当皇后的，但这件事的阻力不是一般的大。不说朱见深怎么样，他老娘周太后也不能同意。但是，万氏很有心计，她明白只要朱见深的宠爱依旧，她就能在后宫里横着走。所以，万氏也很拼，同时做了两手准备。

一方面是固宠。当时朱见深刚刚登基不久，得参加各种祭祀仪式，而万贵妃拖着三十五岁的“高龄”（过去这年纪能当祖母了），穿着一身戎装（军装），陪着朱见深到处转悠，很得朱见深的喜爱。

另一方面就是求子。虽然朱祁镇废除了不生育就殉葬的皇室陋习，但是对于紫禁城的后宫而言，有个孩子才是安身立命的根本。

好在功夫不负有心人，在万氏的努力下，终于在成化二年（1466年）生下一子。朱见深很高兴，这个是皇长子，母凭子贵，万氏也因此被封为了皇贵妃，万贵妃的说法就是打这开始的。而且，不光加赠了封号，还搬了家，迁到了昭德宫去居住（后来于成化十二年迁居安喜宫）。

现在这两个宫殿的位置已然不可考了。这件事本身有点不科学，因为万贵妃是宠妃，但不是皇后，她所居住的宫殿必然是东西六宫所属，不应该无资料查证。唯一的解释就是在嘉靖之后紫禁城有一批重建工程，很可能是从那时候不可考的。

这下万贵妃算是犯了众怒，邀宠也得有个章法。而这里面最对万贵妃看不上眼的，莫过于皇太后周氏。

周太后绝对不是什么善茬，敢顶着朱祁镇的遗诏安排和钱皇后抢安葬的位置，对于自己儿子的婚姻问题，那是一百八十个头疼。

这里有一个很有意思的冷知识：万贵妃在成化元年（1465年）是三十五岁，折合起来就是宣德五年（1430年）生人；好巧不巧，《明史》里讲周太后高寿七十五岁，卒于后来的弘治十七年（1504年），按虚岁来讲，也是宣德五年出生，等于婆婆与儿媳妇是同岁。

这下我们很好理解周太后的心理了，十几岁的儿子被跟自己一样大的“老姐妹”迷得晕头转向，这要是换成一般当娘的估计连想死的心都有了。所以，她忍不住质问朱见深：**“彼有何美，而承恩多？”**这老娘们到底哪里好，你这么宠爱她。

朱见深的回答也很真实：**“彼抚摸，吾安之，不在貌也。”**意思是，我在她面前就跟小猫一样，她一摸我就老实了，不是脸有多好看。周太后傻眼了，合着这孩子从小缺爱，真找了一个“娘”，没办法，由他去吧。

贰

朱见深对万贵妃的宠爱，基本上到了没边的地步。比较典型的例子，就是和皇后的冲突。

早在朱祁镇去世的时候，就留下遗诏，希望能看到儿子成婚。于是刚登基，朱见深就册封了皇后吴氏。他本人肯定想着册封万贵妃，但没办法，当时三个皇后的人选都是朱祁镇定下来的，万贵妃这种人肯定入不了朱祁镇的法眼。

结果刚结婚，吴皇后就开始看万贵妃这个老阿姨不顺眼了，非常不满她天天围着皇帝转悠，毕竟新婚燕尔。所以，吴皇后没忍住，行使了自己的合法权利，让太监们拿着棍子把万贵妃教训了一顿。

这下朱见深忍不了了，动我可以，动我爱妃不行，当即下了诏书，说吴皇后**“举动轻佻，礼度率略，德不称位……请命太后，废吴氏别宫。”**大致意思就是，这个皇后品德不太好，朕要换一个，“三包”服务还是得有的吧。

于是，大婚之后没俩月，就把吴皇后从坤宁宫踢到了西苑的冷宫里，连紫禁城都不让住了。打这以后，万贵妃在后宫里的地位可想而知。

万贵妃受宠的另一个方面，从她家人所受到的封赏就可以看出来。

他的父亲万贵，在万氏被封为贵妃的当年，就被赐封为“正五品锦衣卫千户”。

从宣德时期开始，锦衣卫开始慢慢地变成一个很复杂的东西了。皇上要是想赏一个人，但又不想让他实际负责什么事，就拿着锦衣卫的官衔去赏赐。当然锦衣卫是军职，赏赐文臣一般不走这个路子，都是挂“尚宝司”，两者性质都差不多。相当于皇上看你顺眼，允许你家有一个人吃空饷。

按理说，吃空饷也得有个限度，但对于万贵妃来说，宠爱是没有限度的。他的父亲靠着女儿，一路青云直上，到成化七年（1471年），就做到了正三品的锦衣卫指挥使。

而明朝军职最特别的地方，在于很多军官都是世袭制。比如，后世的戚继光就是世袭登州卫指挥佥事，正四品。但是，戚继光的官职跟万贵妃他爹这个没法比，因为登州地方比较偏，在海边上。而明朝有海禁政策，所以平时没什么事，可能兵部都想不起来戚继光这号人。

等到成化十一年（1475年）万贵去世，锦衣卫指挥使这个官职直接父传子，给了万贵妃的弟弟万喜。接着万喜干了大概十年，干到了五军都督府的都督同知，级别是从一品，比尚书的工资都多。

这还不算完，万贵妃的另一个弟弟万达，比哥哥升官都快，只十年时间就把老爹和哥哥二十年的路走完了，也和万喜差不多同时间做到了从一品的都督同知。

从这也看得出来，朱见深对自己老丈人一家那是相当优厚。

如果按照这个趋势下去，万贵妃在后宫中应该很快就能爬到皇后的地位，毕竟诞下了皇长子，而且又“三千宠爱在一身”。

但只可惜，好景不长，在成化二年，皇长子就一命呜呼，夭折了。这孩子可能都没留下名字，因为没有满周岁。而那时候万贵妃都快四十岁了，属于高龄产妇，从这以后再也没能怀上孩子，这也成为万贵妃的心中之痛。

尽管没有了皇子，但万贵妃的宠爱却依然稳固。

只不过朱见深没有想到，在后宫这个复杂的环境里，万贵妃永远不是一个人在战斗，在昭德宫的内外，形成了一个庞大的利益群体。诸葛亮说**“宫中府中，俱为一体”**，后宫里的一家独大，很容易影响到朝局。

那时候，朱见深对万贵妃的称呼，不是“爱妃”，而是“万侍长”。什么是“侍长”呢？侍长是金元时代奴仆对主人的称呼，比如《西厢记》里面，女仆红娘对小姐崔莺莺的称呼就是侍长。

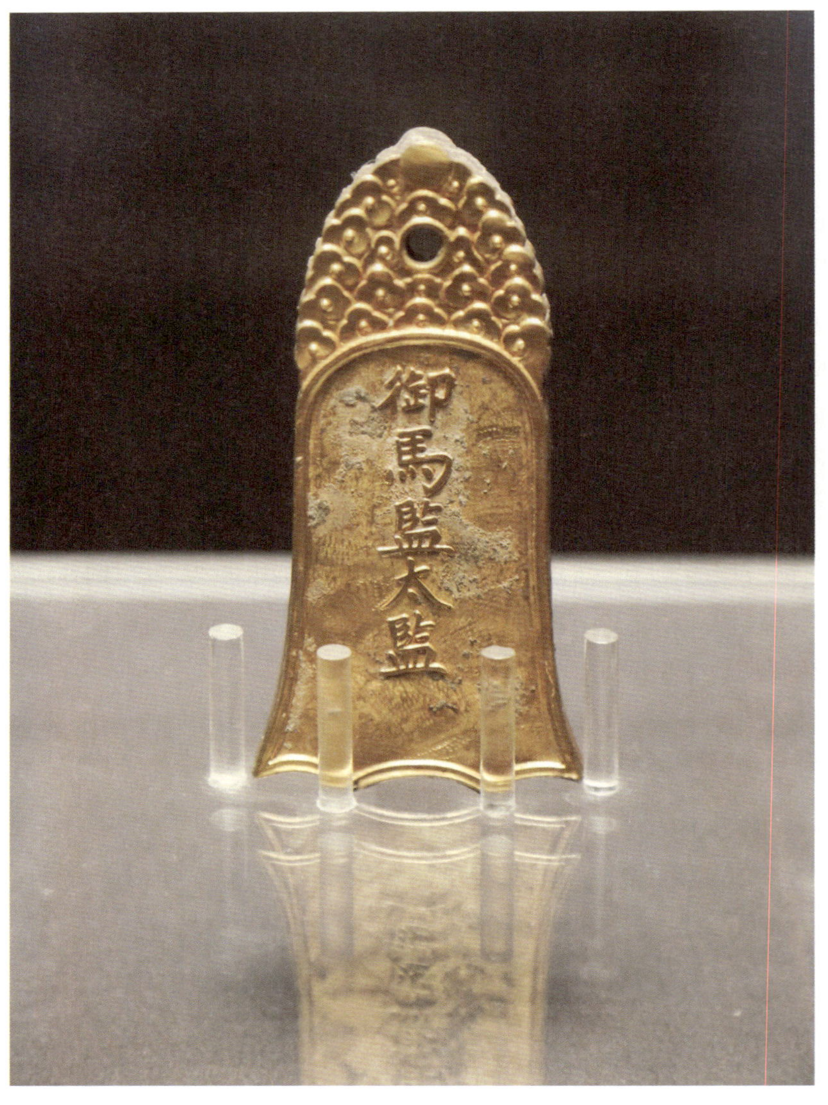

明代银鎏金御马监太监腰牌　北京市海淀区博物馆藏。

换句话说，私下里相处，万贵妃坐着，朱见深只能站着，后者还得早请示、晚汇报。而皇上都得叫“侍长”的万贵妃，放到后宫里说话比太后都好使，因此很自然就有一群太监围着这位祖宗转悠。这里面最典型的，就是太监汪直和梁芳。

这里汪直的身份很值得注意，因为他不是司礼监的大太监，而是御马监的大太监。

御马监在京师保卫战的时候开始崛起，毕竟手里有枪杆子。但是，当时的御马监老大刘永诚已经太老了，何况之后都是太平盛世，枪杆子无用武之地。结果，到了汪直这里，背靠大树好乘凉，开始崛起了。

汪直的出身跟之前说过的阮安有点像，都是从小被俘虏，然后进入宫里当太监。而他的运气非常好，被分配到了昭德宫，去伺候万贵妃。这下就给了他发家的资本，没干几年就升了官，成为御马监的大太监。

当时司礼监的大太监是怀恩，《明史》里评价他**“性忠鲠无所挠，诸阉咸敬惮之”**。这个评价很高，一是敢言，二是能镇住场子。但是，这些都没用，作为一个太监，在皇宫里你得知道主子是谁。怀恩只知道伺候朱见深，而汪直却明白万贵妃才是真正的大腿。一来二去，汪直就成为说一不二的权监。

万贵妃用这些人不是没有理由的，毕竟掌控了太监就等于掌控了大半个紫禁城。当然，这个也属于朱见深默认的范畴。朱见深自己也想扶持一批内官，去限制内阁的文臣势力，而且另一方面，他得指望这些人发财。

于是乎，在朱见深的默许下，后宫和太监们捆绑到了一起，成为一股庞大的势力。而且，后宫里还招揽了一批装神弄鬼的妖人，在皇宫里跳大神，这些人成为太监们的代言人，搞得整个朝廷乌烟瘴气。

当然这个“乱象”只停留在上层建筑，还没有祸害到民间，所以整体上成化朝还是呈现出欣欣向荣的景象。但是，这确实为之后的很多事情开了一个不好的头，导致之后的很多乱政都能在成化朝找到蓝本。

太子生在安乐堂

成化时期，在朱见深的协调下，以商辂为首的内阁文臣势力与以万贵妃为首的宫廷势力，在紫禁城内外形成了一个极其微妙的政治平衡。尽管西厂在文臣的坚持要求下被裁撤，但另一场涉及“国本”的大战才刚刚拉开帷幕。

壹

这里我们有一个误区，那就是万贵妃似乎天生就应该和外臣合不来，其实不是。俗话说，屁股决定脑袋，在对待朝廷重臣的态度上，坐在昭德宫里的万贵妃和坐在御马监里的汪直，有着本质的区别。

最早的时候，其实万贵妃是想和商辂和平相处的。当时，万贵妃的老爹万贵刚去世没多久。万贵妃给老爹画了幅画像，本质上就跟现在的遗照差不多，想让商辂帮着给题个字。

商辂先不说治国什么水平，做学问那是绝对的大人物，等同于文曲星下凡，让这种人物给题字，那是相当有面子的一件事。而且，万贵妃也很会做人，给了商辂一笔很丰厚的润笔费。

结果，没承想商大学士还真就两袖清风，十指不沾黄白物，干净利落地拒绝了万贵妃的要求。并且无论万贵妃怎么要求，商辂都明确地表示：**“非上命，不敢承也。”**皇上不放话，我绝对不写。这件事搞得万贵妃灰头土脸的，成为商辂保持气节的一个例证。

其实，在这件事上，商辂作为内阁大学士，看得远比万贵妃要清楚，这是一个政治平衡问题，跟多少钱没关系。他作为首辅，是给皇帝拟旨的，这要是真给万贵妃他爹题字，就有内外勾结架空朱见深的嫌疑，两边肯定得废一个。商辂不用想都知道，在朱见深心里，他和“万侍长”没法比，所以绝对不去碰这根红线。

这也让万贵妃咬牙切齿，但没办法。到了商辂这个地位，想动他必须经过朱见深，西厂都不好使，因此万贵妃只能作罢，

但是，商辂不上套，不代表没有其他臣子愿意跟着万贵妃混了。

当时有一个官员，叫万安，正统十三年（1448年）的进士，比商辂小一届，非常寡廉鲜耻，仗着自己姓万，非得跟万家攀亲戚，自称是万贵妃的侄子。

万贵妃人都傻了，这又不是打麻将，怎么好端端地出来这么多姓“万”的来。不过，当时万贵妃正愁朝中无人，就认下了这个“大侄子”。

之前的万安最多混到吏部左侍郎，没想到这一门亲戚认下来，直接混到了内阁大学士，可以想象这股枕边风吹得有多厉害。当然，我们也不难想象，这种靠裙带关系上位的阁老，办事能力大致是一个什么水平。

《明史》里记载了这么一个故事：在成化七年（1471年）的时候，正好有个彗星划过天空。这种事放在以前属于“异象”，于是朱见深就把几个大学士叫过来，商量商量怎么办。

其实，这种事在明朝都已经程序化了，也不是什么大事。之前有人说要减百官的工资，大学士彭时就说，不行咱就不减了吧，相当于拿彗星作为一个扯皮的理由。那时候属于中兴之年，国家比较富，大臣们的工资也没几个钱，朱见深也没什么意见，于是就点了头。

按理说，目的达到了，大学士就该老老实实地告退了。结果，没想到作为新人的万安，一下子给朱见深跪下了，高呼一声“万岁”。

商辂和彭时俩人傻掉了，明朝到了内阁这个级别，没什么事一般是不跪的，混得好了说不定还能给个凳子坐着说话。没想到万安这厮为了拍马屁，居然真能跪下来，而且还不要脸地喊“万岁”。

这下商辂他俩没辙了，都是大学士，人家跪下你不跪，这属于“大不敬”，所以俩人硬着头皮跪下来磕了个头出去了。当然“万岁”是肯定喊不出口，不然就是一世英名毁于一旦了。

纸里包不住火。这件事传出去之后，文武百官给万安起了一个外号，叫作“万

岁宰相”，嘲讽他该说话的时候一句话没有，跪下来喊“万岁”倒是比谁都快。

但无论万安多么不要脸，只要他还是文官立场，有一件事，他就必须站在万贵妃的对立面。这也是成化年间文臣和万贵妃最主要的矛盾，那就是“国本”的问题。

贰

朱见深在严格意义上讲不能算少年天子，因为过去帝王之家很多十六岁就行冠礼了。因此，朱见深登基的时候，完全没有所谓的“内阁辅政”阶段，他是被作为一个成年男子来看待的。

而对于一个成年男子来说，最重要的，莫过于子嗣问题。而天子无家事，明朝皇帝自打朱高炽以后，就没几个安安稳稳活到老的。因此太子问题，也就是“国本”问题非常被朝堂重视，毕竟稳定压倒一切。

朱见深本人理论上也是深受“国本”之苦，在太子位子上被自己的老爹和叔叔来回折腾了很多年，所以早立太子，才能稳定朝政。

结果，没承想皇长子，也就是万贵妃的头胎，刚出生没几天就夭折了。说来也邪门，打这以后好几年，后宫中都没有再诞下子嗣。文武百官为了这件事非常上火，天天上疏劝皇上**“溥恩泽以广继嗣”**，意思就是劝皇上没什么事多生孩子，给咱大明留后。

朱见深心说皇上不急太监急，我才二十来岁你们急什么，就不耐烦地来了一句：**“内事也，朕自主之。”**生孩子是我自己的事，你们少在这里咸吃萝卜淡操心。

好不容易，侧妃柏氏于成化五年（1469年）诞下了一个皇子，取名朱祐极。按理说，这是皇次子，在夭折的那个不算的情况下，这是当时真正意义上的皇长子。但是，朱见深却显得兴趣缺缺，打算冷处理。

《万历野获编》中给的一个说法是**“大臣请告之天下，上不许，盖虑伤万妃之心也”**。意思就是，当时大臣们都高兴坏了，想大操大办，昭告天下，但被朱见深拒绝了。因为当时万贵妃刚丧子没几年，朱见深考虑得很细，怕伤了万贵妃的心。

到了成化七年（1471年），朱见深觉得要是再不立太子，文武百官估计直接炸裂了，于是就在这一年册立朱祐极为皇太子，表示“国本”已定。

结果，没想到乐极生悲，文武百官还没嘚瑟几天，到了第二年，也就是成化八年（1472年），年仅三岁的皇太子朱祐极却因病去世，谥号为悼恭太子。

关于朱祐极的去世，历史上一直有争议，很多人都认为是万贵妃下的手，说这老阿姨心理变态，看不得别人生儿子，就下了黑手。但是，从实际操作性来说，可能性确实非常小，毕竟就算真下手，也不可能等到三岁。

不过，《明史》中说万贵妃“掖廷御幸有身，饮药伤坠者无数”，整天拿着药给其他妃子堕胎，是完全有可能的。毕竟朱祐极出生前后，确实没几个妃子生育，这里面绝对很有问题。

但谋杀皇太子和给妃子下药不是一个级别的行为，因此万贵妃不应该为这事背锅，因为她背不起。

不过无论如何，朱祐极的去世，给了大明朝很大的打击，连朱见深自己都怀疑自己是不是有问题，不然连着俩儿子都这样。而且，那时候朱见深也二十四岁了，放到古代也不能算很年轻了，子嗣的事情搞得他压力很大。

然而，就在朱祐极去世后的几年里，宫里面慢慢地流传起了一个消息。那就是朱见深其实有一个儿子，一直藏在西苑的冷宫里，这个儿子已经六岁了，他的母亲姓纪。

叁

皇上有子，还已经六岁了（等于过了最容易夭折的阶段），而且还是住在冷宫里。这么狗血的消息迅速地在沉闷的紫禁城里走红，并且被无数的人讨论，自然也瞒不过紫禁城的主人朱见深。

《明史》给的说法是成化十一年（1475年）的时候，当时有个太监叫作张敏，给朱见深梳头。那时候，朱见深照着镜子，可能发现自己脱发比较厉害，就感慨说**“老将至而无子”**，我一把年纪了，居然还没有儿子。结果，张敏一听这话，立马跪在那里，说您其实有一个儿子。

朱见深一听人都傻了，没反应过来就喜当爹了，连忙问到底怎么回事。

原来之前在成化五年（1469年）的某一天，当时朱见深闲着没事，就去内务府找书画看。正好当时管理内藏的女官里有一个女子姓纪，是之前朝廷平定广西俘虏进来的土司之女，识文断字。

朱见深有点像爷爷朱瞻基，是一个很有艺术细胞的皇帝，不然也不会跑到仓库里看书画。当时正好左右无事，就和这位女官聊起了艺术，聊着聊着没把持住，就聊成了“一夜情”。当时，皇帝都是要有起居注的，也就是会有人记录被临幸的女子。

后来，万贵妃一查起居注，气坏了，心说狐狸精真是防不胜防，就派人送药让纪姓宫女堕胎。但宫女当时同情心发作了，就谎称纪氏是肚子疼，不是真的怀孕。所以，万贵妃仅仅把她打发到了冷宫，也就是西苑的安乐堂里。在这里，纪氏生下了一个男孩，也就是后来的明孝宗朱祐樘，当然那时候还没有名字。

一个宫女生了孩子，这种事在紫禁城范围内，能瞒住的可能性基本为零。何况这个孩子还有可能是皇家血脉，所以万贵妃人不在西苑，但也有所耳闻，就派了张敏去把这孩子掐死。结果，张敏见了孩子的第一反应是：**“上未有子，奈何弃之。”**他不想害这个孩子，就把万贵妃骗了过去，偷着帮纪氏养这个孩子。当然，这里张敏除了忠心之外，也有点长线投资的意思。

当然，养孩子是一个技术活，特别是纪氏当时的身份还是宫女，完全不存在私人空间。哪怕是张敏帮忙，这个孩子也很难养活。

这里不得不说，历史有的时候真的是比小说都精彩。关键时刻，西苑里的另一尊“大神”出手了，就是之前得罪了万贵妃的那位吴皇后。理论上，吴皇后都不是皇后了，在紫禁城里没什么话语权，但放到冷宫里，那就是天神级别的存在。

吴皇后得知这件事之后，立即决定出手保护这个孩子。一方面，出于对万贵妃的报复心理，在冷宫这么多年，吴皇后明白在女性角度来说她已经一败涂地了，只有孩子能够撼动万贵妃的地位。

另一方面，也是为自己之后的生活考虑，就是跟张敏一样，希望押一手潜力股。而事实上，这个孩子之后也确实以对待母亲的态度照顾吴皇后，让后者得以安享晚年。

于是乎，在吴皇后和张敏的双重照料下，这个孩子一直隐秘而健康地在安乐堂里成长着，虽然体质不是很好，但是熬过了新生儿最危险的头几年，安安稳稳地长到了六岁。

这一段史料记载于《明史·后妃列传》里，按理说应该是没有问题的，但张敏的这句话问题比较大，涉及一个技术性问题。

因为朱祐极的出生时间是比较确定，根据《明宪宗实录》记载，朱祐极生于成化五年（1469年）的四月底。

这个日期是绝对没有问题的，因为出生当天，礼部就有人上折子鼓捣着立皇子，奏折的内容都可以查到。而根据《明史》，朱祐樘则生在成化六年（1470年）的七月，到成化十一年刚好是虚岁六岁，所以张敏无论如何也不能说出**“上未有子”**之类的话，这段历史相对有点站不住脚。

真实的情况可能是，朱见深在皇太子朱祐极去世后的几年里，有意和无意地得知自己有这样一个儿子生活在西苑里，当然也可能暗中地给予了一些照顾。

只是这个孩子的母亲纪氏实在是拿不出手，而且有点私生子性质，再加上出于对万贵妃心理的保护，这件事一直在秘密中进行，不为人知。很可能，当时朱见深还是希望自己册封的妃子，包括万贵妃能够给他带来一个名正言顺的皇子，安乐堂的这个孩子只是作为备胎来定位。

但到了成化十一年（1475年），朝臣们给的压力实在是太大了，那时候朱见深已经快三十岁了。为了“国本”，商辂这群文臣们都快把棺材抬到太和殿劝谏了。

忍无可忍的朱见深决定让这个孩子站出来，告诉这些文臣们，你们有太子，而且都能打酱油了。

肆

当然，皇帝也是要面子的，这事不能直接说。但是，消息在朱见深的示意下，很快就传到了外朝。内阁大学士们一听，眼都很红了，合着我们终于有太子爷了，就想让皇上赶紧册封。

问题是这事没法递折子，总不能说，皇上我听说您有一个私生子，别藏着了，叫出来吧，这绝对不行。关键时刻，大明朝神奇的政治体制起了作用。

那个时候，太监和内阁的关系还是相当好的。汪直这种货色在太监里属于少数派，正常维持政务的还是怀恩手下的司礼监加内阁大学士，所以内阁里的人和太监们的关系都相当不错，就把这件事通过太监，报告给了朱见深。

朱见深表示我好像听说是有这么一个儿子，容我打听一下。到了这一步，大家都心照不宣了。

紧接着，就是让孩子认祖归宗的问题，得演一出父慈子孝的戏。

朱见深让手下的太监安排好，轻车简从，来到西苑看自己的孩子。这个之前的太监肯定打点过了，纪氏熬了数年，终于有了重见天日的一天。她就告诉小皇子，如果有一个穿着黄衣服的男人来看你，别犹豫，马上叫爹。

西苑是一个独立的宫殿体系，朱见深肯定不能直接去安乐堂。第一那是冷宫，不吉利；第二不可能父亲去见儿子，得是后者过来拜见。于是，一群太监就给这孩子穿上红袍，用小轿子抬着，来见朱见深。

一见面，朱见深把孩子抱在自己的膝盖上，悲喜交加地哭了出来，说**“我子**

也，类我”，说这绝对是我儿子，太像了。

当时孩子都六岁了，从来没理过发，也就是保留着“胎毛”，因为没有举行过满月或者周岁之类的仪式。虽然朱见深之前可能知道有这个儿子，但见面确实是头一回，所以这里朱见深哭出来，应该是真情流露。

万贵妃知道这件事之后，立马心态炸了，现在《明史》里说她愤怒地说张敏等太监**“群小给我”**，就是骂这群太监不是东西，糊弄老娘。

不过，这里比较存疑，万贵妃即使真的不爽，理论上应该也不可能说得这么直白。当时的内阁大学士、兵部尚书尹直写了一本回忆录，叫《謇斋琐缀录》，可信度比较高。因为他是当事人之一，通过太监给皇上报告皇子这件事的，就是这位兵部尚书。当然，之前这位老大人还编了另外一本更有名的书，叫作《明英宗实录》，算是明朝数得着的文史学家。

根据尹直《謇斋琐缀录》里的记载，万贵妃没有表现丝毫不满，而是**“具服进贺，厚赐纪氏母子，择吉日请入宫”**，面子功夫起码做得很好，姐姐妹妹的叫得很亲热。

但光面子工程没用，臣子们需要的是尽快定下皇太子的名分。而这里首先要面临的，就是孩子的名字问题。

过去对于皇家的族谱有一个单独的称呼，叫作“玉牒”，由宗人府负责修订。这个东西既不是玉做的，也不是牒形，而是一套档案，皇子只有进入档案，才能算是朱家的人，进而获得继承皇位的资格。

不过，这里出了一点小问题，那就是纪贵妃本人并没有经过册封。过去册封贵妃，群臣是要给皇上上贺表的，因此对于后宫里有哪几位贵妃，大学士都门儿清。

朱见深感到有点不好意思，总得找个理由，才能把这件事引出来，不然作为皇上突然拉来一个六岁的孩子，很容易背上“不守礼制”的锅。

结果，恰巧在这个时候，也就是成化十一年的四月，在一天晚上，紫禁城的乾清门突然起火，成为这件事的转机。

伍

乾清门火灾这种事，理论上跟地震差不多，都属于天灾人祸，谁都躲不过。古代修宫殿主要用木头，照明主要用火，烧起来太正常了。但真要是烧起来，那就很麻烦，因为这说明老天爷示警，臣子得上疏督促皇上有无失德的行为。

简而言之，大臣表示我知道这事不是皇上你干的，但你能出来道个歉吗？

那当时朱见深有什么“失德”的行为呢？俗话说“不孝有三，无后为大”，你朱见深都快三十岁了，太子还没个动静，那不就是最大的“失德”吗？

于是，到了下个月，也就是五月，朱见深给内阁发了条子，告诉他们自己有一个孩子，让他们拟名字。明朝皇室起名字顶多有半个字的自主权，朱见深是“水”，那么下一代就得是“木”，然后第二个字来说是“祐”字辈。

好在第一代朱家人就是朱棣那一辈，用的字不多，起名还比较容易。当时，内阁拟了“福、楷、桊、椝”四个字，都带“木”（“福”字古字也算“木”字旁），结果都被朱见深打回来了，很不满意。看来当爹的还是很在意自家孩子的名字的，心说这些大学士起的都是什么东西。

最后，还是当爹的亲自操刀，给孩子起名叫“朱祐樘”，并于五月十九日在文华殿召集群臣，宣布了这件事，并把“朱祐樘”这个名字加入玉牒之中。群臣们那叫一个热泪盈眶呀，盼了这么多年，大明终于有继承人了。

再往后，就顺理成章了，臣子们开始准备上疏，让皇上册封太子。

但这里必须得面对的一个问题，就是万贵妃的态度。万贵妃之前看上去比较老实，而谁都明白她在朱见深心中的地位。如果万贵妃折腾一下，皇太子的册封拖上几年都是有可能的。

而且，万贵妃也不是吃素的，在皇子定名之前，就放话说纪妃身体不好，要把朱祐樘接到自己身边抚养。等于攥住了朝臣们的命根子，“挟太子以令诸侯”。

人在屋檐下，不得不低头，关键时刻商辂他们也服软了。商辂带着礼部和吏部的人开了个会，然后大家一起递了一个折子，名字很响亮，叫作《国本疏》。

直接把皇太子放养给万贵妃那是绝对不可能的。文臣们也不傻，那等于让一只饿了三天的藏獒去照看一只北京烤鸭，说不准哪天朱祐樘就“意外夭折”了。

所以，商辂在奏折后面表示，外面都在传，皇子的亲娘和他不在一起住，这不符合人之常情，希望皇上能让孩子娘住得离皇子近一点。

朱见深没什么意见，毕竟合情合理，就让纪妃从安乐堂搬了出来，搬到了西六宫之一的永寿宫，并且给予了贵妃的待遇。

这个地方就很有说法了。永寿宫离后来的养心殿非常近，属于很靠中心的位置，和东边的景仁宫名字是相对的，取自于《论语》里的“仁者寿”，差不多是后宫中地位比较高的一个宫殿。

故宫永寿宫

当然，从这里也能推断出万贵妃所居住的昭德宫，距离乾清宫应该也不会太远。因为商辂的奏折里讲的是“就近居住”，大概率是紧挨着永寿宫，很可能是后来翊坤宫或者储秀宫的位置。

一切似乎都在按照商辂等人的安排，有条不紊地往前走着。只不过商学士作为首辅，能够称量天下，却看不透紫禁城的深浅。没过几天，也就是成化十一年（1475年）的六月，刚住进永寿宫不久的纪妃，离奇暴毙。

纪妃的一生，堪称悲剧。这个广西女子从小就面临着家破人亡的兵祸，千里迢迢地被抓到北京，生子前后又是备受折磨，最终也因为这个孩子丢掉了性命。对于她本人而言，可能也是她人生最幸福的一刻，就是和“渣男”朱见深的一夕之欢。只可惜，紫禁城里有时并不适合恋爱。

陆

纪妃一死，大臣们的汗都流下来了。虽然没有任何证据表明纪妃是被人害死的，但是大家都不傻，纪贵妃五月住进来，六月人就没了，后宫是你万贵妃的地盘，你说没问题谁信呀。《明史·后妃列传》里给的说法就是“或曰贵妃致之死，或曰自缢也”。有人说万贵妃出的手，有人说是纪贵妃自杀，反正都是非正常死亡。

这个说法在当时的臣子里面就很有市场，《謇斋琐缀录》就说：**“一时城中传言病卒之故，纷纭不一，盖不能无疑。”**但是，这事臣子们确实没法说话，之前《国本疏》都快把万贵妃夸成观音菩萨了，现在总不能跟皇上说，您这妃子不靠谱，不行给他换个后娘。

这么一来就左右为难了，皇上能答应给名字就不错了，总不能真插手帝王的家事吧。“莫须有”的罪名在中国历史上出现过很多次，但真要拿这种事去恶心万贵妃，那大概率会被朱见深千刀万剐。

就在这个时候，仁寿宫里的周太后忍不住了，老朱家就这一棵苗了，真要折在万贵妃手里，她都没有脸去见列祖列宗。

所以，周太后打着疼孙子的名义，很霸气地跟朱见深说**“以儿付我”**，光明正大地把朱祐樘接到了仁寿宫，亲自抚养，等于朱祐樘从小是跟奶奶长起来的。反正周太后和万贵妃年纪差不多，真要站一块儿还指不定谁更像隔代亲呢。

从此之后，周太后就像防贼一样地防着万贵妃对孙子下手。有一次，万贵妃叫朱祐樘去吃饭。这种事朱祐樘本人没法推辞，否则会被人说“目无尊长”，只能去。临走之前，周老太太特别叮嘱孙子“无食也”，没事别吃你后娘给的东西。

朱祐樘去了万贵妃那里，菜一端上来，就说自己吃饱了；那不吃菜，喝口汤总行吧，不喝，说里面有毒。万贵妃一肚子气，等朱祐樘出去以后说，这小子现在就跟我搞这个，以后还不得拿我当鱼肉一样收拾（**是儿数岁即如是，他日鱼肉我矣**）。

其实，万贵妃有点杞人忧天了，您比皇上大了快二十岁呢，被“鱼肉”的可能性非常之低。虽然这个史料是正史，但也不是很符合逻辑，朱祐樘就是再不懂事，从小在安乐堂那种环境下成长，又经历了母亲去世，不太可能说出这种话来。

真正有危机感的，是万贵妃身边的那些太监们，一朝天子一朝臣，真要是改朝换代，这些平时给万贵妃办事的人大概率会被清算，必须得早做准备。

成化十一年（1475年）十一月，朱见深以英国公张懋和大学士商辂为正副使者，赴文华殿行册封礼，昭告天下。到这一步，朱祐樘的太子之位才算稳了下来。

父子艺术家

朱祐樘的身世命运，恰如成化后期的政局，跌宕中有序发展。而回顾历史，我们不难发现，看似迥异的父子俩，有着颇多相似之处。而对于朱祐樘本人而言，能否对成化年间的乱政拨乱反正，将中兴之年的势头保持下去，将成为这个少年从小就要背负的历史任务。

壹

历史上的朱见深，形象并不怎么好。他晚年重用宦官，任凭后宫干政，崇信道士和妖术，基本上把历史上皇上能干的混蛋事干了个七七八八。

但是，通过之前所说的内容，我们也许可以慢慢地搭建出一个不同于史书的朱见深：有点敏感，但很有底线，对文臣采取了用人不疑的态度；很有浪漫主义色彩，但也不乏帝王家的狠辣无情；他对母亲极孝顺，对万贵妃也是钟情一生，无论是做人还是为君，朱见深可以被挑刺的地方并不多。

而即使抛开政治和家庭，紫禁城里的朱见深也是一个很有艺术细胞的人。这应该是老朱家一贯的基因，即使是乞丐出身的明太祖朱元璋，也能写出“夜间不敢长伸脚，恐踏山河社稷穿”这样的诗句。

从朱瞻基开始，加上朱祁镇和朱见深祖孙三代，基本上都接受了稳定的传统宫廷教育，琴棋书画不说无一不通，起码也是略知一二。朱见深的性格跟自己的爷爷就很像，对书画一类的东西非常感兴趣，而且很舍得为艺术花钱。

当时，朱见深手底下有一批人，叫“传奉官”，就是不经过吏部，直接由宫里提拔的官员。这里主要是一些工匠和文人，当然之前说的装神弄鬼的道士、和尚们也在里面，队伍非常庞大，成化末年到了四千多人，比京城六部衙门里的官员都多。而“传奉官”里有至少数百人，是专门负责书画的，很得朱见深的宠信。

基本上来说，明朝的画院艺术到了朱见深时代，就达到顶峰了。而且，朱见深本人的书画造诣也相当厉害。现在故宫博物院里藏有一幅《岁朝佳兆图》，是很难得的佳作，就是朱见深亲手绘制的，上面还有御笔题词，堪称书画双绝。

当然，不只是书画，宫廷日用的瓷器也是如此。之前，我们特别讲过宣德的青花瓷，堪称中国陶瓷史的一个巅峰，而朱见深自然不能让爷爷专美于前，得玩出自己的特色来。

之前，宣德时期发展得很完善的瓷器艺术，到了正统、景泰、天顺三朝的时候，瓷器就不大行了。毕竟这个取决于皇家给的经费，那时候承天门都懒得修，更别说砸钱给景德镇了，因此当时烧出来的瓷器格外粗糙。

考古学界对这个时期的官窑瓷器有个单独的名字，叫“空白期”。就是说，这个时期烧出来的官窑瓷器，很多都没有底款，可见有多么粗糙。

但是，到了成化时期，托朱见深的福，景德镇御窑厂的腰包又重新鼓起来了，不仅全面恢复了宣德时期的水准，而且还推陈出新，将以前冷门的“斗彩”瓷器发扬光大。

“斗彩”的“斗”，现在很多人都解释为争奇斗艳的意思。其实，这是景德镇人方言里的话，当地人管“斗”叫作diu（四声），就是添加的意思。所以，“斗彩”就是添加彩色的意思。等于“斗彩”不是一个形容词，而是一个技术词汇，意思是瓷器上釉烧成之后，再加上彩绘低温烧制，得进两回炉。

这种瓷器的造价要比纯粹的青花瓷高得多。《明宪宗实录》里讲“江西浮梁县景德镇，有内官监造瓷器，其买办供给夫役之费，岁用银数千余两……计其所费已敌银器之价”，可见这种瓷器相当地烧钱。《明史·食货志》里面也讲“成化间，遣中官之浮梁景德镇，烧造御用瓷器，最多且久，费不赀”，不难想象成化朝烧造瓷器的规模。

成化最出名的“斗彩”瓷器，莫过于“斗彩鸡缸杯”。这种杯子是酒杯，跟宣德炉一样，在明代就被追捧。《万历野获编》里称鸡缸杯“每对至博银百金”，比好多官员一年的俸禄都多。现存的鸡缸杯数量不到二十个，近几年在拍卖中拍出了

成化『斗彩』鸡缸杯 故宫博物院藏。

2.8亿元的天价，轰动一时。

鸡缸杯上面绘有雄鸡打鸣、雌鸡和小鸡啄食，这个纹饰的来源，据说是朱见深看到宋朝人画的《子母鸡图》得来的灵感。从这也能看出来，朱见深这孩子从小缺爱，很向往家庭生活。

贰

艺术虽然高于生活，但有的时候还是得来源于生活。对于皇帝来说，政治生活才是最高的艺术。只不过当朱见深把自己的艺术细胞放到朝堂上的时候，可能就没法那么随意挥毫了。

现在故宫博物院里藏有一幅《一团和气图》，为朱见深在登基之初的成化元年（1465年）所作。画的里面很有深意。

这幅画画的是著名的“虎溪三笑”的故事。相传当年晋朝僧人慧远有个规矩，送客绝不越过门口的溪水。结果，有一天儒士陶渊明和道士陆静修联袂来访，仨人聊嗨了，不知不觉地就走过了溪水，直到丛林里传来了一声虎啸，他们三个才反应过来。故事说明了“三教合一”的精髓。

御製一團和氣圖贊

朕聞晋陶淵明乃儒門之秀，陸脩靜亦隱居學道之良，而惠遠法師則釋氏之翹楚者也。法師居廬山，送客不過虎溪。一日陶陸二人訪之，與語道合，不覺送過虎溪，因相與大笑。世傳為三笑圖，此豈非一團和氣所自邪？試揮綵筆，題識其上。

嗟世人之有生，並戴天而履地。既均稟以同賦，何彼殊而此異。惟鑿智以自私，外形骸而相忌。雖近在於一門，乃違同於四裔。偉哉達人，遐觀高視。談笑有儀，俯仰不愧。合三人以為一，達一心之無二。忘彼此之是非，藹一團之和氣。噫！和以召和，明良其類。以此同事，事必成；以此建功，功必備。豈無斯人，輔予盛治？披圖以觀，有槩予志。聊援筆以寫懷，庶以警俗而勵世。

成化元年六月初一日

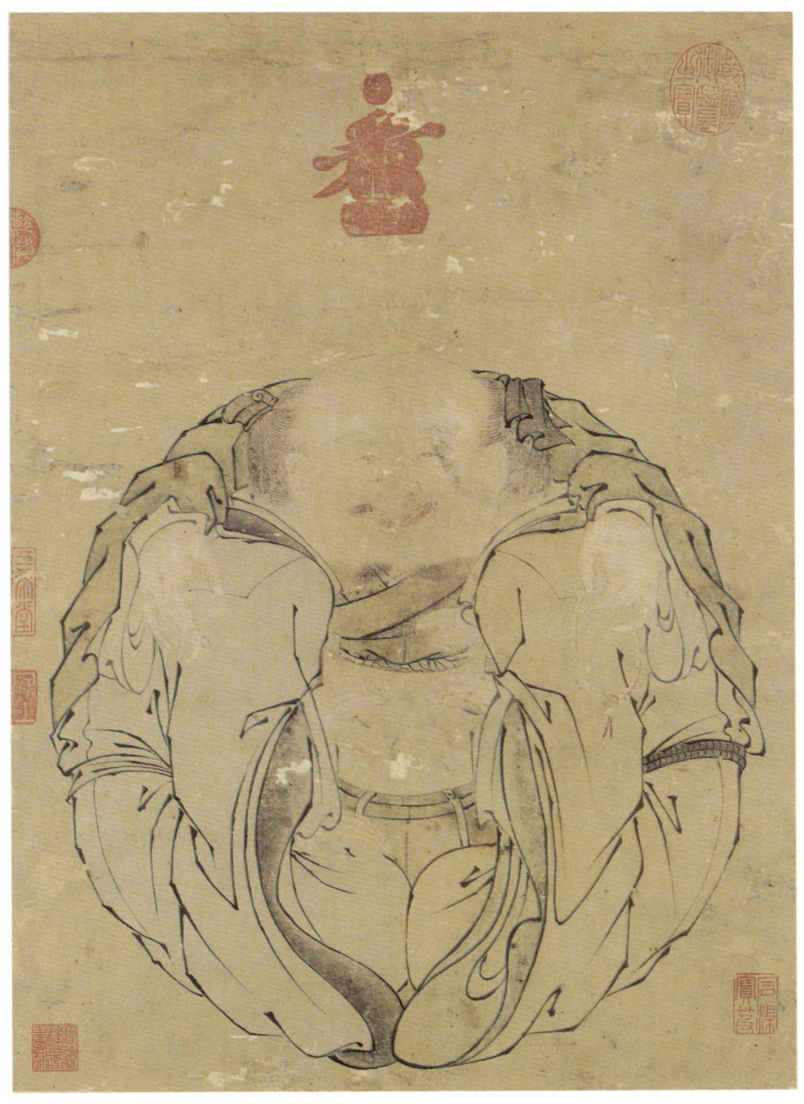

《一团和气图》 朱见深绘，故宫博物院藏。

在这幅画上，朱见深还亲自题了字，上面写着：**“合三人以为一，达一心之无二。忘彼此之是非，蔼一团之和气。”**这话的意思已经很明显了，就是希望朝臣们包括内廷尽可能地做到和衷共济，尽可能“一团和气”地把事情做好。

实际上，这可能是朱见深一辈子希望追求的东西，也就是政治上的平衡。他希望能够通过这样近乎艺术的政治平衡，把握住底线，从而能达到垂拱而天下治，而自己又能有钱有闲的逍遥快活。

不得不说，这样的理想也是来自他的爷爷朱瞻基，只不过，成化时期与宣德时期又不一样。宣德时期的“三杨”，对于朱高炽和朱瞻基父子两人的定位，很难用纯粹的“食君之禄”来界定，更像是“家臣”，或者是亦师亦友。况且“三杨”本人都是开国初期的老臣，允文允武，直接可以经过六部，把事情安排得明明白白。

因此在朝政上，朱瞻基完全可以采用“承包制”，反正“三杨”的年纪也在那里，不存在把持权柄的问题。所以，我们看朱瞻基这皇帝当得很清闲，玩着蟋蟀就把“仁宣之治”给办妥了。

但是，到了朱见深这里，就没这种待遇了。因为“土木之变”之后，文臣体系的传承就断了。因此从天顺年间开始，以后的文臣开始以科举排名作为晋升内阁的主要标准。

当然，“商三元”这种大明朝第一人就不用说了，再除去万安这种万贵妃“大侄子”之外，以天顺时期和成化早期的内阁大学士为例，我们可以稍微列举一下。

彭时，之前陪着万安跪下的那位，正统十三年状元，和商辂一批进内阁，真要算起来，升迁的速度比商大学士更快。

岳正，正统十三年（1448年）会试第一，是彭时的同年考生，殿试也是差了点，探花郎，也是“一等甲”。

刘定之，正统元年（1436年）的会试第一，不幸也是探花郎，成化二年（1466年）入文渊阁。

从这也不难看出来，科举考得越好，越容易简在帝心，提拔得也就越快。

这里我们还可以举出一个反例，那就是之前写《謇斋琐缀录》的那位尹直大人，考了“二等甲”的第九十九名，这就差点意思了，所以他在成化二十二年（1486年）才混成了内阁大学士，距离他考科举都过去三十多年了。

这种价值观发展到后来，甚至有了“非翰林不得入内阁”的说法。表面来看似乎没什么大不了，但实质性的问题就是，文臣的权力不再完全来自皇上了，而是来自自己的十年寒窗苦读，以及一种朝堂上下约定俗成的惯例。

这样最终导致的结果是，“科举—翰林院—内阁”形成了一个稳固的体系，不让其他人插手。很不幸，皇帝也属于“其他人”的范畴。

叁

阁老和翰林们捆绑是一种制度问题，而并非一种结党行为，这一点，从上朝前的礼仪就能看出来。

明代上朝的时候，有个地方叫作值房，位置在午门的右阙门边。上朝之前，臣子们得在这里候着，等门吏擂鼓通传时，一起去左掖门，也就是午门的偏门，候着入宫。

值房一般有很多间，那么谁和谁一间就很有讲究了。要是把兵部和礼部扔到一间值房里，那很容易打起来。好在午门的两阙前的广场，加起来接近一万平方米，除去午门正前方那一带，光是右阙门一带也很宽敞，足够大家分值房的。而这其中，内阁大学士往往不单独地设立值房，他们通常和翰林们挤在一起。

这当然是名正言顺的，因为他们本来就是翰林院名义上的最高长官。

在翰林院的值房里，也是有规矩的。中间的椅子，阁老们肯定是当仁不让的。阁老们身前，站的都是翰林学士，剩下的人往南边站，也就是往外站。要么说翰林院见官大三级，平时上朝都是和阁老们一起说说笑笑，其他六部主事的影响力，可能都不如某个翰林学士的随口一句话。

那朱见深就比较难受了，这帮文臣上朝之前，先凑在一起嘟嘟囔囔的，还不知道有什么事瞒着我呢。因此朱见深别出心裁，把内阁值房刻意地安排在锦衣卫值房的隔壁。这招特别狠，等于提醒这群文官说话悠着点，隔墙有耳。

这也能体现出朱见深的政治思想，通过内廷特务机构的制衡，让文官们老老实实地去干好分内之事，这也就解释了为什么西厂会出现。

艺术家治国的思路是很不错的，但很容易出现的一个问题就是过于理想化。因为我们知道，明朝的文渊阁是一个弹性很大的权力机关。在这个机构背后，以“师生”“同年”和“同乡”为线索，串联起了北京城六部九卿大大小小上百个衙门，甚至包括大明朝两京一十三省数百个行政区域。

这里需要解释一下这三层明朝官场上很特殊的关系，明白这三层关系，明朝的官场咱们就明白一大半了。

首先是“师生”。

这个是最关键的，明朝以“程朱理学”治国，“天地君亲师”这五项是绝对不能违背的。但这个老师一般不是指的传道授业解惑的那个，而是指“座师”，也就是会试上点你试卷的那个人，相当于“录取恩师”。

这种关系对于官场新人来说简直就是天然的大腿，不抱白不抱。而阁老们对这些“学生”用起来也非常放心，毕竟“天地君亲师”，你背叛了，等于自绝于人类。等于通过这种关系，阁老们牢牢地控制了帝国未来的人才们。

第二项是“同年”。

这个就更好理解了，你和我一批考中进士，那么“座师”都是一个人，大家等于师兄弟，肯定要互通有无了，这里面很可能诞生未来大明官场的中流砥柱。

最后一个就是“同乡”了。

美不美，故乡水，亲不亲，故乡人。那个时候，北京城有一个地方，叫作会馆，有点像我们现在的驻京办事处。但真要论起来，它比“驻京办”要来得亲民得多。因为他们会给进京赶考的贫困学子们提供食宿。那自然而然地，考上后当了官的学生，对家乡的感情也特别深。何况就算某个学生不差钱，没吃过会馆的饭，那最起码，你的父母家人还在家乡吧，你将来也要归老吧，总得留几分面子。

如此一来，家乡就有了很强的向心力。那么本来是同乡的考官，共同语言也会比较多，进而形成一种官场力量。

讲到这里，我们已经可以为朱见深的天真而默哀了。他要平衡的不是一个简简单单的文渊阁或者六部，他是要用一个短时间内搭建的宦官系统，去和整个明朝的官僚系统对抗。对抗本身并不难，难的是平衡。

而宦官系统本身就是残缺的，没有任何典章制度可以遵循，从王振到汪直，加起来也没多少年的时间。因此，当朱见深试图赋予宦官力量的时候，这个力量就很容易出格，西厂就是这么没的。

成化朝晚年，朱见深一直没有解决这个平衡问题，由此而延伸出一大堆政治黑暗问题。宦官开始和大臣们相互勾结，整个文官系统已经无法独善其身了。

艺术家的苦恼正是来源于此，阿基米德可以用一个支点撬起整个地球，但朱见深没法把整个明朝官场撬起来。这个艰难而伟大的任务，很可能要留给他的儿子，也就是年轻的朱祐樘去做了。

肆

朱祐樘的皇太子之位并没有人们想象中那么稳当。就在成化朝末年，万贵妃手底下的一群太监还在让她劝说朱见深换太子。

朱见深晚年（其实也就是三十多岁），可能是万贵妃放松了对后宫的约束，朱见深陆陆续续地又生了几个孩子。如果我们马后炮地来看，这简直就是神一般的操作，要不是有这几个备选，后世就出大问题了。

当时万贵妃想选其他妃子所生的皇子去替代朱祐樘，毕竟杀母之仇摆在那里，再加上周太后在一边挑唆，这孩子将来非得让她死后都不得安稳。于是一来二去，万贵妃就把朱见深说动心了，打算换个太子。

幸亏这时候，大太监怀恩站了出来，冒死谏言，才保住了朱祐樘的太子之位。代价也比较惨重，怀恩直接被打发到“中都”凤阳，给朱元璋守陵去了，等于司礼监也没能逃开乱政的圈子。成化朝的最后几年，内廷闹得越发混乱，这和怀恩的离去有直接的关系。

成化二十三年（1487年）的正月，年还没过完，内廷突然传来消息，年近六十岁的万贵妃因病逝世。这件事给了朱见深很大的打击，当时宣布辍朝七天，纪念万贵妃。这在之前是绝对不能想象的。说白了，他爹朱祁镇的葬礼估计也就忙活个把月，一般皇后都没这种待遇。

万贵妃的死，也让朱见深的身体垮了下来，说了一句：**“万侍长去了，我亦将去矣。”**朱见深就此一病不起。五月的时候，朱见深还能在午门处赐宴群臣，到八月就有点撑不住了，宣布让皇太子朱祐樘监国理政。

朱见深不愧是艺术家出身的皇帝，在临终之际，很明白自己应该为儿子做点什么。在让朱祐樘监国之前，他强撑着做了三手布局，为自己的儿子铺好了路。

第一手布局就是给周太后上徽号，徽号是一种美称，属于花花轿子人人抬的那种。但这里朱见深给的理由是：**“抚育皇太子，进学成身，克谐室家，国本益固。”**就是说，皇太子他奶奶抚养他不容易，把他从小养大，就冲着太子爷，给我母亲加个徽号，这样等于名正言顺地将太子和太后捆绑在一起，树大根深，谁也动不了。

第二手就是册封皇子。之前说了，可能是万贵妃后期放松了，朱见深陆陆续续地有了十一个皇子（这之前明显就有问题）。但这些皇子相对年幼，毕竟朱祐樘作为皇长子也才不到二十岁。现在朱见深把他们能册封的全部册封了，等于消除了朱祐樘继位的隐患。

最后一招就是册封太子妃。之前，朱见深的老爹朱祁镇，很大的一个遗憾就是没看见儿子大婚。当然，朱祁镇也没想到自己儿子几个月之内，就有了完成“二婚”的成就。这里朱见深可能也是怕孩子走自己的路子，所以给朱祐樘选好了太子妃，并看着他完婚。毕竟在过去，成家才能立业。

这三手布局走下来，朱祐樘的皇位基本上是固若金汤了。朱见深也算完成了历史使命，没给自己的儿子留下一个烂摊子。而之后怎么去完成老爹没有完成的政治平衡，那就是朱祐樘的任务了。

成化二十三年（1487年）八月底，成化皇帝朱见深驾崩，享年四十一岁。

九月，朱祐樘正式继位，年号弘治，一个中兴的时代还在继续。

第七章 修修补补二十年

孝治天下

通过老爹朱见深的临终布局，整个大明朝廷以一种近乎平稳的姿态进入了弘治时代。拜老朱家神奇的基因所赐，这是大明朝的第四个少年天子，之前半路“出家”的景泰帝，也是二十来岁出头就荣登“九五”了。

因此朝堂上下每次一换皇帝都是提心吊胆的，生怕年轻人嘴上没毛，办事不牢。但很快，人们就意识到，这个从安乐堂里走出来的孩子，绝对不是一个善茬。

壹

如果我们准确地评价朱见深的政治遗产的话，其实说不是烂摊子也很勉强。只不过，朱见深临死之前神来之笔，操作了一把，把这个烂摊子变得可以收拾了。而具体怎么收拾，那就得看朱祐樘的手段了。

首先得处理的，就是先把老爹留下来的这个烂摊子，变成自己的烂摊子。“攘外必先安内”，“安内”就得找帮手。于是，朱祐樘先把怀恩从“中都”凤阳调了回来，作为他整顿内廷的帮手。

那时候，怀恩已经是风烛残年了，身体很差，但就是在生命的最后时刻，他也帮年轻的朱祐樘站好了最后一班岗。第一个开刀的，就是遣散那些妖僧和道士。

朱祐樘一直对这些装神弄鬼的人非常恶心，在小的时候，内廷的忠诚宦官们也在这方面时不时地劝谏他。当时，他住在周太后的仁寿宫里，这个氛围很可能是周太后所打造的。

之前，朱祐樘身边有个老太监，叫覃吉，经常敲打他，被年幼的朱祐樘称为“老伴”（明朝皇帝称呼身边的太监为“伴当”）。有一回，朱祐樘在看一本佛经，突然听到有人说覃吉进来了，惊呼一声**“老伴来矣”**，马上把书扔一边了，换成了《孝经》。这场面很喜感，就好像现在班主任一过来，学生把课外小说换成练习册一样。

问题是覃吉的眼睛可不是一般“班主任”能比的，朱祐樘身边全是这位“老伴”的人。所以，一见面，覃吉就跪下了，刻意地问朱祐樘读佛经了吗，这很明显就是收到情报了。朱祐樘揣着明白装糊涂，说在读《孝经》。然后，覃吉意有所指地说：**“甚善。佛书诞，不可信也。”**佛经都是瞎扯，太子爷您别信这个。

这件事应该给了年少的朱祐樘一个很深的教训，覃吉这位老太监在当时并不显贵，但显然对朱祐樘的成长起到了很大的作用。这就导致朱祐樘对佛、道有一种天然的反感，进而在道德标准上更接近儒家所讲的“仁孝”。

解决了妖僧，接着就是重头戏，解决内阁和内廷的问题了。

内廷最好解决，毕竟怀恩的辈分摆在那里。何况太监这种存在，原本就是皇权大树上的一根藤，没什么反抗力。再加上朱祐樘对于万贵妃身边这些人刻骨铭心的仇恨，手底下对他们压根没有留情，两个月，就让原本跟着汪直混的那些太监卷铺盖走人了。

但对待文官，尤其是内阁，就没法这么干了。明朝大体上还算是和士大夫共治天下，内阁不能动不动地就换人，如果换人，得有个理由。

当时的内阁商辂已经辞官在家了，首辅就是万贵妃的大侄子万安，天天就知道喊“万岁”。内阁上下都是万安这号人物，比如之前说过的尹直，一把年纪上位了，除了拍马屁什么都不会，连带着六部也是乌烟瘴气。当时有“纸糊三阁老，泥塑六尚书”的说法，大家全都不干正事，内廷怎么吆喝就怎么干。这帮人要是不换，朱祐樘这皇上也不用当了。

好在万安这种人，永远不缺少让别人收拾他的理由。

第一个理由，就是皇上的登基诏书。这个东西一般都是内阁首辅帮着皇上拟旨的，结果万安不学无术，在里面胡写，禁止官员们提意见。这下把所有官员都气疯了，大家都知道这是万安的意思，合着好人都是你，坏事让皇帝背锅，于是说他**“过归于君，无人臣礼”**，开始弹劾万安。

过去弹劾官员的奏折，内阁是不能批的，必须得给皇上送过去，表示“恩威皆出自主上”，等于朱祐樘手里攒了一堆关于万安的官司。

第二个理由就比较巧了。这时候，朱祐樘正好没事在宫里面转悠，无意中发现了一箧书，打开一看，全都是“房中术”，也就是小黄书。书的后面写着“臣安进”，说明是以前万安拿来给朱见深看的，教唆先皇不学好。

于是，朱祐樘就让怀恩拿着这些小黄书去问万安：**“此大臣所为耶？”**意思就是，你一个内阁首辅，天天给先帝爷递小黄书，合适吗？万安一下子跪在那里了，知道自己理亏，这种事往小处说，可以说他有伤风化，不务正业；往大处说，就是进献谗言，秽乱宫廷，下“诏狱”也不是不可能。但即使是这样，万安也只是请罪，还是不想走。

朱祐樘也真是好脾气，这要换成朱元璋或者朱棣，光凭万安给万贵妃当过“侄子”这一条，就够“瓜蔓抄”诛九族了。但朱祐樘比较温和，就让怀恩把那些弹劾万安的折子，一本一本地念给他听。

在朱祐樘的认知中，一般人早就羞愧地自杀了，毕竟他自己从小接受的都是“仁义礼智信”这一套，确实没有遇到过万安这样的奇葩。想当年万大人可是抱着万贵妃的大腿上位的，什么大风大浪没见过，只是认罪，死活不走。

最后，怀恩也忍不了了，直接把万安的“牙牌”拿了过来，让他走人。

“牙牌”就是入皇城的通行证，京官到了一定的级别，都会由吏部给出“牙牌”，一般是象牙制成的，方便出入紫禁城。也就是说，“牙牌”是京官身份的象征，门口的锦衣卫只认“牙牌”不认人。

大明的官场上有这么一个笑话，说一个京官碰到了地方官，地方官讲：“我爱京官有牙牌。”就是羡慕京官可以出入皇城，天子门前好做官。结果，京官反手来了一句：“我爱县官有排衙。”意思就是，你们这些地方官出门有仪仗队，在京城我们可不敢搞这个，大家谁也别羡慕谁。

这里怀恩剥夺了万安的“牙牌”，潜台词就是让万安滚出京城，别说“牙牌”了，“排衙”也没有，老老实实地回去种地吧。

万安一走，树倒猢狲散，朝廷文官的上层就开始焕然一新了。这时候，朱祐樘需要一批人来领取新的“牙牌”，帮他来收拾这个烂摊子。

贰

这时候，我们就能看出，一个经过培训的太子和没有经过培训的太子的差距有多大了。在明朝，一般来说，只要这个太子经过系统的培训，登基之后都不太会为人手的问题头疼，这里很大程度上得益于一个特殊的机构，叫作詹事府。

正常来说，辅佐太子爷读书的，应该是“三师三少”。“三师”就是太子太师、太傅、太保，“三少”就是太子少师、少傅、少保。这六个职位早在周朝就有了，最早肯定是正儿八经的差使，比如当年商鞅变法，把太子老师的鼻子割了，那个人的官职就是太子太傅。

但随着时间的流逝，这些职位慢慢地变成虚职了，相当于朝廷给的一个荣誉。能当这几个职位的都是内阁大学士，最起码也是六部尚书，比如于谦，就是于少保；商辂在辞官的时候，也被追加了太子少保。

既然是荣誉，那就得另外有人教导太子。众所周知，天底下最有学问的一个部门就是翰林院，连皇上平时都得听他们讲课。翰林院教导太子那肯定没什么问题，于是就设立了一个部门，叫作詹事府，专门负责教导太子。

这个部门是一个常设部门，位置就在现在的北京东交民巷附近，跟当时的翰林院斜对面。那个时候，还有玉河，基本上是隔河相望。詹事府的人，基本都是翰林院选出来的。下面设有左、右春坊，司经局，主簿厅等几个部门。

之前说过，翰林院是一个清贵衙门，最高的大学士就是正五品，没法再高了，但直接从五六品往上提，总觉得有点怪怪的。所以，一般情况下，翰林院的人会经过詹事府进行过渡，因为詹事府最高是正三品，跟侍郎们是一个水平，再往下的左、右春坊大学士也是正五品，大小也能算个中层。

假如没有太子，那么詹事府就是一个单纯的衙门，给各位翰林老爷们过渡的。但如果有了太子，那就不一样了，詹事府的人就会抱团，形成一股从龙之臣的势力。朱祐樘所借助的，正是这股势力。

在弘治朝的政坛上，非常著名的一句话就是“李公谋，刘公断，谢公尤侃侃”，这里说的是当时的三个大学士，刘健、谢迁和李东阳，此外还有一个徐溥。

在这三个人里面，徐溥资历最老，最早是詹事府的左庶子，成化后期做到了侍郎。朱祐樘一登基，就把他提升为吏部尚书，负责官帽子，然后进入内阁，基本上等同于首辅，因为很快万安他们就走人了。

刘健和徐溥是同一批入阁，但他的人生就比较顺风顺水了。我们可以把刘健作为一个典型，去看看一个明朝高层顺风顺水的升迁之路。

刘健是天顺四年（1460年）的进士，进了翰林院当庶吉士，没多久，就调到了尹直的手底下开始修书，编写《明英宗实录》。那时候，修书是一件大功劳。等这本书修好了，刘健直接升级为翰林院修撰，然后被调到了詹事府，担任少詹事，混到了正四品，担任东宫的讲官，也就是给朱祐樘上课。

到了弘治初年，刘健已经在詹事府打磨了许多年头了，一出山，就是内阁大学士兼礼部右侍郎。接着顺风顺水地干到了弘治十二年（1499年），接任徐溥，成为文渊阁大学士，任首辅，位极人臣，加封少傅兼太子太傅。

从这个角度上说，皇帝是太平皇帝，臣子也是太平臣子，刘健的官场生涯简直不要太舒服。前面有老大哥徐溥铺路，后面有皇帝学生撑腰，自己也是一步一个脚印走出来的路子，没有人可以指指点点，这可能是明朝一个读书人最梦寐以求的人生。

刘健后面的谢迁和李东阳的人生也差不多，只不过后二者稍微晚一点，到了弘治八年（1495年）才进入内阁。

在这其中，谢迁是成化十年（1474年）的“解元”加“状元”，然后在詹事府一直待到弘治八年。那时候，朱祐樘的孩子朱厚照已经出生了，相当于当了两朝帝师。

而李东阳更强，四岁就被称为“神童”，被景泰帝朱祁钰抱在膝盖上玩。天顺八年（1464年），比谢迁早了十年，考中进士，年仅十八岁，跟现在高中毕业差不多，然后就是翰林院庶吉士，再到詹事府左庶子加侍讲学士，要不是太过年轻，三十岁出头就能进内阁。

从某种角度上来说，从“三杨”往下，这可能是明朝历史上最靠谱的一个内阁班子了，而且老中青三代层次分明，彼此绝对不会掐起来。

詹事府班子的强力接档，迅速顶替了原来的“纸糊阁老，泥塑尚书”，形成了一股坚定而开明的政治力量。这股力量对朱祐樘而言，既是一种帮助，也是一种监督。

明朝皇帝的勤政程度，除去朱元璋和朱棣这些“开国一代”以外，基本上可以通过经筵的频率来判断。

在弘治后期，这也让朱祐樘可以腾出手来，打理打理紫禁城的宫廷生活。

叁

朱祐樘的庙号是孝宗，这在很大程度上可以反映他的施政方针。

明朝打出的口号就是“以孝治天下”。孔子当年说“孝乎惟孝，友于兄弟，施于有政”，并不是一句空谈。朱元璋建国的时候，把社会稳定看成第一重要的事情，同时明确地把老朱家的“家天下”和国家维系到一起，因此这个“孝”字，体现的是社会运行的规律问题。

在这个基础上，皇帝就得是儒家思想的言行代表，最起码不能做得太离谱，皇帝把“孝”做好了，下面的人自然有样学样，进而对所有百姓起到模范带头作用。而朱祐樘，在这方面做的堪称标杆。

在登基一开始，朱祐樘就开始思念自己的生母纪贵妃，追封纪贵妃为孝穆皇太后，同时派人到广西寻访母亲的亲人。当然没找到，纪太后当年是作为俘虏进的宫，家人早就死的死，逃的逃，没有音信了。于是，为了表示纪念，朱祐樘特意在广西桂林设置了祠堂，用以纪念。

朱祐樘不仅对逝去的人尽孝，对健在的长辈也是关怀备至。

之前说了，朱祐樘和奶奶周太后的感情非常深。对于朱祐樘来说，奶奶所在的仁寿宫，绝对比自己住的乾清宫更有感情。但是，等到朱祐樘登基以后，周太后就不能再住仁寿宫了，因为她老人家升级了，成了太皇太后了。

历朝历代的皇室宫殿格局中，绝对没有把太皇太后居住的宫殿列为定制的，毕竟历史上的太皇太后并不多，多少年不见得能碰到一个。再说了，当年朱棣给孙子朱瞻基建“南内”作为皇太孙宫，还能勉强算是一个好盼头，希望代代皇帝能看见三代同堂。但是，建太皇太后宫就太离谱了，皇上能天天看见自己奶奶在那里晃悠。那这老太太光是白发人送黑发人就送了两拨了，换谁心里也不舒服。

没承想，到了明朝这里，不仅盛产少年天子，捎带着也盛产太皇太后。从宣德皇帝朱瞻基以后，几乎每一朝，太皇太后和太后都同时健在。这样一来就相当尴尬了，因为紫禁城是一个框架的规划，不可能随随便便地增添建筑，而最初修建的时候，连太后的宫殿都没有准备下，太皇太后更不知道住在哪了。

继续住仁寿宫，那不太行。因为之前说了，仁寿宫本来就属于六宫序列，太皇太后要是住仁寿宫，那皇太后就很难办了。

虽然朱祐樘的亲娘纪贵妃在他幼年时就去世了，但成化朝名义上的皇后王氏还在。只不过，当年万贵妃在后宫太耀眼了，以至于不到正儿八经的仪式上，大家都想不起还有这么一号人物来。

这位王皇后的人生简直就是一个悲剧，要是按照一般规矩，估计早在后宫里郁郁而终了。没承想，王皇后非常“佛系”，用《明史》里的话叫：“处之淡如。”天天除了打坐就是参禅，靠着这种佛系思想，硬生生地熬死了朱见深，把自己升级为皇太后。

那既然是皇太后，就得住在仁寿宫，要是连仁寿宫都没得住，说明这皇太后住的连一般的妃子都不如。所以，周老太后必须得搬出去，给儿媳妇腾地方。

腾完地方以后搬哪呢？这是一个问题。

紫禁城就这么大的地方，往外搬肯定是不行。“西内”那是冷宫加花园，真要是让老太太住在“西内”，朱祐樘能活活地被内阁喷死。

“南内”更不行，朱祁镇一个人把一片宫殿给废了，从景泰朝以后，“南内”再也没有正儿八经地住过人，囚犯才过去住呢。何况太皇太后本来就是朱祁镇的妃子，犯不着过去忆苦思甜。

最后，思来想去，朱祐樘琢磨出了一个方法，就是把自己以前做太子时的东宫让了出来，给奶奶去住。毕竟都是少年天子嘛，一时半会儿也没有太子，就算真有，孩子还小，可以让他母亲先带着。

明朝的皇子都是加冠之后才和母亲分开的，皇家的冠礼再早，也得十二岁以后，所以太子暂时也住不到东宫，房子先给奶奶住也没什么问题。

这样一来，规格和礼制上也没问题了，毕竟太皇太后再尊贵，在古代也不能和储君相比。

于是乎，东宫改名为清宁宫，正式挂牌，作为给周太后颐养天年的地方。

肆

周太后在清宁宫，一待就是十几年，这在当时是绝对的长寿了，这里可能和老太太有点宗教习惯有关系。虽然周太后很反对那些邪教妖僧，但对正统的道教是不排斥的，可能从里面得出一些养生心得。

明代清宁宫　即现在故宫博物院慈宁宫所在，图为慈宁宫花园。

时间一晃，到了弘治十一年（1498年）的十月份，北京正好入了秋，天干物燥，清宁宫夜里着火了。

关于火灾的原因，史书上没有记载，这种事可能当时也不好判断。房子烧了，这不是一个追责问题，而是一个经济问题。除了太皇太后，清宁宫上上下下加起来也不如这座宫殿值钱。当然，这里万幸的是，老太太没什么事。

这件事吓了朱祐樘一跳。平时朱祐樘是一个勤政的皇帝，没什么事都会上朝，但这一天单独请了假，派太监到左顺门跟百官请了个假，说：**“昨夜清宁宫失火，朕奉侍圣祖母，彻旦不寐，今尚不敢离左右，欲暂免朝参，可乎？”**翻译过来就是，昨晚上清宁宫着火，我伺候我奶奶一宿没睡，现在也不敢离开他老人家，所以咱今儿的朝会能免了吗？

从这道口谕上也能看出朱祐樘谦和的性格，这么大的事不上朝，用的还是请求的语气。别说是皇上，就是现在学生跟老师请假，这话说完老师也得马上准假，不批就没人性了。

于是，刘健、谢迁他们马上表示：**“宫闱大变，太皇太后圣心震惊，皇上问安视膳，诚孝方切，事在从宜。”**您老人家太孝顺了，宫里面出了这么大事，怎么方便怎么来吧。

当时，清宁宫烧了，没办法，就让太后暂时住到仁寿宫里，和王太后挤挤，反正仁寿宫里也不止一个院子。另外一边加紧重修清宁宫，总不能让婆婆一直蹭儿媳妇的房子吧。

清宁宫的火灾到底烧得有多么严重，现在已经不可考证了。当时，刘健的奏折里提起这场火灾，用的说法是“清宁宫之灾，为异尤大，臣等目击，实为寒心”。说这次火灾烧得很厉害，可能当时刘健他们在值房里面轮值，亲眼看到了，感觉很后怕。

但事实上是，仅仅过了一年，清宁宫就基本上修好了。这里有两个可能，第一就是火灾不是特别严重，刘健他们只是看着黑烟滚滚、火光冲天，实际上没有全部烧掉。第二种可能是清宁宫本身并不是很大，加上朱祐樘特别孝顺，不惜一切代价去给奶奶修房子，这才有如此神奇的施工速度。当然，也可能二者都有。

无论怎么说，时隔一年，太皇太后又重新搬回了自家的院子，舒舒服服地安度晚年。她一直到弘治十七年（1504年）才去世，享年七十五岁。

周太后逝世后，以孝著称的朱祐樘开始为安葬祖母的事情挠头了。这件事不好解决的原因，来自于成化时期。

在讲朱祁镇遗诏的时候我们说过，朱祁镇的遗诏里面特别注明，要和自己共患难的钱皇后一起下葬。那时候，周太后还是妃子，母凭子贵而已，朱祁镇让她哪凉快哪待着去。

但俗话说“县官不如现管”，朱祁镇有遗诏，架不住周太后有儿子。于是，到了成化四年（1468年）六月，钱太后逝世，周太后女人的嫉妒心发作，死活不想执行朱祁镇的遗诏，不打算让钱太后与朱祁镇合葬在裕陵。

朱见深也是个孝顺孩子，就点了头。没想到消息传到紫禁城之外，臣子们全都炸窝了，因为这不合礼数。

首先和钱太后合葬，这个属于先皇遗诏，当时朱祁镇蹬腿没几年呢，你做儿子的就公然违反遗诏，这个不符合孝道。

此外，你父亲的正妻，从家族关系上来讲，你也得叫母后，就好比后来朱祐樘虽然生母纪太后早逝，但是对自己老爹的正牌皇后王氏一直以太后礼节对待。现在你朱见深不让自己的“母后”和你父皇合葬，这是双重不孝。

明朝以“孝”治天下，这种例子绝对不能开，所以大臣们在文华门外跪倒了一大片，而且痛哭流涕，表示：**“礼之所合，孝之所归也。”**内阁也说得很坚决：**“孝从义，不从命。”**孝是一种态度，不能老太太说什么是什么。

朱见深没辙了，虽然他做事果决，但也得分什么事，明目张胆地反对自己老爹的遗诏，这确实不合理，可要是真服软，自己母亲那边又确实不好交代。最后折中了一下，在自己老爹的裕陵两边各挖一个墓穴，一个埋葬钱太后，一个为以后的周太后合葬做准备。

但即使是二者平等，周太后也不太能接受，就动了点小心思。按理说夫妻合葬墓穴，墓室应该是相连的，结果，虽然钱太后的墓穴与朱祁镇的“玄堂（主墓室）”隔得很近，但隧道却堵住了，等于俩人咫尺天涯，不在一个房间里。

而另外一边，周太后自己的墓室，则早早地打通了隧道。不用说都能猜到，这么斤斤计较的主意，除了周太后本人没有第二个人能想出来。

等到了周太后下葬的时候，做孙子的朱祐樘比较厚道，就想把另外一边钱太后的隧道也通开了。这件事看上去比较合理，但朱祐樘自己心里别扭，就去问刘健、谢迁和李东阳等人。

臣子们表示，堵上隧道这件事，前朝确实办得不地道。不过也没办法，裕陵这种风水宝地都是讲究“地脉”的，真要为了这个把风水破坏了，就得不偿失了。朱祐樘这才作罢。

无论是重修清宁宫还是纠结于合葬，都体现出明朝的“以孝治国”在朱祐樘身上绝对不是一句空话，而是对孝道的身体力行。

这种孝道在紫禁城中帝王之家的一言一行中体现，并影响到这个国家的每一个角落。儒家的思想在这个时代形成了一个稳定的轴心，带动着这个国家向前发展。

西边有“豹房”

弘治帝朱祐樘在紫禁城里勤勤恳恳地干了接近二十年，弘治十八年（1505年）的五月，驾崩于乾清宫。历史仿佛又和大明朝开了一个玩笑，一代中兴之君，三十五岁就去世了，与其曾祖朱瞻基颇有相似之处。而他的继承人，是否会走上明英宗的老路，则成为大明朝堂上上下下的担忧。

壹

《明史》中对于朱祐樘这位老实人的评价是**“明有天下，传世十六，太祖、成祖而外，可称者仁宗、宣宗、孝宗而已”**，这个评价相当的高。

我们看除了朱祐樘，其他四个里面，朱元璋和朱棣父子俩属于“开国一代”，这肯定是可以敞开了吹的。而朱高炽和朱瞻基父子俩，从小耳濡目染，加上祖辈留下的班子，平稳过渡也不难。只有朱祐樘，面对内忧外患，从容地处理了局面，造就了中兴之局。

临终之际，朱祐樘在乾清宫召见自己的“三驾马车”：刘健、谢迁和李东阳，以这三人为顾命大臣，然后留下遗诏，传位于皇太子朱厚照，并嘱托后者“进学修德，任贤使能，节用爱人，毋骄毋怠”。因为朱厚照当时虚岁才十五，还属于青春期，嘴上没毛，办事不牢，所以朱祐樘得叮嘱这孩子多读书。

除去开国那位把太子府当成小朝廷的朱标之外，朱厚照是明朝历史上位子最稳的太子。因为他爹朱祐樘就他一根独苗，连竞争压力都没有，从小就知道自己以后肯定是皇帝。

何况周太后也是一直关注着皇太子的成长，对这么一个“隔两代亲”的宝贝，老太太是含在嘴里怕化了，放在手里怕摔了。

更绝的是，朱祐樘是个“五好”男人，不光宠儿子，还崇尚一夫一妻制。张皇后（明朝姓张的皇后很多），跟朱祐樘是绝对的模范夫妻，相互扶持，这个很大程度要归功于朱祐樘幼年时期的心理创伤。

这样一来，就给了皇太子朱厚照一个非常良好的生态家庭，往小处说是一家三口，其乐融融；往大处说就是四世同堂，母慈子孝。一句话，如果把弘治皇帝的家庭比作《红楼梦》里的贾府，那朱厚照就是比“宝二爷”更得宠的存在了。

在这种环境生长起来的太子爷，不用想也知道是什么性格，人品肯定是好的，毕竟老爹是“孝宗”，几个老师也都是内阁大学士，想学坏也比较难。但是，纨绔子弟大大咧咧的习气和少年人的冲动也必然少不了。

《明史》在涉及朱厚照的这一章里面，上来就说这孩子“性聪颖，好骑射”。这一听就非常不科学，因为明朝从朱棣以后，就没有喜欢打仗的皇太子。明英宗朱祁镇那个也不能叫喜欢“骑射”，顶多算是太傻太年轻，不知道天高地厚。

我们看朱厚照之前的这几位，基本上都是艺术家，比如朱瞻基玩炉子，朱见深玩瓷器，哪怕是最艰苦朴素的朱祐樘，也有书画作品传世。只能说有些基因确实是隔代遗传，如果朱元璋和朱棣泉下有知，一定特别喜欢这个“好骑射”的后人。

这也搞得他的老师们，也就是刘健、谢迁、李东阳等内阁大学士非常头大，一把年纪了，还要给青春期的孩子当保姆。以前朱祐樘在的时候问题还不大，真要是有点事，直接找家长；现在人家孩子当了皇上了，他坐着你得站着，这就很难管教了。

1505年五月，朱厚照正式登基，改次年年号为“正德”，正式开启了和老师们斗智斗勇的生活。

这里有一个小故事，可以看出青春期的朱厚照是什么性格。

正常皇上登基，除了大赦天下之外，还有一件重要的事情就是给先帝下葬，筹备葬礼。但是，谁也没想到，就这么一件流程之内的事情，朱厚照就和大臣们闹翻了。

正常来说，皇上自己肯定记不住各种礼节，特别是大婚和下葬这种，礼部尚书都不见得能说清楚。但没关系，礼部干的就是这一行。

在正式举行仪式之前，礼部会单独弄一个奏折，叫《梓宫发引仪注》，“梓宫”就是先帝的灵柩。这个奏折很厚，大概跟一本书差不多，里面会详细地解释仪式的各种流程，还包含了各种注解。

平时皇上都不看这玩意儿，毕竟字太多了，到时候有司礼监和礼部的人带着干就可以了。结果，朱厚照不光看了，还对其中的章程提出了异议。

一般来说，先皇的“梓宫”旁边会有一个人捧着“神帛”，就是咱们老百姓所谓的“招魂幡”。礼部在《梓宫发引仪注》的建议是找个驸马送出去就行了，因为“梓宫”要从“三大殿”一直送到承天门外，太远了。皇上您跟后宫们祭拜完了以后，目送一下就行，历朝历代都是这样。

但是，朱厚照干净利落地拒绝了，表示我要送老爹一程。他要亲自拿着“神帛”，从内廷一直出端门、午门。而且，是一路走，一路哭，一直送到承天门外，可见朱厚照对老爹是真的有感情。

皇上都到皇城外了，那百官肯定也不好意思马上走，一帮老臣咬着牙陪着先皇走到了德胜门，眼看老胳膊老腿都快断了，这才回去。

只不过他们都没想到，这种在皇帝身边身心俱疲的感觉才刚刚开始。

贰

朱厚照当了皇帝之后，马上就开始玩野了，天天琢磨着逃课的事情，也就是所谓的“经筵”，能不去就不去。

之前，在他爷爷朱见深的时候，皇家的日常功课“经筵”就停滞得很厉害了。到了孝宗，重新又把这个惯例恢复了起来，所以皇帝和内阁以及翰林院保持了一种亦师亦友的关系，沟通起来也没什么障碍。

但朱厚照还小，体会不到这种师生关系在政治体制中的巨大作用，从小陪着他玩的都是一群太监，当了皇帝之后又跟锦衣卫混在一起。这些人伺候他肯定是怎么舒服怎么来。于是乎，正德皇帝朱厚照开始以各种理由频繁请假。

今天身体不舒服，请假；明儿头疼，不上课了。再到后面越来越离谱，直接说天气太热了，不行咱们休个暑假吧，等天不热的时候再开学。

学生不上课，刘健他们的心态就炸了。以前先帝爷连奶奶的房子烧了都才请一天假，您这也太随意了，就动不动地给朱厚照上奏折、提意见。

看到这堆折子，年轻的朱厚照一个头两个大，心说不就是不上课加不上朝吗，一群老家伙跟塌了天一样。但是，明面上还不能得罪这些叔叔伯伯，怎么办呢？惹不起，我躲得起。

朱厚照身边有一个太监班子，一共八个大太监，号称“八虎”。这些人就给朱厚照出主意，说咱们不在紫禁城住着不就行了吗，修一处另外的宫殿，想怎么干怎么干，别说不上课，您想上天都可以。

朱厚照一琢磨，觉得没什么问题，就在西苑的位置修建了一组建筑，叫作“豹房”，专门供自己享乐玩耍。

明朝历史上对“豹房”一直讳莫如深，因为非常不光彩。天子应该住在紫禁城里，天天在外面住个别墅算怎么回事，所以我们现在能找到有关于“豹房”的资料很少。

《明史》里给的资料是“秋八月丙戌，作豹房”，但对应到《明实录》里压根没这件事，显然被明朝的文臣们删了。《明会要》里倒是讲得稍微详细一点：**“正德二年，帝为群阉蛊惑，乃于西华门别构院籞，筑宫殿……谓之豹房。”**因此我们大致可以了解到，“豹房”应该是在太液池的周边，但再具体就很难说清了，毕竟后来都拆了。

关于“豹房”这个名字，历史上一直很有争议。因为按这个名字算，总觉得像动物园。

《万历野获编》里讲“西苑豹房畜土豹一只”，应该是靠谱的。

但这到底是不是“豹房”这个名字的来源就不好说了，因为这片被称为“豹房”的建筑大概有二百多间，养个豹子能用多少地方。何况朱厚照养的东西多了去了，他还养太监呢，照这么算，这房子应该改名叫司礼监。

现在有一种新的说法，可能相对更靠谱一点，说豹房是阿拉伯语“Ba-Fen”的发音，翻译过来刚好是“技艺学术研究中心”，听起来相当高大上。

能和这个相佐证的是，明朝正德年间，有着许多绘有阿拉伯文字的瓷器，仅仅故宫博物院就藏有二十余件。景德镇御窑厂遗址出土的残片上也有所发现，说明在当时的明朝宫廷里，确实流行着阿拉伯文字。从这个角度来说，朱厚照被后世不懂外语的文人们狠狠地黑了一把。

至于朱厚照为什么喜欢阿拉伯文，那很大程度上来自于他对于“骑射”的喜爱。

明正德青花阿拉伯文烛台　故宫博物院藏。

朱厚照对于“骑射”的定义可不是武艺高强，而是希望自己能够像军事家一样掌控千军万马，在草原上把明朝的威风打出来。那时候，在草原上的民族很多也接触阿拉伯语，因此朱厚照提前学习一下也是很有可能的。

只不过，朱厚照的这个习惯在他所处的时代基本上是不可能实现的。在明宣宗朱瞻基的时代，皇上还有可能御驾亲征，跟草原上的人掰掰腕子，比如朱瞻基自己就平定过兀良哈。

但是，自从大明朝出了朱祁镇这个堪称千古奇葩的“叫门天子”以后，明朝文臣们就有了一条绝对不能触碰的底线，那便是皇上不能御驾亲征。在紫禁城里面，您怎么玩都行，玩脱了，我们上奏折提意见，可要是御驾亲征，不好意思，得先从我们身上踏过去才行。

那时候，朱厚照上台不久，肯定不能直接和大臣们对着干吧，但过过瘾还是可以的。朱厚照就从御马监调集了一批军队，私下里操练，号称“外四家兵”，而且还收了很多锦衣卫作为“义子”，赐予了“朱”姓。

我们乍一听感觉皇上收将领做“义子”似乎很荒唐，但在古代军伍中的确是一件很常见的事情。朱元璋当年在军队里就有许多“义子”。比如，“靖难之役”中的奇葩李景隆，他的父亲李文忠就是朱元璋的“义子”，明朝建国以后才让他恢复原本的姓氏。

所以，我们如果沉下心来看朱厚照的很多举动，虽然看上去不着调，但起码对军事绝对不能说一无所知，最起码不是朱祁镇那种大夏天出征的货色能比的，“纸上谈兵”的水准还是有的。

有了理论知识，朱厚照就有点不满足于御马监的这些小打小闹了。俗话说“姑娘爱花，小子放炮”，天天玩马多没意思，有时间把神机营调出来玩玩火枪才是真的帅。

结果，内阁和兵部压根不给朱厚照这个机会，连朱厚照养在“豹房”一带的几百号人都是他自己用内帑自掏腰包发的军饷，神机营连想都不用想，绝对不能碰。

这时候，手下的人就建议了，不就是玩火吗，玩不了火枪，咱放个炮仗，点个花灯，不也行吗。那时候，北京城又不查环保，过年的时候到处张灯结彩的，就数朱厚照的紫禁城里的烟火动静最响，花灯的火光也最亮。

大臣们一看，没办法，玩烟火和花灯又不犯法，孩子也不容易，由他去吧。然而没料到，朱厚照的想象力和败家程度，完全超乎了这些翰林学士们的认知范畴。文臣们觉得你玩个花灯，总不可能把房子给烧了吧。

朱厚照则表示，一切皆有可能。

《明实录》里记载，朱厚照**“自即位以来，每岁张灯为乐，所费以数万计”**，看起来他就是一个资深的花灯爱好者，不但会玩，也舍得砸钱。

正德九年（1514年）正月，虽然朱厚照平时人住在“豹房”，但过年还是得回紫禁城过的。因为皇家过年有着一系列的流程，比如在奉天殿大宴群臣，这些都必须在紫禁城才能完成，“豹房”里办不了这事。因此朱厚照的新年，包括上元节

（元宵节）都是在皇宫里过的。

当时在南昌的宁王朱宸濠投其所好，送了一批特别精巧的花灯，朱厚照很高兴，就把这些花灯到处悬挂。

这已经是很作死的行为了，因为紫禁城都是木质建筑，虽然上百年下来有一套完整的防火设施，但木材怕火这是自然规律，灯火通明的背后很容易隐藏着火光冲天。

但朱厚照还觉得不过瘾，于是**“复于宫廷中，依檐设氈幙，而贮火药于中”**。朱厚照是真有军人范，在宫殿的屋檐下弄了一个帐篷，把自己不知道从哪搞到的火药放在了里面。

但凡有点脑子的都知道后面会发生什么了，火药加花灯，旁边还挨着一堆木头，这要是不引起火灾就有鬼了。所以，这天晚上，乾清宫突发大火，从夜里一直烧到天明。

故宫乾清宫

着火的时候，朱厚照正在往“豹房”走，回头一看，乾清宫着火了。这熊孩子的第一反应居然是很兴奋，因为乾清宫烧了，以后就可以名正言顺地住在“豹房”了。所以，他笑着跟旁边的人说：**“好一棚大烟火也。”**这话要是让他老爹朱祐樘知道的话，估计能心绞痛再死一次。当爹的修个清宁宫都心疼得哆嗦，你这放个烟火就把乾清宫给点了。

那时候，刘健、谢迁以及李东阳等人已经都退休了，毕竟实在玩不过这位小祖宗。当时的内阁首辅叫杨廷和，知道这个消息以后整个人都晕了。乾清宫是皇帝居住的正殿，不修还不行，修的话就得花钱，这让杨廷和相当为难。

不过，杨廷和那时候还不知道，和之后发生的事相比，乾清宫的火灾顶多算个“开胃菜”，“正席”还在后面等着呢。

一个名叫杨廷和的男人

正德皇帝朱厚照在历史上向来以声名狼藉著称，这里面很大一部分原因在于，他和文臣阶层格格不入的价值观。在内阁大学士杨廷和等人的期许中，皇帝就应该待在紫禁城里垂拱而天下治，而朱厚照觉得皇城太小装不下他，整天琢磨着出去转转，这就让他和文臣之间产生了对抗。

壹

在正德九年（1514年）把乾清宫烧了以后，朱厚照开始越发不满足于“豹房”了，毕竟“豹房”再好，也比不上战场上的辽阔天地。所以，他开始频繁地微服出行，在北京城里晃悠。

那时候，杨廷和忙着筹款重修乾清宫，没工夫搭理他，反正北京城里也没谁能欺负这位爷，逛逛街总比把房子烧了强。

不料到了正德十年（1515年），意外发生了。杨廷和的老父亲去世，按照明朝的制度，他应该“丁忧”，也就是回去给老爹守孝二十七个月。

以前这种情况也出现过，如果是重要的臣子，一般来说皇帝会“夺情”，就是下命令，不许你回家守孝。朱厚照自己也明白，自己能天天在“豹房”里不上朝，全指望杨廷和这些人维持朝廷运转，于是很痛快地下旨挽留杨廷和。

按理来说，这些都是惯例。但是，谁也没想到，杨廷和居然被人弹劾了，而且弹劾他的人非常硬气，叫“给事中”。

“给事中”的官不大，最高的也就是正七品，但胆子很大，因为这些人是朱元璋特批的可以提意见的人。当年朱元璋怕后世子孙胡闹，就在午门之外，设置了“六科廊”。

所谓“六科”，就是对应朝廷的六部。也就是说，“六科”平时上朝的值房和他们的办公室是紧挨着的，而每一科的领导就叫作“给事中”。当然，“给事中”不是每科一个人，正职副职加起来，大概有三五十号人。

这些“给事中”平时的权力非常大，不光能对各级官员进行考核，而且不受吏部管辖，以免遭到打击报复，手里还有所谓的“封驳权”，连圣旨都可以打回去重写，属于“奉祖制骂街”。如此一来，这些人自然养成了天不怕、地不怕的性格。景泰初年，在午门打死锦衣卫指挥使马顺，就是“给事中”先动的手。

这些本来就是专门给人挑刺的官，一看见首辅要“夺情”，不高兴了，奏折跟不要钱一样地送到“豹房”，疯狂弹劾杨廷和。他们说这种事不符合孝道，甚至上升到了“国家纲常之所系，天下政教之所关”的高度。

杨廷和受不了这群人，何况这件事从理论上说确实是德行有亏。以前可以这么干，但从正德朝开始，大臣们教育皇帝，动不动就是你爹怎么怎么样，靠的就是一个“孝”字。首辅如果德行有亏，那肯定不能服众。

没办法，杨廷和自己上疏，说：**“今乞归守制，不过二十七月之期，况父子之情，幽明无间……伏望陛下俯从礼制。”**意思就是，我回去也就二十七个月，您甭着急，何况我和我爹确实是有感情的，回去也应该，您还是按规矩走，放我回去待着吧。

朱厚照一看没办法，又补了几个臣子进内阁，放杨廷和回去守孝了。

内阁是皇上的老师，杨廷和基本上等于“班主任”，他这一回家，朱厚照就等于放假了，开始不满足于北京城，打算去蒙古草原上，和自己的假想敌掰掰手腕。

朱厚照的假想敌叫作“小王子”，这种名字一听就是代号，属于代代相传的。那一代的小王子叫作巴图蒙克，从弘治时期就天天在边境劫掠。早在朱厚照刚继位的时候，小王子就来边境“打过秋风”。毕竟自从“土木之变”后，明朝在草原上碰到少数民族军队只有挨打的份，能守住就不错了，完全没有还手之力。

所以，朱厚照一直心心念念，打算跟这位小王子干一架。

贰

正德十二年（1517年）八月，朱厚照带着他在“豹房”里练出来的队伍，微服出行，溜出了北京，准备从居庸关出长城，跟草原上的敌人较量一下。

光从这个时间上来说，朱厚照就比他的曾祖朱祁镇有脑子，八月是秋高气爽的时候，正好动兵，不像朱祁镇六月出去，连口水都找不到。

问题是朱厚照不是出去玩，几百号人从京城出去，只要不是傻子就都反应过来了。当时的大学士梁储、蒋冕和毛纪他们几个脑溢血都快犯了，这皇上要是有个三长两短，他们轻则自裁以谢天下，重的话被太后诛九族都没人给他们申冤。

幸亏当时居庸关的巡关御史张钦，碰上了这些人马。朱厚照跟朱祁镇一样，张口就让张钦把门打开。

问题是御史干的就是喷人的活，张钦当场就把朱厚照怼了回来，表示**“欲亲征虏寇，宜先下诏大廷共议”**，就是皇上您想跟蒙古人干，应该先和群臣商议。然后，他又加了一句**“必不得已而出，亦宜戒期清道，百官扈从”**，就算万不得已一定需要您御驾亲征，也应该找好日子，规划好路程，让百官陪着您一起。

虽然朱厚照不着调，但基本的道理还是要讲的，人家忠于职守，他作为皇上也不能说什么，老老实实地跟着尾随而来的内阁回去了。

回去之后的朱厚照表现非常良好，还去奉天殿上了朝，表现出一副痛改前非的样子。

只是内阁这几位打死也想不到，朱厚照“贼心”不死，上朝什么的全都是拿来做样子的。没过几天，他又找机会跑出去了。

这次朱厚照学乖了，张钦是巡关御史，得沿着长城转悠，不可能整天在居庸关待着。朱厚照不愧是搞兵法的出身，算好了张钦巡视的时间，直接溜了出去。

更绝的是，他连内阁追的路程都算好了，派太监谷大用接管了居庸关的城防，把后面的大臣拦住。自己则冲到前线去接管军队，而且还给自己封了一个特别霸气的称号，叫“总督军务威武大将军总兵官”。并且，他还给自己起了一个化名，叫作“朱寿”，直接把朱元璋起名的规矩给改了。

从上朝麻痹大臣到顺利出关，朱厚照充分展示了自己不为人熟知的军事指挥才能。换成明朝其他几位太平皇帝，很可能连宫门都没出去就被内阁堵回来了。

梁储、蒋冕等人也终于明白了，自己十年寒窗读的“四书五经”，碰到朱厚照的“瞒天过海”“暗度陈仓”这些三十六计压根不好使，都被后者的智商碾压了。大家一合计，快去西天请如来佛祖，不对，请杨大学士，只有“班主任”能把这小子给治好。

那时候，杨廷和刚刚把二十七个月的守孝期过完。正常来说，要想恢复原职，一般皇上下了旨意，大臣是要推辞一番的，搞得跟刘备三顾茅庐一样。一方面，表示皇上礼贤下士；另一方面，也是显得大臣的高风亮节，大家都是体面人，别整天急吼吼地做官。

本来杨廷和还在琢磨着怎么推辞呢，结果内阁一封八百里加急发了过来，说您的学生热爱祖国，跑到前线打仗去了。杨廷和听了高血压都要犯了，哪还顾得上什么礼仪，一把年纪快马加鞭，跑到了前线的宣府。

叁

到了十二月的时候，我们已经能在《明实录》里看到杨廷和到了宣府的记录。一见面，朱厚照就给老师送礼，烤羊腿加银币，全都是草原上的东西。这把杨廷和气的呀，开始上疏"教育"朱厚照。

杨廷和劝的理由也很艺术，那时候已经十二月了，马上就过年。按照惯例，皇帝过年要到南郊去祭祀，这是非常重要的礼节。皇上可以不上朝，把政务扔给内阁，但祭祀这种事情，只要皇帝还能动弹，就必须亲自前往。

即使是当年"乐不思蜀"的刘禅，也明确说过"政由葛氏，祭则寡人"。诸葛亮可以操持国家，但祭祀必须是我，可见祭祀这种事情对皇家有多重要。而杨廷和就是用这个理由，劝朱厚照回京的。

但这时候的朱厚照已经玩野了，因为就在杨廷和来之前，正德十二年（1517年）的十月，朱厚照心心念念的小王子终于出现了，并和朱厚照来了一次短兵相接。

当时还是九月底，朱厚照在阳和狩猎，前线突然传来了小王子入侵的消息。朱厚照当机立断，进驻大同，指挥着大同的士兵和他手底下的宦官以及锦衣卫，开始围剿小王子。

在战术的安排上，朱厚照基本上称得上是游刃有余，能群殴绝不单挑，逐渐聚集兵力应敌。最终在十月初五，双方在应州城南干了一仗。在这一仗中，朱厚照亲自上阵，并取得了胜利。

只不过，按照《明实录》的记载，战果有点拿不出手："是役也，斩虏首十六级。"就一共斩首了十六个。这个结果肯定是有待商榷的，毕竟《明武宗实录》后来就是杨廷和自己编的。这个数字一看就很可疑，几万人光是踩踏事件都不止死这么几个。

何况即使是真实的，这个结果也足以让朱厚照自傲，因为明朝的“斩首”跟“杀敌”不是一个概念，而人头是需要辨认的，一场仗打完，能够完整的人头并不多。

这个战绩跟他先祖朱棣甚至朱瞻基等人都没法比，但当时的明朝已经衰落了，边关守军见到少数民族军队都开始哆嗦，别说斩首，敢出来打的都很少。从这个角度看，朱厚照已经足以自傲了。

有功就得赏，朱厚照一高兴，开始给自己升官，加封自己为**“总督军务、威武大将军、总兵官朱寿”**，紧接着又给自己封了一个“镇国公”的名头。

军功在手，朱厚照的腰杆子就硬气了，天天在塞外磨蹭，最后一直磨蹭到新年都没有回去，人是在宣府过的年。

这下等于朱厚照又开辟了一个先河，自打正统朝迁都北京城，明朝还没有哪个皇帝在紫禁城外过新年。即使是当年“土木之变”的时候，朱祁镇在塞外过年的时候也已经是太上皇了，再往上得追溯到朱棣时期。

但是，过完年，朱厚照不得不打道回府了，因为宫里面的太皇太后，也就是之前被万贵妃欺负的佛系皇后王氏，于二月驾崩了。朱厚照就是再不靠谱，也得回去奔丧，于是就在三月回到了北京，为太皇太后操办丧事。

杨廷和长舒了一口气，本以为这位学生能以后老老实实地在“豹房”玩耍，别再出去了。只是杨廷和没想到，这只是他三年噩梦的一个开始。

给太皇太后办完葬礼，朱厚照继续开始在北方转悠，谁也劝不住，今天去宣府，明天去太原，连着一年多不在北京待着。各路臣子劝谏的奏折，堆起来都快比太和殿高了。但朱厚照不管这个，该怎么玩还是怎么玩。以前我爹一辈子没出过京城，现在到了我这一代人，全给找补回来了。

关键时刻，还是宿敌小王子助攻了一把。正德十二年，当了三十三年大汗的小王子，在被朱厚照击败之后英年早逝，年仅四十四岁。次年，消息传到了明朝，无论他的死和朱厚照有无直接关系（大概率是有的），但从此之后，蒙古人“是后岁犯边，然不敢大入”。就是说，从这以后，蒙古族顶多三三两两地“打打秋风”，但再也不敢大举入侵了。

朱厚照很郁闷，因为北边一太平，他这个“总督军务、威武大将军、总兵官、后军都督府、太师、镇国公朱寿”就没有用武之地了，独孤求败，一览众山小。再这么发展下去，他这个“镇国公”就该解甲归田，回“豹房”“养老”了。

然而，就在朱厚照准备“颐养天年”的时候，南方突然传来消息，宁王朱宸濠在南昌造反了。

肆

宁王朱宸濠造反，在很长一段时间里就有预兆了。只不过在明朝，自打汉王朱高煦以后，藩王造反的成功率就无限接近于零。而且，那时候朱厚照在北边转悠，杨廷和又在四川休假，因此大家都没在意。

朱宸濠人在南边，不知道天高地厚，没把自己的侄子当回事，开始越发放肆了，不但疯狂地招揽亡命徒和混混组织军队，还打劫商队筹集资金。

动静闹大了，朱厚照再也不能忍了，就在正德十四年（1519年）派人训斥了朱宸濠一番，并下令削减他手底下的卫队。朱宸濠本来手底下的正规军队就没几个，这一削，狗急跳墙，直接造反了。

正常来说，王爷造反这种事对于一个王朝来说应该属于噩耗，但朱厚照一听马上就精神了，心说终于轮到我“大将军朱寿”登场了。

宁王朱宸濠，我们从老朱家“金木水火土”的名字上来看，他比朱厚照要大两辈，当年他曾祖父是跟朱棣一起“靖难”的。从辈分上讲，这场造反属于爷爷辈打孙子辈。但要是真打起来，那就反过来了，朱厚照好歹是跟小王子动过刀枪的人，打宁王比打自己的孙子还容易。

所以，朱厚照一副唯恐天下不乱的样子，开始筹集粮草，并且紧急加封自己为“威武大将军朱寿”，准备御驾亲征。

结果这时候，南方突然发来八百里加急，一瓢冷水泼在了朱厚照头上。一个叫王守仁的官员淡定地表示，已经把宁王摆平了，您继续在“豹房”乐呵着吧。

王守仁这个名字我们在高中历史课本中就学过，号“阳明”，世称“王阳明”，“心学”的集大成者，被称为儒家的“圣人”之一。但很少有人知道，儒家圣人的标准是“立德、立言、立功”三不朽，能被称为“立功”的，一般都很能打。

王阳明是标准的“官二代”出身，老爹做过礼部侍郎和南京的吏部尚书，也算半个帝师。王阳明于弘治十二年（1499年）就中了进士，朝堂上除了叔叔就是伯伯，关系很硬。

而且，跟朱厚照很像的是，王阳明打小就是个“军迷”，喜欢打仗。但是，他的条件就比朱厚照强多了，毕竟没有紫禁城挡着。所以，十几岁的时候，王阳明就跑到关外勘察过地形。

到了正德朝，王家开始走背运了。正德的头几年，当时朱厚照忙着在“豹房”练兵，朝政被“八虎”之一的刘瑾刘公公把持。内阁的奏折送到宫里，朱厚照一般不看，全交给由刘瑾的司礼监处理批红，于是刘瑾就成了当朝第一号红人。

这里面自然也有朱厚照放任的意思，毕竟自己做甩手掌柜，得扶植宦官制衡文臣。

关于刘瑾那时候在朝中势力有多强，我们这里不赘述了，看一句话就够了。后来的文坛领袖王世贞，在他的《觚不觚录》写道：**“文武大臣见王振而跪者十之五，见汪直而跪者十之三，见刘瑾而跪者十之八。”**意思就是，刘公公要比他的前辈王振和汪直都厉害，文武百官见了他，百分之八十都得跪下。

而王阳明以诗书传家，父子俩肯定不愿跪，刚好属于剩下的百分之二十。刘公公一看，你不跪是吧，就把王阳明的父亲王华打发到了南京，明升暗降。王阳明更惨，在左顺门挨了一顿打，被流放到了贵州的龙场驿，去当招待所管理员了。

其实，刘公公没那么好心，本来派了东厂的人想截杀王阳明。

只是刘公公没读过圣贤书，不知道儒家能被称为“圣人”的，一般都很能打，战斗力爆表。春秋时期，孔老夫子据说就是身高一米九，经常带着剑和别人讲道理，领着一群学生能和小国家对着干。

虽然王阳明比不了“孔圣人”，但解决东厂的“番子”还是不成问题的。他在路上干净利落地打翻了刘公公派来的杀手，然后一个猛子扎到了江里，顺顺当当地到了贵州龙场，捎带着悟出了前无古人、后启来者的“心学”，文武兼修，成了一代“圣人”。

后来，朱厚照觉得刘瑾实在是不可控了，就随手灭掉了他。而那些被刘公公打压的臣子们，也自然被重新提拔了起来。王阳明被派到了南方，专门负责剿灭农民起义。

明朝到了正德时期，土地兼并已经很严重了，加上南方那时候不像现在开发得那么完善，很多地方都有矛盾，百姓造反问题一直很让朝廷文武百官头疼。

不过，这些头疼的人里面显然不包括“王圣人”，他老人家一贯主张**“破山中贼易，破心中贼难”**，打这些造反的山民跟玩一样，人家思考的是星辰大海。

宁王造反的时候，王阳明刚刚接到任务，要去福建平叛。那时候，福建的路不好走，要从江西经过。走到南丰的时候，当地的官员就向王阳明举报：宁王要造反。王阳明非常明白一个王爷的破坏力要远远大于一群农民，于是当机立断，就地筹集军队，直接在江西把这场叛乱掐灭了。

当时，朱宸濠在手下的建议下，已经带兵进入长江，拿下了九江，即将逼近南京。王阳明看出朱宸濠是个灰货，二话不说，带着兵从后面把宁王老家南昌给抄了。

朱宸濠如果那时候狠一点，拿南京换南昌，怎么也不亏。但是，就像王阳明预料的，他没这个脑子，第一反应就是回去守家。最后结果就是，朱宸濠在水上中了埋伏，被王阳明用小船火攻的计策打得丢盔卸甲，连王妃都死了，自己也被抓了个正着。

打了胜仗的王阳明不愧是“圣人”，脑回路非常清晰，第一反应不是庆功，而是赶紧给朱厚照上折子，让这位祖宗别来了，从北京一路过来劳民伤财，没必要。

况且王阳明说的话也很漂亮，丝毫不居功，自称是**“奉威武大将军方略讨平叛乱”**。意思就是，我是按照您“威武大将军朱寿”的策略打的，没什么了不起。现在乱子也平了，您老别过来了，给自己来个封赏就行。

按照正常人的逻辑，王阳明这一手奏折可谓相当漂亮，吹捧皇帝简直到了羚羊挂角无迹可寻的地步，不但让皇帝过了瘾，还达到了劝谏的目的，只能说“圣人”就是“圣人”，官场修为和战场应变一项都没落下。

然而，圣人千虑，必有一失。王阳明对朱厚照的奇葩程度估计还是不足，一个能在紫禁城玩火药的人，能用正常人的标准来要求吗？

“威武大将军”对这份嗟来之食非常不屑，指示王阳明把宁王给放了，非得兴师动众地来南方，要在当年祖宗朱元璋打败陈友谅的鄱阳湖再和宁王打一场过过瘾。

王阳明差点被这位爷搞崩溃了，把俘虏朱宸濠交接完，就去九华山参禅论道去了，打死也不来伺候这位爷了。

朱厚照自己在鄱阳湖上把宁王抓了放，放了抓，跟猫玩耗子一样不亦乐乎。兴之所至，又在南方转悠了一圈，没承想这一转悠，乐极生悲了。

伍

打完了宁王，朱厚照差不多在南方待了一年左右的时间。他给的理由也很充分，南京也是“京城”嘛，六部衙门和建筑那时候都很完整，正常办公没什么问题。

毕竟是北方的孩子，没见过水，朱厚照一来到江南水乡，就挪不开眼了。他天天带着一群太监在南京周围泛舟，本质上和在北京时候的模式很像，政务交给文臣，自己把握一个大致方向，平时做甩手掌柜。

杨廷和等人也明白了，皇帝玩野了，管不住，反正这样也不是一年两年了，大家都习惯了，总体上朝政还是平稳的。

大臣们比较有意见的是，朱厚照的这种玩法太危险，当时的山东按察御史熊相就递了一个折子，里面就说：“陛下以万乘之尊，秖挟三五亲幸，及一二小舟，宵行野宿，万一不虞，如太后何如宗社何？”

这话说得很直接，翻译过来就说，皇上您万圣之躯，平时就带着几个人，划着一两只小船就到处转悠，还喜欢晚上在野外划船，真要是有个三长两短，皇太后怎么办，江山社稷还要不要了？

朱厚照对这份折子一笑了之。但是，事实证明，这位按察御史的看法相当有见地，毕竟常在河边走，哪有不湿鞋。到了第二年（1520年）的九月，朱厚照就在积水池（今淮安市清江浦地区）不幸翻船了。

虽然在南方待了一年，但是没哪个近臣敢让皇上下水游泳，朱厚照一直是个旱鸭子，过去在紫禁城的时候也不可能在金水河里玩水。所以，这一落水，后果很严重。《明史》里给的说法是“不豫”，一般出现这个词，基本上这皇上就离驾崩不远了。

与之相对应的是，两天后，大学士杨廷和就宣布班师回京，说明朱厚照很可能已经不能下命令了，一行人只能以急行军的速度回到北京。

朱厚照的这次落水到底导致了什么后遗症，现在已经很难考证了。但从《明实录》来看，到了正德十六年（1521年）的正月，朱厚照已经连正常的过年礼仪都无法进行了。

三月十四日，正德皇帝朱厚照以一种彗星陨落的速度，驾崩于“豹房”，年仅三十一岁。

陆

朱厚照这一突然离世，把首辅杨廷和搞得差点精神崩溃。

第一个问题，明朝自从迁都以后，除了被“夺门之变”废掉的景泰帝朱祁钰，其他皇帝都是在乾清宫逝世的。再不济，自打朱棣驾崩在榆木川以后，明朝皇帝都是在紫禁城走完的人生最后一程。因为在中国的文化体系里面，紫禁城是天地的中央，符合《孟子》说的**“居天下之广居，立天下之正位”**。

现在皇帝不明不白，仅三十一岁就死在了紫禁城外的“豹房”，这说出去不仅朱厚照丢脸，他这个首辅也难辞其咎，肯定是要背上骂名的。

第二个问题更严重，朱厚照在位十五年，后世历史八卦甚至包括《明实录》里都在说这位皇帝喜欢强抢民女，天天在“豹房”里饮酒作乐。但很诡异的是，壮年的朱厚照并没有留下子嗣。

这下问题大了，之前所说皇太子属于“国本”，但朱厚照毕竟年轻，大家一开始也没太在意。但是，现在朱厚照突然驾崩，所有臣子脑门上的汗都出来了，家国无主，最容易出大乱子。

更要命的是，朱厚照是一脉单传，他老爹朱祐樘后面就他一个男孩，不像当年朱祁镇“北狩”，于谦等大臣们可以把他弟弟朱祁钰推上去，而朱厚照身边连个备选的兄弟都没有。

这在中国传统宗法中，有一个很可怕的说法，叫作“绝嗣”。等于朱祐樘这一支血脉，在朱厚照之后就断绝了，必须从旁支血脉中再找一个朱家人继承皇位。

明朝开国一百五十年，除去土木堡，这也许是最危急的历史时刻，作为内阁首辅的杨廷和面临着巨大的压力。他必须做好两件事：一是尽可能地挽回先皇的名声，或者是自己的名声；二则是要保证皇位的平稳过渡。

这个时候已经没有皇帝了，而朱元璋的祖训又明确了后宫的张太后不能直接干政，因此杨廷和成为明朝历史上第一个真正意义上掌握最高权力的内阁大学士。

两件大事，首辅杨廷和一肩挑之。

第一件事想要尽善尽美比较困难，但好在杨廷和也没打算能尽善尽美，只要把眼前这关过了就行。

最好的办法，莫过于发布遗诏了。遗诏很多时候并不是皇帝拟的，而是皇帝之后由新皇帝来拟写，表示自己的新政符合“孝道”，减轻阻力。现在没有选好皇帝，杨廷和就自己下笔了。

在这份“遗诏”里面，杨廷和提出废除“豹房”和里面养的闲杂人员，赦免之前被朱厚照处理的臣子，同时逮捕特务头、锦衣卫指挥使许彬，捎带着也遣散了之前朱厚照所建立的武装小部队。

一句话，这份“遗诏”基本上把朱厚照以前干的烂事全部推翻了。而收到的效果也很明显，《明史》里说“遗诏”颁布后，“中外大悦”。

与此同时，杨廷和开始思考皇位继承人的问题，这个继承人的血缘至少要和朱厚照接近，宁王那种八竿子打不着的绝对不行。

挑来挑去，最终杨廷和选定了远在湖北的兴献王世子朱厚熜继位，理由是**“兴献王长子……序当立”**。

其实，血缘相近只是原因之一，更深层次的一点原因，那就是朱厚熜的父亲兴献王已经去世了，不用害怕这个孩子被“太上皇”操控。

确定了人选，接着，杨廷和亲自来到午门的左顺门前，请示后宫张太后，张太后也认同杨廷和的看法。于是，**“召兴献王长子嗣位”**的说法就被写进了“遗诏”里，相当于确定了继承人的正统性。

办完这两件事的杨廷和，坐在空荡的文渊阁值庐里，开始以期待未来的心情，等待着新君朱厚熜的来临。

只是这时的杨廷和并不知道，他所等来的，将是明朝一百五十年来的第一奇葩。

第八章 道君驾到

礼仪之辩

正德十六年（1521年）的四月，一支由礼部和司礼监组成的队伍来到了兴献王府所在的安陆，对年仅十四岁的朱厚熜，颁布了他堂兄朱厚照的“遗诏”，宣布他一步登天，从一个旁支的小王爷，变成了整个大明朝新的统治者。

到底该做一个怎么样的皇帝？从安陆到京城的一路上，朱厚熜一直在思考这个问题。

壹

朱厚熜年少老成。事实上，在收到“遗诏”之前，他已经提前几天接到了让他接任兴献王位的旨意，相当于承认他“成年”了，给予了他继承皇位的资格。

他的父亲兴献王朱祐杬是成化帝朱见深的第四子，奶奶邵氏，当初跟纪太后一样，曾经被万贵妃迫害过。所以，朱见深的儿子们都很有相似性，都属于老实人。

朱祐杬也是这样，自打到了湖北安陆，就老老实实地做人，本本分分地做事。毕竟大多数明朝藩王都没有宁王这么作死，混吃等死、当个废物才是人间正道。

在这样的教育背景下，朱厚熜从小就熟读“四书五经”以及《孝经》等儒家经典，而且在礼仪中进退有度，在宗室弟子中算是一枝独秀。

正德十四年（1519年），兴献王朱祐杬因病逝世。那时候，文武百官都陪着朱厚照在南方玩，捎带着就出席了前者的葬礼。在葬礼上，仪表从容、谦逊有礼的少年朱厚熜，给文臣们留下了很好的印象，这也成为他之后被杨廷和选中的重要原因。

在朱厚熜来到北京之前的三十七天里，杨廷和是毫无争议的明朝一把手，无论实际上还是名义上都是。但是，这三十七天并不好熬，一件事处理不好就容易身败名裂，所以杨廷和巴不得朱厚熜赶紧进城荣登大宝之座。

从安陆到京城，朱厚熜和前来宣旨的大臣们风雨兼程，不到一个月就到了。然而，就在四月二十二日，一群人到了京城郊外的时候，朱厚熜却停下脚步，死活不走了。

按照杨廷和与礼部尚书毛澄的规划，朱厚熜在进了北京城以后，应该从东华门进入紫禁城，然后进入文华殿，继承大统。这个表面上听起来是没问题的，如果我们翻一下《明史》，基本上所有的太子继位都是在文华殿。

但是，朱厚熜知道这个流程以后不乐意了，当场就跟手下说**“遗诏以我嗣皇帝位，非皇子也”**。什么意思呢？就是说，自己接手的是皇帝的位子，不是皇太子的位子，没有“皇太子”这个步骤。

之前，在明英宗回京那一段我们说过，从东华门入还是从承天门入，那是完全不同的两个概念。

从承天门入，表示是一国之君，走的是皇帝的路线。我进来之前就是皇帝，你们必须用迎接皇帝回宫的礼仪迎接。而东华门则是大臣们上朝的路线，从这里进，就等于承认自己在进入紫禁城的时候是臣子的身份。当年朱祁镇回宫走的就是这条路，进来以后就是出门左转直接去面壁了。

以我们现在的观念来看，朱厚熜这孩子的脑子有问题，你管他哪个门进干吗呀，先当孙子再当爷，你进去再说呗。

可朱厚熜的政治觉悟很高，他在路上就想明白了，我要是从东华门进，那就是“臣子”，等于和朝堂上各位是“同事”，以后没法服众。从承天门进，那我进来的时候就是“九五之尊”，你们是跪着目送我进来的，绝对不一样。

两个门的差距，变成了朱厚熜和朝臣们第一次较量的关键。朱厚熜非常果断地表示，大不了这皇上我不干，继续回安陆当王爷去。杨廷和心说这肯定不行，“遗诏”都颁布了，这要是随便换人，说不定人家还以为先帝诈尸了。

不过，直接点头也不行，礼部给出的礼仪摆在那里，总得给朝臣一个台阶下，两边就在城门口耗上了。关键时刻，在后宫的张太后不耐烦了，说“天位不可久虚”，赶紧让他进来算了，这才解决了进门的问题，让朱厚熜顺利地进入紫禁城。

只是连张太后本人都没有想到，这个“进门”的问题，会在未来几年甚至十几年内持续发酵，演变成在明朝历史中都有深远影响的“大礼仪”之争。

贰

进入紫禁城后，朱厚熜如愿以偿地在奉天殿中登基，定明年年号为“嘉靖”，并主持了皇兄朱厚照的葬礼。

登基没两天，朱厚熜就表示：“朕继入大统，虽未敢顾私恩，然母妃远在藩府，朕心实在恋慕，可即写敕，遣官奉迎。”简而言之，就是说自己想把老娘接过来，大臣们也没在意，那时候朱厚熜虚岁才十五，放到我们现在顶多是个初中生，想母亲很正常。

紧接着，朱厚熜又给下面指示，我现在当了皇帝，那我爹这个“兴献王”的说法是不是也得改一改呀，你们讨论一下吧，意思是希望将自己的父母名正言顺地称之为“皇考”和“太后”。

这下杨廷和等人不高兴了。当时的内阁都是身受弘治、正德两代皇恩，对年轻皇帝的行为非常不感冒，就上谏言，说当年唐尧、虞舜的时候也没见把自己爹抬得有多高，劝朱厚熜不要老是纠结于名头。

事情到了这一步，其实已经升级了，从进门的礼节开始，关于名分的问题，已经变成了朱厚熜和前朝旧臣的角斗场，朱厚熜要想乾纲独断，必须赢下这场仗。

但是，他也知道，一下子把孝宗皇帝朱祐樘这位“大神”掀翻，理论上是不可能的。因为人家是正儿八经的皇帝，自己的爹天生就是个王爷，朱厚熜也没法穿越给亲爹逆天改命。要是按这个开始扯皮，一百个朱厚熜也不是内阁的对手，他必须有一个法理上站得住脚的理由，为自己的父亲正名，也是为自己开路。

这个时候，一个名叫张璁的进士站了出来，上了一本震惊朝堂的折子，一下子解决了朱厚熜的理论问题。

张璁当时刚考上进士不多久，就写了一封奏折，递了上去。在奏折里，张璁破天荒地提出**“夫统与嗣不同，非必父死子立也”**，主张“统”“嗣”分开讨论。这句话一出，等于把整盘死棋盘活了。

“统”就是皇位，这个是国家的公器，而“嗣”则是血缘关系，这两个不一样，相当于剥离了朱厚熜过继于朱祐樘的说法，将兴献王朱祐杬的称呼争议问题放在了“孝道”的高度。

而在这个理论上，张璁不遗余力地提出：**“宜别立圣考庙于京师，使得隆尊亲之孝，且使母以子贵，尊与父同。”**他想给兴献王朱祐杬单独立一个祭祀的太庙，让朱厚熜同时进两家祠堂磕头。

这里稍微解释一下，皇帝过去也是要主持家族祭祀的，从宗法制的角度来说，皇帝本身就属于皇家大家长。这一支血脉的祭祀场所，就叫作“太庙”，说得简单一点就是“皇家祠堂”。

紫禁城的太庙，位置就在承天门到午门的御道东边，就是现在北京市工人劳动文化宫那一带。每年皇帝都会过去祭祀，毕竟无论是北京的帝王陵还是南京的明孝陵都太远了，一般都是让驸马之类的亲戚去代天子祭祀。

理论上说，从朱厚照这一代继承大统之后，兴献王朱祐杬这一代和皇家就等于“同祖不同宗”了，需要单独设立自己的祠堂去祭祀，从礼法上说没法回归太庙。

而张璁的意思就是不用回归太庙，咱们单独在北京城里给兴献王建一个宗祠，单独祭祀，“统”“嗣”分开，搞一个“双先皇”的制度出来。这当然很符合朱厚熜的胃口，当即表示**“此论出，吾父子获全矣”**。

朱厚熜这边满意了，那边的一群文臣全部急眼了。首辅杨廷和直接开骂张璁，说他**“秀才安知国家事体”**，故意嘲讽张璁乡试多次不中。在文臣们的眼中，天无二日、国无二主，“双太庙”这种概念简直太离谱了，毕竟天子无家事，一个人不可能进两个祠堂拜祭，这是传统。

唐朝的武则天就是一个例子。

当初武则天做了女皇，本来想把皇位传给娘家的侄子，结果被宰相狄仁杰怼了回来，说你见过谁家宗庙里面祭祀姑妈的吗？武则天瞬间沉默，从这以后就不提这一茬了。因为她知道，武家不可能单独地给她搞一个“太庙”。她要想被后世祭祀只能在李家的祠堂了，武家人进不去。哪怕她就算做了前无古人的女皇帝，都没法跟这种深植于人心的礼法对抗。

现在你张璁想搞一个“双太庙”，跟让皇上去做“两姓家奴”没什么区别，虽然大家都是朱元璋的后代，但是一笔写不出两个“朱”字。

两边的人开始吵，一边是至高无上的少年皇帝朱厚熜，加一个还没当官、仅仅是进士之身的张璁；另一边则是气势汹汹、势要维护礼法的前朝老臣，在这场战役中，几乎不存在和解的可能。

朱厚熜才登基几个月，很明白“一个好汉三个帮”的道理，自己势单力薄，肯定干不过这些文臣。于是，他暂时做了妥协，勉强同意称伯父朱祐樘为“皇考（父皇）”，张太后为“圣母”，自己的亲生父母称为“本生父母”，前面不加“皇”字。而在这之后不久，张璁也被明升暗降，被打发到南京去做刑部主事了。

在杨廷和等人看来，文臣阶层似乎取得了完全的胜利，一切似乎又重新平静了下来。但是，朱厚熜心里暗暗发誓，这些被朝臣逼迫的屈辱，只要有机会，早晚会让他们连本带利地还回来。

朱厚熜等这个机会，足足等了三年。

在这三年中，被打发到南京的张璁也没有闲着，而是开始为朱厚熜准备人手。在他的身边，聚集了一批希望可以借助“大礼仪”一步登天的人，比如桂萼等。

嘉靖二年（1523年）年底，桂萼牵头，加上南京兵部侍郎席书等人，联合上奏，提出要把孝宗皇帝朱祐樘的称号改为“皇伯考”，正式把兴献王朱祐杬改为“皇考”，同时把兴献王妃，也就是朱厚熜的亲娘，以正式的太后礼节对待，将其称为“圣母”。

这还不算完，毕竟是赌一把嘛。桂萼等人干脆一步到位，不光要有“号”，还得有“庙”，主张“别立庙大内”，就是在紫禁城“大内”（午门之内）给兴献王建“太庙”。这份折子一出，等于把停滞三年的“大礼仪之争”再次推到了新的高度。

单从这份折子来看，张璁、桂萼这些人一看就是六品官出身，连紫禁城都没进过，居然提出要在“大内”建祠堂。紫禁城建设的规制和格局，在永乐十八年就已经固定下来了，朱厚照建“豹房”都得老老实实地去西苑，你一张口就是“立庙”，总不能把乾清宫拆了吧。

杨廷和心说这刚安稳了几年，怎么又开始闹腾，就站出来以辞职威胁朱厚熜。

内阁大学士要想反对皇上，最直观的方式就是上疏辞职，一般皇上都不会批准，不然他们要真不在了，谁给你打理朝政。这一招明朝历代内阁都在用，其中数杨廷和玩得最熟练，在正德时期一直用，只是朱厚照打死也不肯批准。

而到了嘉靖朝这里，辞职就不好用了。朱厚熜心说你不是辞职吗，那就滚蛋吧，大明朝什么都缺，就是不缺当官的。所以，转过年来，到了嘉靖三年（1524年）正月，朱厚熜直接用“**非大臣道**（不符合臣子之道）”的理由批准了杨廷和的辞职，搬开了这块横亘在自己身前的拦路石。

杨廷和一走，朱厚熜就更加肆无忌惮了，趁你病要你命，直接把桂萼、张璁等人调到了北京来，任命他们为翰林学士，并批准兵部侍郎席书直接进入内阁，正式形成了自己的政治班底。

与此同时，朱厚熜毫不掩饰地表明了自己的主张：把孝宗称为“皇伯考”，并在这个基础上提出，将自己的父亲称为“兴献皇帝”，去掉父亲称号里的“本生”二字，理由是“**本生对所后而言……实则与皇叔无异**”。这等于彻底对文臣集团摊牌了，服从还是走人，你们看着吧。

没想到文官集团也不乐意了，毕竟从弘治朝开始，就没见过这种不讲理的主，因此硬生生拖着，最后事情拖了几个月，称号这件事还是没有得到解决。朱厚熜有些不耐烦了，决定再加一点猛料，快刀斩乱麻，把这件事搞定。

七月的时候，朱厚照把臣子们叫到午门的左顺门门口，准备开个小会。

肆

文臣们去的时候还都是很乐呵的，觉得皇上不到二十岁，还是㞞了，一群人有说有笑地就过去了。没想到过去以后，就看见门口站了一个太监，直接给他们宣读了皇帝的诏书。诏书里说，不光皇帝的称呼要改，连母亲的“本生”二字也要改，以前的皇太后张氏，现在改叫“皇伯母”了。

大臣们一听，丧心病狂呀。太后和先皇可不一样，那时候张太后还健在呢，老娘能跟“伯母”一样吗？何况你这皇位怎么来的，不正是人家张太后点头，你才从安陆那个穷乡僻壤过来的吗？你现在要再搞一个太后出来，仁寿宫总不能住俩太后吧，你这属于忘恩负义呀。别说礼法上，道义上也说不过去。

群情激愤下，年轻的翰林院修撰杨慎站了出来，冲所有人号召，说出了那句光耀青史的口号：**“国家养士百五十年，仗节死义，正在今日。”**他带着所有官员，在左顺门跪倒，高呼着“祖宗”，也就是太祖朱元璋与孝宗皇帝朱祐樘的尊号，开始号啕大哭，而且哭的声音很大，据说是“声震阙听”。

杨慎这句话喊得非常霸气，但在朱厚熜那里就非常刺耳了。因为杨慎这个人除了是翰林院修撰之外，他的另一个身份，是杨廷和的亲儿子。正月里，亲爹刚离职；七月，儿子就在这里喊话，很难不让人出现联想。

朱厚熜在宫里面听得头都疼了，心说杨慎你这什么意思，给你爹出头？再说了，我这现任皇帝还在位呢，你们高呼先皇名号，不就是说朕不尊祖宗吗？不过，这时候朱厚熜还不想和他们彻底闹掰，就先派太监传口谕，让他们先回去待着。结果，文官们脾气上来了，不听。

这回朱厚熜就不客气了，一声令下，让锦衣卫把带头的八个人拿下，还把其他人的名字也记下来。意思就是，你们等着瞧，咱们秋后算账。

没想到在场的所有人，争先恐后地要求记名，比发工资的时候都积极，这可是博名声的大好机会，谁走谁是孙子。

到最后，锦衣卫们的手都快写抽了，加起来记了一百九十二个人名。而且，大臣们被记完了名还不走，继续在左顺门门口嚎哭。

紫禁城内外的君臣两方都明白，现在是刺刀见红的时候了，谁退，谁就是服软，等于承认了自己在“礼仪”上的理亏，所以一步都不能退让。

但文臣们不知道的是，为了这一刻，朱厚熜准备了整整三年。在这三年里，他虽然乾纲独断，拒绝太监插手，却一直在把原本兴献王府的旧臣调入锦衣卫，控制这支宫廷武装力量。

自从马顺在午门前被大臣们活活打死以后，锦衣卫早已经不被文臣们看在眼里了，这些司礼监的狗腿子哪能和提督东厂的太监们相提并论。然而，就在这一天，同样是在午门之前，朱厚熜告诉所有文臣一个道理：武力永远比话语有力量。

朱厚熜当即下令，对四品以下官员一百三十二人直接逮捕，下“诏狱”，随后对众人施以廷杖的刑罚。

廷杖就是我们所说的“打板子”，只不过朝廷的板子跟一般县衙里的不一样。廷杖的棍子用的是栗木棍，上面包着铁皮，这个是周朝传下来的路数，孔子解释为

故宫左顺门，后改名为协和门。

“使民战栗”，具有警示的作用。明朝早年都不用这一招，到了正德朝的时候，刘公公用的比较多，“圣人”王阳明就在这里挨过打，也是在左顺门的门口。

宫里面的廷杖是有讲究的，从正德以后，都是脱去下身衣裳，赤身裸体受刑，以示羞辱。更细节的是，廷杖的过程也有“潜规则”。

据说如果传旨的太监双脚分开，行刑的锦衣卫就会喊“着实打”。这种一般没什么事，跟衙门里的差不多，一瘸一拐地躺上仨月就没问题了。而如果太监的双脚并拢，那么锦衣卫心领神会，就会喊“用心打”。铁皮包着的木棍，二十杖以内就能杀人。这也是后来为什么有人讹传“午门斩首”，因为在午门的廷杖，那是可以打死人的。

毫无疑问的是，这次朱厚熜是下了狠心，太监们一个个双脚并拢，全都是“用心打”，当场就打死了十六人。杨慎等人可能比较年轻，没死，但也被发配边疆了，从此一辈子再也没有踏进过紫禁城。

伍

“大礼仪之争”，在左顺门此起彼伏的廷杖行刑声中，朱厚熜获得了场面上的完胜。

我们可以稍微列一下数字，在这次事件中，共涉及九卿二十三人、翰林二十二人、六科给事中二十一人、御史三十人，其余六部官员一百二十二人，整个朝堂，尤其是所谓的“清流”几乎被完全清洗。不到二十岁的朱厚熜，从此真正掌控了政局。而那些帮着朱厚熜说话的，全都借此鸡犬升天。

不到二十岁的朱厚熜天赋异禀，另辟蹊径，想出了文臣之间内部互相制衡的思路。他负责选首辅，首辅负责制衡百官，不听话的直接“用心打”。这样一来，“胡萝卜加大棒”，整个紫禁城内外全都是皇上一个人说了算。

既然乾纲独断了，朱厚熜就能尽情地干自己想干的事情了。

第一要解决的，就是自己爹娘的名号问题，整个要是不改，怎么能说自己赢了呢？其实，改名号很容易，自己写一道圣旨就行，张璁他们也不敢不点头。但建太庙这件事就比较麻烦了。

其实，明朝皇帝的宗族祭祀是分为太庙和奉先殿两部分的，前者是外部祭祀，后者属于宫内祭祀，位于内廷东边的景运门之外，就是现在故宫博物院钟表馆所在的地方。朱厚熜为了给老爹立牌位，直接在奉先殿的西边建了一座“观德殿”，负责祭祀兴献皇帝。这件事无伤大雅，反正关起门来，朝臣们也看不见。

但是，太庙就不一样了，朱厚熜这时候已经不再满足于单独给老爹立庙了，而是更希望让自己的父亲名正言顺地进入太庙，享受祭祀。《万历野获编》里给的理由是**“既别立庙，则与太庙不同，以后子孙世**

世奉祀不迁”，就是生怕自己死后被人把自己老爹的庙给拆了。

如果是明朝以前，这件事可能相对好解决。因为以前是“都宫之制”，就是在太庙里面，一个人一个院子，这个相对比较好办，给朱祐杬加一个院子就行。但是，明朝从朱元璋开始，太庙里用的是“同堂异室”制度，祖祖辈辈都在一个院子里。

这些祖宗排位也有讲究，得按照“昭穆制度”来，就是中间是始祖，后代依次排开，左昭右穆，同辈的不能在一边，而且最多摆九个，多了得迁出去。

这回朱厚熜头疼了，明朝到他堂哥朱厚照这里，好死不死刚好是九个。正常来说，朱元璋是不能动的，得从朱元璋以下从远到近地往外搬。

这又是比较作的一个行为。因为朱元璋往后是朱棣，但朱棣的这个皇位是从侄子手里抢来的，你要是把朱棣搬出去，那么朱老四往后的血脉到底正统不正统就很难说了。

故宫太庙

这件事非常矛盾，所以朱厚熜干脆把太庙改成了“都宫之制”，让里面同时摆着十座庙（包含太庙本身，祭朱元璋）。其中，他老爹的庙因为没有庙号，被称为献皇帝庙。

即使控制了内阁，这件事依旧在朝廷中备受争议。好巧不巧的是，嘉靖二十年（1541年）四月，新修建的庙宇遭遇雷击，十座庙毁了八个，得重修。嘉靖皇帝自己也是个比较迷信的人，就恢复了以前的“同堂异室”制度。

这样一来又回到了老问题上，怎么样在保留“兴献皇帝”的同时，让太庙正常地祭祀。

当时的礼部尚书严嵩，决定抓住“大礼仪之争”最后的尾巴，也搏一把，就上疏建议把“兴献皇帝”奉为宗，然后让朱棣搬出来，改个庙号，以前叫“明太宗”，现在给朱棣加个级别，称为“成祖”，所以现在管朱棣都叫“明成祖”，不叫“明太宗”。

名字一听，我们会感觉“祖”比“宗”高级，其实完全不是那么回事。你得另加一脉，才能算“祖”。而朱棣这辈子最心心念念的，就是以继承老爹朱元璋的正统自诩，没想到一百多年后会被自己的子孙反攻倒算，从太庙里给一脚踢出去，也算是一种历史的讽刺。

有了“明成祖”，朱厚熜就可以合理地把自己的父亲定为“明睿宗”了，然后光明正大地摆进了太庙里享受祭祀。

陆

太庙的一系列工程，是对“兴献皇帝”朱祐杬“身后事”的处理。而在太庙修建的同时，朱厚熜也在忙活着给自己的亲娘争取利益。

关于朱厚熜亲娘的名号问题，其实已经解决得差不多了，跟着老爹走就可以，即去掉“本生”两个字，称之为“兴国太后”蒋氏。而以前的太后张氏，自然也就变成了“皇伯母”。

确立了两个太后并列的概念后，剩下的问题就是，两个太后分别住在哪的问题。

在嘉靖之前，明朝其实已经习惯了两个太后同在的情况。但此一时彼一时，过去的两个太后是“太皇太后+皇太后”，辈分很明确，所以住的宫殿规格也很容易解决。也就是我们之前说的，太皇太后住在东边的清宁宫，而皇太后则住在西边的仁寿宫，媳妇和婆婆直接隔着一条中轴线，互相不妨碍。看得出来，设计这个思路的弘治皇帝朱祐樘，真的是个居家好男人，把家庭关系把握得太透彻了。

而“兴国太后”进宫以后，这个事就比较麻烦了。因为张太后没法升级为太皇太后，她和现在的“蒋太后”之间是妯娌关系，只能俩太后一起挤在仁寿宫。

住的空间肯定是没问题的，之前太皇太后周氏在重修清宁宫的时候，也是和儿媳妇王太后一起住在仁寿宫。但朱厚熜心理别扭，既然是一个宫殿建筑群，肯定有主次之分。论资历、论年纪，自己亲娘都只能住在偏殿里面，这肯定不符合朱厚熜“大礼仪”中的言论，所以他一直想让自己的亲娘蒋太后找个借口搬出去。

想瞌睡就有人送枕头，嘉靖四年（1525年）的三月，就在“左顺门廷杖”过去不久，仁寿宫夜间突发火灾，俩太后都没地方住了。

趁着这个机会，朱厚熜重修了两座宫殿，先是改建了之前的清宁宫，并将之更名为“慈庆宫”，给张太后居住。

当然，以朱厚熜的小心眼，不可能真把清宁宫全给自己的“皇伯母”。他提出**“拟将清宁宫存储居之地即半，作太皇太后宫一区……以备皇祖一代之制”**，就是划出原本清宁宫的一半的地方，明确为太皇太后住的地方，作为一个固定的太皇太后宫。这样一来，张太后就处在一个很尴尬的位置，她本身不是太皇太后，却住在太皇太后应该住的地方。

而另外一边，原本的仁寿宫重修，更名为慈宁宫，留给蒋太后去住，达到了朱厚熜心目中“名正言顺”的目的。打这开始，慈宁宫才算正式“挂牌营业”，成为皇太后的居住之地。

亲生爹娘都有了合适的地方和名头，“大礼仪”的事到此也就告一段落了。

朱厚熜成功地解决了所有问题，开启了自己独掌朝政的时代。值得一提的是，这时候朱厚熜已然掌国二十余年，这在明朝历史上已经是一个名列前茅的数字了，他自己也很为此得意。

但他没想到，在他登基后的第二十一个年头里，紫禁城将会用其特有的黑色幽默，和他开一个致命的玩笑，从而改变了历史。

壬寅年里不太平

整肃朝政、罢免宦官、争论礼仪，事必躬亲。在嘉靖朝的前二十年，他的举动还有几分中兴之主的样子。在他的政治手腕下，内阁首辅像走马灯一样更换着，却个个俯首听命。他自信可以超越自己的堂哥甚至“皇伯父”，成为明朝历史上的一座丰碑。但是，他的一个爱好，却险些令他成为第一个在紫禁城中死于非命的皇帝，沦为千古笑柄。

壹

朱厚熜从湖北来京城的时候，带过来两样“法宝”，第一是他在兴献王府的一批老臣，他靠这些王府旧臣整顿了锦衣卫，并在左顺门前一战成名；第二则是他对道教的信仰。明朝连续几代皇帝都不长命，包括朱厚熜的老爹朱祐杬也是壮年去世，因此朱厚熜很早就是一个道教的信徒，并希望借此得以长生。

这个信仰跟朱厚熜从小生长的湖北安陆也有直接关系，湖北从多少年前就是道教盛行。当年张三丰在河南地界里还是少林和尚，进了湖北后悟出太极拳，直接成了道教真人了，可见地域文化的影响力还是很强大的。

一开始的时候，群臣对皇上这个爱好都没在意，老朱家信这些乱七八糟的也不是一代两代了，从朱见深喜欢妖僧，再到朱厚照在“豹房”里带着一群西域番僧厮混，就连老实人朱祐樘也多少会看看道家的经书。反正明朝也无明确规定，这玩意儿你有个度就可以。

但在朱厚熜身上，人们很快发现，不是这么一回事。

看一个人是不是真的有信仰，一般是看他对于其他信仰的抵抗程度。哪怕是最开放的儒家，孟子也公然地说出“能言距杨墨者，圣人之徒也”这样富有攻击性的话。

明朝以前的皇帝对于宗教都是生冷不忌，今天我可能信太上老君，明儿我也求如来佛祖保佑，真要赶上什么事，两个一块拜也无所谓，很有儒家所谓“无可无不可”的感觉。

而朱厚熜作为一个道家子弟，旗帜鲜明地对佛家进行了攻击，说佛教“智者以为邪秽而不欲观”。这就有点直观了，要不是对道家有真爱，绝对不这么干。

问题是修道这种事有很多种方式，普通老百姓比较好办，天天背一背《道德经》，平时养生、静坐就可以，皇上要是也这么干，那就有点掉价了。

法器要有吧，金的、玉的，最差也得是江西景德镇御窑厂私人订制的。

炼丹需要材料吧，中国几千年下来，炼丹早就形成配方了，用的都不是便宜货，就连烧柴用的都是白蜡。

最关键的，修道得有地方吧，总不能天天地在乾清宫打坐。所以，朱厚熜在西苑兴建了一系列的祭坛等建筑，毕竟紫禁城里空间都满了。而新增的这些建筑，名字乍一听都很好听，比如嘉靖十五年（1536年）在西苑的涌泉亭建了“金海神祠”，嘉靖二十年（1541年）又准备修建“雷坛”，祭祀雷神，打出的名义是求雨。

修房子是最花钱的一件事，当时的首辅夏言（张璁于嘉靖十四年因病辞官，年纪太大了）也是靠“大礼仪”上位的，本来定位是嘉靖皇帝的打手。但是，既然当了首辅，那起码就得算着国库余粮过日子，就跟嘉靖皇帝提意见，说这玩意儿太烧钱了，能不能先缓缓。

当时的工部员外郎刘魁在奏折里就说得很直接：**“岁入几何？一役之费动至亿万。土木衣文绣，匠作班朱紫，道流所居拟于宫禁。”**意思就是，咱大明朝一年税收才多少？皇上您现在修个这玩意儿，花费太多了，装修也太豪华了，何况还让一群道士在宫廷里进进出出，不太合适。

奏折一上去，朱厚熜也没客气，谁挡我成仙，我让谁升天，直接把刘魁等人送进了锦衣卫“诏狱”，其他但凡有劝谏皇帝修仙的，一律“用心打”，管死不管埋。

没多久，首辅夏言也被朱厚熜罢掉了，而且起因也很扯。

当时，朱厚熜在宫廷里喜欢跳大神，这种事他一般都不会穿着龙袍干，都是一身道袍，头上戴着“香叶冠”。这个是朱厚熜本人设计的，本质上是道冠，高一尺五（四十多厘米），用绿纱制成。可见朱厚熜修道确实生冷不忌，“绿帽子”都往头上扣。

修道这件事，不仅朱厚熜自己玩得不亦乐乎，还要求内阁大学士也参加。夏言为了上位可以附和“大礼仪”的言论，但堂堂首辅，天天戴个“绿帽子”在那里跳大神，实在是有辱国体，所以死活不戴。

朱厚熜一怒之下，没多久就把夏言罢官了，史称“香叶冠”事件。而取而代之的，则是之前在“大礼仪”之争中站出来的严嵩。

严嵩当时都已经六十多岁了，古代正常来说，官员七十岁致仕还乡，像严嵩这个年纪早该退居二线了。但是，没想到他老而弥坚，身体和工作状态都不弱于年轻人，即使是把严嵩往死里黑的《明史》也承认，这老头“精爽溢发，不异少壮”，有点违反自然规律。最关键的一点，严嵩是一个很会讨好皇上的内阁大学士。

比如“香叶冠”，夏言不乐意戴，而严嵩不仅欣然接受，连和朱厚熜平时说话的时候都戴着。当时，朱厚熜还要求群臣写“青词”。所谓“青词”，就是说皇上今天要搞一个道教的仪式，你们每个人得写一篇好文章上来，皇上看了满意，拿到仪式上烧了祭天。

明朝不缺文人，可“青词”这东西实在是太恶心了，不仅要对仗工整，还得把吉利话用道家语言说出来，我们可以看一下当时流传比较广的一段青词：

洛水玄龟初献瑞，阴数九，阳数九，九九八十一数，数通乎道，道合元始天尊，一诚有感。

岐山丹凤两呈祥，雄鸣六，雌鸣六，六六三十六声，声闻于天，天生嘉靖皇帝，万寿无疆。

这种文字一看就知道，纯粹是拍马屁，所以很多臣子都不愿意写，能敷衍就敷衍。但是，严嵩却把写“青词”作为头等大事，比考科举都卖力，自然讨得了嘉靖皇帝的欢心，也被人讽刺为“青词阁老”。在首辅的位子上一干就是二十年，一直到八十多岁还在哆哆嗦嗦地陪着朱厚熜聊天，单看年纪，堪称大明朝的“姜子牙”。

当时的严嵩，基本上堪称权势熏天，除了在朱厚熜手底下装孙子，在谁面前都是爷，完美地贯彻了家有一老，如有一宝。

有了严嵩把持朝政，朱厚熜终于可以无后顾之忧地专心修道了。

贰

修道是一门技术活，从炼丹到做法事，朱厚熜一个都不落下，还给自己封了一个道号，为“灵霄上清统雷元阳妙一飞玄真君”，跟堂哥朱厚照一个德行，喜欢给自己加职称。

而“真君”要炼丹，那跟正常的道士肯定不一样。当时的道士陶仲文，给他开了一个贼搞笑的方子，让朱厚熜采集年轻宫女月事初潮的经血，用来炼丹。这么馊的主意，朱厚熜居然信了，就吩咐了下去。

上面动嘴，下面断腿。这下子那些年轻的宫女算是倒了血霉了，天天喝露水，啃桑叶，饭也不给吃，稍有不如意就会被打骂至死，连隔壁国家朝鲜所著的《李朝中宗实录》里都记载“因此殒命者多至二百人”，不难想象这些女子的悲惨处境。

哪里有压迫，哪里就有反抗。到了嘉靖二十一年（1542年）的十月，一个叫杨金英的宫女不能忍了，她觉得死了也比这么受折磨强，不如杀掉朱厚熜这个魔鬼，一了百了。

干这事肯定需要人手和计划。杨小宫女就联络了一群同乡的女子（都是河北人），大概十来个人，一起做这件事情。计划也很简单，《明实录》里说**“伺上寝熟，以绳缢之”**，就是直接拿绳子把朱厚熜勒死。毕竟作为宫女，她们能接触到的武器实在是太少了。

剩下的就是作案时间和地点的问题了。时间比较好确定，十月份的“壬寅”日，也就是二十一日，故而这次宫女起义又被叫作“壬寅宫变”。

地点就存疑了，根据《明史》的说法，是“帝宿端妃宫”，虽然没法确定具体是哪个宫殿，但至少是东西六宫之一。但《明史》是清朝人编的，这里有点不够详细，去各个妃子宫殿里转悠那是清朝皇帝干的事。明朝通常都是妃子到乾清宫侍寝，所以这件事情应该是发生在乾清宫。

后来，负责审这件案子的刑部官员张合，还在办案记录里记载了当时乾清宫的规制，即**“中一间置床三张于房下，左一间置床三张于上，左二间置床三张与下，左三间之上间，又置床三张于上，左四间之下置床三张与下，右四间亦如之。天子随时居寝，制度殊异”**。

这一串数字能把人绕晕了，我们可以稍微算一下，得出的总数就是乾清宫分为上下两层，这两层加起来一共九间房子，二十七张床，皇上想睡哪个睡哪个。不过，这个设置应该也不是为了防止人刺杀，毕竟朱厚熜也没开天眼。“多寝”这个规则在西周就有，称之为“天子六寝”。

显然床多和房间多，只能挡住外人，挡不住这些平时就生活在宫廷里的宫女。于是，在十月二十一日的晚上，十几个小姑娘趁着朱厚熜熟睡，爬上了朱厚熜二十七张床中唯一有人的那一张，把绳子套在了朱厚熜的脖子上，准备将其勒死。

从战斗状态上来说，朱厚熜睡着，小宫女们醒着；从参战人数上来说，朱厚熜就一个，旁边顶多躺着一个端妃，而宫女们有十几个人，怎么看都是必杀的局面。

但是，没想到这几位宫女不擅长针线活，打扣打成了死扣，玩命地拽，就是没把朱厚熜勒死。废话嘛，死扣，这要勒死就有鬼了。再加上当时乾清宫里黑灯瞎火的，宫女们顿时方寸大乱，拿着钗子开始对着朱厚熜乱扎一通，看上去满脸是血，但也没有伤到要害。

小姑娘们都是十几岁的孩子，很多人受不了这个压力，再加上有点迷信思想，心说躺在床上这位不会真的是“真君”吧，就开始四散而逃。一个叫张金莲的宫女跑到了皇后方氏所在的坤宁宫，把事情交代了。方皇后撒腿就往乾清宫跑，这才把朱厚熜救了过来。

被救下来之后，朱厚熜已经昏迷了，在床上躺了足足一个月才缓过来。趁着这段时间，方皇后快刀斩乱麻，不仅将杨金英等一群宫女处刑，还捎带着排除异己，把端妃也牵连了进去。等朱厚熜一个月后反应过来的时候，爱妃已经香消玉殒了。

按理说，“修仙”修到宫女起义，正常人怎么也该反省一下，但朱厚熜反而振振有词，昭告天下“仰荷天地、祖宗、皇考妣洪庇，百神护佑”，对道教更痴迷了。可能生死关走了一遭大彻大悟了，啥事也不如自己活着舒服。

不过，打这开始，乾清宫甚至紫禁城都不能住了，毕竟有心理阴影。朱厚熜决定搬到西苑太液池以西的永寿宫去住了。也是打这开始，朱厚熜开始不上朝了。

“中兴之君”从这开始就消失了，取而代之的是生活在西苑的“道君皇帝”。

叁

永寿宫并不是新房子，《明实录》记载：**“万寿宫在西苑，本成祖文皇帝旧宫也。”**说明这地方不是朱厚熜建的，应该是当年燕王府的一部分，后来在嘉靖十年（1531年）修整了一下，本来没想常住，结果现在派上用场了。

对于朱厚熜长期住在永寿宫这件事，虽然臣子们有所反对，但大多数人是保持沉默的，主要有这么几个原因。

第一个原因就是正统性，后来朱厚熜曾经得意洋洋地说“朕御皇祖初宫二十余”，说明自己住的老家的房子，不违反祖制。大臣们顶多“腹诽”一下朱厚熜这厮恬不知耻，把朱棣踹出了太庙，还好意思住人家的旧宅，实在是不讲究。

第二个原因是朱厚熜理直气壮，我的安全在紫禁城里得不到保障，你们这些忠臣总不能盼着皇上归天吧，所以没有人敢提这一茬。

第三个原因就比较简单，严嵩控制着朝堂，朱厚熜手里的锦衣卫也不是吃素的。文的武的朱厚熜都会，真要有不开眼的，直接“用心打”就行。

而既然住在了西苑，那就得好好地改造一下了。朱厚熜开始在西苑陆陆续续地增添了许多建筑，之前的“雷坛”肯定是很快修起来了，没过几年又修建了“健佑国康民雷殿”。此外专门用来炼丹的“大光明殿”，就在现在北京的光明胡同那一带，这胡同本来叫“光明殿胡同”，就是因为这个建筑而得名。

从这些宫殿的名字我们不难看出，全都是道教的风格，可见朱厚熜对道教痴迷到什么程度。现在故宫的很多建筑，只要带着道家元素的，也基本上都是朱厚熜那个时代改的名。

比如，御花园内的“天一门”，就是朱厚熜亲自定的名。最早叫“天一之门”，出自于道家“天一生水”。后来，清朝可能觉得这个名字太二了，就把“之”字给删了。

此外还有御花园钦安殿西边的“四神祠”，也是这位“道君”皇帝搞出来的。整个亭子是八角亭，寓意“八卦”，供奉的是“青龙白虎玄武朱雀”。这四个“神”还算是正常的封建祭祀体系，因此后来也没拆，现在去故宫还能见到。

朱厚熜忙着建房子修道，那边老严嵩就开心了，自从因为“大礼仪之争”上位以后，这位严嵩就成为大明朝一人之下，万人之上了。

故宫御花园天一门

这世界上第二赚钱的事就是包工程，而第一赚钱的事就是给官方包工程。于是为了捞钱，严嵩把自己的儿子严世蕃运作成了工部侍郎，没多久严世蕃又干到了工部尚书。爷俩一个接工程，一个干活，忙得不亦乐乎。

工部本来是冷衙门，但严家父子生逢其时。在严嵩当首辅的二十年里，紫禁城将要面临史无前例的天灾人祸，这也将极大地考验这位老首辅统筹的能力和捞钱的本事。

“火德星君”

从“雷坛”到“大光明殿”，朱厚熜的修道似乎和“火”很有缘分，但在宫廷里，“火”字等同于最严重的灾难。如果我们翻阅紫禁城的史料，会发现很多建筑都在嘉靖年间得以重建，其原因与当时接连不断的火灾有直接的关系。

而从“大礼仪之争”一直到最后的人生岁月，朱厚熜人生中的每一个脚印似乎都伴随着火光冲天。

壹

其实，早在嘉靖时期的前二十年，紫禁城里的火灾基本上就没断过，天灾人祸都有。

比较典型的就是太庙和仁寿宫（后来的慈宁宫）的火灾。前者纯粹是天灾，却为朱厚熜老爹的牌位入太庙扫清了道路。而后一场火灾很难说清是天灾还是人祸，但也让其母亲“兴国太后”成功地入住皇太后宫。

从这个角度上来看，朱厚熜的道号应该是“火德星君”，每次都靠着“火”推波助澜，以达到自己的目的。

然而，“火”太旺了也不好，至少在嘉靖三十六年（1557年）的时候，朱厚熜应该对此深有感触。

在嘉靖三十六年的四月十三日，一场突如其来的大火，几乎把整个紫禁城烧得都差不多了。

《明实录》里难得的对这场火灾有了详细的描写：**“是日申刻，雷雨大作，至**

戌刻火光骤起，初由奉天殿，延烧华盖、谨身二殿，文武二楼，左顺、右顺、午门，及午门外左右廊尽毁，至次日辰刻始熄。”

这场大火足足烧了一天，跟当年朱棣新修的“三大殿”被毁一样，属于天灾，却远比上一次更为严重。“三大殿”加文武双楼，再加包括午门在内的十五个门全部毁于一旦。

当然，如果我们马后炮地分析一下，这里面多多少少有一些“人祸”的成分。毕竟朱厚熜常年在西苑住着，午门以内的紫禁城，平时是相对缺乏人手的，这就导致原本发生在奉天殿的火灾，直接烧到了午门，最后文武百官只能去端门举行朝会了。

要是依照朱厚熜的性子，紫禁城就先不修了，又费钱又费力，还不如在西苑多修俩道观。不过他自己也知道这个不现实。虽然他已经很多年不上朝了，但紫禁城的功能性还是不能用西苑去替代的，所以没辙，硬着头皮修吧，就让内阁首辅严嵩报个预算上来。

严嵩和工部报完了预算，朱厚熜听完就急了，说不行，太贵了，给了个指示：**“我思旧制固不可违，因变少减，亦不害事。”**这就给重修紫禁城定下了基调，以前该有的制式还是要有的，可现在不是共克时艰嘛，咱稍微降低点标准也可以。

严嵩伺候朱厚熜都十几年了，闻弦歌而知雅意，马上在老板的意思上更进一步，说：**“旧制因变少减，固不为害，但臣伏思，作室筑基为难，其费数倍于木石等，若旧基丈尺稍一移动，则一动百动。从新更改，俱用筑打，重费财力，久稽岁月，完愈难矣。臣愚谓，基址深广似合仍旧，若木石围圆，比旧量减或可。”**

这话很长，也很复杂，却非常具有创造性，简而言之，就是“比旧量减”。

什么意思呢？过去造房子，打地基夯土是花钱最多的，如果按照朱厚熜所说的缩小规模，那就得重新打地基，费时费力。现在严嵩想的招数是，地基不用换了，就让它摆在那里，让这个平台保持原样，反正烧的只是地上建筑物，我们直接在这个台子上缩小规模就可以。

原来的奉天殿，是广（长）三十丈，深（宽）十五丈，按明代的比例尺换算过来，现在的奉天殿（太和殿），长约二十丈一尺，宽约十一丈七尺。这里没有按“米”来换算，但依然能看出缩的不是一点两点，而且并没有像严嵩说的那样“比旧量减”。严嵩估计知道朱厚熜也不会细看，也就没那么讲究了。

再说得直观一点，现在我们去看故宫的太和殿，它所在的那个用一圈汉白玉石栏杆围着的大平台，才是原本嘉靖之前奉天殿本来的大小。现在这个应该属于迷你版，但依然足以令人感到宏伟和壮观，可以想象当年明朝的奉天殿是何等气派。

朱厚熜很赞同这个方案，管他大小，能省钱就是好办法，指示工部尽快开工。

贰

当时，严嵩之子严世蕃为了避嫌，已经不做工部尚书了，工部交给了严嵩的干儿子赵文华。肥水不流外人田，朱厚熜的心里也大致有数，但还是觉得只要活干好就行。

结果，有一天，朱厚熜在西苑爬山（很可能是万寿山），抬头就看见西长安街上有一套宅子建得高端大气上档次，比他住的永寿宫都气派，随口就问周围的人，这是哪家的豪宅。

旁边的人不敢撒谎，当然撒谎也很难，因为当时京城没几个能修这个级别的宅子，就老实回答：**“赵尚书新宅也。”**另外一个随从补充了一下：**“工部大木，半为文华作宅，何暇营新阁。”**就是说，好的材料都给赵文华修新房子了，紫禁城那边修得就慢了。

朱厚熜怒从中来，不过毕竟修道有成，知道马无夜草不肥，就把严嵩拉到跟前，委婉地表示：**“门楼庀材迟，文华似不如昔。”**说这小子干活没以前勤快了，然后让赵文华休病假，后来又找了个由头，把赵文华削籍为民了。

严嵩一看没辙，又把自己的小舅子欧阳必进推荐给了工部尚书。这位小舅子平时是个发明家，曾经发明过“人力耕地机”，按理说主持工部是再合适不过了。但是，欧阳必进当时也快七十岁了，不是谁都能像严嵩那样八十来岁还能和皇上聊天。

一开始，欧阳必进的速度还比较快，嘉靖三十六年十月开工，干了一年，午门等建筑就修好了。又过了两年，午门和“三大殿”的房梁也已经上好了。但是，到这为止，工程速度莫名其妙地就慢了下来，可能是欧阳必进年纪大了，拖慢了工程。朱厚熜等得不耐烦了，就让这老家伙改当吏部尚书，半年以后就致仕还乡了。

这次朱厚熜学明白了，术业有专攻，也不让严嵩的嫡系来干了，换了一家“装修公司”，让当时的工部左侍郎雷礼和匠人徐杲负责。

这俩人都是技术性人才，水平相当不错，半年不到，紫禁城就重修完毕了。朱

故宫太和殿

厚熜非常高兴，给俩人都加封了工部尚书。不过，徐杲这个属于荣誉职称，大明朝能以工匠身份成为二品尚书衔的，只有徐杲一位，哪怕是当年重修承天门的蒯祥也不过是工部侍郎。

嘉靖四十一年（1562年）九月，历时四年多的紫禁城重建工程正式宣告完成。朱厚熜很乐呵，有了给宫殿起名的兴趣，大笔一挥，把所有的宫殿名都换了一遍。

《明会典》载：

“更名奉天殿曰皇极殿。

华盖殿曰中极殿。

谨身殿曰建极殿。

文楼曰文昭阁。

武楼曰武成阁。

大朝门曰皇极门。

左顺门曰会极门。

右顺门曰归极门。

东角门曰弘政门。

西角门曰宣治门。”

除了午门之外，一个没跑，全换了一个遍。现在故宫的中和殿（中极殿）和保和殿（建极殿）里面，还能在铜柱找到“中极殿桐柱”和“建极殿桐柱”的字样，可见是嘉靖朝之后的遗物。

一开始改名的时候，严嵩等大学士们还在犹豫名字该不该换，当时给朱厚熜的建议是不换。毕竟其他的宫殿还好，奉天殿这种应该是从朱元璋时代就定下来的。当年朱棣把首都从南京挪到北京，都没敢把“奉天殿”这个名字换了，后代随便换难免引起非议。

但“火德星君”朱厚熜显然没太把祖宗放在眼里，振振有词地说：**“太祖名之，成祖因之不更，上天垂示至今已两矣。”**这理由的角度太清奇了，意思是你看当年太祖朱元璋定了名，成祖朱棣没改，所以到现在烧了两次了吧。为什么呀，说明上天看这个不顺眼，警示了我们两次，再不换可能还有第三次。

严嵩这次没敢接茬，一方面是他知道朱厚熜的脾气；另一方面，因为一年前的一件事，他在朱厚熜眼里的地位已经远不如从前了。

叁

严嵩的圣眷下滑，是一个自然规律的问题，也是一个量变到质变的过程。

嘉靖四十一年（1562年）的时候，严嵩已经八十二岁了。人到了这个岁数，很难不服老，所以严嵩更多的是靠着儿子严世蕃的出谋划策，才能把事情办好。要说严世蕃确实是个人才，所拟的旨意都很符合朱厚熜的口味，但他毕竟不可能时时刻刻地跟在八十岁的老爹身边。这样一来，严嵩就时不时地犯错。

最要命的一次，发生在嘉靖四十一年的十月，朱厚熜日常居住的西苑永寿宫，在夜间突然起火。

一般宫廷建筑但凡不是天雷地火，起火的原因都不太好确定。不过，《万历野获编》对这次火灾的起因给了一个说法，说：**“相传上是夕被酒，与新幸宫姬尚美人者，于貂帐中试小烟火，延灼，遂炽。”**翻译过来就是，朱厚熜喝多了，跟后宫的妃子在帷帐中玩烟火，结果不小心失火了，蔓延开了，把宫殿烧了。

这件事搞得朱厚熜相当狼狈，有点像当年他堂兄朱厚照玩烟火，顺手把乾清宫烧了一样。不过，朱厚熜显然没有堂兄“好大一棚烟火”的童心，等严嵩带着内阁群臣赶到西苑的时候，朱厚熜正在那里黑着脸，琢磨着以后在哪住的问题。紫禁城那属于心理阴影，肯定不能回去住，所以朱厚熜等着这些大学士给自己拿个主意。

结果，严嵩不知道是老糊涂了还是怎么样，见到朱厚熜，居然建议他迁到南宫去住。

平心而说，这确实是个好建议。因为当时紫禁城重建的工程还是很烧钱的，国家已经没钱了，所以这句话也算是老成谋国的良心话。

问题是嘉靖如果看重良心，那早就没严嵩什么事了。而严嵩说的南宫就是“南内”，当年朱祁镇被囚禁的地方。朱厚熜但凡有一口气，都不会过去住，等于严嵩拍了半辈子马屁，最后一下拍在了马蹄子上。

这个时候，早有预谋，一直隐藏在严嵩背影下的次辅徐阶挺身而出，大胆地建议**“今徵到建殿余材尚多，顷刻可办”**，就是说重修紫禁城的材料还有剩余，可以尽快修好。

朱厚熜听到之后非常高兴，投桃报李，就把徐阶的儿子徐璠提拔到了工部做监工。不到一年，新的宫殿就修好了，朱厚熜亲自将之改名为“万寿宫”，并住了进去。他将在这里，度过他人生最后的时光。

同时，这次永寿宫的火灾，也象征着叱咤风云二十年的“严党”即将失势。严嵩已然老迈，他开始感受到了天意和人事的无常。

二十年前，他通过逢迎上意，拱掉了自己的老上司夏言，成功上位，没想到活到最后，居然因为说了一句实话而失了圣眷。而夏言当年坚守原则，不肯戴“香叶冠”，他的学生徐阶却公然地提出挪用修建紫禁城的材料来修道观，以此来讨好皇帝。

历史真是一个车轮，兜兜转转，大家都是差不多的货色。

在紫禁城重修后没几年，严嵩就受到儿子严世蕃的牵连，被迫辞官回乡了，新修的紫禁城里，已经不再有这位老首辅的位子。在严嵩离开之后，成为首辅的徐阶迅速地展开了清洗“严党”的行动。

回到家乡后的严嵩，因为子女被发配边疆，只能在老家的祠堂里靠偷吃供品为生，最后八十六岁，死在了村口的一个草屋里。他死前留下两句诗：**“平生报国惟**

忠赤，身死从人说是非。”这位掌国二十多年，死后被列入《奸臣传》的臣子，一直都认为自己是在效忠皇上，没有错。

然而，严嵩看不到的是，在他死后，他穷尽“忠赤”所效忠的那位君王，也即将倒下。

肆

严嵩去世的时候，朱厚熜已经五十九岁了。

在大明朝的皇帝中，朱厚熜绝对算是一个长寿皇帝，大多数皇帝活到三四十岁就龙驭宾天的比比皆是，他却无病无灾地活到了六十岁，足足一个甲子。这不仅让很多臣子始料不及，朱厚熜本人也足以自傲。

历史上一直有传言认为，朱厚熜最后的死因是因为炼丹嗑药，身体里毒素积累而死。其实，这个说法可能性并不大。因为炼丹术经过上千年的演变，道士们稍微控制一下，给朱厚熜炼出一炉“糖豆”来是完全有可能的，所以没多少人真敢拿着皇上试验丹药。

从这个角度看，丹药并不是朱厚熜的死因，真正打击到这位“火德星君”的，其实是一篇文章，或者是一个人。

这个人的名字叫作海瑞，当时在户部做一个小小的云南清吏司。后来，我们都知道，海瑞是赫赫有名的清官。但是，很少有人知道，海瑞的清廉在当时就已经名满天下了。

海瑞跟之前讲过的官员不同，他是举人出身，从来没中过进士。这种举人在地方上可以算得上一方豪强，但放到历史中那简直是不够看。所以，海瑞最早被分配到南平县做教谕，相当于教育局长，连个县令都没有捞到。

但海瑞这个人实在是太强了，做官毫无污点，对手下要求又特别严格，所以每到升迁的时候，大家都像送“瘟神”一样把他送走。这就导致海瑞的仕途以一种不科学的速度一路起飞，做到了很多进士才能做到的六部主事。

而进入户部以后，在翻阅往年账目的时候，海瑞才真正发现，紫禁城之外的世界，已经腐朽到令人发指的程度了。这让他如鲠在喉，不吐不快。

嘉靖四十五年（1566年），海瑞上了一本名为《治安疏》的奏折。在《治安疏》的开头，海瑞开宗明义地说**“为直言天下第一事，以正君道、明臣职，求万世**

治安事”，紧接着就不客气了，直接开怼朱厚熜，甚至连**“嘉靖嘉靖，家家皆净”**这样的民间俚语都骂了出来。

朱厚熜气疯了，马上派人要抓海瑞，但身边的太监哆哆嗦嗦地告诉他：**“此人素有痴名。闻其上疏时，自知触忤当死，市一棺，诀妻子，待罪于朝。僮仆亦奔散无留者，是不遁也。”**

翻译一下就是，这个人天生就是这样，脑子一根筋，我听说他上疏的时候，已经知道自己必死了，所以买了一口棺材，和妻子诀别，在那里等着，连仆人都遣散了，这是肯定不会逃的。

朱厚熜听完以后沉默了，他这种聪明人明白，“一根筋”的意思就是不会说谎。海瑞说的都是真的，在紫禁城的外边，一个帝国正在崩塌，而他人生最得意的两件事——修道成仙和让臣子互相制衡，都被海瑞在奏折里赤裸裸地进行了批判。这也抽掉了他内心中所有的精神支柱，他感受到衰老和死亡，也许并没有那么远。

在人生的最后时刻，朱厚熜感到了后悔，他没有像过去一样，将海瑞“用心打”，而是把他关进了“诏狱”，相当于一种间接的保护。同时，他也开始有意识地递补内阁大学士，为自己的下一代铺好道路。

嘉靖四十五年（1566年）的十二月，朱厚熜明白，离别的时候到了。在驾崩当日，这位“火德星君”展现出了一个帝王最后的责任感。他必须回到紫禁城，回到乾清宫，他不想犯堂兄朱厚照那样的错误，被人嘲笑大明朝的皇帝死在了西苑。

《明世宗实录》记载：**“上疾甚，还大内，午时崩于乾清宫。”**这也同时象征着，年号为嘉靖的“午时”正式结束了，黄昏开始渐渐笼罩在紫禁城上方，开启一个王朝最后的挽歌与悲凉。

第九章 帝国黄昏

内阁起风云

嘉靖时期政治的本质，实际上是皇权对政治体系的一种破坏，朱厚熜用他多智而近妖的政治手腕，成功地对朝堂进行了控场。但是，这种做法导致的后果，被海瑞在《治安疏》里讲得非常明白，所谓“君道不正，臣职不明”，弄到最后大家都不知道该干什么了。

而在朱厚熜之后，后续的继承者们显然没有这位“真君”的手段，朝政就此开始失控。这时候，处在群臣和皇帝之间的内阁大学士就显得格外重要，他们将在文渊阁的值房里，上演一幕幕救亡图存的大戏。

壹

嘉靖皇帝去世的当晚，徐阶就把宫外的裕王朱载垕请到了皇宫里面，开始筹备登基典礼和先皇的葬礼。是的，你没听错，朱载垕那时候还是王爷，不算正儿八经的太子爷，这在明朝的历史上是比较罕见的。

朱载垕的这个尴尬处境，很大程度上缘于他那个奇葩的老爹。

朱载垕在兄弟里面排老二，在他之前，本来有一个哥哥，叫朱载壡，史称庄敬太子。庄敬太子和朱载垕同时被册封，但十几岁的时候就去世了。

换成以前，这事顶多让当爹的伤心一下，又不是没有备选，换一个不就成了。但是，朱厚熜非得把这事和道教的阴阳学说联系起来，弄了一个很扯的理由，叫“二龙不相见”。意思是，皇子是“潜龙”，他自己是“真龙”，俩龙一见面指定没好事，干脆不见。所以，在往后的几十年里，朱载垕除了拜年以外，基本上见不到自己的亲爹。

这种生活导致朱载垕混成了后娘养的孩子，虽然名义上是皇储第一顺位继承人，但真要是走在大街上，三品的侍郎他都得绕着走。当年最惨的时候，为了稳稳当当地拿到自己的俸禄，甚至给“小阁老”严世蕃行过贿。而这种不堪回首的经历，自然也养成了朱载垕相对老实、缺乏主见的性格。

一般来说，新皇登基，得有两道诏书，一是先皇遗诏，二是登基诏，两个其实都是新君登基写的，表示自己的施政纲领。但朱载垕哪有什么施政纲领呀，他连奏折怎么写都不一定理得清。这时候，老辣的首辅徐阶，掏出了一份诏书，说皇上不用慌，先皇遗诏在此。

这份“遗诏”里面写着：**“凡斋醮、土木、珠宝、织作悉罢，大礼、大狱，言事得罪诸臣悉牵复之。”**大致意思就是，以前嘉靖朝的工程，全部停止；过去因为劝谏皇帝而获罪的官员，可以官复原职。

这份奏折只要不是傻子，都知道这份遗诏绝对和朱厚熜半毛钱关系都没有，明显是徐阶的意思，完全否定了朱厚熜过去做的一切。要是在嘉靖朝的时候，徐阶敢这么写，估计就不是“用心打”了，直接诛九族都不带商量的。

但是，这份诏书一公布，“朝野号恸感激”，所有人那叫一个激动，徐阶瞬间达到了堪比当年杨廷和的高度。如果我们忽略那些因为遗诏而获利的官员，这份遗诏的前半部分还是很有必要的。

连作为儿子的朱载垕对这份遗诏都没什么反对意见。正常来说，这种遗诏属于抽自己老爹的脸。不过，朱载垕显然对自己的老爹没什么好感，这一点从他自己拟定的年号“隆庆”就能看出来，隆重庆祝嘛，自己带头抽朱厚熜的脸。而且，光抽还不解恨，在继位的第二天，他就宣布把海瑞从锦衣卫的“诏狱”里面放出来。

海瑞在“诏狱”中得知皇帝驾崩，自己即将获释的消息后，并没有感到开心，而是**“陨绝于地，终夜哭不绝声”**。

或许朱厚熜自己都没有想到，自己死后最悲伤的，居然是将他骂得狗血喷头的海瑞。而与之形成鲜明对比的，则是以重修万寿宫而获得宠信的徐阶，却在朱厚熜去世后迫不及待地拆掉了万寿宫，博得了朝野的一片喝彩。

海瑞和徐阶，在一定程度上代表了当时大明朝堂上的两种选择：要么堂堂正正却不被外界理解地做人；要么和光同尘，甚至同流合污地去做事，除此之外，别无他法。

如果我们从另一个角度去解读，也许海瑞所哭泣的，正是这样的一个时代。

贰

俗话说："说莫难于悉听。"遗诏也不是银子，不可能让所有人都喜欢，也有人对此跳脚大骂，高拱正是其中之一。

高拱是当时的"次辅"，在嘉靖末年被递补入阁，成为大学士。朱厚熜把他放进去不是没有原因的，因为他的另外一个身份是朱载坖的老师，等于为继承人铺路。所以，高拱的心思也很明确，就是冲着首辅的位子去的。

但是，当徐阶拿出遗诏的时候，高拱整个人都傻了。按理说，这种遗诏徐阶不能一个人起草，得有个商量吧，内阁里论地位，除了你就是我，我怎么一点消息都没有，所以高拱对徐阶很有意见。

高拱的同乡，内阁另外一个大学士郭朴，说得更直接：**"徐公谤先帝，可斩也。"**意思就是，徐阶这老东西辱骂先帝，应该砍了他的头。这话一听就立场不正，骂朱厚熜的多了去了，你怎么不嚷嚷着把海瑞砍了。

当然，高拱等人这些话也不是完全为了自己。徐阶当时的外号是"甘草国老"，意思就是这个人像甘草一样，让所有人感到很舒服，还有药用价值。而高拱却认为现在大明朝得用猛药才能救过来，老吃"甘草"等于慢性死亡。

所以，俩人之间的分歧，本质上是明朝改革方向上的分歧。一个认为应该徐徐图之，一个认为应该大刀阔斧。两人之间，只能留下一个，不可能一个人辅助另外一个人。

如果我们做一个比喻，徐阶这个首辅当得更像是"儿媳妇"，在丈夫和婆婆之间两头受气，还得燮理阴阳，把握好两者之间的关系。而高拱则希望当婆婆，一边教育着皇上，一边骂着文武百官做事情。

正常情况下，徐阶应该是干不过高拱的。高拱在裕王府里当了九年的老师，说得直接一点，他比朱厚熜更像是朱载坖的亲爹。有这种圣眷在身上，高拱想把徐阶踹到一边，自己唱独角戏应该是很容易的事情。

但是，徐阶也有自己的底牌，他在接替严嵩上任之初，就提出了所谓的"三还"，即"以威福还主上，以政务还诸司，以用舍刑赏还公论"。意思就是，不争为争，我就当一个工具人，无论是皇上还是文武百官，都得用着我，因此“甘草国老”很显然在群臣中更得人心。

这俩人的斗争，侧面折射出来君权和臣子之间的隐形较量，结果也比较有意思。

徐阶是先赢后输。一开始，他靠着言官的力量，通过弹劾把高拱踢出了内阁，但随后又引起了朱载坖的不满，被迫辞职。而高拱则是先输后赢，在徐阶走人之后没多久，自己就被朱载坖重新起用。

朱载坖对高拱采取了完全放任的政策，支持他搞了一系列的变法。

在嘉靖朝之后，明朝最关键的问题就是，国家财政接近枯竭，全都被拿来修道观、建房子了。换句话说，明朝这台国家机器，虽然各个部件还算完好，但是已经没油了，急需增加新的财富，所以高拱搞了很多挣钱的法子。比如，“开海禁”就是其中之一，虽然最后没有完全展开，但的确有打破嘉靖时期闭关锁国的迹象。

然而，就在高拱的改革刚刚起了声色的时候，悲剧发生了。

朱厚熜的炼丹修道，显然没能改变后代的基因。在隆庆六年（1572年）五月，高拱的好学生朱载坖，没能逃过老朱家英年早逝的命运，在乾清宫突然暴毙身亡，享年三十六岁。

这下，改革陷入了巨大的危机之中，因为高拱最大的靠山没了。

好在朱载坖并没有像当年正德皇帝朱厚照一样后继无人，而是早早地册封了皇太子朱翊钧为太子爷，毕竟童年阴影摆在那里。所以，隆庆皇帝一死，小皇帝朱翊钧毫无悬念地荣登大宝，年号“万历”。

只不过，这个孩子年纪比较小，才十岁。而他的母亲也不是正宫娘娘，而是母凭子贵上位的李贵妃。李贵妃家里是泥瓦匠出身，在怀上朱翊钧之后才得到了朱载坖的宠幸。孤儿寡母，面对朱载坖的驾崩直接蒙了，这就出现了巨大的权力真空，也为后续发展的一系列事情提供了可能。

叁

对于明朝的大多数官员来说，乾清门是一条政治生活的分界线。前面是庙堂，代表的是江山社稷；后面是宫廷，象征着皇家权威，是绝对不能逾越的。

但俗话说“宫里的风，内阁的云”，前面的“三大殿”和文渊阁能不能成事，还是得看后面的乾清宫以及东西六宫给不给面子。

就在朱载垕驾崩之后，一直埋伏在内阁里的另一个大学士，“次辅”张居正出手了。他迅速冒天下之大不韪，和宫里御马监的大太监冯保取得了联系。俩人同病相怜，都是二把手，准备趁机搏一把，争取“转正”。

在这其中，冯保是新皇朱翊钧的贴身“伴当”，他之前是御马监大太监，是宫里响当当的人物，不光是皇帝的贴身大总管，还和李太后的关系极好。

张居正更不用提了，这是多少年才出一个的“救时宰相”。《明史》里说这位大学士“颀面秀眉目，须长至腹。勇敢任事，豪杰自许”，人长得特别帅，而且非常敢于改革。

张居正的身份非常复杂，他是徐阶的爱徒，在嘉靖朝的时候，被徐阶保护在翰林院修书多年，没有被“严党”发现。之后，到了隆庆皇帝继位的时候，徐阶把张居正拉过去，让他去帮忙草拟遗诏，等于把天大的功劳赠给了这位学生。

靠着这份功劳，张居正从一个五品翰林学士瞬间起飞，十个月之内连升十几级，成为吏部左侍郎兼内阁大学士，创造了明朝官场的奇迹。

与此同时，张居正也和高拱一样，是朱载垕当裕王时期的老师，和高拱的交情表面上也不错，是高拱改革旗帜下的一号战将。隆庆朝，徐阶和高拱打得都快头破血流了，但张居正却偏偏可以两面逢源，简直是一件不可思议的事情。

从这个角度来说，张居正和冯保的联合几乎是无敌的，紫禁城里里外外的各路关系都吃得通。最关键的是，没有人知道他俩联合，紫禁城的内廷、外廷近乎铁壁的分界线——乾清门，因这俩人的互通有无变得模糊起来。

并且这两个人又有着共同的目标，张居正希望赶走高拱，自己来做一把手；而冯保这时候已经伪造了遗诏，把之前的司礼监大太监干掉，自己成了司礼监大太监。现在高拱想把他的“批红”权废了，他肯定不能忍。

而就在这个时候，高拱自己犯浑了。他在上朝的时候，一直在追忆先帝，然后无意中说了一句**“十岁太子如何治天下”**，被锦衣卫的人听到了。

这话和废除司礼监的意见一起，被冯保传到后宫的李太后耳朵里。李太后听完，心里就犯嘀咕了，心说高阁老这明显是看不起我们孤儿寡母呀，他今天能提议废了司礼监的“批红”权，明儿指不定把皇上也废了。

为了保险起见，李太后就和陈太后（之前隆庆帝的正宫皇后，也算朱翊钧的“娘”）商量，咱还是先把高拱废了吧。

六月十六日，早朝的时候，大家刚进午门站稳，宫里就传来了谕旨，里面直接说：“今有大学士高拱，专权擅政，把朝廷威福，都强夺自专，不许皇帝主管。”这圣旨很通俗，都不用翻译，后面的更通俗，全是卖惨，说“不知他要何为，我母子三人惊惧不宁，高拱便著回籍闲住，不许停留”。

权倾一时的帝师高阁老，就这么稀里糊涂地倒在了宫里的一道谕旨之下，他到最后都不知道自己输在了什么地方。而在他的身后，暗算了他的张居正，将正式接过改革的大旗，开启一个属于他自己的“改革十年”。

肆

张居正在当上首辅后，曾公开说过：“我非相，乃摄也。”这话理论上比高拱那句“十岁太子如何治天下”更大逆不道，直接自诩为摄政王，但没有什么人敢反驳，因为张居正说的是真的。

做了首辅的张居正，改革上就出手不凡，一招“一条鞭法”，一招整顿言官，把朝堂上收拾得服服帖帖。

在张居正大刀阔斧的改革下，万历时期的头十年，呈现出一派欣欣向荣的景象。后来，明朝末年曾有人回忆张居正的改革，认为**“其时中外乂安，海内殷阜，纪纲法度，莫不修明。功在社稷，日久论定，人益追思”**，算是对张居正比较客观的一个评价。

而在改革的同时，张居正也没有放松对于小皇帝朱翊钧的教育。

当时，朱翊钧才十岁出头，每天五更时分（早晨五点不到），老母亲李太后就开始高呼“帝起”，把朱翊钧拉起来读书。接着，朱翊钧要在冯保的陪同下，穿过乾清门，从乾清宫来到文华殿，参加“经筵”，被各路学士轮番教育。

朱翊钧肯定是不乐意参加的，“经筵”这种东西从正德皇帝朱厚照开始，很多年都没有连续举行了，连他老爹朱载垕也只是在老师高拱的带领下勉强混过几次。

但朱翊钧也没辙，后宫有“家长”李太后监督，身边有“班长”冯保打小报告，最可怕的是，在上课的时候，“班主任”张居正还会在一边盯着，但凡朱翊钧有犯错的地方，会毫不留情地给后者指出来。

《明史记事本末》里面记载了这样一件小事。有一次“经筵”，老师正在讲《论语》里的“色勃如也”这一段。“经筵”的规矩，老师读一遍，皇帝得自己读一遍。结果，朱翊钧可能精力不集中，读错了，把“勃”读成了“背”。张居正在身后突然厉声纠正道：**“当作勃字。”**

朱翊钧当时“悚然而惊”，人都吓傻了，心说你吼那么大声干吗，不过借他十个胆子也不敢怼“班主任”，平时见了张居正都得一口一个“太师张太岳先生”。周围的老师们也被吓得变了脸色，直接打断皇上读书，开口就骂，这得多大的胆子。

而上完课回到后宫里，但凡朱翊钧犯点事，李太后就跟小皇帝唠叨，说**“使张先生闻，奈何”**，这事要是让你“班主任”知道了，看你怎么办。

李太后的这句话很明显有给张居正挖坑的嫌疑，因为皇帝会成长，并且会有逆反心理。久而久之，张居正就变成了万历皇帝心头的一个阴影。短时期内看不出什么问题，但在某个特定的时候，报复的心理就会随之爆发出来。

但是，张居正本人不在乎这个，照样一面改革，一面教育小皇帝，干的全是得罪人的事。和他同在朝堂上的海瑞，曾这样评价张居正，说这个人“工于谋国，拙于谋身”，意思是这哥儿们天天都在琢磨国家大事，完全不考虑自己的身家性命。

事实证明，海大人的判断非常正确。万历十年（1582年），张居正逝世。在这两年之后，一直被张居正打压的言官们开始出头了，不断上书弹劾张居正。而已经长大成人的朱翊钧则默许了这一行为。

那时候，冯保也已经老了，被打发到南京去了，之后被抄家，所得“家金银珠宝巨万计”。朱翊钧不愧是泥瓦匠的外孙子，格局一点没有，眼里面都是现金，当时就开始琢磨，觉得冯保手里这么富，那估计“张先生”的家里应该也不少，就剥夺了张居正的谥号，派锦衣卫去抄家。

下面的官员一看，皇上都发话了，干脆把事情做绝。一群人到了张居正位于湖北的老家，把门直接堵死，一家老小几十口人，一大半在里面活活饿死。张居正的次子张嗣修被迫做了伪供词，承认自己拿了三十万两银子贿赂别人，最后上吊自杀。其他男丁都被发配边疆，只剩下空宅一座，薄田十亩，以此赡养张居正老母。

张居正的时代，就此陨落了，陪着他一起陨落的，还有大明朝的最后一丝曙光。在张居正之后，朱翊钧开始向朝臣妥协，废除了“张先生”留下的改革政策。

位于湖北省荆州市沙市西北张家台的张居正墓

并且，整个人开始堕落，天天跟自己的爷爷朱厚熜一样不上朝。

从此之后，乾清门内外，再也看不到那个五更时分起床上课的少年天子，取而代之的，是一个窝在深宫中数十年不出门的万历皇帝。

天子万年，皇上没钱

《明史》中曾说“谓明之亡，实亡于神宗”，神宗指的就是万历皇帝朱翊钧。这位明朝在位时间最长的皇帝，在紫禁城中度过了长达四十八年荒诞的皇帝生涯。在解决掉张居正之后，朱翊钧抑或是大明朝开始陷入了深度的财政危机，并由此导致了亡国。

壹

其实，张居正去世后，留给朱翊钧的“遗产”非常丰富。《明史纪事本末》记载张居正在位时**“力筹富国，太仓粟可支十年，周寺积金，至四百余万”**，这是一个相当庞大的数字。从侧面也能看出，朱翊钧给“张先生”抄家这一手干得确实不地道，为了仨瓜俩枣的逼得人家儿子自杀，说出去也不怕后世笑话。

冯保走了，张居正死了，老母亲李太后也老了，朱翊钧身上的“三座大山”在他亲政后就被搬了个干干净净。小皇帝嘛，心气很盛，决定做出点成绩来让列祖列宗看看，于是就发动了劳民伤财的“三大征”。

第一征打的是宁夏之战。当时，宁夏边关的副总兵叫哱拜，之前是蒙古鞑靼人的后代，投降了明朝混了个副总兵。这人平时喜欢贪功冒饷，被人查了，气急败坏之下，带头造反。

这里还真得感谢张居正当年留下来的将才——辽东总兵李成梁。明朝到了嘉靖末年，军备废弛已经很厉害了，只有几个名将在撑着场面，南边是抗击倭寇的戚继光和俞大猷，北边就是万历年间才得到提拔的李成梁。

在这三人里面，俞大猷一直在南边，而且当时已经病逝了。戚继光应该是三个里面最能打的，带着他的“戚家军”从南边抗倭一直打到北边抗击游牧民族，是张居正的得力干将。然而，因为和“张先生”走得太近，他被言官们打击报复了。这样一来，就只剩下一个在白山黑水间打硬仗出身的李成梁。

结果好死不死，就在宁夏之战前的几年，李成梁也被言官弹劾滚蛋了，没法参战。而朝廷也实在是没有人了，就让李成梁的儿子李如松当宁夏总兵带兵平叛。

俗话说“虎父无犬子”，李如松去了之后打了半年，就把宁夏平定了。而在这半年间，从宁夏到整个陕西受到的冲击都很大，所以善后的钱也很多。

打完了西北，接着东北又出事了，是第二征。日本当时正好处在“战国时期”，赫赫有名的“天下人”丰臣秀吉正好要转移国内矛盾，就带着船队晃晃悠悠地出征攻打朝鲜。那时候，丰臣秀吉的口号吹得很响，说打完朝鲜打中国，打完中国打印度。幸亏他手里没有地球仪，不然该琢磨着占领南极了。

但是，丰臣秀吉这话放出来，明朝上下包括朱翊钧都开始慌了，觉得“倭寇之图朝鲜，意实在中国，而我兵之救朝鲜实所以保中国”，觉得保卫朝鲜就是保卫中国，开始发兵援助朝鲜。其实，冷兵器时代，日本也就十来万人，满打满算也就灭个朝鲜。只不过，因为朝鲜是明朝的藩属国，名义上属于自己的地盘，道义上讲得过去，就派宋应昌和李如松带兵和日本打。

这一仗陆陆续续地打了七年，最终的结果是三方大败。日本丰臣秀吉因损失太大，势力大减，不得不停战。而朝鲜地处战场之中，也被打了个稀烂。但吃暗亏最大的还是明朝，因为路途太远了，再加上还有水战需要造船，损耗的军饷最多。这导致明朝不得不裁撤之后的辽东编制，为之后的女真崛起埋下了伏笔。

最后一征说的是“播州之战”，这个也不比朝鲜近，在西南的贵州地区。当时，播州的土司杨应龙一听说大明朝到处在打仗，自己按捺不住，也站出来和朱翊钧叫板。

正常来说，这俩实力完全不是一个级别。但是，就像之前说过的正统年间的“麓川之战”一样，西南这个地方，在明朝那是深山老林外加穷乡僻壤，易守难攻得很，想打败他们很容易，而想剿灭他们，那就等着砸钱吧。所以，一个贵州平叛，又是两年搭进去了。

这“三大征”打完，《明史》中给的数据是：**“宁夏用兵，费帑金二百余万。**

其冬，朝鲜用兵，首尾八年，费帑金七百余万。二十七年，播州用兵，又费帑金二三百万。三大征踵接，国用大匮。”也就是，“三大征”加起来一共损耗了上千万的白银，等于万历初年的家底基本上全打空了。

而这三场仗虽然看上去都是明朝主动迎战，但其实规模上都有的商量。只不过，朱翊钧只要贵的不要对的，再加上明朝后期的政治机器损耗（贪污腐败）日益严重，导致这三场仗的成本高到了一个令人咋舌的地步。

不过，人们在这“三大征”开始的时候没想到，这些只是万历朝大支出的一部分。

贰

万历二十七年（1599年），朝鲜之战结束后，已经有一段时间不上朝的“宅男”朱翊钧，出现在有着“五凤楼”之称的午门城楼上，笑得非常开心，他向大明朝的臣民高声宣布了这一胜利的消息。

然而，如果我们的目光越过朱翊钧肥胖的身躯和午门高大的城楼，就会发现令人难以置信的一幕，午门之后，在嘉靖末年新建的“三大殿”，包括之前的乾清宫与坤宁宫在内，全都是一片触目惊心的焦黑。

一切的一切，无不说明，这里曾经发生过一场大火灾。

其实，火灾是两场，而且发生的时间，比我们预期中要早很多。

第一场火灾发生在万历二十四年（1596年）的三月，春天嘛，天干物燥，《明实录》载“是日戌刻，火发坤宁宫，延及乾清宫，一时具烬”，也就是说火是从坤宁宫烧起来的，一直蔓延到皇上住的乾清宫。

还好当时朱翊钧不在乾清宫住着，正好在爷爷朱厚熜建的养心殿里，也就是乾清宫的西边待着，这才躲过了一劫。不过，这把火烧完，等于从正德朝新建的乾清宫，到这又得重修了。

当时，正好是朝鲜之战打得如火如荼的时候，朱翊钧的钱有点不凑手，就没急着修。没承想，这一拖，不到一年，祸不单行，“三大殿”又着火了。

这次“三大殿”烧得格外厉害，《明实录》里讲**“火起归极门，延至皇极……文昭、武成二阁，周围廊房，一时俱烬”**。这可能是明朝历史上紫禁城遭遇过的最严重的火灾，后续有人在折子里说：“今自掖门内直抵乾清宫门，一望荒凉。”可见场景有多么不堪，几乎午门后面都烧成一片白地了。

朱翊钧本人也头大了，“三大征”的军费摆在那里，现在房子烧了，也不能直接不管，到处都要钱，但明朝一年的税收就摆在那里，必须得想办法开源才行。

故宫午门

但是，以朱翊钧的那个脑子，当年改革的思路一点没学到，但凡能有一点办法开源，他都不会干出为了几十万两银子抄“张先生”家这种事。最后，朱翊钧琢磨一圈，觉得还是山大王好，明着抢来钱最快，所以开始着手组织“抢劫”。

指望朝臣去“抢劫”那是不可能了，这种事还是太监干得舒心。当然，皇上手底下的太监不能直接叫“山大王”，得持证上岗，于是朱翊钧给这些太监们弄了一个很荒谬的官名，叫“矿监税使”。

这个官是干什么呢？就是派太监对各地的矿产进行收税。乍一听好像问题不大，其实这里面的内幕很多。首先，无论是哪里的税务，理论上应该是上交给“国库”的，由户部来征收。但是，太监们收了税，那就直接送进皇宫了，给朱翊钧一个人花，那朱翊钧是想怎么花怎么花。

再有一个，太监们又不是专家，哪能知道这个地方有没有矿，于是后面变成了太监说有就有，你家房子地下有矿，那就拆你们家的房子。如果你想你们家“没矿”，那也可以，给宫里的公公“孝敬”一笔银子就放过你。

这还不算最扯的，比这更过分的是，朱翊钧允许这些太监们“监督”收税。这个“监督”的学问就大了，太监们一个比一个不讲理，疯狂地强行征收，征了税自己捞大头，然后剩下一小部分送到宫里的内帑，反正就是不进国库。

你要说要点钱走人也就算了，明朝很多地方的商人尤其是东南地区的商人都不差钱。但太监们都是要商品，要了商品再放到自己的“皇店”里卖。这个稍微懂点经济原理的都明白这件事的可怕之处，等于有一群人在毫无成本压力地在恶意扰乱市场，这让整个明朝的经济陷入了巨大的混乱之中。

“矿监税使”的危害很快就体现出来了，各地开始闹民变，越是工商业发达的地方，动乱就越厉害。当时有人就说：“苍生糜烂已极，天心示警可畏。矿税貂珰掘坟墓、奸子女。”但朱翊钧完全不搭理，老百姓死活不干我的事，反正银子进宫了。

叁

乾清宫和“三大殿”的火灾，造成的另外一个结果就是，从这开始，朱翊钧开始不上朝了。这个不上朝跟他爷爷辈的朱厚照与朱厚熜哥儿俩不同，那俩是跑到西苑去待着了，而朱翊钧就是在紫禁城里待着，就住在西六宫里的启祥宫（后来的太极殿）。

故宫启祥宫，后改名为太极殿。

启祥宫最早不叫这个名，叫“未央宫”。这个名字是从汉、唐长安宫殿来的，应该是朱元璋在南京定的名字，朱棣也没改。后来，朱厚熜的老爹朱祐杬在这里出生，热衷于给宫殿改名的朱厚熜肯定不会放过这个有纪念价值的地方，就改了个名叫“启祥宫”，开启祥瑞嘛。从这个角度上说，朱翊钧也算是变相地回“老家”了。

朱翊钧在启祥宫里一住就是十几年，有人认为可能是没钱，所以“三大殿”和乾清宫以及坤宁宫一直修得断断续续，这一看就是在扯。根据《明实录》记载，万历三十二年（1604年）三月，“乾清宫成”。不过，朱翊钧这个“宅男”一直没搬回去，反正搬回去还得上朝。

这个时候，明朝已经接近天下大乱了。我们以前看史书上的乱政，无论是朱祁镇的天顺时期，还是后来朱厚照的正德时期，那个“乱”基本上不会祸害地方，但到了万历时期，地方上和北京城里都是如此。

首先是东北地区，女真族的领袖努尔哈赤开始崛起，不断地威胁着东北防线。防守就得花钱，朱翊钧又不改革，这些钱“羊毛”长在“羊”身上，还是得从农民手里捞。那谁来捞呢？太监们负责，这等于形成恶性循环了。

税收本来是官员的活，现在变成了太监们的活，那官员自然也得不干活了。许多官员开始夸夸其谈，有了官都不去做，走到一半就回老家带薪休假去了，这就导致了天下“缺官”的奇葩景象。

当时，明朝的官缺到什么程度呢？《明实录》给的说法是“时天下郡守缺，几十之五”，大概天底下一半的地方官员没有人去当，中央对地方完全失去了控制，全指望太监说什么是什么。

这种风气很快蔓延到了中央，这里朱翊钧又跟他爷爷嘉靖帝朱厚熜不一样了。朱厚熜手里，满朝文武大臣一个萝卜一个坑，全都是他的提线木偶，而且像严嵩、徐阶这些大学士时不时地能和他会面，所以朝政尽在其掌握之中，特别是之前说的“廷推”，很多时候朱厚熜都是在旁边看着的。

但朱翊钧这个不上朝那是谁都不见，大学士几个月甚至几年见不到皇上那很正常。久而久之，文官们的眼里面也没有皇帝这个人了。平时上折子劝谏，也不是真的劝谏，他们知道皇上不看，就敞开了写，写完之后在文人们中间博一个好名声。大多数人连衙门都不去，非常自由。

到了万历三十四年（1606年）的时候，当时的大学士沈鲤上了一个折子，上面说：“臣昨同文武百官齐赴文华门候驾，见二品班内，止户部尚书赵世卿一员，其余尚书、左右侍郎，员缺甚多。”我们现在读史书，这段话就跟神话一样。六部尚书，正二品的大员，朝廷里排名前十的文臣，只到了一个户部尚书，其他都没来，底下的人更别说了。这种国家没有当场灭亡，本身就已经是一个奇迹了。

沈鲤的折子递上去，朱翊钧完全没有反应，估计他对于六部尚书的名字都记不清了，能记住大学士是谁已经很了不起了，毕竟常年不见。当然，见了也没工夫搭理，因为在后宫的这些年里，朱翊钧也没闲着，一直在为“国本”的事情闹心。

木棒、红丸、九千岁

万历朝的“争国本”事件，在明代中晚期的政治史上有着极其深远的影响，甚至远比嘉靖初年的“大礼仪之争”所产生的后果严重。在这场皇帝和臣子的最终较量中，大明朝成为最终的输家，并不可避免地走向了衰落。

壹

朱翊钧与明朝之前的一些皇帝很像，都是结婚早，生子晚。最早的皇后是王氏，这个婚礼还是万历六年（1578年）的时候张居正给他操办的，但婚后一直没有生子。在这个基础上，朱翊钧开始名正言顺地广纳美女，在宫里寻欢作乐。对这件事，大臣也一直睁一只眼闭一只眼，毕竟没有“国本”嘛，为了大明的江山社稷，忍一时风平浪静吧。

但是，说来也邪门，之后的好几年，朱翊钧一直无子，没想到就在紫禁城内外急得跳脚的时候，意外来了。

万历九年（1581年）年底的一个早晨，朱翊钧去给老娘李太后请安，兴之所至，没忍住，跟太后宫里的一个宫女发生了关系，宫女也是姓王。这事比较狗血，明显是朱翊钧饥不择食。因为王宫女当时的年纪也不小了，毕竟是李太后宫里的人。结果，事有凑巧，王宫女居然怀上了身孕，那自然瞒不过周围的人，就被李太后知道了。

李太后一开始没跟朱翊钧讲，直到到了第二年开春的宴席上，才拿这个事问儿子。朱翊钧比较差劲，肯定不想承认，因为按照礼法，在自己母亲宫里发生这种事有点大逆不道。可皇帝都有起居注，最后被逼迫着点了头。

那时候，李太后没孙子，就跟朱翊钧唠叨：**“吾老矣，犹未有孙。果男者，宗社福也。母以子贵，宁分差等耶？”**我老了，还没有大孙子，要是这宫女肚子里的孩子是个男丁，那就是社稷之福，母凭子贵嘛，给她个名分也无妨。

朱翊钧不高兴了，说**“彼都人子也”**，暗示这个女子是宫女出身。这话可就犯大忌讳了，李太后马上变脸开始骂：“尔亦都人子！”说你小子也是宫女生出来的。朱翊钧秒怂，老老实实地封这个宫女为“恭妃”。四个月后，万历十年（1582年），皇长子朱常洛出生。

但是，这时候，朱翊钧这个渣男已经开始专宠后妃郑氏了，所以对王恭妃这个“都人”一直爱搭不理。这一点从两个妃子住的宫殿就能很明显地看出来。

郑贵妃住的是翊坤宫，属于西六宫之一，和朱翊钧后来常住的启祥宫正好是斜对门，距离养心殿也不远，平时串门方便得很。而王恭妃住的是景仁宫，那是明朝宫廷公认的冷宫，而且是东六宫，平时根本见不着皇帝。

到了万历十四年（1586年），矛盾开始激化了，因为这一年，郑贵妃生下了皇三子朱常洵。而且，宫里面有传言，说朱翊钧和郑贵妃小两口已经私下里把继承人定为了朱常洵，还有“爱的盟誓”。

这下群臣不乐意了，本来当时的明朝大臣们就一个个闲的正经事不干，一听说皇帝不合礼法，要“废长立幼”，而且还是一个女人说了算，这是要后宫干政呀。众臣马上开始上折子，请求皇帝立储。

那会儿乾清宫还没烧，朱翊钧还时不时地翻一翻奏折，一看气傻了，心说都是我儿子，谁接位子不是接呀，你们一群言官在这里咸吃萝卜淡操心。不过，直接这么说肯定不行，就把当时的首辅申时行叫进来，让他转达一下，说现在皇子还小，不适合立太子。

申时行是当年张居正的学生，但和老师大刀阔斧的风格不一样，这位申阁老最擅长的就是“燮理阴阳”，专业调解婆媳纠纷，兼职和稀泥。他就把这话拿出去说，又拖了几年的时间。在这几年间，不断有言官在朱翊钧耳前唠叨，但后者都置之不理，有的时候脾气上来了，就用廷杖打那人一顿，然后打发到外省去。

然而，朱翊钧今天拖明天，明天拖后天，再拖下去就耽误俩孩子上学了。而这时候，朝廷里又出来了朱翊钧要筹备“三王”并封的说法，就是把三个皇子一起册立为王爷，先不封太子。

这可就很不对劲了，太子是“储君”，而王爷是臣子，上来就是“君”，和从“臣”到“君”，那完全是两个概念。所以，群臣们难得在左阙门集合了一次，一起找皇上要个说法。

事情闹大了，还是得指望专业人士处理。而作为大明朝当时最出色的“泥瓦匠”，申时行自然义不容辞，着手准备“燮理阴阳”。表面上，他带着群臣上疏，私下里跟朱翊钧解释，说**“勿因小臣妨大典”**。皇上您甭听他们瞎嚷嚷，这些都是小角色，闹几天就完事了。

俗话说：“君不密则失臣，臣不密则失身。”申时行这工作简直就是无间道，保密工作非常重要。正常情况下，作为内阁首辅的申时行具有“密奏”的权力，也就是不用经过通政司，直接给皇上递折子。

但是，不知道为什么，这封奏折被“小臣们”给看到了。群众的眼睛是雪亮的，一看自家内部出了“叛徒”，马上调转枪头，在一群给事中们的带领下，开始疯狂地批斗申时行，逼得他辞职回乡了。

之后的几个内阁大学士也都是这样，在皇上和同事之间走钢丝，最后玩脱了，罢官回乡。看得出来，“燮理阴阳”真是个技术活，当年徐阶干得来，不见得晚辈们都学得会。

贰

“争国本”这件事，一共持续了十五年，一直到万历二十八年（1600年），李老太太实在是受不了了，朱翊钧这才把皇长子朱常洛封为皇太子，皇三子朱常洵封为“福王”。

而在这期间，四个首辅都因此而辞官回乡，部级官员因为这件事上疏而遭到罢官的也有十几个，直接导致了万历中期政治生态开始崩盘。

这件事情背后反映出来的信息是，君臣之间的秩序已经完全失衡了。朱翊钧的脑子还活在嘉靖的时代，以为用内阁就能把群臣摆平。

但事实上是，从万历朝开始，臣子们的谏言都不一定那么纯粹了，一种畸形的价值观在文臣之中疯狂蔓延：那就是我可以不上班，不干事，但我骂皇上挨打了，皇上是昏君，那我肯定是忠臣，你敢不提拔忠臣吗？不敢吧，我罢官回家玩两年回来继续做官，还连升三级。

你说把我外放，不好意思，我一个“清流官”，不屑于和那些乡巴佬混在一起，直接不去上任，老百姓死活关我什么事（这话肯定不能明着说）。至于批评，不好意思，我是“忠臣”，批评“忠臣”的肯定是“奸臣”，会被千夫所指，所以我毫无压力。

通过以上这一串近乎不要脸的逻辑推导，我们大致可以了解万历时期为什么文臣们疯狂上疏而不怕挨廷杖了。这简直是一本万利的买卖，那时候总体上朱翊钧还是躲着文臣走的，以至于廷杖的锦衣卫都不敢下狠手。挨廷杖的大臣被当成英雄回去养几天伤，什么事都没有。

所以，后来有人把明末上谏的许多文臣和海瑞做比较，那实在是对后者的侮辱。海大人是正儿八经地从地方官干起来的。即使在骂完朱厚熜被释放以后，海瑞在高拱和张居正手底下推行改革也做得非常不错，是为数不多的能臣。而万历皇帝以及之后的这些文臣只会瞎吆喝。

但是，朱翊钧一直没看透这一点，所以一直在和文臣的斗争中疲于奔命，甚至恼羞成怒。

而在册立完皇太子之后，文臣们还是不满足。因为郑贵妃一直没有让福王朱常洵出去就藩，这也不是个好兆头。明初永乐年间的汉王朱高煦就是这样，一直在那拖着，最后造反了。

所以，当时的内阁大学士叶向高等人不惜同意拿出一大笔财政预算给他在洛阳建王府，大概是正常王府规模的十倍，希望朱常洵赶紧去就藩。

即使是这样，朱翊钧和郑贵妃还是不同意，心疼儿子嘛。这要是真就藩了，这辈子就见不着了，于是非得再给朱常洵加上四万顷的土地。

这回所有人都不干了，纷纷上谏，而且绝对不是为了博名声，实在是因为这些官员基本上都是地主，对这个土地面积太敏感了。

四万顷是什么概念呢？这里换算一下，大概是13.3万平方公里，现在我们的河南省总共16.6万平方公里，等于一下子把五分之四的省拿出来给朱常洵做“国中之国”。大臣们当然不同意，最后讨价还价，给了两万顷。

可问题又来了，当时河南一代又一代的王爷，地已经分得差不多了，因为朱元璋当年又有规定，不能把偏远地区划给藩王，否则可以把这些藩王直接分封到西伯利亚，想给多少给多少。最后，还是从山东和湖广找补，把这两万顷补齐。

这里也能看出为什么万历年间国家财政吃紧，中原的地都分给了王爷，东南全是读书人，一个个的全都是合法免税，最能产粮食的地方收税最少，这要是财政不吃紧就有鬼了。

叁

以两万顷土地作为代价，好不容易送走了福王，群臣心里总算松了一口气。但是，谁也没料到“争国本”的事件居然还有后续，即所谓的“梃击案”。

“梃击案”的发生，其实很搞笑。

事情发生在万历四十三年（1615年）的五月初四傍晚，一个名叫张差的疯汉拿着一根枣木棍，稀里糊涂地闯进了太子朱常洛所居住的慈宁宫（最早的清宁宫），接连打伤数人，然后接着往里闯，最后被赶来的太子侍卫韩本用抓住，就近送给了东华门的侍卫处理。

这件事叙述起来很简单，但可疑之处很多，当时的户部侍郎陆大受就说：“青宫何地？男子何人？”这说得很直接，太子的宫殿什么地方，这个叫张差的又是什么来路？

再往深处想，就更麻烦了。到底这位疯汉怎么进来的？为什么进来以后能够准确地找到太子的位置？要知道，一般的臣子进紫禁城都大概率迷路，这要是没人指引，这位疯汉那是不可能进来的。

于是就审讯，最后审出来的结果是这个人是装疯，有个老太监带他进来的，木棒也是老太监给的，他让这位张差“你先冲一遭，撞着一个，打杀一个，打杀了我们救得你”，意思是背后有人，放开了干。

这话里的信息量很大，文臣们一听，就沿着老太监这根线继续深挖，最后挖到了郑贵妃宫里的两个太监身上。

朱翊钧赶紧按下暂停键，但这事已经盖不住了，毕竟性质特别严重。郑贵妃之后也不敢再吭声了。文臣们则疯狂地上奏章，事情变成了朱常洛和郑贵妃两个人的矛盾。

这时候，朱常洛闻弦歌而知雅意，马上向老爹表示这事不要紧，处罚张差一个人就可以。郑贵妃也赶紧表示歉意，亲儿子和后娘来了个“相亲相爱”。这件事自然也就到此结束了，毕竟受害人没说什么，谁也不能再有意见了，朱翊钧也老怀欣慰。

不过，朱翊钧也没高兴几天，到了第二年，女真族领袖努尔哈赤，在东北大地上正式建国。

努尔哈赤最早是辽东总兵李成梁的手下，世世代代都是明朝的官。当年李成梁有点民族歧视，再加上可能喝多了，在万历十一年（1583年）的时候，来了个屠城，把努尔哈赤的祖父和父亲误杀了。后来，明朝赔了十三具铠甲，努尔哈赤就靠这些家当，慢慢地发展了起来。

这位比朱翊钧还要大四岁的东北汉子，在白山黑水间迅速崛起，统一了女真各部，正式建立政权，国号“大金”。在未来的三十年里，这个政权将带给明朝最后的噩梦和毁灭。

国内财政危机，外部又平添劲敌，没办法，朱翊钧只能向老百姓继续增加税赋。这时候已经形成死循环了，税赋越来越多，缴税的人却越来越少。

在“梃击案”三年后，万历四十七年（1619年），努尔哈赤率领精兵，凭借“任尔几路来，我只一路去”的策略，在东北大败明军。自此之后，明朝山海关之外的城市只有零星几点，而万历“三大征”这一有争议的胜利功勋，也被萨尔浒一战抹杀殆尽。

作为明朝执政时间最长的帝王，朱翊钧的末年，只剩下了一个离心的文臣团体，一个残破的国家版图，以及一个虎视眈眈的劲敌。“隆万大革新”的光辉，在这数十年间被完全抹杀，连象征着皇权的紫禁城都因为财政匮乏而无法修理，更何况一个濒临崩溃的帝国。

万历四十八年（1620年）四月，统治明朝长达近半个世纪的万历皇帝朱翊钧，在乾清宫正殿西侧的弘德殿逝世。他的儿子朱常洛顺理成章地继承了皇位，年号“泰昌”。

一月天子

经过万历皇帝朱翊钧接近半个世纪的折腾，紫禁城内外早已然是废墟一片，不光皇帝的“三大殿”没有着落，整个社会也早已民生凋敝，疲惫不堪，整个帝国全凭一股惯性往前走，仿佛一个深邃的水潭，浑浊不堪中隐藏着风起云涌。

壹

朱常洛一上台，就宣布“尽罢天下矿税，起建言得罪诸臣”，等于把老爹的弊政都毙掉了。不过，这时候大明这台国家机器已经零件不全了，能不能执行还很难说。

新皇一登基，以前的郑贵妃开始慌了，马上送了十位美女给自己的这位“儿子”。朱常洛以前在东宫的时候，天天被人歧视，冬天的时候连炭都没有，更不要说暖床了。他一看见美女就走不动道，夜夜寻欢，折腾了几天以后，朱常洛感觉到身子骨扛不住了，就把当时的内阁大学士方从哲等人叫了过去，第一件事就是先把皇太子朱由校给册封了，稳住“国本”。这已经很不正常了，虽然明朝臣子心心念念着立“国本”，但现在年号都没改呢，怎么说也得等上几个月。这搞得几个大学士都有点不适应，跟之前的朱翊钧反差太大了。

然后，朱常洛紧跟着又开始问自己的陵寝在哪，把一群大学士都给问傻了，赶紧跪下表示：**“圣寿无疆，何遽及此！”**皇上您别胡说八道，吾皇万岁万岁万万岁。

朱常洛也不管这些，突然没头没脑地问了一句：“有鸿胪寺官进药，何在？”

方从哲老实地回答说鸿胪寺的李可灼确送来了一种红丸，不过这玩意儿属于“三无”产品，我没敢拿。

这里方从哲的决定绝对是靠谱的，鸿胪寺是礼部手底下的外交部，送药这种事应该是太医院负责。之前说过，虽然明朝的太医院治好人的情况确实不多，但直接吃死人的也比较少，最多给你端上来一盘糖豆，不至于弄点砒霜什么的。

这会儿朱常洛不管这么多了，执意要吃，方从哲只能让人给这位爷端过来。吃完一颗之后，朱常洛表示**“用药后，暖润舒畅，思进饮膳”**，身体非常舒服，当时群臣还很高兴。

到了下午，朱常洛就想再来一颗。当时御医说这个别吃太急，没听。结果，吃完以后，到了第二天清晨，五更时分，宫里就传来了新皇驾崩的消息。从八月登基到九月初一去世，朱常洛一共就当了一个月的皇上。后来，群臣商量了一下，决定把万历四十八年八月以后的时间改为“泰昌”年号，以此纪念这位“一月天子”。

这件事被后世称为“红丸案”，结局也相当可疑。最后送药的李可灼居然没被砍头，而是被方从哲打发到了南京，这让朝野上下的意见非常大。

泰昌通宝　朱常洛因在位时间太短并未铸币，后天启年间补铸了一批，存世量较少。

这里方从哲弑君的可能性应该不大，更多的可能是一种政治上的考虑，因为如果把事件定义为“弑君”，那非常容易引起政治风波。

用《明史纪事本末》的话说，**“一月之内……梓宫两哭”**，一个月发两次丧，已经非常离谱了，再玩下去，大明朝就完蛋了。再说得难听点，那时候明朝没人在乎皇帝是谁，朱翊钧几十年不上朝，已经让皇权和政权出现脱钩情况了。到了这会儿，大家只要有个皇帝当“吉祥物”就行。

所以，“红丸案”的背后，是当时明朝的政治环境决定了一系列离奇事件的发生。只要环境存在，就依然存在着不可预知的变数。

在朱常洛去世之后，原先拟定的太子朱由校准备登基。这时候，朱由校才十五岁，从小没有母亲，老爹又是朱常洛这种货色，没受过帝王之家的教育，这样的孩子在紫禁城里很容易成为权力的代言人而被控制。于是，太监魏忠贤（当时叫李进忠）和朱常洛的妃子李选侍，把朱由校藏在了乾清宫，反正里面有二十七张床，臣子们也不好进来搜查。

这样等于“挟太子以令诸侯”了。文臣们在朱常洛的灵柩前等了半天，也没看到新皇，急得眼都红了，开始到处找皇上，毕竟“吉祥物”不能丢。

万历朝过来的文臣们那是相当霸气，绝对不存在“此诚不敢与争锋”的情况，逮了个太监一打听，合着皇上被李选侍藏起来了，气势汹汹地就去抢人。

不用说，这次还是言官们打头阵，太监们当时还想拦一下，兵科给事中杨涟直接火力全开，大骂道：**“奴才！皇帝召我等。今已晏驾，若曹不听入，欲何为？”**狗奴才，皇上（朱常洛）让我们来的，现在皇上驾崩了，你还不让我们进去，你想干吗？

太监们在万历年间在外地耍横还可以，碰到言官这架势就让路了。杨涟等人进入乾清宫找到朱由校，把他带回了太子所住的慈庆宫中。

五天之后，办完了登基典礼，这时候就得让新皇回乾清宫了，但李选侍还是占着乾清宫不让位。臣子们一看这就不合适了，皇上都十五岁了，和你一个后娘住在一起也不像话呀。

于是，战斗力极强的御史左光斗开始发话了，警告李选侍说：**“内廷有乾清宫，犹外廷有皇极殿，惟天子御天得居之，惟皇后配天得共居之。”**意思是，乾清宫和皇极殿一样，都是皇帝才能待的地方，最多捎带上皇后，你这明显不够格。

这话说完，李选侍再横也没有理由继续待着了，灰溜溜地去了仁寿宫里的哕鸾宫去住。万历朝对仁寿宫进行了改建，把里面分成了几个区域，成为太妃应该住的地方，哕鸾宫正是其中之一。

一场登基仪式在紫禁城的几个宫殿里来回变换，被后世称之为“移宫案”。而朱由校经过这番折腾以后，终于顺利登基了，改年号为“天启”，开始了自己的政治生涯。

“移宫案”和之前的“梃击案”“红丸案”，并列为明朝末年的三大奇案。在这三场大戏背后，是内廷势力、后宫势力、文臣势力在紫禁城里相互角力的过程。皇帝已经变成了一个可有可无的象征，而不再被当作治国的领袖来看待。皇帝变成了一个木偶，而本身并不被自己控制。这一局面，将是十五岁的朱由校必须面对的难题。

贰

朱由校的选择是不面对。我爷爷这么能耐，都被这些人搞得上蹿下跳的；我爹面对了一个月，人没了；那我想这么多干吗，没必要。所以，他把权力完全下放给太监魏忠贤，让他去管司礼监和东厂，还加封自己的乳母客氏为“奉圣夫人”，等于扶持了后宫势力。

但与此同时，朱由校也提拔了杨涟等一批文官，特别是言官，等于短时间内构架出了一个政治平衡。他的意思是让这些人斗去吧，我自己去做自己想做的事。

朱由校一直没有做皇帝的准备，他想做的事情是木匠活，这在明朝宫廷里绝对是一个不可思议的爱好。当时，他老爹朱常洛还**“命诸臣辅皇上为尧舜”**，但朱由校显然对当尧舜没什么兴趣，他更喜欢当鲁班。

当时，朝臣们都不理解这个爱好怎么可能出现在皇室子弟身上，这个历史上也没有记载。如果我们马后炮地大胆分析一下，这个很可能是因为当时紫禁城里到处都是重修的工程，幼小的朱由校可能耳濡目染，接触到了木工活。所以，当了皇帝以后，他开始把这个爱好发扬光大了，天天泡在木工房里不出来。

魏忠贤公公也特别懂事，专门挑着朱由校干木匠活起劲的时候送奏章。朱由校没几天就不乐意了，就啧魏忠贤，说我找你那是为了图省心，你少拿这玩意儿烦我。魏公公一听，马上明白皇上的暗示了，就开始和客氏一起，收拾外面这些言官们。

如果我们现在来看，这皇帝简直不靠谱，什么事不管。但客观地说，通过“三大案”就不难知道，皇上就是个“吉祥物”，想管也管不了，不如放开手脚让这三股势力互撕，跟当年成化以及正德时期一样，大家互相制衡。

这一下反倒是歪打正着，之前朱翊钧就是吃这个亏，一群文臣天天琢磨着捞一顿廷杖然后升官。结果，现在时代变了，宫里面能“用心打”绝对不玩虚的。这些文官们把折子一送上去，魏公公就开始下手，下了手你想完整地出“诏狱”，这个可能性是非常低的。

而且，魏公公跟之前的王振、刘瑾这些太监不一样。之前，司礼监太监都是所谓“内书堂”教出来的，好歹算半个读书人，包括后来的冯保也是书画双绝的存在，还给自己起了个雅号叫“双林主人”。

问题是魏公公从来没读过书，表示我是流氓我怕谁，做起事情来完全没有顾忌，找到机会就把人往死里整，没有机会创造机会也要整。而且，针对性很强，他先对着言官下手，把这些硬骨头敲碎，后面就没人敢跳了。

慑于魏公公的狠辣无情，各路尚书侍郎开始疯狂地跪倒在魏忠贤的脚下，尊称他为“九千岁”。明末的文官都是这种货色了，越大的官越磕头，越小的官越骂街，骂街的官大了以后照样磕头。

当时，明朝的各级官员为了讨好魏忠贤，甚至想了一个特别绝的路数，就是给魏公公建“生祠”，在魏公公活着的时候就给他歌功颂德，跟祭祀孔子一个级别。“四书五经”、仁义道德在“生祠”面前荡然无存，可见当时文臣的节操到了什么水准。

这件事大概率朱由校是知道的，不过他对此一笑置之，不在意。那时候，他已经有了一个雄伟的“木匠计划”，他要完成其祖父二十年都没有完成的“三大殿”重修工程，证明自己的手艺。

天启五年（1625年）二月，春风解冻的时刻，尘封许久的“三大殿”工程再一次动工。在朱由校的催促以及“九千岁”的威压下，文武百官齐心协力，八月皇极殿的柱子就立了起来。两年之后，就出现了“大学士黄立极等疏贺三殿告成”的记录。

《明实录》里对于这次重建过程记述得非常详细，连各大殿“架梁”的日期和时辰都记载得清清楚楚。看来领导的关注还是非常有效果的，万历时期拖了这么久的工程，做孙子的朱由校两年就解决了。

究其原因，只能说在魏公公的带领下，臣子们多少还像个臣子，你别管他怎么收的钱，反正银子是到账上了，有了银子那就不愁房子。

所以，朱由校也很对此得意，下诏书说："皇祖时，踌蹰于物力不敷然……朕之心思宽省天下财力，未逾三载，轮奂聿新。"意思是，我爷爷那时候穷，修不起来，现在我有钱了，不到三年就修了起来。

这是明朝紫禁城最后一次完整的重修了，在"三大殿"几乎宣布落成的同时，年轻的朱由校在西苑的太液池里泛舟，不幸落水，捞上来之后没几天就因为全身水肿而去世了，跟当年的朱厚照一个德行。那会儿朱由校年仅二十三岁，成为明朝最短命的皇帝。

朱由校没有子嗣，早年有个皇太子，在天启六年不幸身亡了，没办法，只能留下遗诏，传位给自己的五弟信王朱由检。

朱由检宛如梦幻一样接手了自己兄长留下的王朝，而等待他的，将会是一场长达十七年的噩梦。

第十章 京师悲歌

今天邮差不上班

天启七年（1627年）的八月，年仅二十三岁的朱由校逝世于乾清宫，这是明朝第二次出现皇帝无后的情况。但是，此时的明朝，早已不复当初正德时期首辅杨廷和力挽狂澜的气魄。好在这件事有“兄终弟及”的惯例，他的弟弟信王朱由检顺利地登上了皇位，年号“崇祯”。

这个十七岁的少年，将接手一个风雨飘摇的紫禁城，抑或是目送一个行将就木的帝国走向不可避免的深渊。

壹

朱由校临走的时候，给自己的老弟留了一句话，说“吾弟当为尧舜”，对这位弟弟期待相当高。朱由校这话一听就不靠谱，估计是平时木头玩多了，觉得自己的弟弟是一块好料子，想怎么凿就怎么凿。不过，他后面还跟了一句：“魏忠贤忠贞，可计大事。”这更扯了，他弟弟自己都不信。

朱由校的话听不得，这个道理朱由检还是明白的，所以上台之后，没几天就把魏忠贤给解决了。夺权的整个过程现在看来相当枯燥，当时“九千岁”还在琢磨着怎么样把持大权，斗一斗朱由检这个未成年皇帝。结果，出门办了个事，他就接到了一道谕旨，直接被打发到了“中都”凤阳，连反抗的机会都没有。过了两天，魏忠贤就找了根绳子吊死了。

假如我们翻阅《明实录》关于天启七年八月的记录，里面光是各地给魏忠贤建“生祠”的记录就有接近十处，魏阉权倾一时，但连新皇的一道谕旨都挡不住。

从这也不难看出，明朝末年文臣们吹出来的“阉祸”，说穿了还是“君道不正，臣职不明”的问题。但是，这个问题朱由检已经没法解决了，因为历史本身带有巨大的惯性，崇祯时代的明朝，已经不可能回到嘉靖初年的时候了。

朱由检刚上台的时候，心气还是很高的，在日常居住的乾清宫里挂了一块匾额，上面写着“敬天法祖”，随后还在两边挂上了楹联，写着儒家的经典十六字真言**“人心惟危，道心惟微，惟精惟一，允执厥中”**。

这些都是虚的，座右铭不能说没用，但顶多算个心理暗示。当皇帝是个技术活，第一靠天赋，第二靠教育。很不幸，朱由检这两样都没有。

明朝自打朱厚照以后，就没人受过系统的帝王教育了。为数不多可能稍微沾点边的是隆庆皇帝朱载垕，那也基本上算是明朝中晚期最光明的几年了。再往后，朱常洛和朱由校这父子俩一个比一个扯，朱由检就更别提了，最早都没准备着上位，稀里糊涂地就混上去了。一个高中没毕业的少年，接受了世界上最大的一份烂摊子，能打理好的可能性几乎为零。

按理说教育不够，你有天赋也行。比如，当年从北平打到南京的朱棣，本来接受的是藩王的教育，也开创了一代盛世。

再如，朱由检的曾祖朱厚熜，比朱棣更加天赋异禀，连藩王的教育都没接受过多少，十来岁从老家安陆跑到北京来，而且和朱由检一样都是“兄终弟及”，年纪比后者还小。结果，朱厚熜把杨廷和一群老臣全都收拾了，之后二十多年不上朝，朝堂上照样服服帖帖的。

朱由检显然没这个天赋，而且时代也不一样了。朱厚熜接手的，是一个中兴之年的明朝，整个国家机器是在完整运转的。所以，朱厚熜可以在宫里待三年，最后左顺门廷杖一举拿下。但是，朱由检连个适应期都没有，一上台就得面对财政枯竭的窘境。

朱由检的崇祯时代，几乎对紫禁城没有任何改建和重修，这在明朝历史上都是极其罕见的。为数不多的举动就是把仁寿宫（之前的清宁宫）改名为端本宫，留给以后的太子大婚用，其他的建筑几乎没动过。

一方面，这是朱由检自己的节俭；另一方面，也是朝廷上下确实没钱了。但凡有的选，朱由检恨不得把乾清宫拆了当军费，因为边关的战事，已经刻不容缓了。

贰

在历史上，明朝天启七年，又被称为天聪元年（1627年）。在前一年，由于后金大汗努尔哈赤命丧红衣大炮之下，他的儿子皇太极因为“才德冠世”被推举为新的大汗，并定年号为“天聪”。这意味着在女真族所统治的东北大地上，一颗政治新星正在冉冉升起。

与跟红衣大炮对着干的父亲努尔哈赤不同，皇太极本人显然更精于谋略。上任初期，皇太极一开始提出休战，说咱们不打了，我急着去打朝鲜，希望大家“彼此和好”。结果，转头就开始攻打明朝的宁远城。

幸亏当时的守将袁崇焕不傻，早就防着皇太极这一手。废话嘛，之前的努尔哈赤就是死于袁崇焕驻守的宁远城下，你用红衣大炮把人家老爹送走了，杀父之仇，皇太极要是能忍就怪了。

当时，袁崇焕提出了“且守且战，且筑且屯”的思路，打肯定是打不过，可以靠着防守跟他们耗着。几番攻守下来，加上天热中暑，后金的军队死伤惨重。皇太极一看，知道这块骨头不好啃，决定转变思路。

接下来的几年里，皇太极三路出击，一边打着朝鲜，一边打着蒙古。与此同时，他还在后金内部进行改革，定国号为“大清”，并改女真族名为“满洲”，还采用汉人的官制进行内部管理，势力发展得很快。

朝廷上下的所有人都知道，在清军的铁骑之下，“山海关—宁远—锦州”防线就是明朝的生命线，这要是守不住，别说紫禁城了，整个大明朝都得翻天，所以也没人琢磨着对紫禁城进行翻修。

只能说朱由检这位皇帝命苦，开局一个烂摊子不说，碰到的对手也是皇太极这种文武兼修的雄主。别说遏制清朝的发展，朱由检连防守敌人的侵袭都变得非常勉强。

毕竟防守也是打仗，打仗就得花钱。历史转悠了一圈，最后还是经济基础决定上层建筑。明朝，或者是国库，没钱已经不是一天两天了。明朝政府自从万历末年以后，基本上就是一个正常亏损的“上市公司”，大量的土地无法征税，打起仗来压根没钱。

《崇祯长编卷》（《明实录》的崇祯卷）里面说得很明白：“今九边月饷该

三百万一岁，所入不过二百余万，况有旧欠者，如何得足？”相当于不算其他开销，光军费就三百万两，国库一年才二百万两收入，每年有上百万两的亏损。

而造成这个现象的原因，大致可以归结为“天时”“地利”“人和”，朱由检一项都不占。

“天时”是当时中国正好赶上了所谓的“小冰河期”，连年灾难，水旱蝗灾基本上全来了，长江冬天都能溜冰。而北方除了灾民就是难民，基本上都没有活路。以陕西为例，《明季北略》里说当时**“秦中叠饥，斗米千钱，民不聊生，草根树皮，剥削殆尽”**，太惨了，连树皮都吃不起。所以，政府必须得拿出本来就减少的税赋出来赈灾，省得他们造反，这一进一出就变成一个无底洞了。

“地利”就是赋税，地主家管这个叫租子。到了崇祯时期，明朝中原地区但凡是稍微丰饶些的地方，基本上都被藩王占满了，一个个全都不纳税，加上各路官员在东南扎堆一样地捞地，朱由检这个明朝天字第一号的“地主”，家里已经没有余粮了。

最要命的是“人和”。这个时候，朱由检已经没有两边骑墙的空间了。要么你就玩命地重用文臣，毕竟你都把“九千岁”咔嚓了，正好展现自己的诚意，让他们帮助把国家运转起来；要么你就留着魏公公，人家收拾这群文官的心得都能写一本书了，让他卡着文臣的脖子，说不定还能吐出来一点。

结果，朱由检杀了魏公公，还是得靠着太监，采用的还是文官节制武将那一套，这样一来等于把国家“开源”的可能性给断了，只能指望省钱。

但省钱有风险，特别是国家的省钱，第一要素就是砍预算，一刀下去，稍微有点偏差，原本就摇摇欲坠的大明朝很有可能就土崩瓦解。相当于在危房里进行装修一样，碎几片瓷砖说不定房梁就砸下去了，所以一定得谨慎。

这时候，有人向朱由检提议，说皇上，咱把驿站给裁了吧，省钱。

朱由检一听，感觉是个路子。

叁

说这话的是个言官，叫刘懋，职位是兵科给事中，很年轻，是个陕西人。

按理说，兵科给事中应该是六科里面最没用的一个职位，因为兵部的事情连兵部尚书都说了不算，一个小小的给事中能监察什么呀。何况到了崇祯时期，明朝的军事朱由检自己说了都不算，得看人家皇太极想不想打你。

但是，刘懋不信邪，非常忠君爱国，眼看着万岁爷天天地为了军费发愁，就琢磨着给皇上献上一策，缓解一下上面的压力。

刘懋上奏说：**“当今天下州县困于驿递的约十之七八。”**意思就是现在各地的地方财政，大多数都被驿站给害苦了，并且说：“其贪则明攫者十一，而暗攫者十九。”您能看见的只是冰山一角，大头的贪污，大家都看不见。

为了表示自己的正确，刘懋在崇祯二年（1629年）的四月给朱由检上了一堆奏折，详细到了每匹马应该吃多少饲料，而那些驿站实际上报的是多少，意思是他们一来二去地把钱都贪了。

朱由检年轻继位，本来就害怕自己被人坑，心理特别敏感，一听说还有这么一回事，加上刘懋还告诉他：**“请裁驿递，可岁省金钱数十余万。”**朱由检一听就激动了，有钱才是硬道理，能省那么多钱，可太舒服了，马上批准了刘懋的意见，并让他专职负责这件事。而且，朱由检的态度很坚决，谁挡路，直接“杀无赦”。

平心而论，刘懋说的是实话，但问题也不新鲜。

驿站就是当时的交通网络，平时迎来送往，贪污的确非常厉害，当年张居正改革时就打过这个主意。但张太岳的格局摆在那里，人家不是为了“岁省金钱数十余万”，而是为了吏治，真要是为了省钱，直接“清丈亩”，那个来钱多爽。

张居正的思路是治标不治本，限制官员的出行，别私用，并出台明文规定限制使用驿站的人员。强如张居正也没敢直接把驿站给撤了，因为他知道，驿站这玩意儿撤不得。平时看上去一窝黑，但真到了八百里加急军情的时候，没了它还真不行；真到了军情十万火急的时候，消息早上一两天就是天差地别。

所以，朱由检一说要撤驿站，当时就有老臣劝谏：“矫枉恐其过直。”说这事本身可行，但很容易矫枉过正，这其实已经是给朱由检留面子了。后面大臣还说**“恐受裁之夫役无归”**，害怕那些被裁的差役们无家可归。

但是，刘懋和朱由检两个人年轻，不知道天高地厚，一个真敢说，一个真敢听，说动手就动手。而且，第一个动手的就是受灾大省陕西，因为陕西多山路，驿站也特别多。

这一点刘懋特别被当时的官员不齿，因为他自己就是陕西人。陕西本来就是受灾大省，结果你还给老家搞裁员，在看重同乡之谊的大明官场上，这简直就是丧心病狂的表现。

裁员的结果是，朱由检多了几十万两银子，大概是平时国库收入的四分之一不到的样子。但导致的后果就是，大约四万驿卒直接被裁员。

明朝的低级吏员很多都是世袭的，再有就是一些平时有点力气但又不想种田的人，其间掺杂着各色流氓无赖。大家全部都失业了，开始在陕西大地上流浪，更增加了饥荒。搞笑的地方来了，朱由检一看刹不住，还让人带了十万两白银回去赈灾，然而一点用都没有。

从这也不难看出来，朱由检这个人没什么定性，说得好听点叫善于随机应变，说得难听点就是有点神经质，外加耳朵根子软，很容易改变主意。

这次驿站裁员的后果，一个近，一个远，将会让朱由检在后续的十几年里慢慢地还清这几十万两的收益。而这两个后果，都和一个人有关。

这个人叫李自成。

肆

李自成是放羊娃出身，不算是世袭的驿卒，平时喜欢打架斗殴。后来，他在银川入了驿卒这一行。

边远地区的驿卒是个苦差事，但那时候人都穷，特别是大西北，面朝黄土背朝天，吃不饱饭的大有人在。所以，李自成一开始应该是一种混吃等死的心态，找个编制吃皇粮舒服舒服。

没承想，天有不测风云，皇上朱由检脑子一抽，李自成失业了，没办法，只能先回家乡混了一段时间。李自成是混混出身，没几天就欠了一屁股债，恼羞成怒地把债主给杀了，被迫从军。

但是，那时候朝廷也穷，发不出军饷来。李自成不乐意了，有钱都不一定真动手，没钱谁给你玩命呀，直接做了逃兵，去找舅舅高迎祥。

当时的西北地区，已经是群盗并起，民不聊生了。各种货色都开始落草为寇，起的名字一个比一个霸气，比如什么“飞山虎”“大红狼”“浑天猴”“八金刚”等。而李自成的舅舅高迎祥更霸气，自称为“闯王”，落草为寇。

高迎祥倒是很欢迎外甥的到来，还把他封为了“闯将”，一副要打造“家族式企业”的派头。那个时候，各路贼寇并起，大家都是混江湖的人，决定在山西开一

李自成像，《明史》里说他头戴毡帽入城。

个“武林大会”，人多力量大，大家凑到一起反抗大明政府。

从这也能看出朱由检裁撤驿站的思路有多蠢。以前的农民起义顶多是乡下的小打小闹，现在把几万驿卒放出去，这些人都很熟悉国家的基层运转，对于组织老百姓这件事干得很顺手，纷纷成为造反的骨干，没几天就开始跨省串联了。

崇祯四年（1631年），高迎祥、李自成、张献忠等大概三十六伙农民军（这个数字可能是强行凑的），共计二十多万乌合之众，在山西凑了个“饭局”，商量商量下一步怎么走。

当时，明朝边军对外去打后金那基本上不用想，敢出城就死。但往内打，剿灭李自成这些散兵游勇是没有问题的。这些农民军能够在历史上留下点名号，还真得感谢皇太极送出的“间接支援”。

那时候，皇太极已经稳定了后方，时不时地绕开东北的防线开始骚扰京城。但凡有点能打的官员，在“三边总督”的位置上还没坐稳，就接到京城告急的消息，跑去支援朱由检了，这才给了李自成等人在中原发展的空间。

即使是这样，到了崇祯九年（1636年），名将孙传庭当了陕西巡抚以后，稍微认真了一下，这些人就受不了了。“闯王”高迎祥被抓，送到北京直接被处死，其他群盗也被埋伏打散，溃不成军。

李自成的运气比较好，收拢了舅舅手里的一批残兵败将，被推举为新的“闯王”，相当于官升了一级，但这些都是虚的。

在之后的两年里，李自成带着一群败军，被孙传庭等将领打得东躲西藏，最后仅剩下十八个人，藏到了河南西边的山里。在这里，这个陕西米脂郡出身的人开始有点信命了，在山里面娶妻生子。在明朝历史上，有数不清的地方叛乱和农民起义，他们中有很多人都会像李自成这样，在逃难中度过自己的一生。

但李自成没想到，远在北京紫禁城的朱由检，将给他一个登上历史舞台的机会。

煤山之上望烽烟

裁撤驿站是一个种子，迅速地点燃了农民起义的大火，明朝内地陷入了巨大的动乱之中，原本就入不敷出的国库变得更加一贫如洗。而朱由检在位的十七年里，堪称内忧外患，接连不断。此时的大明朝，早已是病入膏肓，回天乏术，那些燃遍天下的烽火，最终将蔓延到帝国的中心——紫禁城中。

壹

在崇祯五年（1632年）之前，朱由检都没有太把内地的农民起义当一回事，不是说不重视，而是实在是没有精力去做。因为那个时候，皇太极已经多次兵临北京城下了。

皇太极在攻不下宁远城的情况下，很快改变了思路，掉头去收拾蒙古和朝鲜，没几年就把蒙古草原的统治者林丹汗干掉了。这样后金（当时还未改名）就可以不只在东北和明军死磕了，从东边的宣府一直到西边的黄河，到处都是后金军队的身影。

崇祯二年（1629年）的十月，就是朱由检裁撤驿站的那一年，皇太极带兵直接绕过了袁崇焕所防守的“山海关—宁远—锦州”防线，由蒙古科尔沁部的骑兵带头，从喜峰口（现在的唐山）破关而入，一路杀到了通州，到北京城也就一抬腿的事。

朱由检当时刚继位，才十八岁，一看见皇太极兵临城下，当场就急了。

从万历朝以后，紫禁城里的皇帝都不怎么出门了，最远到过的地方大概是昌平，对地理知识没什么概念。朱由检一听说皇太极到了通州，腿都吓软了，第一反应就是找袁崇焕。

天启年间的时候，袁崇焕就信誓旦旦地说：“予我军马钱谷，我一人足守此。”意思就是，给我钱和兵，防守的事我一个人干了。后来，朱由检刚上台，袁崇焕马上表忠心，跟朱由检说**“臣受陛下特眷，愿假以便宜，计五年，全辽可复”**，放手让我干，五年之内，我把东北给您收回来。

不得不说袁崇焕拉赞助的水平堪称一流，朱由检听了这么豪迈的话，又上头了，二话不说，就把尚方宝剑赐给了袁崇焕。朱由检还告诉他**“复辽，朕不吝封侯赏”**，只要把失地收复，我给你封个侯爵当。

这番君臣奏对下来，袁崇焕很满意，毕竟兵员、粮草外加人事权都到手了。而朱由检当时傻不愣登地也觉得不错，高高兴兴地把驿站裁了给袁崇焕筹集军队，就在紫禁城里等着五年之期。没想到才过了两年，“复辽”的消息没等到，反而把皇太极给等来了。

而另外一边，袁崇焕也急了。

明朝中晚期有一个说法，叫“翰林院文章，太医院药方，光禄寺茶汤，武库司刀枪”，说这些全都是表面功夫，没什么用。其中，光禄寺是官方食堂，每次仪式等茶汤端上来都凉了，而翰林院和太医院也好理解。最要命是武库司的刀枪（武器装备），多少年都没用过了，拿出来守城纯粹是送死外加丢人现眼。

袁崇焕自己就是兵部出身，知道京城指望不得，赶紧带着军队赶来救援。同时，朱由检也紧急下令，调动各方军队赶来擒王，这才勉强地守住北京城。

在守城期间，朱由检明显已经不再信任袁崇焕了。当时，四方赶来支援的队伍在德胜门以及广渠门外，和皇太极的军队大战了两场，士兵已经很累了。袁崇焕就跟朱由检商量，说能不能让士兵进瓮城休息一下，毕竟在野外休息还得提防对面偷袭，伤亡比较大。

这话说出来，朱由检就神经质发作，立马给回绝了，北京城什么样他自己太清楚了。指望袁崇焕把皇太极灭了那不可能，但袁崇焕如果进了瓮城，那把紫禁城端了献给皇太极的可能性还是很大的，因此坚决不同意，就让袁崇焕硬扛。

这样朱由检还不放心，又把之前的内阁大学士，也是袁崇焕的老上司孙承宗给紧急起用。孙承宗老家就在河北，七十多岁的老头子，几天就到京城了，摆明了就是为了制衡袁崇焕。

这时候，北京城里的老少爷们不乐意了，包括许多武将勋贵的子弟，开始向朱由检提意见，认为袁崇焕“纵敌拥兵”，说我们大家勒紧裤腰带支援边疆，结果袁崇焕不打仗不说，还拥兵自重。

皇太极一看，有门路，马上派人使了一招反间计，买通了朱由检身边的太监，伪造了袁崇焕和女真人私下通信的信件。朱由检平时多么敏感的一个人，马上在十二月下令逮捕袁崇焕，随后将其凌迟处死。

后来，清朝修《明史》对这件事也没藏着掖着，明确说了就是**“我大清设间，谓崇焕密有成约”**。这种军国大事，说出来用计的人不丢脸，上当的人才是真白痴。朱由检从迷信袁崇焕到擅杀袁崇焕，基本上都没动过脑子，纯粹凭借年轻人的直觉在做事。

袁崇焕死后，北京城上上下下一片叫好。当时，一个义士（可能是袁崇焕的部将）把袁崇焕的头颅深夜窃走，埋在了广义门之内。后来，还是清朝的乾隆皇帝读史书看不下去了，就在埋头骨的地方给袁崇焕修建了祠堂和墓。

国有名将而不珍惜，还得靠敌人给予平反，从这个角度来说，大明也确实到了该灭亡的时候了。

贰

擅杀袁崇焕而导致的后果，这里不用详说了，后来的清朝在《明史》里给的答案很明确：**“自崇焕死，边事益无人，明亡征决矣。”**这直接导致边关没有守将了，明朝的灭亡基本上已经板上钉钉了。

之后的许多年里，皇太极频繁地打破边关防线，带着铁骑深入中原内地，山东、河北、陕西、山西均受到波及，最远到达过江苏的连云港一带。对此，明朝上下束手无策，能把京城守住就不错了。

连年的外部失利，给了在深山中的李自成东山再起的机会。崇祯十二年（1639年），李自成带着几千人重新出山。这回出来，李自成的智商明显呈直线上升，开始实行一系列造势的政策。

首先，就是减少杀人。《明史》里说李自成的心理比较变态，喜欢杀人为乐，还特别喜欢对人砍脚和挖心。所以，有人就劝他“取天下以人心为本，请勿杀人，收天下心”，李自成一听，感觉很有道理，就减少了杀人。

其次，也是最重要的，李自成提出了自己的“经济政策”，号称“均田免赋”，就是给老百姓分田，还不缴税。

这种话但凡有点经济学常识的人都知道不现实，一个政权想建立，首先得有一群脱产者，不纳税就玩不转。但是，李自成本来就没打算靠收税为生，直接对各地藩王包括世家大族下手抢劫，抢一家吃半年，所以才有“闯王来了不纳粮”这样的歌谣。

崇祯十四年（1641年），李自成攻破洛阳。那会儿福王朱常洵还活着（争“国本”的那位），是整个河南最大的地主。河南那几年年年灾荒，朱常洵却坐拥“金钱百万”，到最后被守城的将士打开了城门，目送闯王进城。

李自成杀富济贫的瘾又上来了，何况杀朱常洵也没什么压力，按河南老百姓的思路来讲，这货早就该祭天了。这次李自成想了一个比较有创意的路数，把朱常洵处死，又在福王府的后花园里找到了几头鹿，一起杀了，放到锅里来了个乱炖，美其名曰“福禄宴”。

杀了福王，李自成的威势就更大了，因为朱常洵家里有钱，不拿白不拿，自己捞了一笔，其他的都分下去了。农民军拿了钱，更相信李自成“均田免赋”的说法。

之后的两年，李自成向西一路狂歌猛进，顺利地拿下了陕西全境。陕西巡抚孙传庭在无兵无饷的情况下也是回天乏术，兵败身亡。事情到了这一步，李自成在北方的统治已经不可逆了。

李自成志得意满，直接在西安宣布称帝，建国号为“大顺”，年号为“永昌”。这一看就是膨胀了，当年朱元璋“高筑墙、广积粮、缓称王”的路子，李自成是一个都没学到，刚打下俩省来就准备着建国，然后开始给兄弟们封官，玩的全都是山寨的那一套。

建了国以后，李自成马不停蹄，开始带着兵一路往北京杀过去。因为他知道自己压根没有赋税制度，必须得靠抢钱才能把这个政权维持下去。这个道理跟滚雪球一样，看上去很吓人，但不能停，停了就得死。所以，一开春，李自成对大明帝国的中枢，发起了最后的冲锋。

叁

崇祯十七年（1644年）的大明朝，从上到下简直是一盘散沙。李自成带兵一路奔袭，路上全都是投降的将领，包括很多监军的太监，整个过程基本上跟朱由检从乾清宫溜达到御花园差不多，简直不要太顺利。等李自成到了北京城下的时候，才刚刚三月。

这时候就能看出裁撤驿站的另外一个后果了。李自成的军队从陕西经黄河直入河北，一直到了昌平，京城的朱由检还不知道发生了什么。到最后，李自成的前锋游骑兵都在平则门（阜成门）城门外转悠了，京城的人才反应过来，这在军事上简直是不可想象的事情。

当然，即使是提前发现，北京城也没法守。

那会儿的北京城惨到什么程度呢？史书上说**“京师久乏饷，乘陴者少，益以内侍。内侍专守城事，百司不敢问”**。“陴”就是城墙垛子。这话翻译过来就是，京城都很久没有粮饷了，守城的人都很少，只能让太监上去盯着，文武百官压根不敢问。

大明三百年气运，历朝历代皇帝精心搭建的政治平衡，到最后只剩下一个歇斯底里的皇帝、一群阳奉阴违的太监和一群袖手旁观的大臣。

一开始的时候，李自成还没敢直接攻城，打算和朱由检谈一谈。当时说的条件是割让西北，李自成自成一国，相当于“藩属”，可以帮着明朝抗击清军，但不听宣也不奉诏。

这个条件一出来，基本上就没法谈了。虽然李自成这属于漫天要价，但朱由检不具备坐地还钱的资格，何况他要是敢点头，百分百遗臭万年，所以断然拒绝。

估计李自成也没琢磨着朱由检能答应，三月十八日，大顺军正式开始攻城。

北京城在明代无数次被兵临城下过，从于少保的“京师保卫战”到嘉靖朝的俺答入侵，再到之后的皇太极围城，每一次都是伤痕累累，但却如北斗星一样永不陷落。

而在三月十八日这一天，大明朝的“北斗星”陨落了，这座二百多年前由阮安设计的最坚固的堡垒，被人从内部攻破。这天早上，崇祯皇帝最信任的太监曹化淳开启了彰义门，主动投敌，北京城陷入了巷战阶段。

这一天，朱由检后知后觉，也明白大势已去了，索性偷得浮生半日闲，到了紫禁城后面的万岁山上“看风景”。

万岁山就是现在的景山，这还是当年朱棣修紫禁城的时候，挖筒子河剩下的泥土堆积而成。当时皇宫里面有些地方还烧煤，运到宫里的煤要在这里转运，所以景山又有“煤山”的称呼。那时候的北京还没有高楼大厦，登上煤山，可以俯瞰整个紫禁城甚至是整个北京城。

朱由检登山望去，却只看见了满城的烽烟。沉默良久之后，他下山回到宫里，开始着手处理后事。

之前，朱由检也不是不想逃走，但皇帝出逃也是一个大工程，以当时北京城近乎瘫痪的国家机器来说，可能性基本上为零，因此只得作罢。

景山　位于故宫博物院之后。

回到宫中，朱由检先将两个儿子送到大臣家里，好歹留点火种，聊胜于无。之后，他又去了坤宁宫里见皇后周氏。周皇后之前曾经暗示过朱由检，说“吾南中尚有一家居”，意思是咱家南边还有套房子，想让朱由检南迁，但后者一根筋，没听，之后在朝堂上说得很霸气：**“国君死社稷，朕将焉往。”**

这次见面，朱由检抱着周皇后哭了一阵子，劝皇后自尽。现在我们很难评价这个行为，从朱由检本人的角度来说，肯定是自私的，希望皇后和自己一起死，保留以后的名声。但客观上讲，如果周皇后落到李自成那群农民军手里，指不定怎么遭受侮辱呢，到时候可能求一死都很难。

周皇后听了丈夫的话，哭着说**“妾事陛下十有八年，卒不听一语，至有今日”**，我和你在一起十八年了，你连我一句话都不肯听，才有今日。然后把门一关，不一会儿，宫女出来告诉朱由检，皇后已然领旨。

把皇后逼死之后，朱由检已经接近疯狂，又来到后宫之中，用剑将两个女儿砍成一死一伤。其中，长平公主侥幸没死，可能当时朱由检的精神不对劲，没看准，只砍了一条胳膊，后来被人救起，遁入空门。金庸先生在小说《鹿鼎记》和《碧血剑》里写的“九难尼姑”，就是以这位长平公主为原型。

京城里的巷战，一直持续了一天。次日，也就是三月十九日清晨，崇祯皇帝朱由检，在紫禁城最后一次敲响了象征早朝开始的景阳钟。明朝近三百年历史，景阳钟曾无数次伴随着文武百官的脚步声开启朝会，但这一次，臣子们竟然无一人到场。

大势已去的朱由检，时隔不到一天，再次登上煤山，身边只有一个太监王承恩伴随左右。朱由检心灰意冷之下，在一棵槐树上上吊而死。太监王承恩亦随之赴死。

朱由检死时，留下遗诏，上面说：

朕凉德藐躬，上干天咎，然皆诸臣误朕。朕死无面目见祖宗，自去冠冕，以发覆面。任贼分裂，勿伤百姓一人。

在这份遗诏里，朱由检依旧认为是“诸臣误朕”，不思悔改，值得被称道的也只有“勿伤百姓一人”这一点。大明朝堂风起云涌了数百年，最终还是亡在“君臣之道”四个字上。

肆

朱由检去世的当天，李自成就带兵攻入了紫禁城中，第一件事就是找朱由检和周皇后。最后晃悠了一圈，才在煤山上找到朱由检的尸骨。

按理说，前朝皇帝的遗体，李自成怎么也该尊重一下。但是，李自成造反路子出身，不讲究这个。他直接把崇祯皇帝和周皇后的尸骨扔在了东华门外面，晒了好几天。从那走过的臣子来来往往，都掩面哭着跑开。

后来，清朝视东华门为不祥之门，皇上、皇后出殡，才会从这里走。现在我们看东华门上的门钉，一共是八九七十二个，其他的门都是九九八十一个，少的一排就是之后减少的。这就是因为朱由检在此停尸，中国人讲究双数成阴，八排门钉象征死亡。

之后，人们将朱由检的尸骨收殓，葬在了昌平。朱由检一辈子做了很多混蛋事，但在节俭这件事上，真的是没的指责。在位十七年，都没给自己修陵，人们只能把他和妃子田贵妃合葬在一起，称为“思陵”。

至于这些臣子之所以会从这里经过，是因为李自成在紫禁城里发了命令，三天之内，到朝堂上开朝会。这些在三月十九日一个没到的臣子们，除了范景文等四十多个殉国外，其他在三天后基本上都到齐了，一个个麻木不仁地跪在那里，任凭李自成在那里侮辱他们。

而李自成也没有放过他们，或者说没有忘记自己进攻京城的目的是为了抢劫，于是开始疯狂地搜查财产。他把这些人，大概八百多人，打包交给了自己的手下大将刘宗敏。

刘宗敏也没客气，据说这些人被折腾得“灼肉折胫，备诸惨毒”，纷纷吐出了平时舍不得的银子，大概有个几千万两。之前兵临城下的时候，朱由检曾经提议让大臣们捐款，求爷爷告奶奶才混了十几万两白银。说得难听点，当时朱由检要是把北京城抄家抄一半，指不定还能扛过这一劫，结果最后全便宜了李自成。

但历史的脚步并不会因为李自成的烧杀抢掠而停止。就在李自成攻入北京一个月后，原山海关总兵吴三桂打开了山海关的大门。清朝摄政王多尔衮在吴三桂的带领下，带着铁骑直接杀向北京城。当然，其中的细节就是另一个故事了。

李自成打下北京城，已经是天时、地利、人和的共同作用了，一看见清兵进攻，立马作鸟兽散，把金银财宝用大车装在一起，浩浩荡荡地回了老家陕西。

临行之前，李自成在武英殿举行了一个非常不正宗的即位仪式。随后仿佛报复一般，他一把大火将皇城九座城楼以及一些宫殿付之一炬，只剩下一些残破不堪的楼阁，在鲜血和硝烟中等待着下一页历史的到来。

下卷

清代卷

第十一章 关外疾风起

复仇者之火

公元1644年的暮春四月，打进北京的起义军领袖李自成在前皇宫——紫禁城里燃起了火焰，匆匆宣布称帝。而就在第二天，这位号称“大顺皇帝”的男人仓促逃出京城，朝着自己的陕西老家狂奔。

而就在北京城的北方，一支来自东北的军队刚刚进入山海关的大门，在这支军队面前，是一望无垠的中原和即将由他们所缔造的历史。

对于掌控这支军队的政权“清国”而言，这片名为“中原”的土地，曾是他们过去十数年间不断劫掠的“乐土”，但在踏入山海关的一刹那间，史书的一页已然翻过，他们将以统治者的目光重新打量这个熟悉而陌生的世界。

让我们记住这个时间，这一年是公元1644年，在清国的年号里，这一年被叫作“顺治元年”。

在朱棣迁都北京的224年之后，一个名叫“满洲”的民族，裹挟着东北的寒风，光临了紫禁城，并在这之后的近三百年间，给予后者以持续的改变。

往后的历史当然很精彩，但如果我们想细致地把握这种民族差异所带给紫禁城的变化，需要在这里给历史按下暂停键，并把时光回溯到半个多世纪之前乃至更久。

我们需要追溯一个民族的本源，才能看懂一个民族的文化。

壹

“满洲”其实就是女真族，跟被元朝灭掉的那个“金朝”是一回事。这个民族比较确切的记载，可以一直追溯到唐初东北地区生活的黑水靺鞨（靺鞨族的一支）。

后来黑水靺鞨因为南北温差比较大，分家了，都叫女真。南边的那一支因为编入辽籍，叫“熟女真”，后来慢慢被当时契丹所统治的辽朝所同化了。

北边的那一支因为没编入辽籍，叫“生女真”，也就是我们后来熟悉的“女真”，金朝的建立者完颜阿骨打就是从这一支出来的，后来打败辽朝统一了整个北方。

所以咱们要是扯得远一点，北京故宫最早的一个雏形，还真是女真族搞出来的，因为忽必烈修元故宫的旧址，就是金朝时候在太液池和万岁山修的行宫。

这个地方最早是金朝著名的精神病患者——海陵王完颜亮一时兴起建的，这哥们吃喝嫖赌样样精通，捎带着弄了个度假村出来，后续的金世宗觉得还行，就增加了预算，最后被忽必烈看上了这一片，才有的元宫城。

这种情况有点像秦汉交际，汉高祖刘邦也是以咸阳东边的秦朝行宫为中心修建的皇宫。只不过刘邦那时候是真穷，咸阳被项羽一把火点了，没办法。

而忽必烈比较大气，看不上女真族这些瓶瓶罐罐，大家都是汉人眼里的“蛮夷”，谁有钱谁是大爷，所以干脆拆了重建。

蒙古族连金朝鼎盛时候建的房子都看不上，那更看不上被灭国之后的女真人了，所以在元朝的时候，女真人非常老实，让干什么干什么，有些就领了个编制，被打发到东北深山老林里去看老家了。

后来，清太祖努尔哈赤的祖宗，终于第一次在史书上露面了。

那时候还是元朝早期，奉元朝的命令，有一支女真部族被封为万户，然后奉命去了牡丹江口，这个部落的来历，可以追溯到一个叫布库里雍顺的人身上，这就是爱新觉罗氏最早的先祖。等于说爱新觉罗氏跟之前的完颜女真不是一支。

根据清朝后来自己编的《满洲实录》记载，这位布库里雍顺的来历相当传奇。

说是在长白山东北边的布库里山里有三个仙女，有一天在洗澡，其中一个仙女看见一支红色的喜鹊，叼来了一只果子，嘴馋没忍住，吃了，然后就意外怀孕了。

好吧，不用猜也知道，这位仙女后来生下来的孩子就是这位布库里雍顺，随后开始崛起，他的后世接受了元朝册封，成为了“斡朵怜万户府”的万户，这个官职在蒙古的史料里是可以查到的。

从这个神话故事里，我们会发现关于爱新觉罗氏起源的说法，基本上能在大多数少数民族神话传说里找到无数类似的版本。不过满族人自己倒是对这个神话深信

布库里雍顺

不疑，很多满族聚集地的房子后面都会有一根高杆，方便喜鹊停留，其源头可能就是这个传说。

无论传说真假，我们至少能从这段传说里提取到两个相对真实的信息。

首先就是满族的祖先，也就是女真族爱新觉罗氏确实是地道的“东北人”。第二这个部族发展得比较晚，至少在金朝时期还没什么动静。

而在成为了万户以后，这个部族几经动乱，终于在元朝末年定居在图们江附近，当时的领头人正是后来努尔哈赤的七世祖挥厚，朝鲜的《李朝实录》里还记载了这位万户的姓氏——“童”，当然这是汉姓，但至少说明，满族人的汉化历程非常长，他们的汉化历史很可能要长于他们的文字历史。

贰

满族的历史转机出现在挥厚的儿子身上，他的儿子猛哥帖木儿（也被叫作爱新觉罗·孟特穆）年纪轻轻成为了斡朵里部落（之前的斡朵怜万户府）的首领。

这个时候猛哥帖木儿的官衔还是万户，但那时候已经是元朝末年，天下大乱，所以猛哥帖木儿这个“万户”的编制，其实是高丽国的编制。这个情况也很正常，等于军队、地盘和部落三位一体，接受哪国的编制，连带着这个地方加上部落就都属于哪个国家了。

如果历史继续这么发展下去，斡朵里部落将会成为现在中朝边界附近少数民族的一支，甚至很有可能直接消逝在历史中。

这时候猛哥帖木儿做了一个很神奇的决定，那就是带着部族南迁，并和邻部的首领阿哈出结亲，把自己的妹妹嫁给了阿哈出的儿子李显忠。

历史的巧合就在这里了，阿哈出不光有儿子，还有女儿，他为了政治联姻，就把自己的女儿作为妾室，嫁给了当时刚刚建立的明王朝的一个王爷，也就是朱元璋的一个儿子。

这次婚姻绝对是一次豪赌，一定程度上改变了明代东北地区的历史。因为就在阿哈出女儿和这位王爷结婚后没多久，这位女婿看着自己侄子不顺眼，打着“靖难”的名头造了侄子的反，四年之后横渡长江，在南京登基。

是的，你没猜错，历史就是这么狗血，这位阿哈出的宝贝女婿，就是明成祖永乐帝朱棣，在夺取天下之后，他把阿哈出的女儿封为妃子，而沾亲带故的猛哥帖木儿的地位自然也就跟着水涨船高，朱棣后来亲自说过：**“猛哥帖木儿，皇后之亲也。”**这个“皇后”应该是历史文献的笔误，指的就是阿哈出的女儿。

为了酬谢老泰山一家，当然也是为了联合女真部族抗击北元，朱棣大笔一挥，给了女真族两个明朝的编制，阿哈出的部族被封为“建州卫”，而不久之后，斡朵里部落被封为了“建州左卫”，猛哥帖木儿就是首任建州左卫指挥使，成了正儿八经的大明干部。

因此如果我们考证满族的汉化，或者说爱新觉罗氏家族的汉化，很大程度上要追溯到永乐年间，追溯到猛哥帖木儿的身上。

猛哥帖木儿后来死在了宣德年间，在后世，这位猛哥帖木儿被努尔哈赤追封为**“肇祖原皇帝”**，因为他这一步走得太对了，他的南迁和结亲，直接奠定了后来爱新觉罗家族在东北的崛起。

叁

现在我们来看，猛哥帖木儿无疑是带领建州女真做了一场豪赌，这场赌局的关键，就是大明朝的国运，大明如果一直保持着永乐宣德年间的扩张势头，那建州女真就可以一直跟着吃肉喝汤，毕竟背靠大树好乘凉。

没想到就在猛哥帖木儿去世后没多少年，明英宗朱祁镇玩了一把大的，“土木堡之变”直接掏空了明朝的文武家底，要不是于谦于少保来了个“京城保卫战”，指不定明朝就是第二个南宋，跑回南京苟延残喘了。

而这件事给建州女真带来的影响是很大的，因为打这以后，明朝对北方的政策基本上就是防守为主，长城以外的地方基本上被放弃了。

“亲戚”没了，以前的那些“小伙伴”们就开始对建州女真进行清算了。你们当时不是很威风吗？行啊，现在你家亲戚怎么不来了？

背着亲戚们的冷嘲热讽，猛哥帖木儿之后的几代人，日子都过得很惨，必须不断游走在少数民族势力和明朝官府之间，可实际上没有哪方势力真把他们当自己人。后来努尔哈赤的祖父觉昌安就是一个典型。

觉昌安是猛哥帖木儿的重孙，继承了祖上传下来的明朝官职。然而并没有什么用。觉昌安主要干的事就是“投机倒把”，换句话说就是倒卖物资，带着自己的族人把族内生产的粮食之类的东西倒腾到抚顺的马市上去

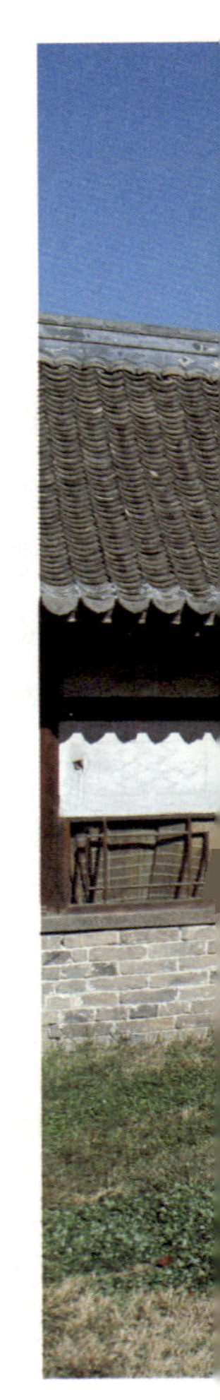

贩卖。

这一年，是明朝嘉靖三十六年（1557年），两年之后，后来的清太祖，女真后金政权的建立者努尔哈赤出生了。

如果我们把明朝和清朝两个皇室家族的发家史对比一下，会发现有些时候，思维方式这种东西，真的是以基因形式刻在一个家族的骨子里。

朱元璋是地道的汉族农民家庭，对于他而言，经历过乱世的伤痛，意识到了土地和粮食是这个世界稳定的来源，所以老朱家的思维方式里有一些保守和极端的东西在里面。

位于赫图阿拉城的努尔哈赤出生地

比如说朱元璋修皇城和朱棣迁都，大多数人都觉得不合适，但他们就执着于去干。再比如万历帝朱翊钧，说不上朝干脆连大臣都不见，直接把国家扔到一边了。

而爱新觉罗氏家族的基因其实不是能打，而是妥协和利益交换，这一点我们会在之后叙述里反复去提到。

从猛哥帖木儿的联姻，到觉昌安的马市交易，一直到后续的清朝统一全国，这个家族所凭借的并不是当年金朝完颜氏“女真不满万，满万则无敌”的武力，而是一些超脱于战争之外的交易。

这种做买卖的天赋，很快也被觉昌安用到了政治方面。

肆

当时女真族中最大的部族叫“哈达”，建州女真归这群人辖制，建州女真大权在一个叫王杲的人手里，王杲是觉昌安的亲家，这个人很强势，时不时就跟明朝对着干。最狠的时候，大概是嘉靖四十一年之后，王杲对辽东各种抢劫，连那时的辽阳副总兵都杀了。

觉昌安和儿子塔克世当时就在王杲账下，算是半个合伙人加参谋，但觉昌安感觉这个亲家明显不靠谱，就开始两头下注，一边给亲家打工，一边给明朝偷偷送情报。

王杲的运气不太好，或者说当时整个女真族的运气都不太好，原本大明朝被嘉靖帝朱厚熜折腾得半死不活的，结果后续有人，在高拱和张居正等人的带领下，来了一场“隆万大改革”，这几位首辅，重用总兵李成梁，在关外取得了非常好的效果。

李成梁这个人有很多缺点，比如为人狂傲，对部下过于放纵等，但他的优点实在是太突出了，那就是能打，无论是蒙古族的鞑靼还是女真各部，李成梁大刀一挥直接带着人就上了，这使得当时的大明首辅张居正张大人很信任他，曾经夸他**“能勇能怯，见可知难”**，打仗非常灵活。

所以在当时，李成梁在北京和关外压根不是一个人。因为明朝重文轻武，李成梁到了朝堂上，见了张居正都得毕恭毕敬，首辅大人坐着他得跪着，张居正压根不怕他翻天。

但到了关外，那就反过来了，李成梁往总兵府里一坐，女真各个部落跟拜祖宗一样过来拜，像觉昌安这种虽然挂着个官衔，其实论地位可能还不如李成梁手底下的低级军官，帖子递过去，人家让不让你进门还不好说，只能时不时送点小情报求关注。

王杲在万历三年的时候，就被李成梁抓住然后送到北京砍了头，之后觉昌安又继续跟着自己的孙女婿，也就是王杲的儿子阿台，还是跟以前一样偷偷给李成梁送情报，但就是这个和稀泥的思想导致悲剧发生了。

万历十一年（1583年），李成梁带兵去打在古勒城里驻扎的阿台，觉昌安心疼孙女，决定带着儿子塔克世去劝降，去之前给李成梁发了封信，意思是您老等等，我这边带着我孙女婿出来迎接您。

没承想李成梁兵贵神速，直接攻破了城门，带着兵进去屠杀，一时兴起捎带着放了把火，直接把城池给烧了，结果觉昌安和塔克世父子俩，稀里糊涂死在了屠杀和火灾之中。

年仅二十五岁（虚岁）的努尔哈赤当时没跟着爷爷和老爸，人在外面听到这个消息气疯了，立马上书问：**“祖父无罪何故杀之？”**我爷爷和我爹干了啥呀，人家是去劝架的，平时也没少给你们送情报，就算是无间道，这么死也太离谱了吧。

李成梁拿到情报以后人也傻了，一拍脑袋，不好意思，草率了，没想到这爷俩心疼孙女，把自个儿搭进去了，不好意思，本官下次一定注意。

事情闹到最后，大明朝廷或者是李成梁给的说法是**“汝祖父实是误杀”**，接着多少意思了一下，赔了努尔哈赤三十匹马，以及三十道敕令（空头编制），外加一个杂牌将军的官衔，就把后者给打发了。

努尔哈赤一肚子气，三十匹马就顶了我爷爷和我老爹两条人命，你咋不说自罚三杯呢？但他也没法和李成梁讲理，只能暂时忍下了这口气，牵着三十匹马回去了。

回家的努尔哈赤收拾祖父和父亲的遗产，找到了十三副祖上遗留的铠甲，开始了自己作为复仇者的生涯，历史在万历十一年里发生了一个极其微小的偏差，而在数十年后，这个偏差将使明朝走向一个完全不可预测的方向。

至少在这一年，年轻的努尔哈赤开始慢慢明白，即使是做个买卖人，你也得有足够的本钱才能和别人谈生意，否则像三十匹马换两条人命这种亏本买卖就会持续发生。

就这样，凭借着三十匹马、十三副铠甲和一个复仇的信念，努尔哈赤开启了他“积攒本钱”的创业过程。

驰来北马多骄气

建州的崛起，成为了当时中国北方大地上最大的一个变数。从十三副铠甲起家，到建国定都，努尔哈赤用半辈子走完了其他少数民族领袖一生都难以企及的路程。而在他的身后，巍峨的沈阳故宫之中，他的后代将面临一个曾令忽必烈头疼万分的问题：如何与汉人相处？

这个问题，爱新觉罗氏家族将用近三百年的政治命运给出答案。

壹

努尔哈赤的复仇，如果从大历史的角度看，跟之前的成吉思汗的路子很像。

首先是得确立复仇目标。直接冲着李成梁骂骂咧咧的肯定不行，家里两条人命换了三十匹马，难不成还想再加十五匹？

努尔哈赤从小熟读《三国演义》，很明白自己现在这水准还不如刘皇叔，要想起家，得团结能团结的人，干掉能干掉的人。

于是乎，他把目标放在了“尼堪外兰”的身上。

“尼堪外兰”是女真族的另外一个部族，干的事跟爱新觉罗家差不多，就是给李成梁当手下。只不过前者干得更彻底，当觉昌安父子俩还在纠结于劝降和送情报的时候，尼堪外兰直接给李成梁大军带路，去打古勒城，捎带着还给李成梁贿赂了大批礼物。

这么一看，尼堪外兰确实是帮凶，要不是他带路，指不定劝降就成了。更气人的是，尼堪外兰因为带路的功劳，成为了当时建州女真的“盟主”，也就是明军公认的狗腿子一号。

努尔哈赤不乐意了，心说你们什么意思，我的杀父仇人，居然成了我老大？就向明军提出抗议，说这位子本来应该是我家的，我爷爷他们死了应该是我来当。

但明军也是振振有词，说你爹和你爷爷是我们误杀的，马都赔给你了，跟尼堪外兰没关系，人家带路有功，就是他了。

这下努尔哈赤算是看明白了，什么感情、世代友谊都是吹的，你得对人家有用，人家才把你当回事。基于这个想法，努尔哈赤做出了和当年成吉思汗一样的选择：和周围的部族联姻，获得支持，然后以复仇为名，逐渐扩充势力。

他凭借铠甲、马匹以及联姻得来的战士，形成了一种名为“牛录额真”的单位，跟咱们现在军队的“班”差不多，十个人凑一块，各出一支箭，其中的大箭叫作“牛录”，这就是后来“八旗制度”的雏形。最早的军队大概人比较少，可能只有几百号人。

靠着这支军队，在几年之后，努尔哈赤就干掉了尼堪外兰。他判断得很准确，明朝没有把已经成了丧家之犬的尼堪外兰放到眼里，而是转头把努尔哈赤封为了“都指挥使”，等于承认了爱新觉罗家在建州卫或者鸭绿江附近的“老大”地位。

从这也能看出女真族那时候确实战斗力不太强大，一个“盟主”，被一个不到三十的年轻人，带着几百号战士就给干掉了。从这个角度上说，明朝一开始没有注重对女真族的统治似乎也是合理的，汉族打仗动不动就是成千上万，像努尔哈赤这种级别的战斗跟村子里打群架一个级别。

但对于努尔哈赤来说，这是他真正意义上拥有了自己的地盘，从一个“商人”变成了一个“地主”，甚至是“军阀”。而与此同时，明朝在后续的十几年里，因为“三大征”和万历皇帝不上朝，对东北地区的控制逐渐减小，这也给了女真很大的发挥空间。

贰

如果我们能把万历十一年后的皇帝朱翊钧和努尔哈赤做一个成长轨迹对比，将会是一件很有意思的事情。我们总是觉得万历皇帝朱翊钧后面还有俩皇帝，再往后才是清朝，而努尔哈赤则是清太祖，俩人应该不是一个时代的。

可实际上，看年龄，努尔哈赤比朱翊钧大了三岁；看辈分那就不用看了，努尔哈赤的六世祖猛哥帖木儿和朱棣是一个辈分，真要是一代代顺下来，努尔哈赤和朱厚熜那是一代人，得算朱翊钧的爷爷辈。

这估计是好多人都没想到的。

不过这个“爷爷”和“孙子”，对比差距有点大。

朱翊钧生下来就是皇帝胚子，他爹一驾崩，十岁就当了皇上，接手的是号称“隆万大改革”时期的明朝，前十年间国家完全托管，跟干爹一样的首辅张居正全权辅佐，连他的大婚都办得风风光光的，在张居正死后，朝廷中文臣如申时行、王锡爵，武将如李成梁等，济济一堂，看上去是天胡开局。

没承想朱翊钧不思进取，非得做一个破坏者，先是“万历三大征”掏空了家底，接着就是长年累月当宅男，和朝廷完全脱轨，硬生生把一个中兴时代带上了亡国之路。

而努尔哈赤做的则是“建设者”的工作。爱新觉罗氏家族近两百年的汉化之路告诉他，靠在马市上做买卖和给明朝人带路，是不可能让一个女真族势力强大起来的。女真族需要学习汉族统治下的一些东西。

在打败尼堪外兰之后，努尔哈赤致力于建立自己的根据地，他开始兴建城寨，带领族人们进行农耕，并让“耕作”与“战斗”融为一体，形成了一支强有力的军队，这支军队的人数并不多，大概只有数千人，但对于女真内部来说，是一支相当可怕的势力。

那时候的女真分为三部分，最靠南的是努尔哈赤手下的建州女真，但真正说了算的是“海西女真”，住在松花江一带，里面分为四个大部落，即“叶赫”“哈达”“乌拉”和“辉发”，这些姓氏我们在后续的清朝政治史里会多次见到。除此之外还有“野人女真”，一听这名字就知道这部分比较靠北，基本上都是原始社会状态。

努尔哈赤这边强大了以后，很快就被海西女真盯上了，双方起了冲突。剩下的事情就不用讲了，基本上就是努尔哈赤个人军事天赋的表演了。冲突大概持续了十年，到了万历二十七年（1599年），努尔哈赤消灭了“海西女真”最大的部落“哈达”，成为了女真族的最强者，但他统一女真的道路，还将持续十数年之久。

部落大了，管理就是一个问题，再用“班长”去管显然是不够了。所以在万历二十九年，努尔哈赤做了一个改革的举动，即建立所谓的“八旗制度”，八旗一共四个颜色，红黄蓝白，镶边和不镶边的各四个。

我们现在看电视剧，总会觉得“八旗制度”是一种军事制度，其实不是。“八旗制度”是一种社会组织制度，不光管军，而且管民。具体一点就是在之前的“班长”基础上，加上各种建制，最高等级的叫“固山额真”，翻译过来就是“旗”。

八旗上面，努尔哈赤设置了“贝勒”，后来主要由努尔哈赤的儿子们担任，有点像最早期的分封制，通过这一制度，努尔哈赤迅速整合了手下的人力物力，改变了女真族之前一盘散沙的情况。

这个制度到底怎么来的，已经不可查了，根据学者研究，应该是女真族和蒙古族传统相结合的一个产物。东北这个地区在明朝时期非常复杂，名义上是明朝管着，但蒙古族也时不时来打秋风，所以早期女真族统一的过程，其实是满蒙汉三族文化融合的一个过程。

依靠着八旗制度的建立，建州女真的军事实力和生产能力发展到了一个前所未有的地步，这对当时的其他女真各部简直是降维打击。而与此同时，明朝经历“三大征”之后元气大伤，当年纵横辽东的总兵李成梁也早已老迈。

在努尔哈赤统一女真的道路上，放眼望去，一片坦途。

努尔哈赤的扩张最终还是引起了明朝的警觉，只不过对于后者而言，这个警觉实在是太晚了一些。

到了万历四十四年（1616年）的时候，努尔哈赤基本上已经统一了女真各部。俗话说“名不正言不顺”，建州女真想做女真的老大，得有一个名头才行。努尔哈赤决定听从手底下人的建议，打出女真族老祖宗的国号“金”，并自称“天命汗”，在这一年正式建国。

单看这个建国的行为，就有点不伦不类。建国和“国号”应该是汉族专属的文化，但没有年号，而且也没有“皇上”，努尔哈赤的这个“天命汗”很明显具有蒙古族的文化色彩在里面，大汗嘛，不是年号，所以现在很多历史书的说法有问题，努尔哈赤时期不能叫“天命”多少多少年，就好像成吉思汗时期，纪年不能用“成吉思”一样。

不过努尔哈赤对这些繁文缛节不觉得有什么，他手底下的人也都觉得很正常，此时的女真族还停留在整合的阶段，没法按照正常中原文化的逻辑去想，反正军队和地盘是实打实的。

这边都建国了，那边明朝上下都还不在意。最早报告这个消息的还是李氏朝鲜国，毕竟离得近嘛，作为明朝手下的“藩属国”，给北京递了一个折子，说女真族不得了，直接都建国了，这是赤裸裸地反中央反政府呀。

明朝接到消息，看都没看，都忙着“争国本”呢，东北一个蛮子自娱自乐，京城的官老爷们谁也不放到眼里。之前的辽东总兵熊廷弼曾经给朝廷发出过警示，熊大人也知道朝廷那会儿没钱，就提议说要不咱们跟他们谈谈条件，让他们老实一点？

折子送上去，熊廷弼就被撤职了，明朝文臣都是属鸭子的，嘴硬，绝对不肯和女真族谈条件。

在当时的明朝看来，女真人和蒙古人一路货色，你别看他蹦跶，他连个铁锅都造不出来，教育这种“蛮子”最好的方式就是关闭贸易，就把抚顺等地的马市给封了。

这种二百五式的自我陶醉很快遭到了报应，本来努尔哈赤还跟明朝装孙子，图什么呀，不就是图明朝地大物博吗？现在你把贸易给封了，那就没得谈了，直接动手吧。

万历四十六年（1618年），努尔哈赤颁布了所谓的“七大恨”（后来清朝皇帝喜欢列罪状就是从这起源的），从自己祖辈开始算，说明朝怎么怎么欺负我，然后表示**“欺凌实甚，情所难堪，因此七恨之故，是以征之”**，等于就是个“独立宣言”，正式对明朝动手了。

这回万历皇帝终于坐不住了，和内阁一商量，派了兵部侍郎杨镐过来做辽东经略。这个任命相当离谱，杨镐杨大人在“万历三大征”的朝鲜战役中就以谎报军情著称，再加上明朝边军缺兵缺饷，相当于让一头猪带着一群羊，去狼窝围剿。

这场仗从万历四十六年开始吆喝，从筹集军饷到调集军队，陆陆续续拖了一年。第二年，杨镐带着二十万部队，加上前来帮忙的朝鲜国军队和女真叶赫部的军队，号称四十七万大军，兵分四路，对后金大举进攻。

仗还没打，明军的军事路线已经完全泄露了，努尔哈赤凭借《三国演义》里的野路子兵法，采取了**“任尔几路来，我只一路去”**的方针，在萨尔浒（抚顺附近）

埋伏了明军，明军损失了四五万人，各类辎重丢失无数。

萨尔浒之战和之前的“土木堡之变”一样，算是明朝数得着的国耻。这场仗打完，明朝再也没有能力和后金在关外掰腕子了。之后的几年里，努尔哈赤和他麾下的八旗军四面出击，接连攻克了铁岭、锦州、辽阳、沈阳等许多城市。

从统一女真到称霸东北，努尔哈赤走过了他人生最辉煌的十年。而在这十年间，新的问题也在东北大地上不断涌现出来，地盘一大，人就不好管。以前管女真族，那按照女真族的规矩解决就可以。但现在，新生的后金政权则必须考虑到蒙古族和汉族的文化因素，尤其是汉人，在东北所占的人口比重远远超过女真人，不可能让一群“赵钱孙李”天天跟着大汗的帐篷来回跑。

已经进入晚年的努尔哈赤做出决定，他将摆脱当年成吉思汗的影子，走上忽必烈的道路。

在后金建立的第十个年头，努尔哈赤宣布建都沈阳，在这里，他将建立女真族自己的皇城。

肆

就像我们之前讨论忽必烈定都燕京一样，有没有首都，是一个少数民族政权演变的一个分水岭。在漫长的征战过程中，努尔哈赤虽然短暂地定位过“都城”的概念，但其实这个“都城”更像是前线指挥部，比方说萨尔浒就曾经短暂地做过都城。

这些都城都没有经历过像样的建设，勉强算是廉租房。而到了天启五年（1625年），努尔哈赤在战争期间正式定都，并开始皇城的建设，这就是沈阳故宫最早的雏形。

然而非常可惜的是，已然老迈的努尔哈赤，并没有看到新城落成的一刻，一年之后，在白山黑水之间玩了一辈子骑兵的他，倒在了宁远城的红衣大炮之下，随后不治身亡，享年六十七岁，被安葬在了沈阳城外的福陵。

这位出身于抚顺马市的少年，一生都在战场上度过，在他的马蹄翻飞间，女真族用一代人走完了之前蒙古数代人的政治发展历程，一个完善的少数民族政权，已然在东北巍峨而立。

努尔哈赤去世后，谁来继承“汗位”，变成了一个大问题。

早期的女真族上层素有“八贝勒”的说法。不过努尔哈赤时期从来没凑齐过。“贝勒”就是我们俗称的王爷，不过和明朝的王爷一比，后金时代的“贝勒爷”那就太值钱了，因为八旗都是直接托管给几个贝勒的，等于后金整个都是家族式企业，中间没有所谓的“官僚”。

更神奇的是，从宁远城回来以后，努尔哈赤自己不是不知道自己身体什么状态，眼瞅着要龙驭宾天了，但死活不立继承人，反而下了在我们看来简直不可思议的命令。

他在晚年的一次训话里告诉几个贝勒说：**“继我而为君者，毋令强势之人为之。此等人一为国君，恐倚强恃势，获罪于天也。且一人之识见能及众人之智虑耶？尔八人可为八固山之王，如是同心干国，可无失矣”**。

我们翻译一下这段话，大致意思是我的继承人，不能太强势，万一这种人上台，很容易恃强凌弱。再说了，一个人的脑子不能和大家群策群力去比，所以你们八个人可以做八旗旗主，一起治国，这样比较稳当。这也是清朝初年政治的一大特色，各个王爷凑在一起商量，没有特别强的统一的声音。

那既然老爹没有指定继承人，那大家就选吧。女真族和汉族的文化明显不一样，要是汉族就不用来回折腾了，从周朝开始就是嫡长子继承制，谁老大谁去当，其他人不服气也没办法，总不能和祖宗较劲。

一开始后金内部本来也想让大贝勒代善去当的，代善当时的王位是和硕礼亲王，手里握着正红旗，也是“四大贝勒”之首，在他之后才是二贝勒阿敏、三贝勒莽古尔泰以及四贝勒皇太极。

本来代善的机会应该是最大的，但没想到关键时刻爆出了绯闻，据说和自己的“小妈”，也就是努尔哈赤联姻所娶的蒙古妃子阿巴亥有那么点不清不楚。

这一消息可太劲爆了，在当时女真族的眼里，女人就跟财产差不多，你觊觎你老爹的女人，说明你早就惦记他的位子了。这回代善就算是跳进松花江里都洗不清了，只能退出王位之争。

老大不当，那就变成谁有能力谁上了。

刚创业的团队有一个好处，那就是相对公正公开，你行你就上，我觉得我不行我就下来，女真族解决内部矛盾的速度非常快，因为手底下还有汉人、蒙古人在盯着，关内还有明朝这个庞然大物，真要是三个和尚没水吃，那谁也讨不了好。

最后大家在代善的带领下一合计，觉得四贝勒皇太极**“才德冠世，当速继大位”**，就将他推举为大汗。

这位在兄弟中为数不多的文武全才在众望所归之下登上了女真族领袖的位置。在登基之前，他像汉族的皇帝那样再三推辞，最后才登上皇位。

皇太极的举动是一个信号，标志着女真族的汉化将在他的统治下，达到一个新的高度。

伍

皇太极是在沈阳城皇宫的大政殿正式登基的，这座在当时沈阳故宫中具有中心地位的宫殿，在努尔哈赤逝世前后已经颇具规模了，政权早期的皇宫都具有这种特点：修得快，但也相对简陋，朱元璋当年的吴王宫也差不多这种情况。

努尔哈赤时代的沈阳故宫（包括未建成的部分）是一处非常典型的“女真式宫殿”，中间掺杂了一部分蒙古族的风格。

大政殿是努尔哈赤所定位的宫殿“中枢”，这名字一听就很糙，不过不要紧，它一开始的名字更糙，叫作“大衙门”。

整个宫殿按照现在我们的眼光来看就是一个大的八角亭，绝对跟宫殿俩字扯不上关系，这在建筑风格里有个说法，叫作“亭帐式建筑”，跟草原上的帐篷或者蒙古包一个风格。

宫殿不大，但细节之处很值得研究。大政殿的上面铺满了黄色的琉璃瓦。这个显然是汉族皇权文化的影响，但在黄瓦尽头，还镶嵌了绿色的剪边。

这种风格是明朝所没有的，应该是一种游牧民族特有的颜色喜好，如果从艺术品发展史的角度去考虑，可以一直追溯到辽金时期在北方流传的红绿彩瓷。有学者推断这个绿色可能是对草原的一种怀念，就好比农耕民族因为尊重土地，因此格外崇尚黄色一样。

此外大政殿外的东西两侧，并没有像紫禁城那样设文楼武楼，而是设置了所谓的“十王亭”。这个设计也很能体现努尔哈赤**“同心干国”**的思想，十座亭子形制相同，最前面两座是左右翼王厅，剩下的八座亭子呈雁翅形状分布，分别对应着满洲八旗。到了有事的时候，大家往这里一坐，开始筹划着开会，即所谓的“议政王大臣会议”，皇太极本人就是通过这个会议被推举出来的。

沈阳故宫大政殿

但皇太极上位之后，开始看这堆亭子不顺眼了。

《东华录》里面关于皇太极即位的礼节，现在我们看来颇为不可思议，里面说“三大贝勒，俱南面而坐”。

以前努尔哈赤在的时候，他和其他人都是父子关系，他坐着别人在下面站着，这没什么问题。但到了皇太极登基以后，上朝的时候他和其他三大贝勒是并排朝南坐的，等于其他人要朝拜，一个头磕给四个人，这显然有点不像话。

再者说，那时候后金政权正是发展的关键时期，对内收复了大批的汉人和明朝将领，对外要和明朝、蒙古以及朝鲜国三方有战有和，一步都不能走错，这要是政令不统一，大家都在大政殿里斗嘴，那就离解散不远了。

这种潜在的危机，在之后的几年里一直存在，因此皇太极采取了一系列的措施，加强自己的集权，比方说对阿敏这种不听话的兄弟进行了清算，将他手上的正蓝旗拿了过来。所以我们看，崇祯初年，也就是皇太极刚刚登基的前几年，皇太极对明朝持有议和态度，就是为了整合内部的军政大权。

于是几年之后，在一次朝会上，皇太极开始正式对上朝礼仪进行调整了。当时只有两大贝勒了，阿敏已经被皇太极收拾了，代善自己人老成精，平时见了自己弟弟也是行臣子礼。

但三贝勒莽古尔泰对此毫无反应，这个人是真的莽，大摇大摆地往那里一坐，非常不上道，还想着和前几年一样，和皇太极共同接受臣子们的朝拜。

有的话老大不开口，自会有小弟发话，有些贝勒察言观色，就开始对莽古尔泰开炮了，说“莽古尔泰不当与上并坐”。

这话肯定是皇太极授意的，不过他自己不能直接点头，得跟当时继位时一样，假意推辞一番。代善这时候也明白过来了，自己现在这老大哥处境很危险，首鼠两端是要不得的，必须得有个态度，不然莽古尔泰完事以后就是他了。

俗话说“死道友不死贫”，代善马上表示：**“我等奉上居大位，又与上并列而坐，甚非此心所安。”**转头就把莽古尔泰卖了，然后提议说以后开会，由皇太极自己南面而坐，自己和莽古尔泰在侧面东西相对而坐，其他贝勒以此往后。

此话一出，所有人赞同，规矩就这么定了下来。

千万别小看一个座位的变化，这可是清初政治史上的一件大事。就像明朝嘉靖时期的“大礼仪”之争一样，标志着女真族从一个松散的部落正式向汉族文化传统转型，而这种集权的思路，也为后来女真族征服天下打下了非常坚实的基础，毕竟“攘外必先安内”，在大多数时候都是真理。这一点明朝人到最后都没弄明白，但皇太极洞若观火，已然将本族内整合成了铁板一块。

而与此同时，一座崭新的宫殿也将在大政殿的西侧建立，在这座宫殿中，皇太极将度过他人生中殚精竭虑却光辉无限的十余年。

第十二章 辽东之虎

蒙古爱情故事

在自己统治的头几年里，皇太极对女真族内部的“八旗”进行了整合，成功地从“四大贝勒”并列的局面，混到了自己集皇权于一身。这位少数民族的君主在新修建的宫阙中，开始思考一个超越时代的问题：少数民族如何在汉族文化植根的土地上做统治者？

这个问题，北魏孝文帝拓跋宏思考过，辽道宗耶律洪光思考过，元世祖忽必烈也思考过，现在轮到了皇太极去头疼了，成为他政治生涯不可解脱的一大命题。而在这段生涯背后，一朵绚烂的爱情之花，也将开放在初具规模的清朝后宫之中。

壹

如果明末清初的政治是“武林”，那皇太极明显就是那种内外兼修的高手，在给两个哥哥换了“椅子”之后，他迅速打出了一系列组合拳，在皇宫里设立了所谓的“内三院”和“六部”，做到了对朝局的进一步把控。

我们一听这名字就懂了，这是很典型的汉人官制，目的就是要让官僚机构在政治体系中独立出来。在这其中，“内三院”就是皇太极自己的幕僚团，打出来的名头是“翻译汉家经典”，这都是糊弄鬼的，谁家把商务印书馆放在天安门边上。因此其实这个“内三院”跟明朝的早期内阁一样，名义和实际职务完全不对。“六部”那就更不用提了，名正言顺地把“执行权”从各位贝勒爷手里拿过来，很明显就是冲着收权去的。

官制的改变和权力的再分配当然不是没有阻力的，但此时女真族的地盘和内部构成，早已不是几年前的吴下阿蒙了，因为皇太极在内部抓权的同时，也没有停下扩张的脚步。

虽然早期和明朝有过短暂的讲和，但在崇祯三年（1630年）利用反间计干掉袁崇焕之后，在关外东北这片大地上，皇太极已经处在了无敌的地步。

与此同时，他还三面开战。因为之前欺负女真族的不光是明朝，朝鲜国和蒙古都有份，现在爷咸鱼翻身了，你们全都给我连本带利地还回来。所以在皇太极的征伐之下，蒙古和朝鲜都纷纷表示了臣服。

摊子一大，皇太极手底下的汉人，开始急剧增多，大多数都是原本明朝驻守在辽东的将领。原本关外的将领就不太服明朝的管束，再加上崇祯一通瞎折腾，顺势就投了皇太极。

皇太极也很大度地表现出了“明君”范儿，像许多武将，比如尚可喜，皇太极都是出城三十里前来迎接，并夸耀他“知明运之倾危”，是个识时务的俊杰。虽然这很明显有作秀的成分，但还是把一群汉族降官感动得一塌糊涂，那会儿北京城的大臣都不见得能看见皇上，再看看人家这待遇，皇上出城门把臂言欢，简直没法比。

那问题就来了，这些汉族降将有了相对比较高的政治待遇，那接下来肯定是要求配套的政治诉求，何况当时的女真族内部各种规矩确实是不成体统，因此联合许多汉族官员纷纷建议，要依照明朝的规矩，对女真进行改制。

贰

要改制，首先要紧的就是“政”和“权”得分开，“议政王大臣会议”就算再统一，那也难免效率低下，所有事要是都拿到这上面来讨论，那皇太极啥都不用干了，天天开会就行，所以“权”在名义上还是大家的，但普通政务得交给“内三院”和“六部”，两拨人肯定不能坐在一起开会，这得打起来，于是就有了新修“办公室”的需要。

新修的办公室叫作“崇政殿”，这名字一听就比大政殿靠谱。关于这个宫殿到底何时开始修建的，由于清初史料的缺乏，我们已经不太能确定了，因为皇太极建的不光是一间“办公室”这么简单，还有一系列的配套设施。

《清太宗文皇帝实录》里给的说法比较靠谱，在天聪十年（1636年，即明崇祯九年）四月，皇太极给各宫殿定名，即议定**“中宫为清宁宫，东宫为关雎宫，西宫**

为麟趾宫，次东宫为衍庆宫，次西宫为永福宫。台东楼为翔凤楼，台西楼为飞龙阁。正殿为崇政殿。大门为大清门……”

从这我们不难推断出，这批宫殿的正式建成时间，最晚不会低于天聪十年，也就是皇太极即位的第十年，这些建筑也就是后来沈阳故宫中路的建筑，和东路的大政殿等建筑差异比较大。

如果只看一个“崇政殿”看不出什么意味来，那结合其他名字来看，那就不一样了。像“清宁宫”这一类名字，完全就是“山寨”的北京紫禁城，不过地位不一样，那个清宁宫是太子宫，到了皇太极手上直接自用了。此外“大清门”这个也明显是根据“大明门”来的。

所以我们来看皇太极时期兴建的沈阳故宫建筑，说明皇太极这时候已经很认可汉族文化和政治制度的优势了，至少和之前努尔哈赤时期在“亭子”里一锅乱炖相比，皇太极的安排就很合理。有专门的“办公室（崇政殿）”，有“主卧（清宁宫）”和若干“次卧（麟趾宫、永福宫等）”。

历史相隔数百载，我们已经很难像追溯明朝史料那样，去追溯沈阳故宫从开始建设到建成再到起名的种种细节了，不过从大的方向上说，这种创业初期的宫殿建制，必然存在着种种人性化的设计和偶然性的因素，不像后世来得那么死板。

像皇太极的“主卧”清宁宫，乍一看是一个汉家宫阙，但进去一看，“口袋房”加“万字炕”，完全是老东北的建筑布局，现在我们看很多满洲民居，跟清宁宫里的布置完全一个样。皇太极本人就经常在清宁宫招待客人，招待的场景估计跟《乡村爱情》里的场景差不多，大家往炕上一坐，拿着瓜子花生开始唠嗑。

清代和明代皇上很大的一个区别就是，住所跟办公室的关系问题。

明朝分得很清楚，乾清宫就是卧室，太和殿或者说前三殿就是办公室。万历皇帝这种宅男就很“守规矩”，几十年不上朝，那就连乾清门都不过去，前三殿连瞅都不瞅一眼（其实也没得瞅，被一把火给烧了）。而到了清代，做皇帝的都是办公家居一体化，追寻此类习惯的源头，很可能就是从沈阳故宫的皇太极时代开始奠定的。

我们可以给皇太极的这种构想或者思路起一个比较形象的名字，叫作“汉皮满骨”，表面上是汉家文化的内容，其实内核部分还具有相当大的女真族（满族）特色。

清宁宫萨满祭堂

“汉皮满骨”的说法看似是说宫殿，但深究起来，可能也是皇太极头疼了许多年的问题。

不汉化是不可能的，但怎么汉化，能不能民族内部保持自己的独立性，这就得落实到一个个看得见摸得着的政策上，从这个角度上看，包括崇政殿和清宁宫在内的沈阳故宫中路建筑，何尝不是当时皇太极思想的一个缩影。

而无论皇太极怎么头疼，历史总是不会等人的。在宫殿正式落成的同时，皇太极在新修建好的崇政殿中，迈出了女真族汉化最关键的一步。

叁

这一年的四月，皇太极发布诏书，接受群臣所上的“宽温仁圣皇帝”尊号，决定改国名为“大清”，同时改族名为“满洲”，定年号为“崇德”，正儿八经地说，这是清朝第一个年号，之前的“天命”和“天聪”都不能算。

诏书算是“安内”，“安内”结束，剩下的就是“攘外”了。这段历史我们在上一本书中已有记述，只不过是站在明朝的角度上看，其实剧情都差不多，基本上就是年富力强的清朝CEO皇太极单方面暴打间歇性精神病患者崇祯帝朱由检。

产生这种一边倒形势的原因，一方面是因为当时明朝手里太穷了，一没钱二没兵，连个李自成都收拾不了。而另一方面原因则是，本来清军唯一的进攻方向变得不“唯一”了，因为皇太极已经摆平了蒙古人。

蒙古的地盘那就大了，我们一说明长城，那都是叫“万里长城”，说得难听点，这“万里”全是防着蒙古人进攻的。现在皇太极接收了蒙古的地盘，那战略选择的空间就很大了，直接多路突破，只要你的回防速度追不上我的骑兵，那北京城基本上就是一座孤城，完全不具备首都的战略意义。

皇太极手底下那些王爷们都急疯了，就为了抢军功，最远的军队都打到了今天的连云港一带，连人带财一起抢，整个北方被打得山河破碎。也就是朱由检这种死鸭子嘴硬，非得来个“天子守国门”，最后国门没守住，连天子都守没了。

当然，客观上讲，皇太极摆平蒙古也没那么容易，因为蒙古不是一个统一的政权，就跟女真族一样，有很多部落。皇太极也没强悍到从东北拿把菜刀一路砍到甘肃和新疆，这里他采用的路子其实跟老爹努尔哈赤一样，胡萝卜加大棒，通过联姻的方式，团结能团结的，再去干掉那些不能团结的人。

皇室婚姻的政治性，是明朝和清朝高层政治的又一大区别，假如深入思考明清紫禁城的细微差别，这个因素是必须考虑到的。

清朝跟明朝从建国的源头上讲不一样，清朝从建国初期就面临所谓的“民族问题”，问题的来源跟政治没啥关系，纯粹是人口基数导致的。

当年女真族号称“女真不满万，满万则无敌”，一个部落撑死万儿八千的，而蒙古虽不统一，可好歹祖上阔过，加上地盘大，怎么也比女真族人多。汉族那就更别提了，年年战乱加饥荒，到最后每年的人口净增长数都比满族全员多，基数太大了。

为了维系各方关系，增加安全感，皇太极和他的后世子孙们就把自己的婚姻作为解决问题的方法考虑进去。

明朝皇帝从来不会考虑这种问题，文武百官包括皇帝本人对于后宫佳丽唯一的要求就是传宗接代，甚至会刻意找一些小门小户出身的女子。

万历皇帝的老妈李太后，家里就是泥瓦匠出身，当时完全没人介意，这要放到清朝的后宫剧里连一集可能都活不下去，选妃的人要是敢把泥瓦匠家的闺女送进来，那基本上离死不远了，请问您是想让皇上玩泥巴吗？

清朝的后宫那都是有名额的，皇上选妃子，首先得琢磨汉族几个，满族几个，蒙古族几个，而且配置还不是固定的，根据政治形势来走。

别的人不用看，皇太极自己的妃子们就很典型。按照宫殿的分布，应该是后宫五位娘娘，那时候清宫剧里说的那些后宫等级还没确立，相对笼统一点。而在皇太极这五位后宫佳丽当中，皇后叫“哲哲”，来自蒙古科尔沁部落的博尔济吉特氏，典型的满蒙一家亲，这桩婚姻还是努尔哈赤安排的，那时候皇太极还是贝勒爷，娶进门的哲哲不叫“皇后”，得叫“福晋”。

但诡异就诡异在，其他四个宫的主人，麟趾宫、永福宫、关雎宫和衍庆宫都是博尔济吉特氏的女人，以至于许多读清史的人读到这段不禁惊呼，这到底是个什么家族，皇太极犯得着拿全部的后宫名额去搞政治联姻吗？

是不是政治联姻，这个两说，但说起这个家族，配当时的皇太极还真的是绰绰有余。因为“博尔济吉特氏”只是一个历史音译，它的另一个音译在历史上如雷贯耳，即大名鼎鼎的“孛儿只斤氏”，缔造了元朝的“黄金家族”，你皇太极再厉害，那会儿也就在东北转悠，人家祖上最多打到过多瑙河了。

解释完这个，估计很多人就明白为什么皇太极要疯狂联姻博尔济吉特氏了，因为这名字在蒙古草原上简直就是无敌的存在，能让他名正言顺地接受蒙古的效忠。

更何况谁说政治联姻就不能有爱情，皇太极就为了爱情奋不顾身了一把。

肆

这个爱情故事的开始，得从“哲哲”说起。

“哲哲”嫁给皇太极的时候有点找潜力股的意思，那时候“后金”都还没有建立，而皇太极也不算皇位的最有力争夺者，不过两口子一直很恩爱。

但等皇太极当了贝勒爷之后，麻烦来了，大福晋哲哲一直没生出儿子来，连续几个都是女儿。这就很头疼，因为联姻最后还是得看继承权的问题，古代女子本身不具备缔结亲属的功能。

因此在努尔哈赤去世的前一年，哲哲把自己的侄女“布木布泰”也嫁给了皇太极，这就是后来的“孝庄太后”，等于姑侄两代共嫁一人，看上去比较狗血，不过按照草原规矩也没什么，草原上最乱的时候一个女性能连着嫁三代人，因为草原上生育能力比较低，孩子容易夭折，这种现象也就见怪不怪了。

但很遗憾的是，之后的几年里，“布木布泰”也没生出儿子，而就在天聪八年（1633年），皇太极遇到了他生命中最心爱的一个女子，即“布木布泰”的亲姐姐——海兰珠。

关于皇太极究竟是怎么认识海兰珠的，这是一个很大的历史谜团，因为清初史料本来就缺乏，我们能知道的是，这个叫“海兰珠”的女人，嫁给皇太极的时候已然二十六岁了，比她的妹妹“布木布泰”大了整整四岁，放到今天也绝对是晚婚一族了。

而更奇怪的是，这个女子就像凭空出现的一样，二十六岁之前的记载完全空白，第一次出现在史书里的记载就是她结婚的那天，《满文老档》里给的说法是“天聪八年十月十六日，科尔沁部乌克善洪台吉率诸臣送妹至，汗偕诸福晋迎至，设大宴纳之为福晋”。

剩下的故事就有点老套了，这位海兰珠进宫之后，很快就“后宫佳丽三千人，三千宠爱在一身”，和皇太极爱得如胶似漆。

从表面来看，一个女子嫁给皇太极，然后受到宠爱似乎没什么不正常的。但这里面许多细节其实很值得推敲。

第一，博尔济吉特氏中科尔沁部落这一支已经有两个女子嫁给皇太极了，有一个还是皇后，从政治联姻的角度来说，海兰珠过来的必要性不是特别大。而如果从生儿育女的角度上说，“布木布泰”那时候都已经进宫九年了，真要是子嗣危机也不至于拖这么久。

第二，海兰珠也是“哲哲”的亲侄女，那么问题来了，为什么当初要接一个侄女入宫，找的是年仅十三岁的“布木布泰”，而不是当时正好是适婚年龄的海兰珠，这里逻辑也是不通。

这里比较靠谱的，符合正常思路的是一种野史里的说法。这种说法认为海兰珠应该早就许配了人家，所以最早她和皇太极没什么见面的机会，科尔沁和东北还是有一段距离的。

然而在某一年的某一天，皇太极去看望自己的老丈人，意外碰到了刚好在家的海兰珠，海兰珠当时也许是寡居，也许是省亲，总之俩人一见钟情，不可避免地相爱了。

既然爱情产生了，后续很多问题就不是问题了。那时候蒙古族敢跟皇太极说“NO”的人基本上都被埋在草皮下面了，谁敢阻拦皇太极抱得美人归？再者说了，草原上原本就有“抢亲”的说法，无论海兰珠有没有“前科”，都架不住皇太极喜欢。

皇太极对海兰珠的宠爱，在崇德元年的册封大典上表现得淋漓尽致。《清史稿》中说，“崇德元年，封关雎宫宸妃”，看来皇太极比明朝皇帝要大方，册封妃子捎带着把房子也给分配了。而在这次分配中，最晚入宫的海兰珠，被封到了“东宫”，也就是在后宫中排名第二，一举超过了包括自己亲妹妹在内的诸多“前辈”。

“宸妃”这个名字也非常有讲究，“宸”的意思是北极星，啥人能叫“北极星”呀，只有皇上可以，毕竟孔老夫子说**“北辰居其所而众星拱之”**，等于海兰珠往后宫里一戳，其他人连带着皇太极本人都得算陪衬。

抛开那些追授的“宸妃”以外，上一个敢打“宸妃”称号主意的还是武则天，最后还没成，被大臣们堵回去了。在明朝这个称号就没有列入过讨论范围，妃子买个首饰都被大臣们唠叨小半年，要是皇上敢封“宸妃”，内阁隔天就能带着百官把文渊阁给拆了。皇太极那些妃子幸亏不是汉族人，不懂四书五经和“宸妃”背后的含义，不然指定奓毛。

况且我们从“关雎宫”这个名字就不难看出，皇太极果然走的是豪放派，直接从《诗经》的第一首“关关雎鸠，在河之洲”里取材，毫不掩饰自己对海兰珠的爱意。这种愣头青的宫殿名绝对不可能是皇太极的汉人幕僚团起的，太赤裸裸了，以至于后来清朝入主紫禁城都没好意思沿用。

伍

俗话说“情深不寿，强极则辱”，皇太极和海兰珠的这段爱情，最终也没能摆脱“罗密欧和朱丽叶”的剧本，走上了悲剧的路子。

海兰珠在嫁给皇太极四年后，诞下了一个孩子。从科学角度上说，这是一件很危险的事情，因为那时候海兰珠已经三十了，是标准的高龄产妇，加上满族当时的医学水平整体上不高，导致海兰珠落下了病根。

皇太极对这个孩子非常重视，要知道，这可是“皇八子”，不是长子，长子豪格在努尔哈赤时代就立下军功被封为贝勒了。满族人虽然不像汉族一样奉行“嫡长子继承”，但皇太极爱屋及乌得也太明显了，干脆来了个大赦天下，并把这个孩子立为了“皇太子”。

立太子这种事在后宫和前朝肯定是出现了诸多纠纷的，很多妃子包括皇后本人和皇太极都是名副其实的患难夫妻，眼瞅着日子好了，孩子长起来了，本指望享几天清福的，没想到被横空出世的海兰珠摘了桃子。可以想象，明面上不能和海兰珠掰腕子的各位娘娘，私底下肯定没少掉脸子给前者。

不过啃桃子的海兰珠好景不长，不到一年，即崇德三年，未满周岁的皇太子夭折于关雎宫中。这件事对皇太极和海兰珠的打击都是巨大的，从此，盛京城里再也听不到关雎宫的欢快乐曲，取而代之的则是杜鹃啼血般的哀鸣。

后宫的暗箭加上丧子之痛，三十多岁的海兰珠终于在几年之后一病不起。那时候的皇太极正在前线主持松锦大战。

这场仗在皇太极的时代是堪比萨尔浒之战的存在。为了这场仗，皇太极筹划了足有数年之久，打赢了，明朝的北方边防力量会直接丧失殆尽，北京城彻底变为砧上鱼肉，活活等死。所以对这一仗，皇太极势在必得，连明朝的红衣大炮都学了过来，就等着一举定乾坤。

打到崇德九年（崇祯十四年，1641年）的九月份，眼瞅着要干掉明军主力洪承畴的部队了，盛京那边突然来了消息，说宸妃病重，您赶紧回去吧，皇太极二话不说，稍微对战事做了点安排，马不停蹄地就往盛京赶。

我们现在看这段历史，会感觉有点魔幻。皇太极文治武功一代雄主，在关系到国运的一场战争中，居然干出这么儿女情长的事情，一般狗血的言情小说都不敢这么写，但皇太极就干了，连犹豫都没犹豫。

很可惜，皇太极的马再神骏，也没能跑过时间，还没等皇太极踏入盛京城中，海兰珠已经香消玉殒的消息就传了过来，去世的时候年仅三十三岁。《清太宗实录》中说皇太极当时的反应是“至宸妃柩前，悲涕不止”，哭得稀里哗啦，完全止不住。

一群汉族文臣看傻了，从来没见过这架势，一个皇帝为了一个妃子哭成这样。所以没过几天，“内三院”的文臣们就上书劝谏，说：“今者皇上过于悲痛，大小臣工不能自安”，接着表示“皇上一身关系重大，今天威所临，功成大捷。松山锦州克取在指，顾间此正我国兴隆明国败坏之时也。上宜仰体天意，自保圣躬。可为情牵而不自爱乎？”

简单翻译过来就是那边松山和锦州正打着仗呢，您老哭也得分个时候，赶紧回去打仗得了，打赢了咱大清就发达了。

这话皇太极勉强是听进去了。他给海兰珠举行了堪比国葬级别的葬礼，并亲自带着文武百官和各大贝勒扶棺，一直送出沈阳城五里之外。

可能很多人不明白这个距离是什么概念，这么说吧，明朝皇上给自己老爹送葬一般都不出城。后来皇太极自己也觉得不好意思了，说对海兰珠去世的那种悲痛，**“太祖崩时，未尝有此”**，不知道努尔哈赤要是知道这事会怎么想。

化悲愤为战斗力的皇太极，很快就把怒气发泄在了松锦战场的前线上，在他的统筹之下，次年三月，松山防线告破，副将祖大寿变节，和皇太极里应外合，拿下了锦州城，主将洪承畴被俘虏，后被招降。

至此，明朝最后一支可以倚仗的机动部队也没了，皇太极入主紫禁城，似乎只是一个时间问题。

但战场上的得意，没法掩盖皇太极情场上的神伤。在之后的两年里，他的身体因为思念海兰珠变得每况愈下。他自己也反省，说**“天之生朕，岂为一妇人哉”**，我天之骄子，天天为了一个妹子死去活来的不太合适，男子汉嘛，应该事业为重。

问题是很多话说出来了，基本上就代表做不到了，因此皇太极还是没走出来。皇太极那些兄弟们也急了，说皇上天天在这闹抑郁症，别回头有个三长两短就麻烦了，要说清朝早年王室中的感情还是不错的，哥几个开始想着办法来给皇太极逗乐子。满族是游牧民族，那能怎么找乐子呀？几个贝勒爷就提议，说：“哥，咱去打猎吧。”

问题是打猎不要紧，你得规划好路线呀。结果好死不死，一群人出城打猎，回来的时候正好又经过了海兰珠的墓，皇太极大感悲痛，又来了一场悼念仪式，整个人精神更差了。

悲伤的情绪加上繁重的政务，让皇太极的身体已然不堪重负。

一年后，即崇德八年（1643年）的八月九日的一个夜里，皇太极在清宁宫的南炕上溘然长逝，这位在满族汉化之路上迈出至关重要一步的君主，最终还是没能勘破“情”字。或许在满族的历史上，再也不会出现皇太极这样，能够同时将满族的野性与汉族的谦和完美融合于一身的政治人物了。

永福宫的幸运儿

皇太极留下的，是一个庞大而欣欣向荣的政权。而皇太极去世时年仅五十一岁，再加上皇八子逝世带来的心痛，让他并没有留下明确的继承人。而新上任的继承者，将带领这个历时数十载披荆斩棘的民族，走进近在咫尺的紫禁皇城。

壹

别管是为情所伤还是心神交瘁，从死亡时间上来说，皇太极属于不折不扣的“猝死”。

历朝历代，家大业大，最怕的就是这一手，要不然为啥明朝那些大臣们连衙门都懒得去，但一听说“争国本”仨字，个个跟打了鸡血一样，实在是久病成良医，对皇帝猝死这件事太有心得了。

清朝跟明朝完全不一样，不光是没这种经验，政治体制那时候也不固定，虽说努尔哈赤当年也算是死得比较仓促，但跟崇德八年时的清政权相比，时代已经发生了翻天覆地的变化。

这个变化主要分成两方面去看。

首先，努尔哈赤时代的诸臣还停留在部落的思想阶段，大家手里的实力差不多，要不然皇太极也不至于和代善他们一起接受朝拜。

而经过皇太极十几年的收权，中央集权尤其是皇室集权的趋势，无论是思想上还是实力分配上都是加强的，实力的不均衡让大家很难坐下来一团和气地去谈。

其次，努尔哈赤在晚年，已经流露出传位给皇太极的意思了，再加上代善作为老大哥有绯闻，莽古尔泰虽然没什么绯闻，但也没什么脑子，皇太极在哥几个里面实在是太突出了，这才毫无争议地登上了宝座。

可到了崇德八年就不一样了，因为那时候满族没有宗法制的概念，这位子给了你，不是说以后一定得是你这一支血脉来当，只要是爱新觉罗家族的人都行。这样一来，等于皇太极的兄弟和皇太极的儿子同时具有继承权，那人选就很多了，四个亲王加上仨郡王，差不多八旗的旗主，也就是之前坐在亭子里的那些贝勒爷都有机会。

比方说之前的礼亲王代善，手里握着正红旗和镶红旗，辈分最长，理论上也是可以争一争的，再比如豫郡王多铎，当时才不到三十岁，带兵攻陷过松山，军功卓著，也想掺和一手。

不过七个人范围太广了，没法弄，到最后大家吵来吵去，分成了两拨人，一拨人支持皇长子，即肃亲王豪格，另一拨人支持皇太极的小兄弟，也就是睿亲王多尔衮。

我们稍微介绍一下这俩继承人，因为接下来的皇位争夺战，主要围绕这俩主角展开。

豪格是皇太极的长子，他老妈是皇太极第二任“大福晋”（哲哲是第三任），根红苗正的满族血统，从小就被皇太极扔到了军队里，从灭蒙古到打锦州都有参与。他的支持者，主要就是皇太极自己手里握着的“两黄旗”，这群人是坚定不移的保皇派，说得干脆一点，其实就是皇太极的“家臣”。

清初的政治其实很实在，谁手里的牌多，谁就能赢，不存在作弊出老千的情况。两黄旗效忠的就是皇太极这一支，如果换成其他人，那就变成后娘的孩子了，人家指不定怎么收拾两黄旗呢。

此外之前讲过，皇太极当时收权的时候，把正蓝旗也握在了自己手上，这样一来，豪格至少手里有三张牌，即两黄旗加正蓝旗。那时候八旗之间的水平发展是有差距的，两黄旗实力在八旗中处于领先地位，差不多相当于王炸再带上正蓝旗这个“2”。

而男二号多尔衮，也有他自己的牌，那就是他自己加上弟弟多铎手里的“两白旗”，即正白旗和镶白旗。这哥俩是亲哥俩，和另外一位郡王阿济格一样，亲妈都是努尔哈赤的妃子阿巴亥（之前和代善有绯闻的那位）。阿巴亥在努尔哈赤死后殉葬了，当时哥仨还小，早早投身了军伍。

多尔衮本人的军功其实也不用特别赘述，因为他和豪格一般是并肩作战的，无论是之前灭蒙古领袖林丹汗，还是后来的松锦之战都是如此，等于俩人履历上相等。

其实这叔侄俩年纪也差不多，虽然看着是两代人，但多尔衮就比豪格大三岁，豪格也没琢磨着尊老爱幼，开玩笑，我爹的东西凭啥给你。

这样一来，夺位的牌局渐渐明朗了。

账面上，豪格占据着主动权，手里三张大牌，其中两张是大小王。更何况，那时候不光是满洲八旗，汉族谋士范文程等人虽然没有坐在牌桌上的资格，但也是一股不可忽视的力量，这些人和两黄旗是捆绑的，属于“父死子继”的绝对支持者。

而多尔衮的优势则在于，他的兄弟们都很给力，加上他自身的性格确实比豪格更加强势（后来豪格曾被人评价为“性弱”），因此看好他的人也很多。

两位把手里的牌攥好，热热身准备要上牌桌了。

贰

牌局是由代善出来主持的，代善在清朝初年的历史里真是一个神奇的存在，平时不声不响，关键时刻被拉出来当裁判。

不过他不组织也不行了，因为那时候的盛京城，尤其是皇宫内外，已经都变成了一个巨大的火药桶了，稍不留神就有可能擦枪走火。

最早动手的就是两黄旗的人。那时候两黄旗是没了娘的孩子，心里慌，豪格理论上手底下只有正蓝旗是自己人，两黄旗本来是皇太极亲自掌控，等于无主之物。

皇太极去世五天后，即八月十四号的下午，多尔衮找到了两黄旗当时的负责人之一索尼，跟这位老哥聊，说起了继承人的问题，毕竟名义上索尼负责正黄旗，属于皇宫里的“内部人士”。

索尼一听就明白这小子什么意思，大家都是从太祖爷（努尔哈赤）时代混过来的，谁不知道谁呀，马上表示：**“先帝有皇子在，必立其一。他非所知也。”**反正先皇又不是没孩子，肯定是其中一个，其他无可奉告。潜台词就是你小子没戏，别打歪主意，轮到谁也轮不到你头上。

回去之后，索尼把这话跟两黄旗的其他哥几个一说，大家急了，不怕贼偷就怕贼惦记，先皇尸骨未寒呢，这边就有人打主意，咱不能不防着。

说干就干，第二天一早，两黄旗的士兵弓在手，箭上弦，围满了皇宫内外，旗帜鲜明地表明了态度。代善坐不住了，马上在崇政殿两侧的东西庑廊上开了会，商量到底谁来坐这把椅子。

会议还没开始，索尼和两黄旗军官们去崇政殿先打了个招呼，也没藏着掖着，直接就说**“若不立先帝之子，则宁死从帝于地下而已”**，不是我们老大的孩子继任，我们就陪着先帝去死。言下之意，死都不怕，还怕跟你们这其他王爷干一架吗，你们看着办吧。

那头多尔衮脸都黑了，摆出爱新觉罗主人公的身份，让这帮军官们先出去，没看见大佬们在开会吗？

但事情到了这一步，大家都明白了，无论谁想继位，首先就得考虑两黄旗的态度。换句话说，这已经不再是“家庭内部矛盾”了，那些没有继承权的人，同样对这个皇位的归属具有影响。

索尼一出去，大会就算正式开始了。

沈阳故宫崇政殿，清入关前在此议事和处理政务。

英郡王阿济格和豫亲王多铎两个人“内举不避亲”，当着大家伙的面，开始跟多尔衮说我们都觉得你挺合适，就你来干呗。多尔衮倒是想点头，问题是人家两黄旗还在外面站着呢，谁敢直接往椅子上坐呀，就在那犹豫。

多铎傻不愣登的，可能不知道昨儿晚上索尼已经敲打过自己哥哥了，大大咧咧地说：“若不允，当立我。我名在太祖遗诏。”你干不干，不干我自己来，当年咱爹的遗诏里也有我。

多铎的意思是讨论了继承权的问题，既然哥哥皇太极没留下遗诏，那就按太祖努尔哈赤的遗诏来，诏书里面让大家一起“监国”，说明只要榜上有名的都有资格继承。

多尔衮一看，心说果然猪队友还是指望不上的，赶紧给自己的傻弟弟提了个醒，说肃亲王（豪格）也在里头，意思是你这话就是废话，诏书上的人多了去了，真要是把那份诏书当回事，就不用抢位子了，大家来个“四大贝勒”主政多舒服。那边多铎也反应过来了，开始将功补过，说**“不立我，论长当立礼亲王”**，想着把水搅浑。

礼亲王代善一把年纪躺着也中枪，人都晕了，心说你们神仙打架，怎么把裁判也给拉下来了，赶紧表示**“我老矣，能胜此耶”？**我年纪大了，你们看着办吧。

所以要么说皇太极集权办大事呢，真正的大事如果按照开会的规矩办肯定耽误时辰。这几拨人开会开了半天，也没商量出个所以然来，到最后成了一个死结了。

这个症结在于，不让皇长子豪格继位，两黄旗肯定不答应，但如果让豪格继位，先不说多尔衮自己怎么想，多铎和阿济格首先就不能同意。两边互不相让，这个时候，谁如果能打出一张关键的底牌，将可能改变场上的局势。

很幸运的是，多尔衮手里刚好有这张牌，牌的名字叫作“科尔沁”，这是原本不该出现在牌桌上的一股势力。

叁

一开始多尔衮并没有机会打出这张牌，因为从明面上的牌局来看，豪格是占据优势的。

豪格本人手里有三张牌，此外镶蓝旗的济尔哈朗也对豪格继位表示了支持，后者是努尔哈赤的侄子，劳苦功高，被封为“郑亲王”，这种中立者的态度，在政治

清八旗军服

的角力场上往往能起到举足轻重甚至一锤定音的作用。

这时候，裁判已经可以进场宣布这次比赛的获胜者了，代善提出豪格“帝之长子，当承大统”，等于代表两红旗开了口，票数来到了6：2，多尔衮看似已经无力回天，只能目视着自己的侄子登基了。

然而谁也没想到，关键时刻，豪格没有皇太极的命，却得了皇太极的病。当大多数人都在推举豪格登基的时候，豪格自己觉得大局已定，非得致敬自己的老爹，自称“德小福薄”，想来个三辞三让，表现自己的谦虚和众望所归。

这种行为放到今天来看，简直就是作死。当年皇太极敢这么玩，是因为最大的继承者代善已经明确退出了，等于没有竞争对手，随便你怎么搞。

但豪格明明是险胜，居然敢在一群满族老顽固之间装汉族文化人。所以豪格这一谦让，连代善和殿外的索尼等人都蒙了，没见过这种蠢货，相当于跑步比赛里，稍有领先的选手还没到终点，就开始摆胜利姿势，看傻了一票观众和裁判。

最先反应过来的是多尔衮，豪格近乎脑瘫的操作终于给了他一次出牌的机会。他马上表示，既然我侄子不想干，那大家就不要勉强了嘛，强扭的瓜不甜。两黄旗军官和原本中立的郑亲王济尔哈朗顿时也觉得无比失望，这时候按理说应该当仁不让才对，没想到忙活了一通被豪格这小子自己给搅和了。

紧接着，多尔衮天马行空一般，抛出了自己的底牌：他提议，让皇八子福临继承皇位。此言一出，全场皆惊，但冷静下来一想，所有人开始沉默了，人们意识到，“立不立先帝之子”的政治死结，被多尔衮解开了。

福临是谁？他是皇太极的第九子，当时年仅六岁，生母为之前说过的“布木布泰”，被封为“永福宫的庄妃”。而就是这个六岁的孩子，却成为了当时破解继承人困局的唯一钥匙，能让互不相让的两大政治势力同时闭嘴，甚至第三方的中立势力济尔哈朗等人也予以支持。

我们来分析一下多尔衮的这个选择到底神奇在什么地方。

首先，福临再小，他也是皇子，那会儿满族不存在嫡长子继承的说法，皇太极自己也不是嫡长子，两黄旗说得很明白，**“先帝有皇子在，必立其一”**，没说非得豪格不行，你豪格不是说自己“德小福薄”吗，那你一边待着吧，这样等于两黄旗是对福临绝对支持的。

紧接着就是非常让人不理解的，为什么多尔衮会选择支持。这就要说到庄妃所在的科尔沁部落了。

科尔沁部落三位女子嫁给了皇太极，即哲哲（皇后）、海兰珠（宸妃）与布木布泰（庄妃），但诞下皇子的就庄妃一个了，这样算下来，等于福临是科尔沁部落和清朝的唯一结晶。但既然是政治婚姻，那科尔沁部落也不可能全押宝在当时只是贝勒的皇太极身上，再说了，当时的大清摆明了蒸蒸日上，多结几门亲戚总是不错的。多尔衮的福晋和多铎的福晋也都是科尔沁部落出身，两白旗势力和皇太极之间不光是兄弟，而且是“连襟”。

这样等于在两大势力之下，还依靠着“夫人路线”，存在着一个以“科尔沁”为纽带的小联盟。有了这个联盟，多尔衮才敢大方地提出让自己的侄子继位，因为他有把握让皇后（当时应该叫太后）和庄妃倾向于自己，而不是豪格。

而对于中立者而言，福临也要比豪格来得更有诱惑力一点。

代善和济尔哈朗都不傻，知道一朝天子一朝臣，无论是多尔衮还是豪格上去，只要大统的地位确立，他们这些投票者的势力都免不了要被伤筋动骨一番，只有福临年幼，大家都还能保持着一团和气，相当于成立了一个股份公司，不至于让大清国呈现出一家独大的局面。

当然，这个股份公司的时间有限制，一共就十年，也就是在福临亲政的时候得解散，但十年时间，已经够大家赚得钵满盆满了。

三方全赢，豪格就此出局，豪格到最后都没想明白，自己坐拥长子身份，军功无数，怎么就稀里糊涂输给了一个孩子，我们很少能在宫廷政治史上看到这么戏剧化的一幕，各方利益都能协调好，捎带着还让最大热门直接爆冷。

新组建的公司框架也捎带着敲定好了，由中立的郑亲王担任第一摄政王，而多尔衮担任第二摄政王，两个王总揽国家大事，而小皇帝内有庄妃从中协调，外有两黄旗誓死效忠，皇位坐得也是稳稳当当。

大局既定，群臣才将子嗣继位之期祭告给皇太极，让先帝爷走得安心一点，紧接着就是登基大典了。

之前吵架，可以在崇政殿里嚷嚷，但登基大典不可能放到“办公室”里举行，得去大政殿，不过那时候改了个名，叫“笃恭殿”，大家还是该坐亭子坐亭子，然后去永福宫，把这位“天命之子”请了出来。

在永福宫到笃恭殿的路上，还有一个小插曲。那会儿已经是农历八月二十六日了，再加上明末清初的时候小冰河期，室外比较冷，六岁的孩子穿着貂皮大衣，还是觉得冷，当时乳母就想上御辇抱着他，却被小孩子一本正经地怼了回去，说“此非汝所宜乘，不许上升辇”，这是皇帝坐的，你上来干吗?

这个细节不知道是否是有意安排的，不过至少能看出，庄妃虽然是蒙古人，但教育上可能是受皇太极的影响，应该是偏汉家思想多一些，帝王的规矩往往是从许多细节处体现的。这一点，清代宫廷中后续很多近乎苛刻的细节，应该要追溯到福临的时代。

到了笃恭殿，年幼的福临也没有失礼，跟几个叔叔伯伯的对答都非常有度。随后就是顺理成章地昭告天地，宣布新皇正式登基，年号“顺治”。同时大赦天下，为先皇举行国葬，而两位摄政王也和其他文武百官一样，宣布效忠于新君。

从八月初九下午皇太极的突然逝世，到八月二十六日顺治帝福临于笃恭殿登基，总共历时十七天，清朝高层内部，以一种不可思议的速度，处理了一场可能让政权分崩离析甚至完全颠覆的灾难。

而在灾难过后，一份更大的幸运，即将砸到福临的头上。

第十三章 入关？入关！

城头变幻大王旗

大清政权头疼了半个多月，把上层问题解决了。剩下的事就该轮到明朝头疼了。只是让人意想不到的是，这个屹立于中华大地三百年的巨人，倒下得如此之快，而位于帝国心脏却饱受战火的紫禁城，也将在几个月的时间里数易其主。

公元1644年的春夏之际，一股凛冽的北风，即将从山海关吹来，穿过紫禁城的中轴线，进而席卷全国，改变着历史上的气候和走向。

壹

“顺治”这家联合公司一开张，大清开始回归到了皇太极生前的状态，积极扩张，玩命备战，反正整个东北就剩下一个宁远城理论上还在明朝手里，想什么时候吃就什么时候吃，大家也可以趁着这个时间喘口气，琢磨琢磨下一步怎么走。

清廷内部有两种声音，一种是打破山海关，定鼎中原，咱也风光一回，天天在东北吃炖菜没有意思；另外一种声音则认为铁锅乱炖就挺好，咱没事去中原打秋风就够了，没必要急吼吼地去跟明朝死磕，百足之虫死而不僵嘛。

两种看法都很有道理，这也搞得两位摄政王头大无比，毕竟路线上的选择可能会决定大清未来十几年的一个发展方向，总不能找枚铜钱扔扔看吧。多尔衮和济尔哈朗在文韬武略上无疑都是聪明人，但历史往往不完全被聪明人掌握。就在他们为路线选择殚精竭虑的时候，两个决策者的巅峰对决，让他们着实吃了一惊。

这两位，一个叫朱由检，一个叫李自成。

崇祯帝朱由检在皇位上折腾了十几年，在对官员的态度上，一直在无条件信任和转眼砍头之间来回切换，搞到最后李自成带着队伍都快杀到北京城下了，朱由检那边还没收到前线的情报。

按理说兵临城下了，又凑不出军队来抵抗，要么你就直接跑路，反正天下虽大，基本上都是你老朱家的地盘，到时候振臂一呼又是一条好汉；要么你就和李自成谈，李自成当时也没想着进城怎么怎么样，就想弄个西北王过过瘾。

没想到朱由检神经病发作，坚持“天子守国门，君王死社稷”，结果一声令下，文武百官连个上朝的都没有。最后太监们把“国门”一开，李自成稀里糊涂就杀了进来，朱由检连跑都没得跑，直接在煤山上自缢而死。死了还不安生，尸体被李自成扔在了东华门外做标本展览，供来来往往的官员免费参观。

以上所说的一切发生得太快了，只有短短几天时间，连当事人李自成和朱由检自己都没反应过来。

不过这不要紧，朱由检不用反应，他已经死了；李自成也不用反应，他不是来北京坐江山的，他的目的就是捞一笔。

所以进了北京城之后，李自成在紫禁城简单地搞了一个登基仪式，定国号为“大顺”，过了一把皇帝瘾，之后立马开始带着手底下的人去大臣家敲诈勒索去了，思想非常务实。

于是乎，李自成的农民军攻破北京城的消息，迅速传到了山海关总兵吴三桂的耳朵里，当然也传到了远在盛京的两个摄政王耳朵里。但这里面有个信息差，那就是“北京城被攻破”和“崇祯已死”不是一个消息，前者很容易知道，城头变幻大王旗嘛，后面那个得亲自去东华门参观才知道，那这俩消息前脚后脚之间，各方的反应就不一样了。

吴三桂的态度是搞暧昧，不见兔子不撒鹰，他说话的本钱还是很足的，手里握着山海关这座天下第一雄关，可以坐等清廷和李自成两方面报价。

清军被他卡着山海关进不来，或者说想进来也比较难，而李自成那边都是乌合之众，号称几十万大军，基本都是老弱病残，真要打起硬仗来满打满算也就几万人，肯定还得用吴三桂守关。

而多尔衮拿到消息之后，手底下的汉人谋士坐不住了，天赐良机呀，所以皇太极的旧臣，也是在清廷汉臣中举足轻重的谋士范文程就力劝多尔衮出兵，并给出了后续计划：**“此行或直趋燕京，或相机进取，要于入边后山海、长城以西，择一坚**

城，顿兵而守……”那会儿范文程还不知道崇祯已经死了，不然不会说出“相机进取”的说法，直接上就可以。

另外一名降将洪承畴是吴三桂之前的老上司，说得就更贴心了，他对于明军、清军以及李自成的“大顺军”都有过作战经验，很有先见之明地提出：“遇弱则战，遇强则遁，今得京城，财足志骄，已无固志，一闻我军至，必焚宫殿府库西遁。”意思是李自成这些兵都是欺软怕硬的货色，现在拿下北京城估计忙着抢劫呢，咱一去，他们把宫殿烧了就往西边老家跑。

多尔衮从善如流，马上表示接受两位谋士的谏言，开始筹划着。此时清军内部也没有别的声音了，因为计划赶不上变化，谁都看得出这笔生意稳赚不赔，最差也能去关内捞几个大城市，不干才是傻子。

所以四月中旬，顺治帝福临走了个仪式，在笃恭殿封多尔衮为大将军，大军踌躇满志地南下了。

与此同时，多尔衮还在和吴三桂那边保持着通信，但吴三桂那时候对清廷并不看好，毕竟也是汉族人，很难接受清军入关这种事实，因此吴三桂更乐意接受李自成给出的册封。

然而计划永远赶不上变化，事实证明，吴三桂和多尔衮这两个生意人的思路，永远不能赶上李自成的变化速度。

贰

李自成的部队跟明军、清军最大的不一样，就是没法做到令行禁止。大家是为了过好日子才凑在一块的，你带着兄弟们改善生活，那兄弟们当然拥护你，但你要是把大家弄成士兵一样吃苦耐劳，不好意思，我凭啥跟你李自成干呀。

于是自从打进了北京城，李自成手下就开始撒欢了，想尽各种办法从大臣手里抄家搂钱。不过为数不多脑子还算清醒的谋士，比如牛金星等人，还是给了李自成中肯的建议，让他写封信，招安吴三桂。

那时候李自成手里握着招安吴三桂最大的一张底牌，那就是吴三桂的亲属家眷都在北京，之前李自成的那封信也是以吴三桂老爹的名义寄过去的。

意思很明确，小子，老实点，跑得了和尚跑不了庙，老老实实投降我大顺朝廷，否则后果自负。

现在的说法是李自成手里还有吴三桂最心爱的小妾陈圆圆，吴三桂爱美人不爱江山，投鼠忌器，因此不敢跟李自成龇牙，嘴上说着“父既不能为忠臣，儿焉能为孝子乎？”，但行动上却很诚实，召集了手下士兵，说**“闯王势大……我孤军不能够自立”**，翻译过来就是咱打不过，跟着李自成干得了。

手底下的人一看老大都认屃了，也都没什么意见，何况吴三桂说得确实有道理，山海关这个位置，说得好听点是进可攻、退可守，但说得难听点就是前不着村后不着店，没有人给粮饷，过一阵子准玩完。

意见统一了，吴三桂开始打点军队，从山海关往北京疾驰，准备参拜自己的新老板，捎带着和家人团聚一下。

结果人还没到，最狗血的事来了。吴三桂带着大军走在路上，突然碰到了自己老爸的一个小妾和一个仆人，他们告诉老吴，甭回去探亲了，直接准备黄裱纸吧，你老爹连带着家里几十口人，都被李自成砍了脑袋，就挂在北京城墙上晃悠呢。

吴三桂整个人都傻了，官场战场纵横了几十年，没见过李自成这种做派呀，一言不合就把人家脑袋做标本展览，马上调转马头，回了山海关，摆明车马要跟李自成干一仗。

而关于李自成为什么杀掉吴三桂全家这件事，历史学家争议了许多年也没有一个非常可信的说法，因为实在是太反常了，完全不能用正常人的逻辑去推理，一般来说不管吴三桂投不投降，你都不能拿着人家家属开刀，留着还能当一张牌，砍了那是一点好处都没有。

彭孙贻的《平寇志》给的解释相对靠谱点，作者参考了李自成幕僚的说法，说吴三桂拖的时间有点久，李自成等得不耐烦了，加上手底下的人暴躁了点，顺手就把吴三桂一家给咔嚓了。

当然，这段历史到了后世变成了一桩桃色新闻，那就更有意思了，这个传闻相当有市场，明末清初“江左三大家”之一的吴梅村甚至单独给这段爱情故事写了长诗，名字就叫《圆圆曲》，前四句是：

鼎湖当日弃人间，破敌收京下玉关。
恸哭六军俱缟素，冲冠一怒为红颜。

乍一听，“冲冠一怒为红颜”很带感情，知道的说是红颜祸水，不知道还以为吴三桂在这里拍霸道总裁的烂俗言情片呢。

不过这桥段明显站不住脚，只不过文人们好这一口，总喜欢把亡国和美女扯到一块，就好比纣王和妲己，唐玄宗与杨贵妃一样。和“冲冠一怒为红颜”相比，李自成驭下不严外加烦躁狂妄的可能性实在是更高一点。

无论怎么说，李自成这边就算告吹了，吴三桂回到山海关之后，李自成的兵马后脚就追了上来，吴三桂没辙，给清朝皇帝写了封信，说熬不住了。

当然这信没到福临手里，甚至可能连盛京都没到，毕竟吉祥物用不着看这个，他十四叔多尔衮直接帮忙代阅了。多尔衮的大队军马是四月七日出征的，十三号接到信，都快在关外转悠一个星期了，后者马上回复说：**“闻流贼陷京都，崇祯帝惨亡，不胜发指，用率仁义之师，沈舟破釜，誓必灭贼，出民水火！”**

事实上，多尔衮接到信之后，才明白崇祯皇帝已经死了，从这封回信来看，他的战略方向调整得很快。以前打什么口号都无所谓，可现在要接手这一大摊子了，那得挑好听的说。

于是多尔衮在信件里，直接把李自成定义为“流贼”，也就是非法政权，然后摆明自己的态度，说白了就是给自己的军队入关找个借口，咱是给明朝皇帝报仇来的，属于“仁义之师”。

这话假得不能再假了，不过近代史学家孟森先生在他的《清史讲义》里说了一句很精辟的话：**“霸者假借仁义，亦可以与王者同功。”**言下之意，清政权这个“霸者”在实力上是够了，不过要想当“王者”，那就必须得顺着中原一直以来的“仁义之道”，别管这玩意儿有没有人信，但没有是绝对不行的。

后来范文程张贴的告示里也是这么一个说法：“义兵之来，为尔等复君父仇，非敌百姓也，今所诛者，惟闯贼。”只和李自成干架，其他无关。

四月二十三日，这是一个足以载入史册的日子，在这天清晨，清军在吴三桂的带领下，大举入关，迎击李自成军。这场仗完全没法打，李自成手底下那群人，看见清军的辫子就开始四散而逃。

李自成逃回北京城，在武英殿里再次举行了一个很不正经的登基仪式，带着金银财宝干净利落地跑路了。可见李自成与朱由检之间也有差距，朱由检那套“天子守国门”李自成就没学会，皇宫有啥意思，还是陕西黄土高原的窑洞住得舒服。

“大顺皇帝”对紫禁城毫无主人翁的意识，一共待了四十二天，最后还放了一把火，这也意味着，清廷必然要对紫禁城进行一定的重修和改动，在这期间，新的文化元素将会融入这座纯粹的“汉家宫阙”中。

叁

在李自成仓皇西去的两天后，五月初二，多尔衮从北京城的南面入城而来。接管了这座历时数百年的国都。

多尔衮当然不是悄咪咪地进来的，《清史稿》对这段历史记载的原话是**“大军抵燕京，故明文武诸臣士庶郊迎五里外”**，北京城那些被李自成蹂躏已久的“大人们”，迫不及待地就来到郊外高喊“大清万岁”了。

而与之形成鲜明对比的是，《明史》里写得很明白：**“（三月）十九日天未明，（崇祯）鸣钟集百官，无至者，复登煤山，书衣襟为遗诏，以帛自缢于山亭。”**

由此可见，鲁迅说得颇有几分道理，你让开一个窗子，大家都不同意，但你要说拆房子，那大家都会赞成开窗。在经历过李自成的洗劫后，京城的老少爷们对坐龙椅的人无限宽容，只要你不砍头抄家，要啥咱给啥。

而多尔衮也很霸气，一见面就放了话：**“我摄政王也，太子随后至，尔辈许我为主否？”**所有人都蒙了，没见过这么敞亮的老大，不过对这句话大家都没什么异议，毕竟跪都跪了。

不过多尔衮也没真敢坐龙椅，叔侄和父子还不能算一回事。所以多尔衮沿着北京城的中轴线从南郊进城，一路向北，来到了紫禁城后，还是注意了一下细节，没敢大大咧咧地直接从午门直接进，而是在明朝官员的引导下，从东华门进的紫禁城，表示自己的“为臣之道”。

其实他就是直接进来也没啥，但自己侄子也是要面子的。比较尴尬的是那时候东华门应该也被李自成烧没了，多尔衮很会玩，用军队摆了个仪仗队，一举两得，既气派又镇场子。

现在关于李自成放的那把火到底烧得有多厉害，史书上交代得颇有些不清楚。正史里给的说法是就剩下武英殿了，其他宫殿全没了。而武英殿没烧也不是由于运气好，而是因为李自成的“登基大典”就是在这办的，李自成还不至于往自己身上浇汽油。

不过史料记载和考古发现相左的地方在于，现在我们在紫禁城中和殿（即明朝的华盖殿，后改名为中极殿）的大梁上，还能找到天启七年所留下的“中极殿”的字样。说明李自成确实不够专业，放火这种事都干不利索，很多建筑应该都没有完全烧毁，只是有所损坏而已。

不过换个角度讲，重建三大殿的天启皇帝朱由校也真不愧是木匠出身，嘉靖、万历年间意外失火都把紫禁城的主体建筑烧成了一片白地，反倒是李自成这种恶意纵火行为都没把木匠的东西全都化为灰烬。后来的三大殿，即使经历过重建，也基本上保持了天启时期的样貌，按照当时的图纸修出来的，说明木匠功夫还是很到位的，除了治国不行其他都没得说。

扯远了，还是说回多尔衮。

多尔衮这边进了武英殿，干脆住宿办公一体化，直接在里面住下了。这个倒是没有人喷他僭越，因为武英殿在熙和门西边（即之前的右顺门，嘉靖时期改为归极门），明朝的时候有“画侍诏（宫廷画师）”在这里待过，理论上摄政王也能住。

多尔衮往武英殿里一坐，马上进入了工作状态，第一要务安抚人心，先以国葬的礼仪把崇祯皇帝的葬礼给办了，总不能一直在那里当标本暴晒（三月后崇祯梓宫被放到了昌平，一直没有按照礼节安葬）。无论是不是假仁假义，这件事多尔衮干得确实地道，明朝一群“忠君爱国”的士大夫，接近俩月都没干的事，这边多尔衮作为一个敌人办妥帖了，还让“京城官民等哭临”，心胸确实不是一般人。

紧接着，就是得让侄子归位了。

多尔衮和身边的贝勒开了个会，宣布迁都北京。这跟永乐年间的迁都压力完全不一样，清廷上下一致表示赞同，毕竟市中心买了大平层，没必要在郊区五环以外的老破小房继续住下去了。

皇帝的车驾和多尔衮的骑兵那就不是一个速度了，六月份孝庄太后（即庄妃）带着顺治帝福临动身，一直磨蹭到九月份才正式到达北京郊外，多尔衮带着文武百官来到通州，迎接自己的大侄子。

皇上的待遇肯定和摄政王不一样，年幼的福临懵懵懂懂地坐在御辇之上，在叔叔伯伯和文武百官的拥簇下，从正阳门沿着中轴线长驱直入，来到了紫禁城中，并在次月重新举行了登基大典。

对于紫禁城而言，1644年无疑是历史上最难以忘记的一年，从三月份崇祯帝身

武英殿

死，到九月份顺治入城，短短半年间，这座皇城历经了三次登基大典，两次烽火狼烟，成为了那段特殊历史的最好见证者。

而对于福临而言，能步入眼前这座略显残破却无比宏伟的皇城，也许是他一生中最大的幸运。他的祖父曾对此顶礼膜拜，他的父亲曾对此心向往之，大清数十年心血的经营，都是为了能让小皇帝跨过紫禁城的门槛时，可以走得安稳一点。

而就在福临踏入紫禁城的那一刻，一种新的文化力量将以不可阻挡的姿态融入爱新觉罗氏的血统之中，并在之后的267年里，成为紫禁城里余音绕梁的旋律。

普渡寺的阴影

顺治元年的十月初一，在文武百官与明朝群臣的劝进下，年仅九岁的福临于皇极门前正式登基为帝。这是他人生中第二次登基典礼，但与之前不同的是，这一次，他将成为整个中原王朝的皇帝，代表着“正统”和“法理”。

而无论福临在登基大典上如何风光无限，众人站在汉白玉的石阶下，却总是不自觉地将目光投在台阶下的多尔衮身上。所有人都明白，这个年仅三十二岁的男子，才是整个紫禁城中至高无上的象征。

而此时的多尔衮，目光却没有停留在小侄子的身上，他的思绪已然越过紫禁城的重重宫墙，看向了黄瓦上的天空。

壹

在孝庄太后（“孝庄”其实是谥号，当时并无此说，但那时候皇太后的姑姑哲哲还在，为了区分，姑且这么称之）和福临来到北京之后，多尔衮立即退出了紫禁城，孤身一人住到了过去的“南内”。

看得出来多尔衮是个不太讲究的人，南内就是之前明英宗朱祁镇被囚禁的地方，明朝的皇帝打死都不肯住，当年严嵩老眼昏花地出了这么个主意，鼓捣着嘉靖皇帝过去赞助，马上被暴怒的道君皇帝朱厚照给一脚踹回了江西老家。

一开始估摸着也有明朝降臣劝过摄政王，说这儿不吉利，不行给您换一宅子。多尔衮明确拒绝了，不在乎这些虚头巴脑的东西，就是图这里和皇宫挨得近，办事方便。

不过多尔衮虽然自己住得比较马虎，可涉及皇宫，那就不能再这么马虎了。

早在嫂子和大侄子到达之前，多尔衮就开始着手让人翻新乾清宫，可以看出乾清宫损毁得相对严重一些，因为《清史稿》里给的说法是“建”，看起来工程量不小，从顺治元年一直修到了顺治三年。

这还是清朝开国初期国力强盛，做起事情来雷厉风行，外加一些细节不仔细推

顺治初年的睿亲王府，后改名为普渡寺。

敲，才有这个速度，否则换成万历时期，断断续续地弄了快三十年也没修明白。

乾清宫的速度快一点，这不要紧，反正清朝那会儿也不太讲究，娘俩在武英殿里凑合一下也不是不行。清朝皇帝和明朝皇帝在紫禁城里最大的区别，就是不把乾清宫当正常卧室。这事之前说过，皇太极在沈阳那会儿就这么干，本来进了紫禁城应该按紫禁城的规矩走，没承想李自成一把火，福临被迫因陋就简，打这之后规矩就没立起来。因此整个清朝，都没有一个非常完整的殿寝规制，怎么舒服怎么来。

况且即使抛开当时紫禁城被焚的现状，清朝在紫禁城里这种“没规矩”也是必然的，这里面有一个深层次的原因，那就是建筑理念和建筑本身何者为先的问题。

打个通俗的比方吧，其实跟现在买房子装修差不多。

当初建紫禁城的永乐帝朱棣，是拿着巨款买的新房，或者干脆说是农村自建房，一家老小整整齐齐，在有房子之前，哪里是卧室，哪里是客厅都已经安排好了，按照这个居住理念去建房子，那房子肯定合心意。

最典型的例子，就是多尔衮所住的南内，正常皇宫配置里绝对没有“皇太孙宫”这个说法，只是朱棣心疼大孙子朱瞻基，非得整了一个南内出来给自己孙子住，只是没想到后来被朱祁镇搞成了不祥之地。但不管怎么说，朱棣建紫禁城有钱任性的风格在这里毕露无遗，那相对应的，规矩也在前几代立起来了，后续自然无人改变。

而清朝更像是一个穷人在买二手房，而且还是明朝已经装修了三百年的“二手房”。有经验的朋友对这种房子一定深恶痛绝，因为那些前任房主留下的装修，有的时候怎么看怎么不顺眼，可也没法无缘无故给人家拆了，只能将就着过，但肯定得在自己力所能及的范围内调整，这种调整往往是细碎的，无规律的，那后期肯定没有规制可言。

乾清宫建得粗糙点还好，有个地方住就行，况且皇上住哪儿这种事刺客头疼就够了，大臣们犯不着头疼这件事，起码乾清门这道“君臣生死线”还在，也没什么人瞎打听。大臣们更关心的，是前面三大殿的情况，即“前朝后宫”里的“前朝”。

满族人自己也不傻，知道这玩意儿是脸面，必须得修，修不好还不行。皇上的卧室可以修得随意一点，反正孩子还小，在武英殿凑合一下也不是不行，可朝政礼节是不能拖的。紫禁城的功能性都是安排好的，武英殿不可能真代替三大殿存在。

这就是紫禁城的神奇之处，当初建的时候，“礼法”作为一种建筑理念，已经贯彻到了紫禁城的每一座建筑里，就好比一辆汽车一样，各种零部件缺一不可，除非把紫禁城整个推平建足球场，否则必须得按照紫禁城原始的布局去复原，不然就走不了“礼”的程序。

贰

顺治二年正月，福临接受朝贺大礼，这会尴尬了，因为武英殿太小，摆不开。怎么办呢？爱新觉罗家族身上不愧流着成吉思汗的血，灵机一动之下，改为在**“皇极殿旧址张御幄”**，意思就是在皇极殿（即后来的太和殿）搭了个帐篷，举行朝贺的典礼。

那时候清朝的外交比起明朝，绝对算得上有声有色，蒙古各个部落加上朝鲜等几个小弟时不时地就过来拜码头。这一看老大哥直接在废墟上搭了个帐篷搞新年茶话会，就算嘴上迫于压力高喊吾皇万岁万万岁，心里边还指不定怎么嘀咕呢，合着你清朝从沈阳搬到北京，越搬越回陷，直接改成游牧民族了。

清朝上下不乐意了，咱大清国在东北那旮旯都没丢这脸，到了京城更得讲究面子了。

所以到了顺治二年的五月份，建好乾清宫以后，多尔衮马上下令开始进行三大殿的修复工作，不过既然是新殿，那肯定得有一番新气象，重新设计一种风格不太可能，总不可能把皇极殿建得跟灵堂一样，人家红墙黄瓦你来个黑白配，就只能在名字上做文章，于是把“皇极殿”更名为“太和殿”；“中极殿”更名为“中和殿”；“建极殿”改名为“保和殿”。

这些名字比起“关雎宫”和“大政殿”这类的要靠谱多了，一看就是正宗的儒家经典。

其中，太和殿的“太”指的是太极，泛指天地万象，“和”则是传统中庸文化的以和为贵，意思是甭管是谁，既然在太和殿里办仪式，那大家就来个一团和气。这与之前嘉靖时期的“皇极”之名出入比较大，嘉靖那是我一人说了算，其他人得围着皇上转。清朝刚入关没敢喊这么没皮没脸的口号，何况那时候皇上的叔叔多尔衮才是老大，你要是来个“皇极”，就成了“两极格局”了，摄政王肯定不乐意。

所谓卧榻之侧，岂容他人酣睡，这里谁也不可能真把“以和为贵”当回事，尤其是腰杆子硬了以后。后世乾隆帝就看着太和殿的名字不顺眼，虽然没好意思把前辈们定的名字改了，但太和殿里挂的匾额还是挂上了“建极绥猷”四个字，这里面的“建极”二字中，就包含着“皇建其有极”的意思，说白了还是明朝嘉靖那一套。

而中和殿的名字，则出自于《礼记·中庸》所说的“中也者，天下之本也；和也者，天下之道也”，后来爱题字的乾隆爷也在这里挂了“允执厥中”的匾，字面意思是行为不偏不倚，才能保持中正之道，不过《论语》里给了出来，当年尧舜禅让的时候，前辈嘱咐晚辈才这么说，等于只有皇上才能“允执厥中”，因此这地儿理论上就只有皇上能待，其他人不行。

中和殿是紫禁城里为数不多在明朝和清朝作用保持一致的地方，主要有俩作用：第一是祭天地的前一天晚上，皇上得在这里独居一晚。第二就是如果皇上要查阅家谱（即“玉牒”），也是在这里查。

再讲得直白一点，中和殿和现在男人的车差不多，算是一个私密的空间，家事国事皇帝都可以一个人在里面静静。

最后就是保和殿，名字是从《周易》里**“志不外驰，恬神守志”**化用出来的，意为君主要专一守神。这个殿在清朝紫禁城里是一个非常复杂的存在，功能多变，尤其是在顺治朝的时候，是被当作寝宫来使用的。

根据《清实录》里的说法，在顺治二年修好乾清宫之后，福临本人并没有去住，一是太小了，需要跟母亲同住，但太后是肯定不能住乾清宫的，这地儿只能皇上住。再者可能是多尔衮赶工程赶得太急，乾清宫光修了一个样子，里面细节不太讲究，大概率不能住人，后来《清史稿》在顺治十三年的记载里有“乾清宫成”的说法，说明后面又出现了大规模的返工。那在此之前，福临一直住在保和殿里，因此当时保和殿又被称作“位育宫”。

福临在位育宫，也就是保和殿里待到了顺治十三年，后来福临自己都说：**“朕自即位以来、思物力之艰难、罔敢过用……暂改保和殿为位育宫，已经十载。”**翻译过来就是他自己心疼钱，不舍得重修乾清宫，才把保和殿叫作位育宫，在里面住

故宫保和殿殿内陈设，在乾隆五十四年后，保和殿变为殿试场所。

了十年之久。

这要是换成明朝，大臣们早就爹毛了，明朝文臣们虽然经常不把皇上本身当回事，但对皇上的面子看得比什么都重，堂堂天子不住乾清宫，十年间在保和殿里窝着，太有失体统了。

不过清朝臣子没人管这个闲事，大家都觉得没啥，你叔叔连南内那种地方都能住，你一个做侄子的，住个保和殿有啥了不起。

福临自己也不敢提这茬，事实上他自己可能也是这么觉得的，在他看来，住在南内的那位“十四叔”，就像一朵乌云，笼罩在少年天子的头上。

叁

春去秋来，福临在紫禁城里以一个帝王的标准成长着，不过多尔衮显然没有足够的时间琢磨自己小侄子的内心世界。作为这个庞大帝国的掌权者，在夺取天下的路上，他还有太多的事情要做。

这位年少得意并且一直得意到而立之年的摄政王，此时身上背负着巨大的压力，这股压力一部分来自于外部，另一部分则来自于他身后的紫禁城中。

外部压力很好理解，打下了北京城，不代表摆平了全中国。李自成的“流寇”只是跑路了，主要势力还在，而且是流窜作案，这就比较难办。

此外崇祯帝朱由检虽然吊死在歪脖子树上了，但他手底下的大臣可不陪着这位神经玩命，很多人在南方拥立了“福王”朱由崧当了皇帝，政权史称“南明”，年号“弘光”，因此朱由崧又被叫作“弘光帝”。

两手都要抓，多尔衮在对李自成和南明两方势力权衡之后，决定先把李自成解决，因为南明从表面来看确实太拉胯了，一群连北京城都守不住的货色能守住半壁江山吗？况且清廷的口号就是给崇祯帝朱由检报仇，灭李自成更容易得民心。

事实证明，多尔衮的战略目光很正确，顺治二年的开春，李自成的队伍就被清军打得溃不成军了。关于李自成的死有几种说法，其中一说认为李自成在湖北九宫山被围困最终自尽，走上了“老朋友”朱由检的老路。

而这时候，还没等多尔衮进军江南，南明内部自己就打了起来，后来的剧本《桃花扇》把这段故事写得很真实，南明政权里除了争权夺利的，就是贪污受贿的，乱成了一锅粥，为数不多的抵抗者是扬州守将史可法，明确表示**“身死封疆，实有余恨，得以骸骨，归钟山之侧”**，意思是要跟清朝玩命到底，不然没脸去见太祖皇帝朱元璋。

不过玩命显然也是个技术活，当时扬州除了史可法想打，其他人都已经无心恋战了，再加上兵马器械全面落后于清军，扬州没撑几天就被攻破，史可法本来想自杀，被手下人拦住了，高呼“我史督师也”，昂然走下城来。

正常来说，当时的清朝应该以收服人心为紧要，对于史可法这种人才即使是不能劝降，也应该留下来送到京城里，交给多尔衮处理。

可好死不死，多尔衮把自己弟弟多铎派了过来负责江南战事。

多铎虽然号称是“开国诸王战功之最”，但之前我们在福临登基前的那场会议中就有过领教，这是个只会打仗脑子里一根筋的家伙，见面不问青红皂白就动手，史可法就此壮烈殉国。

当这一切发生的时候，隔着一条长江，南明小朝廷还处在醉生梦死的混乱中。不到一个月，多铎就跨过了长江防线，这回南明学聪明了，弘光帝带头献南京城投降，不过只被判了个死缓，这个级别的俘虏多铎不敢下手，送到北京处死了，算是落叶归根。

至此，清政府基本解决了外部的两大敌对势力，之后虽然南明残余势力又拥立了“桂王”“唐王”等明朝宗室，但在多尔衮看来基本上属于“宜将剩勇追穷寇”的范畴了，平定他们只是一个时间问题。

硬骨头啃完，剩下的就是怎样处理消化不良的问题了。

肆

对少数民族统治中原而言，外部的压力和内部的压力往往成反比。当年成吉思汗手下谋士耶律楚才就曾经教育过老板：**“天下虽得之马上，不可以马上治。”**打天下的事可以依靠快马长刀解决，可治理天下不能这么干。

这里面深层次的原因跟皇太极选择汉化的理由一样——人口基数问题，决定了少数民族不可能重新搭建一个全新的政治体系，必须要对前朝政治体系“接盘”以后，才能进行调整。不然玩不转，你要是还拿“固山额真”那一套上马管军、下马管民，老百姓指定不乐意。

说得再直接一点，清朝入关后的政治体制就像紫禁城一样，只能是“二手房”，而且随着明朝降臣的增多，这套“房子”就越像之前主人居住过的样子，要么你不住，要么你接盘，没有第三条路可走。

多尔衮很郁闷，紫禁城那套“二手房”，还可以靠人工翻修来调整，但到了国家政治体系这个层面上，已经不是砸钱或者靠武力能够解决的了，得战战兢兢、如临深渊地平衡着各方势力。

那我们这个时候回过头来看，明朝政治这个大烂摊子，最大的特征是什么呢？

党争和阉祸呗。

阉祸本身不用操心，只要皇帝好好干，太监就上不了天。但党争不一样，官员们都是自下而上起来的，谁都不服谁，所以明朝后期，就形成了所谓的“北方党”和“南方党”，有点美国南北战争的意思，只不过武器是嘴炮和奏折而已。

清军入关之后，尤其是在打下江南之后，这种南北分化的趋势就更明显了，以前在大明朝堂上，大家还没有把地域黑摆在台面上，可这会儿就有个先后投降的问题在里面，加上东南地区文臣抱团上百年的历史惯性，构成了清初政治的一个基本盘。

而事实上是，一直到清末，这个基本盘长期有效地存在着，唯一能把控这个基本盘的只有满族本身。清军虽然一进关就喊出了“满汉一家”的口号，但大家都明白，满族和汉族不是一条心，满族内部也是众口难调，政治上的事，没有绝对的非黑即白。

多尔衮感到很痛苦，这是一个比“先救妈还是先救媳妇”更要命的问题，关键是他还不能说自己不会游泳，必须得拿一个态度出来，不然整个政府机构就会陷入明朝晚期的困局，大家一天天的啥都别干了，光嘴炮弹劾的奏折垒起来就能比太和殿的门都高。

所以很快，多尔衮就通过顺治二年的“冯铨案”，旗帜鲜明地表达了自己的态度。

冯铨是河北人，最早在明朝的时候是跟着魏忠贤魏公公混的，是东林党的死对头。后来崇祯帝上位之后，他就被扫地出门了，所以顺治元年没什么压力就降了清朝，属于元老级的降臣，并在顺治二年的时候提出“昭一代之制”担任礼部尚书兼内院大学士。

而他的敌人，则是当时担任吏部尚书的陈名夏，当年东林党核心组织“复社”的成员之一，江苏溧阳人。本来没想着降清，人家之前降的是“大顺”政权，结果李自成跑路之后，他想回江南回不了了，被南明定为了“从贼”，没办法，只能降清。这么一来，陈名夏就比老冯晚了一步，但毕竟身份摆在那里，所以很快也爬到了吏部侍郎的位置。

率先动手的是陈名夏，陈大佬可是见识过冯铨给魏公公磕头的样子，相当不齿与之为伍，更看不惯冯铨压在自己头上——后者是内院大学士，就找了个御史小弟李森先弹劾冯铨。

李森先折子里说："明二百余年国祚，坏于忠贤，而忠贤……通贿谋逆，皆成于铨。"说白了还是翻旧账，说明朝就是亡在魏公公和冯铨这群货色手里。

多尔衮听了这道奏折之后就开始上火，心说这放到我们清朝都是后金年间的事儿，都什么时候了你们还在这掰扯，必须得遏制这种势头，不然这群南方文臣们能在奏折里给你写出一部《明史》出来。于是严厉斥责了李森先，并以"**语过当**（说话不合适）"将之罢官。

这一手"语过当"玩得非常漂亮，表面上是维护了"北党"冯铨，敲打了"南党"陈名夏，可实际上却是高高举起轻轻落下，只是牺牲了一个小小的御史，而这件事的始作俑者陈名夏则几年后晋升为吏部尚书，等同于多尔衮把自己的官僚团队完全向"南党"开放。

亲近"北党"，警惕地利用"南党"，这是多尔衮对明朝留下的这套"二手房"给出的装修意见。

毫无疑问，但凡有得选，多尔衮都会尽量用"北党"，问题是北方文教不兴的说法从元朝就开始了，朱元璋都没法解决的问题，多尔衮就更别提了，所以他选择了妥协。

好在入关初期，兵强马壮的八旗兵，给了多尔衮拍板的底气，在他的乾纲独断下，无论是紫禁城内的建筑，还是紫禁城外的秩序，都在以一种飞快的速度建设着。

当然，还有紫禁城里的那个少年，也在以同样的速度成长着。

新人新房新气象

在清军入关的头几年里，睿亲王多尔衮用尽浑身解数，连修带补，不光把紫禁城的规模修复了个七七八八，连带着把清廷内外的政治框架也搭建了起来。朝内朝外，多尔衮的风头一时无二，睿亲王府前车水马龙，仿佛在宣示着“水不在深，有龙则灵”的真谛。

然而，真龙总会成长，乌云也终将散尽，在多尔衮日渐不可一世的身影背后，年轻天子也在逐渐展开属于自己的锋芒和人生，创造新的格局和时代。

壹

战场上节节胜利，官场上治国安邦，多尔衮的地位也跟着水涨船高。

早在进关之前，同为摄政王的济尔哈朗就表示自己年纪大了，更适合打仗，在政务上全权放手给多尔衮。当然，这里面到底有没有退避三舍的意思就不清楚了，之前说了，济尔哈朗再厉害也就是个努尔哈赤的侄子，不属于嫡系。都是皇上的叔叔，表叔叔跟亲叔叔肯定不能一个待遇。

进了关以后，多尔衮由于居功至伟，福临在诏书里提出多尔衮“辅朕登极，佐理朕躬，历私功德，高于周公”，意思是我叔叔帮我登基，加上帮我打理日常事务，比周公还牛，将他加封为“叔父摄政王”。等于正式确立了多尔衮一人之下，万人之上的地位。

这么寡廉鲜耻且有点押韵的诏书肯定不是福临亲自写的，那会儿小皇帝还不一定知道周公是谁呢。再说了，周公那是什么人呀？儒家公认的圣人，当年诸葛亮狂得没边了，也就敢“每自比于管仲、乐毅”，多尔衮刚进北京城就超过周公了。

所以这诏书很明显是多尔衮的幕僚团队，例如范文程等人在那里自娱自乐。这群人还捎带着把济尔哈朗“贬职”成了“辅政叔王”，要么说多尔衮重用汉人不是没有道理的，光这些头衔就能把大多数满族人绕晕了。

再往后就是多尔衮叔叔的开挂时间了，随着战场上的节节胜利，多尔衮的头衔从“叔父摄政王”，几个月之后就变成了“皇叔父摄政王”，多了一个字，里面附加的东西就太多了。

《清世祖实录》里载，在头衔改了以后，“遇元旦及庆贺礼，满汉文武诸臣朝贺皇上毕。即往贺皇叔父王”，同时，除了极个别的王爷外，其他人需要“叩头坐皇叔父王”，说白了就是大清朝有俩皇帝，先给这个磕头，磕完还有下一家。从礼节上说，多尔衮确实“高于周公”了，毕竟真没听说过过年的时候文武百官排着队给周公磕头。

而且上朝的时候大家也不一样。清朝的时候可能是在东北待的时间比较久，知道老同志们来上朝都不容易，允许贝勒们坐轿子坐到午门外，但多尔衮的轿子却可以长驱直入，直接从午门进去。也就是说别人的车都得停在停车场，只有“皇叔父摄政王”的座驾能开到办公楼门口，还没人收停车费。

“皇叔父摄政王”这个称号既然被写进了“朝仪”，那就等于“官方称呼”了，象征着不可逾越的等级。顺治二年的时候，河南有个负责科举考试的官员叫欧阳烝，往上递折子手滑了，把“皇叔父”写成了“王叔父”，这下事大了，上面马上批评他“无人臣礼”，随后的结果就可想而知了，在公司里得罪CEO一般没什么好下场。

几年之后，连“皇叔父”的说法都不能满足多尔衮叔叔对自己大侄子的拳拳关爱了，顺治五年（1648年）冬至日，多尔衮正式加封为“皇父摄政王”，你把我当叔叔，可我想当你爸爸，礼仪自然也水涨船高。

朝鲜《李朝实录》里记载，朝鲜国当时的使者来了北京，人都晕了，傻不愣登地过来问，你们这俩皇帝怎么算呀，别回头搞错了，得到的官方回答是**“朝贺之事，与皇帝一体云”**，意思是拜谁都一样，“皇父”和“皇上”一回事，错不了。

这么不伦不类的称呼也不知道多尔衮的幕僚团队怎么想出来的，把国外的人都绕进去了。正常讲皇上他爹就算活着也应该是“太上皇”，你弄了个“皇父”，还

“摄政”，那就很容易引起其他人遐想。

当时有个明朝遗老叫张煌言，职业是“反清复明专家”，捎带着写写诗文，在他的《张苍水集》里面，爆出了一个“太后下嫁”的绯闻，《张苍水集》里的诗说：

上寿觞为合卺尊，慈宁宫里烂盈门。

春宫昨进新仪注，大礼恭逢太后婚。

意思是孝庄太后来了个二婚，跟谁呢？“皇父”都有了，你还问谁。后来这首诗也就成为了“太后下嫁”说法的来源。

这个绯闻在清代就轰动一时，而且直到现在还很有市场，前些年许多电视剧是根据这个拍的，算是清朝皇室为数不多的顶级八卦，后来也成为了“清朝三大疑案”之一。

只不过八卦虽然热闹，但历史还是得推敲一下的。民国时期孟森先生就特意对这个问题做了考证，“太后下嫁”应该属于子虚乌有。别的不说，年龄上就对不上，顺治五年多尔衮当“皇父”的时候，多尔衮三十七，但孝庄太后在天命末年，十四岁嫁给皇太子，到顺治五年已经五十了，多尔衮就是再饥不择食也不至于冲着退了休的老太太下手。

再有，我们从紫禁城的建设上来说，张煌言所说的“慈宁宫里烂盈门”也不具备操作性。因为清朝入关后，慈宁宫虽然也有，但跟之前说的乾清宫一样，压根没法住人，所以我们翻看《清世祖实录》，后续对慈宁宫又进行了重建，一直到顺治十年六月份才建好，那会儿多尔衮已经去世了，除非俩人办的是冥婚，不然不可能在慈宁宫里拜堂成亲。

“皇父”这个称呼，看上去骇人听闻，其实最具有内涵的是“皇”字，“父”本身并不值得大惊小怪，周武王曾经管姜子牙叫“仲父”，项羽也管范增叫“亚父”。即使是从中国传统的家族宗法中来说，叔伯辈的以同宗子弟为子也并不稀奇。

“皇父摄政王”这个称呼背后所反映的，应该是多尔衮本人的权势熏天和不可一世，而并非鲁迅所说的“宫闱秘事”。

贰

常言说“花无百日红”，多尔衮都给皇上当爹了，那看他不顺眼的人肯定也是大有人在。

首先就是他手底下的基本盘，一母同胞的两个兄弟——阿济格和多铎出了问题。二愣子多铎在顺治六年（1649年）的四月份因为染上天花（水痘）去世了，而他的哥哥英亲王阿济格也开始看自己的兄弟不顺眼。

阿济格当时想在多铎去世后让多尔衮把自己晋升为“叔王”，毕竟一共仨兄弟，多铎死了，那就该更多地倚重他，同时阿济格还想在北京城里建一所大宅子，因为多尔衮自己是有“南内”的，但其他王爷住得比较凑合，北京城那会儿也不大，阿济格一张口就是二环以内的大别墅。

结果没想到，俩请求都被多尔衮驳回了。拒绝前者的理由很简单，因为“叔王”是要辅政的，多尔衮不想让其他的满族高层和汉族官僚集团建立联系，不然他所搭建的政治格局就不可控了。而拒绝后者，纯粹是害怕破坏风气，古代修王府是很烧钱的，紫禁城里面还有一堆建筑没修呢，总不能侄子还在保和殿里凑合着，你这个叔叔就开始大兴土木吧。

但这么一来，阿济格就炸了，心说你这都给皇上当了“爹”了，我这个名正言顺的叔叔连个“叔王”都混不上，你也太欺负人了。再者说了，你多尔衮住的是南内，站着说话不腰疼，其他地方还有若干别墅，我弄个二环以内的房子你都不让。

之后虽然多尔衮用强权压制了阿济格，可满族内部已经有诸多人对多尔衮不满了。

更关键的是，小皇帝福临当年登基的时候就八岁了，当多尔衮从“叔父”到“皇叔父”再到“皇父”三级跳的时候，福临正值青春期，逆反心理正强呢，稀里糊涂就多出来一个爹，心里肯定不乐意。

在某种角度上，多尔衮和明朝的张居正颇有相似之处——都是主幼臣强，都是后宫有稳定的政治同盟，都在朝堂上说一不二。

问题是，你张居正把“吾非相，乃摄也”吼得再响，说破大天你也是个打工仔，这件事不光小皇帝本人清楚，满朝文武加上后宫那位也清楚，因此大家就“只把冷眼看螃蟹，看你横行到几时”，反正皇帝将来得亲政。

而多尔衮这里直接给皇上当爹了，有一层孝道在里面，除非福临想学李世民，不然这辈子甭想亲政了，多尔衮那会儿还不到四十，正当壮年，真要是熬起来能把福临熬到退休。

况且多尔衮和张居正比，最大的权力就是他手里有“枪杆子”，顺治五年，多尔衮收拾了豪格之后，把正蓝旗也拿到了手里，加上他原本就有的两白旗，势力已经超过了拱卫皇室的两黄旗。

假如不出意外，多尔衮这个“皇父”就是稳如泰山，只是谁也没想到，天有不测风云，就在多铎死后没多久，顺治七年（1650年）十二月，多尔衮在一次出猎中，意外坠马而死，这下子，清朝算是塌了天了。

消息传回北京，一时之间，所有人都傻了，只是这个时候多尔衮余威犹在，所以丧葬待遇还是有的。根据《清实录》载，当时福临带着文武百官在东直门五里外大哭着迎接多尔衮的灵柩，当夜，所有王爷以及官员都参加了守灵，其实就是按照皇帝的标准来走的。

这里其实很有意思，因为关于多尔衮到底算不算皇帝，历史上向来有争议，这里我们看，多尔衮的灵柩进紫禁城的时候，走的是东直门，说明还是按“臣”的身份归葬的。

多尔衮的意外身亡，让他身后的“摄政王党”很快树倒猢狲散了，没过几天，对于多尔衮的清算就开始了。压抑已久的两黄旗大臣们可算是守得云开见月明了，之前索尼之类的两黄旗骨干都被打发到昭陵（皇太极之墓）去守陵了，现在风水轮流转，像阿济格这种自然会被清算。

阿济格的罪名特别扯，多尔衮刚死的时候，阿济格不知道是脑子抽了还是怎么样，第一反应居然是多尔衮没了，该轮到我给皇上当“爹”了，开始琢磨着举行兵变，随后就被济尔哈朗等老臣给干掉了。只不过谋反这种事没法直接拿出来说，所以给的罪名就是“张盖坐午门，坐以应得之罪”，意思是阿济格在午门外搭“华盖”休息，属于僭越，毕竟只有皇上才能在紫禁城里有“华盖”。而且这种事估计不算冤枉，阿济格都敢明目张胆跟多尔衮要房子，干出这种二百五的事也不奇怪，拿这种人开刀实在是太正常了。

在处理完阿济格之后，清算工作陆陆续续进行了两个月，新的议政大臣不断补充进来。到了顺治八年初，在济尔哈朗的带领下，开始了最后的决战，即议定多尔衮的身后事。

多尔衮刚去世的时候，当时连谥号都定好了，叫“懋德修道广业定功安民立政诚敬义皇帝”，庙号则是“成宗”，正儿八经来说，清朝应该是十三个皇帝，多尔衮有点像明朝的景泰帝朱祁钰一样。

只不过多尔衮正好和朱祁钰反了过来，朱祁钰是死前就被自己哥哥夺了权，下葬的时候并没有按照皇帝之礼，一直到南明时期才算被承认，因此《明史》按皇帝给他算的。而多尔衮则是死前是大家都承认的皇帝，下葬的时候也是皇帝的名义，但很快这个名号就被福临给废了。

顺治八年（1651年）二月二十一日，福临以诏书形式颁布了多尔衮的罪状，内容很多，反正皇帝要想整一个人，那这个人必然是恶贯满盈的，多尔衮被剥夺了生前的一切荣光，包括自己爱新觉罗氏子孙的身份，甚至遭到了开棺曝尸的下场。

当然，这倒不见得是福临对自己的“皇父”多么深仇大恨，只不过两黄旗的官员包括其他八旗高层执意如此，他们中很多人在过去几年里被多尔衮踢回了东北，此时巴不得有个机会报复回来，而福临在之后的统治岁月中必须倚重他们，所以只好听之任之。

一直到一百多年后，乾隆帝弘历才把这事翻了出来，感觉当时确实做得过了，给多尔衮进行了平反，这才把多尔衮的身份补在了皇家族谱“玉牒”中，只不过皇帝的名号没有予以恢复。

多尔衮死的时候，福临已经十四岁了。

正常来说，古代男子有两个成熟的标志，一是成婚，二是戴上帽子行冠礼，前者往往早于后者。普通人行冠礼应该是二十岁，所以男子二十岁以前又叫“弱冠”，在没有加冠的时候，男子不具备作战、参政以及主导祭祀的权力。不过皇家一般默认是偏早，皇子到十六岁（虚岁）可以加冠，汉武帝就是这样，先金屋藏娇结了婚，然后十五岁接了汉景帝的班。

问题是多尔衮被清算以后，谁也不敢提“摄政”这一茬了，济尔哈朗都没放话，那其他人肯定更不敢有意见，于是乎，福临以十四岁的年龄正式亲政，并开始学着处理政务，首先要紧的，就是得弄明白他叔叔给他留下了什么。别管你是把你“皇父”刨了坟还是鞭了尸，最起码这个摊子你得接下来。

人事上的问题，相对比较简单一点。清朝前期政治比起明朝中后期来说，突出一个“快”字，我们如果去看顺治八年前两个月的《清实录》，感受会格外明显，全都是谁谁谁被议罪，谁谁谁被晋升。

比如索尼就很典型，之前是在东北给皇太极守陵的，清理完多尔衮之后直接被无罪召还了，并且官复原职，之后很快就被晋升为“一等伯世袭，擢内大臣，兼议政大臣、总管内务府”，放到今天就是政治局常委外加中央办公厅主任的级别。

在这个过程中，福临表明了自己的态度，即使抛开私怨，他本人对多尔衮留下的这套政治体制也是不甚满意的。因为多尔衮说破大天也是“摄政”，需要让满汉之间甚至满汉内部之间互不统属，直接对他负责，这样他这个“皇父”的椅子才能坐得稳当。但福临没必要担心这个，都是朕的人，怎么高效怎么来。

因此在处理完人事问题之后，福临开始致力于政治运行体制的重修规划。他就直接问汉族的臣子：**“明时票本之制如何？”**想琢磨一下明朝政务处理的流程。

明朝这一套我们太熟了，一般是大臣们先递折子，给到会极门（后来的协和门，当时没改名），会极门外头就是内阁，内阁“票拟”之后，由太监们送到宫里，皇帝一般会亲自批阅，合适就“批红”发出（碰到不靠谱的皇帝，这事一般是太监来看），不合适皇上就写出改正意见，拉回去返工。

福临当即对这个流程提出了看法，认为：“今各部奏疏，但面承朕谕，回署录出，方送内院，其中或有差讹，殊属未便。”

翻译一下就是说，现在咱们的规矩是，各部门和我交流完了，回去拟成草案，再给到内院，这里面很容易出现误差。就好比我们用翻译软件一样，把一段汉语弄成英文，再把这段英文翻译回汉语，两段汉语的意思可能有偏差。

其实福临深层次的担忧是：这个规矩刚开始可能不要紧，但时间久了，会让皇帝和执行者之间出现隔阂，难保不被“内院”这个中间商赚差价。再加上议政王大臣会议这样一个庞然大物在一旁盯着，皇帝的处境就很尴尬，大事上容易被反驳，小事上则容易被欺上瞒下。

太和门附近的庑房

那没内院行不行呢？也不行，因为皇上日理万机，需要这么一帮秘书。

思来想去，福临想到一个办法，就是中间商该卖还是得卖，但“厂家”和“顾客”之间也必须常联系，这样既能了解市场（实际情况），又能让实际执行者感受到来自皇帝的关注。

基于这种思想，福临在顺治八年颁布命令：“定王公朝集例。王以下、辅国公以上、一月三次大朝、照常集午门内诸王朝房。其五日朝期集太和门。”

什么意思呢？简单概括一下就是“大事大办，小事小办”。高级官员没什么事别天天过来早请示晚汇报了，你不嫌烦皇上还嫌烦呢。现在规定，一个月三次大朝，在太和殿集合，您有什么大事想和大家讨论，在这里说。正常情况下，大家就在午门内的朝房里集合商量一下就完了，没必要麻烦皇上。

如果商量出个一二三来，那也不要紧，每间隔五天，皇上会出太和门，你们从朝房里出来，大家在太和门这里也可以说，这就是清朝“御门听政”这一规则的最早雏形。

而且逢五朝会这个说法，其实也不是福临脑子一热想出来的，而是参考了汉族传统的政治制度。早在唐朝就有，晚清学者震钧后来考证了一下，说这属于“唐代之常朝也”，唐代的日常朝会就是五天举行一次，所以清朝这个御门听政基本上相当于唐代的“常朝”，也可以看作是清朝政治体制的一种“汉化”。

只不过唐朝走的是“三省六部制”，皇上还有“三省”制衡着，到了福临这里干脆“取其精华去其糟粕”，把适合皇帝专权的那一部分拿了过来，而舍弃了其中的中庸制衡之道。

年仅十四岁的福临，展现出了远超同龄人的政治智慧，在清扫完来自南内的阴云后，太阳又重新高悬在了紫禁城的上空。掌控权力的福临，作为清朝第一个在紫禁城中成长并执政的皇帝，将在这座皇城里，上演独属于自己的悲欢离合。

一树梨花的凋谢

在经历过幼年丧父、叔父摄政等一系列童年阴影之后，亲政的福临以一套迅雷不及掩耳的政治组合拳，成功把握了这个庞大帝国的核心权力。在某些方面，他与其父皇太极颇有相似之处——仁慈、坚定、富有创造力，在满族人的长刀甲胄之下隐藏着一种汉族文人的情怀。

而冥冥之中，仿佛命运的轮回，福临也将走上父亲的老路，面临类似的纠结：一面是未竟的事业，一面是逝去的爱情。

壹

顺治八年（1651年），对于福临而言，绝对是他人生中最重要的一个年份，在这一年中，他同时完成了“成家立业”两件大事，既亲政乾纲独断，又在八月份完成了自己的婚礼。

早在二月份的时候，大臣们就张罗着想给皇上安排亲事，毕竟一个连家都没成的皇上直接亲政，传出去也不好听。但福临很看重仪式感，心说真让这群跟着我爷爷打过天下的老东西来安排，指不定就搞成篝火晚会了，所以就以**“大婚吉礼，此时未可遽议”**为理由拒绝了，拿了半年时间去筹划准备。

当然，半年之内新盖一座宫殿那肯定是不够的，所以福临这场大婚其实相当“凑合”。原本的设计，可能是想按照明朝的规矩走（毕竟礼部的官都是明朝留下来的），可看了一圈才发现，巧媳妇难为无米之炊，不好意思打扰了，臣做不到。

因为正常来说，如果按明朝礼节走，皇帝的大婚，基本上会涉及紫禁城“前朝后殿”中的所有功能性建筑（可以参考上卷中明英宗朱祁镇的婚礼），尤其是中轴线附近的乾清宫、坤宁宫等，但那会儿紫禁城的“后殿”部分压根没修缮好，只能把所有的仪式改在前朝部分。

此外就是要考虑到皇后本身的问题。福临的亲妈，孝庄老太太发挥了博尔济吉特氏一贯的传统，也在科尔沁部落中给孩子找了一个自己的侄女做儿媳妇，就是之前给海兰珠迎亲的那位吴克善的亲闺女，意思就是福临当了一回贾宝玉，要和自己的表妹成亲。

既然是自家侄女，那孝庄太后肯定要出来撑场子，这就要在婚礼中突出“皇太后”的戏份，既能体现皇上的“孝道”，也能让未来的皇后在后宫里有面子。

把建筑和老太太的想法考虑进去之后，已经快脑溢血的礼部官员最后给出了皇帝大婚的最终流程。

前面的跟明朝很像，皇后也得符合“臣道”，得由皇帝先派人去册封，册封完之后，皇后的仪仗队才从皇后的家中出发。

差别从这里开始，太皇太后得先乘辇出宫，然后再从中道回保和殿。有人说老太太这不是折腾吗，你从后院到前面的保和殿，抬抬腿就到了，干吗折腾呀。这里面就是严苛的皇家规矩。

皇太后进前朝不能从后门进，这是铁律。前朝后殿只有皇上能来回进出，后宫女性不能入前朝，就像前朝的官员不能去乾清门以内串门子一样。这里皇太后进保和殿，说明保和殿的功能从“前朝”变成了“后宫”，这是性质上的转变。

婆婆到位了，接下来该去接儿媳妇了。

如果按照正常礼仪，皇后的仪仗队会一直到乾清门，礼部会在午门外再设一道礼仪（午门于顺治四年修建完工），共同迎接皇后，从午门进太和门再转西边走，直接绕过“前朝”的三大殿，一直到乾清门。

到了福临这里，干脆打了个五折。仪仗队到午门口就没了，而且还不是正门口，得往边上靠靠，停在协和门的门口，然后皇后再从中门进。进来之后，也甭往后走了，直接到太和殿，福临就在太和殿的台阶上等着，本来应该是在乾清门门口等着的。

接着，大臣要在太和殿等着，皇上带着新媳妇和一些王爷，去后面给自己老妈磕头，磕完头皇太后就得出去了，房子太少，保和殿还得做新房，这就很尴尬。皇上得再把自己老妈送出去，皇上不能出太和门，就送到这，之后就不能再往前了，皇太后得绕个圈，再从西侧回后宫之中。

整个礼节比起后来清朝皇帝的大婚礼来说，简单到简直不像话，甚至很多本来应该有的礼节都少了。比如大婚中原本应该有的“共牢而食，合卺而酳”，这里就缺了；中原本来还有跨马鞍的活动，这里也没有。总之一句话，这个婚礼受限于硬件问题，办得非常“不合礼”。

所以婚礼结束后不久，福临就忍不住了，保和殿作为书房都不太合适，何况现在要拿来做主卧，自然是多有不便。

鉴于此，年轻的天子理直气壮地提出：朕要换房子。

贰

在清朝浩如烟海的史料里，我们已经很难找到这次修建的开始时间了，但零星地可以找到“以监修宫殿议叙”这样的字眼，说明这项工作早在顺治八年就已经开始了。

而且福临很节俭，不像明朝后面几位一样，修个房子最后把国库修空了，这里福临**“念财用而惜民力。特出内帑、无累百姓”**，全是用自己的小金库修的，钱少就修得慢一点。不过即使是这样，还是有大臣说最近发大水，皇上你这边动土，“考五行之数、土不能制水，则水滥”，所以皇上您这边不能干了，得停一年。

这事要是换成朱元璋这种性格的皇帝，估计这大臣就被诛九族填进地基里去了。不过福临真的是好脾气，你说不能干，那就算了呗，停一年，大不了再住一年保和殿。一拖再拖之下，整个工程断断续续，一直拖到了好几年后。

何况小金库和国库肯定是不能比的。原本福临是打算按照明朝的旧制来的，按理说这已经算寒酸了。因为明朝的乾清宫部分都是万历之后修的，比起当年初建的时候规制用料上已经是有所不如了，可后期还是受限于资金问题，削减了规制。明朝的乾清宫和坤宁宫两侧都有三间石房，但顺治时期因为**“铜铁亦难采办”**，干脆就取消了。

不得不说，苦难真是锻炼一个人，打小受过苦的福临很懂得勤俭持家，能干就干，不能干咱也不硬来。

关于乾清门后的东西六宫到底之前有多少建筑，现在没有统计了，《清史稿》

里对现在所存的景仁、承乾、永寿等宫殿用的是“起造”这样的字眼，说明基本上是重建的状态。之后也有“乾清宫、交泰殿、坤宁宫、乾清门、坤宁门立柱”的说法，看来李自成当年那把火非常狠，整个乾清门后面全都烧成了白地。

修建工程一直到顺治十三年（1656年）的闰五月，修完之后的完工仪式，基本上能看作福临本人的搬家典礼。特别是“后三宫”（乾清宫、交泰殿、坤宁宫）里交泰殿正式建成的那天，文官三品以上，武官四品以上（从这能看得出来顺治时期还是“武强文弱”）得在乾清门前集合，尚书要分别去祭祀东华门之神、乾清之神等神祇，以示尊重。

之后还要安置“江山社稷神位”在乾清宫前，也是由官员负责祭祀。这俩神位现在我们在故宫乾清宫两侧的石阶旁还可以看到，不是牌坊，而是两座小亭子，铜制的，1.3米高，一边是“江山”，一边是“社稷”。

这俩亭子的建立也是清朝的一个创举，明朝是没有的，属于“前后不分”的一个例子。虽然皇帝最重视“江山”“社稷”，但明朝“江山社稷”的事都不会涉及乾清门内的世界。维护江山社稷是皇帝的工作，工作就该在前朝去谈，不能放到后殿。这里福临是把在保和殿的习惯带到乾清宫里来了，和他老爹皇太极在沈阳的时候一个路子，工作生活不分家。

宫殿建成的时候，福临没有马上住进去。皇帝也得矜持一下，别搞得好像没见过豪宅一样，现代人装修完还得跑跑甲醛呢。再者说了，光乾清宫建好了不成，后宫得一起建成才算，像现在我们看到的钟粹、景仁、永寿、承乾、翊坤等后宫建筑，都是在这个时间完成的。

另外一边，知道房子建好了，皇太后孝庄老太太第一个等不及了。以前大家都凑合着睡，现在有了房子，那肯定也得把后宫的规矩建起来。就和几个满族老臣子商量，提出“宫殿不应久虚，妃嫔礼宜册立”，琢磨着对各位妃子重新册封。

值得一提的是，这会儿福临虽然年纪不大，皇后却已经换了一茬。最早的皇后在顺治十年（1653年）就被废掉了，而且是无故被废，在当时闹得动静很大，群臣都上书劝阻。只是平时看上去好好先生的福临这次一反常态，理由就是“无能”，属于无故废后，跟明朝朱见深废吴皇后路子差不多。

其实后来福临在数年之后给了理由，认为皇后“虽朕举动，靡不猜防”，天天疑神疑鬼，而且**“朕素慕简朴，废后则癖嗜奢侈”**，意思是这皇后太败家了，就不

江山社稷亭

知道勤俭持家。理由都很充分，只不过那会儿福临懒得说，就是不顺眼，你们看着吧。

福临在感情上和他在朝政上简直判若两人，百官面前是唐僧，一到爱情上那就是孙猴子了，可劲儿地往外蹦跶。辛亏后宫里面还有孝庄太后这尊如来佛坐镇，你不是要换吗？可以，再给你换个博尔济吉特氏，还是科尔沁的，只不过升级了，上回那个算是太后的侄女，这个算侄孙女。

福临一看，没辙了，他敢跟大臣们龇牙咧嘴，却没胆子跟自己老妈说科尔沁出来的咱不要，否则分分钟腿就被打断。

皇后的位子不能动，那就在妃子身上想辙呗，娶科尔沁部落不是满蒙一家亲吗，福临干脆玩了把大的，来了个“满汉一家亲”，纳了一位汉族女子为妃。

很多人都对福临的爱情故事津津乐道，尤其是他和董鄂妃的故事，与皇太极与海兰珠的爱情一样，在清朝冰冷的政治史上是极富温情的一笔。

只不过很遗憾，这个被纳入后宫的女子并非董鄂妃，而是另外一个女子石氏，石氏进宫，要比董鄂妃来得早一点。我们现在也无从考证石氏到底和福临的感情怎么样，从当时朝局来看，石氏的父亲石申是顺治朝的吏部侍郎——这个位置在当时南北党争的氛围下格外敏感，因为石申是河北人，北方汉人的领袖，干的又是组织部副部长这么一个差事。

如此说来，福临娶石氏，其中政治色彩就比较浓厚。我们现在去看《清史稿》，对石氏的记载几乎没有，唯一能知道的是她嫁给福临后被分配住在了永福宫中。但始终没有正式的封号，她和福临之间也并没有什么故事记载。

事实上，在清朝的后宫中，这样的女子永远占大多数，进宫前或许带着岁月里的风情万种，但进来之后陪伴她们的只有各种条条框框的规矩和精美而冰冷的宫殿。

所以和她们一比，董鄂妃就显得非常可贵。

董鄂妃并不姓董，当然也不是汉族人，而是地道的满族人。“董鄂”或者“佟鄂”是满族里的一个大姓。

清朝在努尔哈赤创业的过程中，有许多大的部族也随之融合进了八旗之中，像之前两黄旗大臣索尼所属的“赫舍里氏”，以及董鄂妃所属的“董鄂氏”都属于其中，清朝皇帝的各个妃子乃至皇后，大部分是从这些部族里选出来的，也算是一种清朝特色的贵族政治，一直到清朝灭亡，这种满族内部大姓氏之间的通婚都始终存在。

董鄂妃就是这种贵族政治下的产物，其本人是内大臣鄂硕的女儿，在清朝后宫中绝对算是“家世清白”。

野史中有人将之和明末名妓——“秦淮八艳”之一的董小宛混为一谈。其实压根不是那么回事。董小宛是汉族名妓，比福临大了十四岁，除非福临想跳过孝庄太后认干妈，不然俩人压根没有任何接触的机会，大概率福临这辈子也没听说过董小宛这个人，前者很早就去世了。

此“董”非彼“董”，董鄂妃和汉族中的姓氏基本上不存在任何关系，当时福临的后宫里其实不止一个“董鄂妃”，有仨妃子都是“董鄂氏”出身。而之所以会流出后续的传闻，大概是专指的那位董鄂妃实在是太过受宠了。

董鄂妃进宫的时候，年纪才十八岁，被封为“贤妃”。《清史稿》的说法是她“能谨侍皇太后，独为帝所宠”，不但把老太太伺候得很舒服，而且特别受皇帝宠爱。宠到什么程度呢？就是作为“贤妃”的册立诏书还没颁发下来，那边福临已经改主意了，又把她册立为皇贵妃，并把她安置在了东边的“承乾宫”中。

承乾殿这个名字和规制在明朝的时候就有，之前没什么特别出名的后妃在此居住过。在清朝重修之后，保留了这座宫殿的名字，并在其墙外栽种了漂亮的梨花，这一景色至今仍引得无数游人参观。

梨花在春天开放，开得雪白而灿烂。对于福临来说，他人生最热烈的季节，开始于顺治十三年（1656年）的八月份。就像父亲皇太极与海兰珠的爱情那样，他和董鄂妃也在崭新的后宫之中度过了青春年少，且过着只羡鸳鸯不羡仙的生活。

在后来回忆这段时光的时候，福临每每想起自己在和大臣争吵后，董鄂妃总是劝他**“诸大臣弗服，即何以服天下之心乎”**；而在他懒于上朝的时候，董鄂妃也总说**“愿陛下毋以倦勤罢”**，极尽贤内助的本分。更难得的是在孝庄太后生病期间，董鄂妃“伺颜色如子女，左右趋走，无异女侍”，简直比保姆做得还细致。在董鄂妃的打理下，紫禁城中难得地出现了“家”的感觉。

然而，天有不测风云，再美好的梨花也经不起风雨的吹打。

承乾宫的梨花

在唯一的儿子夭折后，董鄂妃在打击之下一病不起。最终，在顺治十七年（1660年）的八月十九日，年仅二十二岁的董鄂妃香消玉殒，病逝于承乾宫中。

福临所珍爱的那朵梨花，只在他人生中开了短短一瞬，就随着春天一同凋谢了，随之而来的将是彻底的黑暗。

肆

精神上的痛苦，往往无法以物质来满足，福临在董鄂妃去世之后，开始变得郁郁寡欢，只能在佛教的宗教信仰之中寻得一丝解脱，进而麻痹自己。

满族的宗教信仰在很长一段时间里处在一个懵懂时期，这其实跟成吉思汗或忽必烈时代的蒙古族颇有相似之处。一场战争，可以用一两年时间结束；一座宫殿或者一座皇城也可以用十几年的时间修建；可唯独一个民族的精神信仰，没法用速成法建立，这也是游牧民族会被迅速“汉化”的重要原因。

满族最早的精神信仰，叫作“萨满教”，起源很早，跟蒙古人的“长生天”差不多，都属于原始宗教。“萨满教”是一种地缘宗教，跟民族没关系，东北地区很多民族都信这个，现在保存得比较好的是韩国，我们早些年如果看一些韩国小众的电视剧，会涉及一些类似于“跳大神”之类的场景，基本上都是萨满教的仪式。

萨满教作为原始社会宗教，几乎不涉及哲学领域，在满族内部，很快就沦为一种仪式感了。这种无聊的仪式感在紫禁城中颇有体现，这个我们后面会说，不过无论如何，人很难通过仪式感慰藉心灵。总不能说今天心里不痛快，所以咱们过个年吧，这不合适。这就意味着满族的上层建筑，需要一种新的宗教哲学去填补这个空白，在这期间，作为皇帝的福临选择了佛教。

福临信佛，并不是从董鄂妃逝世开始的，早在和后者举案齐眉的时候，福临已经开始劝董鄂妃信佛了，只是在董鄂妃逝世之后，这种信仰上的寄托达到了极致。

但还是像皇太极当年希望以事业麻痹自我一样，“情”之一字，即使是人到中年的皇太极都看不开，何况正当青春年少的福临，因此在不到半年后，顺治帝福临就一病不起，病逝于养心殿内。

就此，引发了一个野史大案，即“顺治出家”案。

因为福临去世得太突然，而且也太年轻了，二十四岁，加上福临素有信佛的习惯，于是当时就有人传说，福临就是心灰意冷了，所以假托去世之名，实则遁入空门，而且出家的地方都有了，就在五台山清凉寺。

这个说法相当有市场，后来金庸先生的小说《鹿鼎记》里就采用了这个传闻。而炮制这个传闻的，一个是福临生前所信服的僧人“玉林”，在他的《玉林年谱》里提到了福临在董鄂妃去世后有过出家的想法；而另一个，则是之前提到过的，明末清初的大诗人吴梅村。

吴梅村简直是明末清初历史传说的顶级狗仔队员，当年一首《圆圆曲》，也算是把吴三桂卖国求荣的军国博弈写成了好莱坞式荡气回肠的爱情史诗。

而根据吴大记者最新的力作《清凉山赞佛》，里面说：**“可怜千里草，萎落无颜色”**，“千里草”就是“董”，暗示董鄂妃之死，之后又写**“纵洒苍梧泪，莫卖**

西陵履。持此礼觉王，贤圣总一轨”，暗示福临为情所伤，出家了。

有头有尾有逻辑，乍一看似乎很有道理，但仔细一想，实际上经不起推敲。

首先从法理上就说不通，福临一辈子，最大的特点就是“孝”，舍弃皇位出家这种事，孝庄太后第一个就不同意，再者说了，就算真出家，也瞒不住消息，大臣绝对不同意。当年梁武帝就干过这种事，出了家之后大臣们不干了，去寺庙里把皇帝又给赎了出来，成为历史笑谈，在清朝皇帝要是敢干这种事，大臣们能把寺庙直接炸掉。

再一个，史料上，“顺治出家”也站不住脚，抛开正史的记载不谈，当时的翰林院学士兼礼部侍郎王熙作为给福临撰写遗诏的亲历者，记载遗诏的内容就很清楚，里面福临自己说了：**“朕患痘，势将不起，尔可详听朕言，速撰诏书，即就榻前书写。”**意思是福临自己清楚，自己是患水痘而死的，也就是所谓的“天花”，那个时候没疫苗，这个病属于绝症，没得治，清朝的皇室中很多人都因此得病。

这个病汉族很少，明朝的时候皇帝不怕这个，因为这个病跟游牧民族的畜牧业有关系，明朝皇帝里除了朱祁镇，想和游牧民族见面都比较困难。而满族虽然是游猎民族，但跟蒙古族关系比较好，除了大舅哥就是小叔子，年年凑一块，很容易被传染，福临很不幸，也中招了，至于这件事是不是和他本人精神恍惚、免疫力低有关系，那就不得而知了。

作为一个满族人，福临在自己出痘的那一刻，就已经知道了宿命。这种心理上的恐惧，放到一个二十多岁年轻人的身上，无疑是非常大的，在生命的最后时间，福临却表现出了惊人的理智和勇气，有条不紊地安排了继承人玄烨，并定了四位老臣作为辅政大臣，稳定了朝局。

顺治十八年（1661年）的正月初七，这位冲龄即位，却在壮年崩殂的皇帝，度过了他人生中最后一个夜晚。他的存在，像是那个时代的一颗流星，在沈阳故宫的大政殿冉冉升空，划过天堑一般的山海关，在紫禁城里绽放出绚烂的光芒。在这个时代里，清廷变成了整个帝国的主宰，明末清初饱受战火摧残的时局和整体，如中轴线上的紫禁城一样，得到了修复和重建。在福临的身后，他的继承者们将沿着这一格局继续完善，建立起一套君王心目中真正理想的法度和朝堂。

第十四章 盛世之基

皇帝成长日记

福临走上了父亲皇太极的老路：在政治纷争中脱颖而出，却免不了壮年逝世的遗憾；而他的另一半命运，则将被他的儿子玄烨继承，这个八岁的孩子将接过父辈留下的庞大基业，在紫禁城中确立严格的规则，并建立起整整一个甲子的统治。

壹

福临的得病和去世实在是太突然了，最受打击的就是孝庄太后，人生三大痛之一就是老来丧子，好不容易在多尔衮死后娘俩过了几年安生日子，没想到噩梦来得这么突然。皇帝就是紫禁城的天，福临这一倒下，老太后这边就得像十几年前那样把国家扛起来，第一要考量的，就是继承人问题。

顺治朝没有太子这一说法，本来这个位子应该留给董鄂妃之子的，没想到夭折了（后追赠为荣亲王），所以在临终的时候，福临想把皇位留给皇次子福全（皇长子早夭）。但这个时候，宫里面的西洋学者汤若望提了个意见，建议把皇三子玄烨定为太子。

因为那会儿宫里都被天花给吓怕了，玄烨小的时候曾经在皇宫外面的福佑寺里“避痘”，小孩子嘛，免疫力低，没承想怕什么来什么，小的时候就被感染了，只是幸运地活了下来。一个人一辈子只会感染一次天花，之后就有抗体了，等于小玄烨天生自带金钟罩、铁布衫。

换皇上这种事不能赌，真要换个皇上，没几天再来个天花驾崩了，那清朝估摸着就离崩盘不远了，万事得以稳妥为上，皇位这种事不能赌，最后福临和母亲意见一致，定玄烨为皇太子，继承大统。

这件事非常仓促，“玄烨”这个名字都是临时赐予的，懵懵懂懂之间，这个八岁的孩子成为了大清国的主宰，与他父亲当年的情况颇为类似，只不过经过福临十年间的经营，清朝的政治格局已经明朗化了。

福临在走之前，给自己儿子留下了两大政治遗产。

第一就是“上三旗”的设立和内政大臣的设置。当年清算完多尔衮之后，为了限制八旗势力，福临把八旗分为了“上三旗”和“下五旗”。皇上亲自把握的两黄旗，加上为了安抚多尔衮残余势力的正白旗，组成了所谓的“上三旗”，剩下五个就是“下五旗”，平时想调个兵都得听上面的，丧失了自主权。

枪杆子里出政权，后面五个没了“枪杆子”，那政治权力自然也就不存在保障了，两黄旗占了绝对多数，由此就把原本的议政王会议变成了所谓的“议政大臣会议”。这就不一样了，议政王的意思是大家是一个领导带着一群小领导，本质上就是公司里的董事会。进了董事会的全是大爷，人家不是来帮你办事的，是来教你做事的。

但议政大臣性质就变了，议政大臣本身门槛就低，是给皇上办事的，资历够了就可以进，不用非得是皇上的什么什么亲戚，所以说在顺治朝后期，议政大臣会议非常活跃，基本上算是国家的中枢机构。

在这个基础上，福临给儿子玄烨留下了第二份政治遗产，即四位辅政大臣：索尼、苏克萨哈、鳌拜和遏必隆。

这里我们得搞清楚，“辅政”和“摄政”那是两回事。之前顺治朝的时候，多尔衮和济尔哈朗那个叫摄政，什么概念？就是政权从法律上和皇上没关系，跟君主立宪制差不多，摄政王把文件递上来，皇上只有盖章的份，说得再过分一点，有的时候印章都不在皇帝手里，折子直接就进了摄政王府了。

“辅政”那就不一样了，只能辅佐，皇帝就算真是个摆设，你也不能把这个摆设搬开。而且辅政的大臣是四个，避免了一家独大，看来福临也是对多尔衮的事有童年阴影了，不希望自己孩子也多个“皇父”。

在这四个人里面，索尼不用说，正黄旗的保皇派，鳌拜是镶黄旗，在皇太极时代就出生入死，当年和索尼一起被多尔衮折腾得死去活来，绝对信得过。遏必隆也是镶黄旗出身，等于四个人里面，皇帝的“自己人”占了三个。

剩下一个苏克萨哈，这个人比较复杂，正白旗出身，本来是多尔衮手底下的主力大将，在多尔衮被清算的时候反水了，福临琢磨着千金买马骨，就把他提到了辅政大臣的序列里，目的就是为了稳住正白旗。

福临还是看得很明白，政治这种事，虽然号称要把自己人搞得多多的，但如果一眼望去全都是“自己人”，那指定得出问题，苏克萨哈摆在那里，就是当一个两黄旗的“敌人”，但又不至于威胁皇权。

这么一看，小皇帝玄烨的皇位还是非常稳的，没必要像他父亲那样从小就战战兢兢，而小皇帝的成长过程，也将在完整的紫禁城中平稳地进行着。

贰

康熙帝玄烨的成长过程和所受教育，可以看作是中国封建时代帝王教育的一个典范。

一般的帝王教育，得在两个问题之间纠结：你自己想干什么，和你自己能干什么，如果出现偏差，就容易出问题。

明朝朱厚照就是一个例子，老爹朱祐樘一代贤君，就这么一个宝贝疙瘩，肯定也是按帝王的标准去要求，刘健、谢迁、李东阳，几个内阁大学士手把手地教着“四书五经”，奈何人家就是喜欢打仗，非得当“大将军”，最后把自己玩进去了。

这种事情，在玄烨的奶奶，也就是已经晋升为太皇太后的孝庄太后看来，是绝对不允许发生的，所以从小在宫里面，玄烨就受到了严格的教育。

电视剧《康熙王朝》里，一上来演的就是玄烨在皇子时期，天还黑着，就乘着步辇到宫里来学习，不说电视剧本身和历史是否有出入，不过就这一段而言，基本上是靠谱的。

清朝在顺治十年（1653年），也就是玄烨刚出生的时候，福临在宫里设置了“宗学”，也就是爱新觉罗家族的内部学校，亲王、贝勒等只要满十岁都可以进来读，满汉教育都有，满族教的是“满术”，估计就是满文加骑射这些东西，因为六年学制，毕业考试里面就包含这些东西；汉族讲的就是“经史”，跟明朝的“经筵”差不多。

设立这个学校的目的，很大程度上是福临鉴于当年教育缺失，最起码在汉文化上没有受到系统的教育，深感有弥补的必要。福临自己曾经沉痛地回忆说：**“朕极**

不幸，无人教训，坐此失学。年至十四，九王薨，方始观政。阅诸臣奏章，茫然不解。”也不知道当初多尔衮是不是别有用心，死活不让自己侄子学汉家经典。因此福临亲政之后，就把这块补上了，不能让孩子们输在起跑线上。

电视剧里拍的是一个老师带着几个孩子学，这个有点假。“宗学”的待遇比这高太多了，规定是一个学生配俩老师，满汉进士各一个，专属的那种，不存在攀比现象。

不过当时玄烨还没出生，之后在宫外避痘，应该在七岁的时候才开始上学，毕竟《圣祖仁皇帝庭训格言》里，玄烨自己都说：**“朕七八岁读之经书，至今五六十年犹不忘。”**这种夸耀自己记忆力的事肯定是往早了说，这也基本可以推断玄烨入学的时间跟现在九年义务教育的入学时间差不多。

但论到学习的努力程度，普通人和玄烨接受的皇家教育相比就差太多了。

首先汉族文化得学，经史子集加起来，就是一个非常庞大的工作量。古代读书跟现在不一样，现在孩子们文言文学习基本上都是“反推”，理解了之后再背，背得容易忘得也快。古代不是这样，都是熟读成诵，纯粹“死记硬背”，大量地朗读之后才能说到背的问题，康熙二十六年的《起居注》里，玄烨曾回忆**“朕幼年读书，必以一百二十遍为率，盖不如此则义理不能淹通”**，每本书最起码得读一百二十遍，才能明白其中的意思。

清朝从顺治、康熙两朝开始，随着打天下的任务完成，皇帝对于治理天下，尤其是治理汉人这个问题危机感很深。明朝为啥能折腾将近三百年呀，不就是“四书五经”这套玩得溜吗？那要想明白这个体系，皇帝自个儿就得先弄懂，不然就跟福临刚亲政时一样，成了睁眼瞎。

汉家的文化要有，满族的骑射也不能落下。当年福临在教育子孙的时候，就没有走全盘汉化的路子，而是主张“我朝原以武功开国，历年征讨不臣，所至克捷，皆资骑射……虽天下一统，勿一太平而忘武备，尚其益习弓马，务选精良”，翻译过来就是咱们大清是马上得天下，虽然现在用不着了，但老本不能丢，别回头眼瞅着太平盛世，就忘了当初在深山老林里打猎的本事了，该练还是得练。

除了上面说的满汉两族文化之外，玄烨还给自己加担子，表示出了对西学的浓厚兴趣。

叁

之前说了，玄烨登基的过程就比较“科学”，所以登基之后，玄烨对西方传教士，如汤若望、南怀仁等人带来的西方科学也很感兴趣。玄烨到底何时开始接触西学，目前时间已经不确定了，不过他学西学的目的倒是很明确，缘于一场历法之争。

钦天监原本是一个很牛的部门，当年元朝时期元大都的建造者们如郭守敬等人，很多就是这里出来的。但从明朝开始，钦天监这个原本上知天文下知地理的部门开始变得不太重要，朱元璋把宫里很多冷衙门都搞成了世袭制，钦天监的水准简直就是辣眼睛，说得好听点叫不专业的天文学家，更直接点就差戴个墨镜算命了。

明朝的时候，大家都习惯这群废物划水了，反正有了天灾皇帝第一个背锅，轮不到钦天监的小杂鱼。可清朝进了关以后，没那么强的“天人感应”观念，觉得这帮人能预测天象，真神。正好那会儿，西洋传教士汤若望等人也说自己能预测天象，还编了一套天文历法《时宪历》。

这下钦天监不干了，我们干这一行那么多年了，你一个外来和尚居然敢在这里作妖。要是明朝，说不定这群西洋人就被内阁文臣们给踹了。开玩笑，还指着钦天监这群神棍吓唬皇上呢，你们来凑什么热闹。

当时的皇帝还是福临，不信这个，大家光靠嘴没用，明朝就是这么亡的，得凭本事来。所在上层的授意下，汤若望和钦天监的老大杨光先比划了一场，也不用算什么日食月食，大家比赛测试太阳影子的长度，就在午门门口，大臣们集体参观。

最后的结果不用说，汤若望尺子圆规往那一摆，立马出来了，杨光先哪会这个呀，总不能拿个“仙人指路”的幡在那竖着吧，于是就被比下去了。

科学不够，折子来凑。杨光先开始上奏折了，这事杨光先干得可太溜了。正好那会儿赶上皇帝交替，一直信服汤若望的福临逝世了，杨光先就上了一封《请诛邪教疏》，里面干脆说汤若望“借历法以藏身金门，窥伺朝廷机密”，等于把传教士定义为了“邪教+间谍”。那会儿玄烨说了还不算，四个辅政大臣加上其他官员也不懂这个，大家靠折子说话。

这回汤若望就抓瞎了，耶稣和牛顿也没教过政治斗争呀，他稀里糊涂地被下了监狱，虽然太皇太后发话没有当场处死，但老头一把年纪了，没多久就死在了监狱。

这件事应该给了玄烨很大的冲击，因为在农业社会，历法是非常关键的一种东

宣武门教堂，由汤若望主持建造，在其被诬陷下狱后一度被毁，康熙帝为其平反后重建。

西，结果朝廷里没一个人懂这个。他后来跟孩子们说：“朕幼时，钦天监汉官与西洋人不睦，互相参劾……奈九卿中无一知其法者。朕思己不知，焉能断人之是非，因自愤而学焉。”

这真就是学霸才有的逻辑：我不懂，没关系，那我就把这个搞懂。

玄烨对西方科技的学习，从他小的时候一直持续到他的晚年，涵盖了医学、数学、天文等多个科目，而且基本能够做到学以致用。

在医学上，从康熙朝开始，太医院里单独设立了“痘诊科”，专门用来医治天花，估计是童年阴影太强烈了。这里玄烨引入了牛痘接种的方法，而且先在宫里面

康熙御制镀金量角规

普及之后，再往外大规模推广。之后他还引入了西药“金鸡纳（奎宁）”，用来治疗疟疾。

数学和天文方面则是玄烨最初学习的动力，他后来拜了汤若望的学生南怀仁为老师，后来的传教士们记载“帝虽年幼……尤酷嗜西学……欲怀仁为之解说利玛窦神甫所译欧几里得《几何》前六卷”，估计玄烨数学水平相当高，起码某些方面参加高考问题不大。

后来他自己也很是为此感到自豪，在和当时民间数学家梅文鼎见面的时候，玄烨对其书中的一些问题表示“朕留心历算多年，此事朕能决其是非”。

以上这些幼年时期的学习，基本上都发生在紫禁城的懋勤殿内。现在一说清朝的皇家教育都是上书房，康熙时还没这个说法，上书房是后来雍正时期才有的，康熙朝的时候皇帝都在懋勤殿学习，也就是乾清宫偏殿仁德殿的右手边，在这里，玄烨度过了六年多的学生时光。

而在这六年间，外朝的政治格局也在悄然发生着变化，福临临终前留下的四位辅政大臣，开始慢慢走向了分崩离析的局面。

肆

顺治帝留下的四个辅政大臣，其中排名是分先后的，索尼排第一，但年纪偏大，更多的是作为定海神针一样的存在。而苏克萨哈和遏必隆分列二、三名，鳌拜排第四。

这样一来，镶黄旗出身的鳌拜和遏必隆肯定心里不平衡。合着我们镶黄旗当年归多尔衮统领的时候，就被你们正白旗折腾，现在时代变了，你苏克萨哈转手来一把卖主求生，还能混得风生水起，继续压在我们上面，那这也太没天理了，尤其是鳌拜，脾气极大，虽然名列最后，却是四个辅政大臣里嗓门最高的。

再加上鳌拜本来就是跟皇太极打过天下的，算是玄烨的爷爷辈，没太把小皇帝看在眼里，一朝权在手，就冲着苏克萨哈开始下刀子。最典型的行为，就是“圈地运动”。

这事如果一一列举史实，那就孩子没娘说来话长了，不过概括起来比较容易理解。简单地说，当年清军入关的时候，大家以“旗”为单位开始抢地盘，毕竟北方都被李自成打烂了，河北一带有很多荒地，被八旗抢占了。

在这些土地之中，两白旗，尤其是正白旗占的土地是最好的，毕竟多尔衮那会儿敢让皇上叫爸爸，手底下的人肯定是多吃多占，抢的都是好地方，比如遵化一带。镶黄旗就差点意思了，被分在了今天河北省的保定和河间一带，土地有些贫瘠，没办法，分地的时候赶上了。

到了康熙初年，鳌拜开始翻旧账，说咱两家把土地给换过来怎么样。苏克萨哈肯定不敢，先不说土地本身的好坏，人家正白旗在那边都住了快二十年，你鳌拜上嘴皮子碰下嘴唇就让别人搬家，没道理呀。

鳌拜说，那咱就讲道理呗，让朝野上下议一议该不该换地。

苏克萨哈听完这话恨不得给鳌拜竖十根中指，这多尔衮都死了十来年了，朝廷上哪还有正白旗的人。像大学士班布尔善等人，都是跟着鳌拜混的。四个辅政大臣里，遏必隆和鳌拜都是镶黄旗出身，索尼一把年纪了，和鳌拜又是莫逆之交，等于朝廷就是鳌拜的主场，这要是把圈地扔到朝廷上，能有支持者就见鬼了。

真要说起来，苏克萨哈后面也不是没有人，他当年踩着多尔衮的尸体投降，投的正是孝庄太后，也就是说苏克萨哈是一个“太皇太后党”。问题是涉及两黄旗这种政治基本盘，老太太是没法开口帮忙的，这是原则问题，顺治、康熙两朝皇帝都是两黄旗誓死保上去的，太皇太后不可能寒了大家的心。

鳌拜吃定了苏克萨哈的孤立无援，开始痛打落水狗，等到康熙六年，索尼逝世后，鳌拜气焰越发嚣张起来。当时苏克萨哈都没办法了，给玄烨上了一个折子，说实在不行这辅政大臣我不干了，我去给先帝爷守陵去。但就是这个言论，被鳌拜逮住了。

索尼在临终之前，四个辅政大臣一起，上了一个折子，奏请玄烨于次年亲政。鳌拜趁机就说苏克萨哈居心叵测，散播消极言论，“不欲归政”，以大谋逆的罪名，把苏克萨哈和他的一群手下处死了。

这事刚报上去的时候，玄烨压根不同意，但那时候鳌拜狂得没边了。《清史稿》里说他**“意气凌轹，人多惮之”**，应该不是虚话，天天撸着袖子，站在玄烨边上，二头肌比玄烨的腰都粗，逼着小皇帝同意，最后把命令确定了下来。

苏克萨哈这一死，是一个三方皆输的政治结果。苏克萨哈不用说，命都没了；而鳌拜看似大获全胜，却已经犯了大忌，摆明车马要和皇帝对着干。但最灰头土脸的，还是玄烨本身，作为一个即将亲政的皇帝，被自己的辅政大臣威逼，被迫杀掉了另一个辅政大臣，这是非常有损皇帝威严的。

坐在懋勤殿里苦读七年之久的玄烨开始意识到，人生的第一次大考到来了，如果不能处理好鳌拜的问题，那么他在“皇帝”这门课上将无法获得及格。这将是一个皇帝成长的必由之路。

伍

玄烨的判断非常准确，在康熙七年玄烨正式亲政后，鳌拜成了他乾纲独断最大的阻碍，“文武各官、尽出门下”，玄烨被拘束到“政令不出乾清门”的地步。

鳌拜敢这么肆无忌惮，其实有赌的成分。他本人是三朝元老，加上两朝的从龙之功，再加上朝堂上经营了近十年的庞大势力，敢赌太皇太后和玄烨不会冒大不韪对其下手。

但他没有看到的是，即使抛开纯粹的政治权力问题，他被干掉也是一个必然的事情，而且迫在眉睫。

第一，最要紧的，就是政治路线的问题。

无论是圈地还是换地，这都是皇太极年代的思想了。当年刚入关，大家思路还没有缓过来，八旗上层都是捞一笔再走的想法，这才有了所谓的“圈地”，说白了就是非法强占土地，能被群众认可才怪。

顺治朝的时候，福临就明令禁止圈地，并且多次强调“将前圈地土、尽数退还原主”，这事多尔衮摄政期间都不干，因为太短视了，满族人种地哪能和汉族农民比呀，收税不好吗？结果鳌拜越活越回陷，跟正白旗换地的时候甚至公然提出，如果置换的土地数目有差距，可以多圈点补上嘛。

一个国家的辅政大臣，居然带头开历史倒车，这种倒行逆施的行为如果不及时制止，估计清朝离回东北老家也不远了。

再者，从“圈地”这事可以看出，鳌拜真正触动的，是顺治时期有利于统治的新政。后来鳌拜被议罪，其中很重要的一条，就是“世祖罢明季三饷，四辅臣时复徵练饷，并令并入地丁考成”。

什么意思呢？明朝搞得天下大乱最主要的原因，就是在“万历三大征”之后，万历皇帝朱翊钧加征“三饷”，老百姓过不下去了，这才有了李自成等人的造反，所以顺治朝就把三饷给废除了，稳定人心。结果鳌拜这群人吃相太难看，又开了一个“练饷”，还和农业税放到一块征收，这不就等着让老百姓骂娘吗？

所以说干掉鳌拜，是一个刻不容缓的事情，玄烨要是真学司马懿一忍再忍，清朝也就完犊子了。以前是福临运气好，赶上了多尔衮暴毙，提前亲政，玄烨可不敢赌鳌拜的寿命，必须找准方法，一击致命。

玄烨年纪不大，看问题却很准，他算是看明白了，鳌拜哪怕再手眼通天，他也不姓爱新觉罗，这是后者和多尔衮最大的区别。说得再难听点，你鳌拜是镶黄旗人，那就是皇上的“家臣”，其实就是老奴才，对付他得先用“家法”。

宫外的力量是指望不上了，玄烨自己在宫里安排了一群同龄的小伙子，天天在那边练摔跤（满文叫“布库”），后来玄烨单独在禁卫里设了一个“善扑营”，当时应该是挂在“羽林卫”下面，都是一些贵族子弟。

练了一段时间之后，玄烨觉得差不多了，就问手底下这群打手：**“汝等皆朕股肱耆旧，然则畏朕欤，抑畏拜也？”**大家都是熟人，你们是怕我呢，还是怕鳌拜呢？小伙子们都是一群官二代，一看皇帝都说得这么敞亮了，马上拍胸脯表示：“独畏皇上。”

万事俱备，接着，在康熙八年的五月十日左右的一天，玄烨把鳌拜叫到了皇宫里面，这个召见的地方，有人说是武英殿，当然也有可能是乾清宫，剩下的事就顺理成章了。主场作战的玄烨一声令下，几个少年就把鳌拜给擒住了。

拿下鳌拜两天后，五月十二日，朝廷颁布了《康熙帝钦定鳌拜等十二条罪状谕》，之后变成了二十大罪状，鳌拜的党羽，如班布尔善等皆被处死，反倒是鳌拜由于“效力年久，迭立战功”，被饶了一命。

年仅十六岁的玄烨，怀揣着经略天下的志向，正式从懋勤殿中毕业，开始了自己真正作为皇帝的生涯，而他不知道的是，帝王之学对他的大考，才刚刚拉开序幕。

乾清门外立规矩

在书斋里六年磨一剑的康熙帝玄烨，在康熙八年（1669年）一举拿下权臣鳌拜，无论是在紫禁城的前朝还是后宫，玄烨都成为了毫无争议的主宰。然而，此时距离清朝入关已过去了接近二十年的时间，一场新的危机正在帝国之中酝酿着。在除掉鳌拜之后的十几年里，紫禁城将见证玄烨如何从初出茅庐，变成一位真正的皇帝。

壹

俗话说，攘外必先安内。解决了鳌拜的问题，并不意味着政治权力斗争的大结局，玄烨必须建立自己的政治基本盘，才能把控住朝局。

荀子说得好："君子生非异也，善假于物也。"紫禁城里这么大，单靠皇上一个人是玩不转的，信任谁，依靠谁，让哪些人围着自己转，这才是政治上长治久安的奥秘所在。

玄烨的祖父皇太极，凭借着两黄旗的赫赫战功登上皇位；他父亲顺治帝福临，则是依靠着两黄旗的誓死效忠和广大的汉人官员群体，推行起了新政。到了康熙朝，他所反对的鳌拜团体是满族老传统代表，那玄烨自然要恢复父亲的政治思路，既要团结满族中的中间派，也要取得汉族文人官僚的支持。

在满族内部，玄烨首先采用了联姻的思路，和首席辅政大臣索尼的孙女（赫舍里氏）结婚。这是一个很强烈的信号。

对内来讲，这是告诉贵族，皇上和你们是一家人，有了联姻，就说明进了这个圈子，君臣之间谈事情，总比不上姐夫和小舅子之间唠嗑。

而对外来说，这是从皇太极以来，皇帝第一次没有娶蒙古族的女子为正宫皇后，说明太皇太后也看明白了，清朝现在是内部问题大于外部问题，没必要死磕着蒙古族不放，这是一个很强烈的政治信号。

玄烨和赫舍里氏俩人的婚礼，是在坤宁宫举办的，在清代，皇后是不住坤宁宫的，坤宁宫仿照沈阳故宫的清宁宫（皇太极住的地方），进行了改建，变成了一处祭祀的场所，在明清两代的紫禁城对比中，坤宁宫的改建可能是与前朝相比变化最大的存在。

《清史稿·吉礼》里说“坤宁宫祀神昉自盛京……世祖定燕京，率循旧制，定坤宁宫祀神礼”，爱新觉罗家族搬进紫禁城以后很头疼，因为紫禁城旧有规制没有祭祀萨满神的地方，所以就定了坤宁宫的西暖阁作为祭祀场所。

但这样一来，新的问题又出现了，因为根据礼制，皇帝大婚离了坤宁宫还不行，最后凑合了一下，就在坤宁宫的东暖阁举行了婚礼。

注意，是在这里举行婚礼，不是说皇后以后就住在这里，清朝皇后比较平民化，跟其他后妃一样住在东西六宫里面，只不过结婚第一天晚上，得在坤宁宫里面住。清朝只有皇帝大婚才能在坤宁宫里举行，如果继位之前已经结婚了，不好意思，皇上没法在里面浪漫一把，哪怕是重新册立皇后也不行。

婚礼这天也很有意思，除了像我们之前说过的顺治大婚的流程之外，还有满族特有的“吃肉”的习俗。满人的习俗，在入关二十年之后，基本上都被汉族同化了，但就像后来清代学者震钧说的那样：**“满洲之礼，惟婚、祭二礼，不与世同。”**在满族的婚礼上，大家都流行吃肉（“凡满洲贵族家有大祭祀，或喜庆，则设食肉之会”）。

这个肉就很有讲究。得是黑猪肉，纯净无杂毛的那种，然后白水煮开，就在坤宁宫里煮，里面什么都不加，十来个人往那里席地而坐，围成一圈，然后开始分肉。一块肉大概十来斤重，分到每个人手里大概一斤出头，也不用筷子，用铜勺吃，不加任何调料，能吃进去的确实不是一般人。

在婚礼上，这个肉除了祭祖宗和神灵之外，一般会与参与婚礼的满族贵族们分食，也算是联络政治感情的一种方式，大家一起陪着皇上啃过猪肉，那感情肯定不一样。

其实分肉这个礼法，从清代文化的层次来说是很值得探讨的。我们乍一看，觉得满族人真野蛮，大锅白水煮白肉，一个人一斤多猪肉在那里抱着死啃。事实上，这种路子更符合中国汉族传统文化的“古礼”。

《论语》里孔子就吃这个，而且非常讲究，“失饪，不食”，煮得不好不吃，“割不正，不食”，还必须得割得方方正正，否则也不吃。汉初的宰相陈平，当初在家乡出名，就是因为他分肉分得很均匀，说明这孩子“懂礼”，被人看重。这么一看，清朝在坤宁宫婚礼上举行的分肉仪式，其实和中国传统的汉家文化源出同流。

后世经常讨论的一个问题是，为什么忽必烈大权在握三十多年，积极推行汉化，还是没教会蒙古人拿筷子。大清入关二十年，皇上还没怎么样呢，就有大批的满族官员和汉族打成一片了，归根结底，是这种文化上的认同感很强。

以吃白肉为例，后来给乾隆皇帝修《四库全书》的纪昀（民间都称呼为纪晓岚），就很爱吃这种白水猪肉，从侧面来看，未尝不是文化融合的一个典例。

贰

好吧，扯远了，让我们把镜头从坤宁宫的婚礼上转过来，看看玄烨之后的政治连环拳。

在搞定鳌拜之后，玄烨在吃猪肉的这帮好亲戚里，挑了俩人重点提拔，一个是索额图，作为内大臣；一个是明珠，作为左都御史，几年后升为了兵部尚书。

在这两个人里面，索额图的分量明显更重，他的老爹，就是之前的首席辅政大臣索尼。索额图是当今皇后的叔父，算起来比玄烨辈分大。

索额图一开始是给玄烨当侍卫的，根红苗正的自己人，之后又是亲戚，康熙七年的时候，索额图已经当到了吏部侍郎的官了，自己辞职不干了，非得给自己的大侄子玄烨当侍卫。后来在除鳌拜的过程中，负责送信让鳌拜进宫的就是索额图。毕竟是老领导的孩子嘛，说鳌叔叔，皇上请您进宫一趟，鳌叔叔傻了吧唧地就去了，这一进去就没出来。算下来除鳌拜这份功劳，第一就是索额图，人家当年吏部侍郎都看不上眼，图的就是干一票大的。

康熙九年，玄烨裁撤了所谓的“内三院”，重新沿用明朝大学士的说法，一共六个大学士，只不过没有首辅了，肯定是没有，不然龙椅上指不定坐着谁呢。从中和殿开始，大学士以此往后排，保和殿紧跟在后面。康熙九年的时候，中和殿大学士是图海，老好人一个，顺治时代的老文臣了，索额图名义上排第二，但实际上已经满朝文武之首了，因为汉族人一般文臣不兼任武职，满族都是通吃，索额图在军队里还挂了衔。

再一个，清朝大学士虽然没成为明朝内阁那样恐怖如斯的机构，但也没有了明朝内阁那种条条框框，大学士可以直接兼职尚书，索额图担任的就是户部尚书，从某个角度讲，康熙对这位索叔叔那是绝对信任的，枪杆子、笔杆子和钱袋子都给了索额图，后者成为了实质上的“宰相”。

明珠起步稍微晚了一点，论亲戚算是玄烨的姑父，明珠的媳妇是之前英亲王阿济格的女儿，他本人是叶赫那拉氏（叶赫部的后人），一直在宫廷的仪仗队里当侍卫，属于爱新觉罗家族绝对的“自己人”，在康熙三年的时候，就被调任为内务府总管，基本上和现在的中央办公厅主任差不多，康熙七年之后，从宫内走到前台，担任刑部尚书兼经筵讲官，前途不可限量。

看上去似乎明珠掌握的是司法机构，但实际上明珠是一个地地道道的满族文臣。我们现在一说明珠，没几个人知道，但假如说到他的儿子纳兰容若（纳兰性德），那基本上学过中学语文课本的都能知道，清朝极少数能在中国文学史上拿得出来的文人，据说后来曹雪芹写《红楼梦》，里面贾宝玉的形象就来自于这位纳兰公子。

儿子牛到不行的文学天赋，当然也来自家庭的培养，所以明珠作为一个文臣的素质相当高，这些满族文臣的崛起，很大程度上给了玄烨整顿朝政的信心。他的父辈（福临）和祖辈（皇太极、多尔衮）都不可避免地涉及一个问题：有能力的信得过的，你总得有所取舍。

玄烨的回答是：我全都要！

清朝从康熙朝之后，满族不说自身战斗力拉胯到什么样，但文武大臣，基本上都能有拿得出手的人物。

这样的好处是，皇帝用人很放心，自己人能用，我干吗非得看汉族臣子的脸色。汉族臣子和皇帝之间，那是纯粹的“君臣关系”，说白了就是“食君之禄，忠君之事”，拿了工资干活。清朝皇帝就特别看不惯这一点，觉得明朝就这么没了的，一群人光在那里耍嘴，拿了钱也不一定干活。

满族人就不一样，《养吉斋丛录》里面记载：“八旗官员奏对，自称奴才。”后来鲁迅在文章里也讲**“像清朝的官员，满族可称奴才，汉族却不可”**，什么是

“奴才”，其实就是“家臣”。这种人皇上用得最顺手，想玄烨收拾鳌拜，就没谁敢出来啰嗦（可能啰嗦的都死了），毕竟“此朕家事”，爷收拾自家奴才，你们管不着。

所以在通过索额图和明珠这俩“奴才”搞定了人事权的问题之后，玄烨着手对上朝的礼仪进行了整改。

叁

之前在顺治朝的时候，有一个“御门听政仪”，在康熙年间，被玄烨发扬光大了。

玄烨刚刚亲政的第一天，就是在乾清门上的班，而且表示“嗣后日以为常”，以后都按这么干，说明“御门听政”这个规矩虽然顺治朝已经有了，但到底是哪个门还不是很确定，可能福临比较跳脱，觉得哪都行。再加上到了顺治朝后期宫殿才建成，之前听政都有惯性了，不适合再去做硬性要求，当年婚礼都能在保和殿里凑合，其他的事情也就随意了。

不过玄烨一上来，很敏锐地就意识到，这是一个权力调整的空白机会，因为鳌拜是个大老粗，不懂这些规矩的微妙之处，给玄烨留了这么一个机会，从此之后，“御门听政”成为了康熙朝常备的朝政处理制度。

在《大清会典》的《礼部·听政仪》里面，对这一段讲得很详细，即**“凡御门听政，每日皇上御乾清门，设榻于门之正中，设章奏案于御榻之前。部院大小官员，每日早赴午门外齐集”**，这里倒是和明朝乃至顺治朝的朝会礼仪差不多，在乾清门这里摆一个床，其实就是大号椅子，然后大小官员在午门外集合。

不一样的是，明朝那个真就是花架子，不办事，四品以下所有官员在午门外面罚站俩小时以后走人，真正有事都走通政使司再递到内阁，内阁再送宫里“批红”。玄烨这个不是这样，而是作为一道单独的程序，先让官员把折子递上来，他看过之后再给大学士们处理。

这里官员们就不用在午门外头一直等了，可以轮流先从中左门进来，再从后左门到乾清门，大致的顺序是**“部、院、寺、监”**，先是六部；六部汇报结束，之后再是各个“院”，比如处理外交的“理藩院”，负责监察的“督察院”等；后面就是“寺”，不是一群和尚，而是正儿八经的衙门，如负责司法的“大理寺”，负责

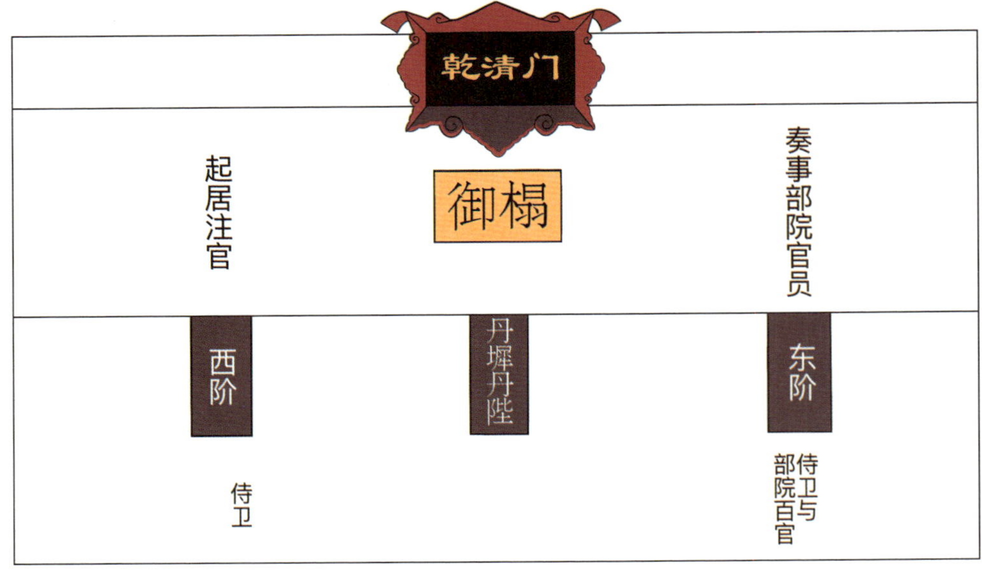

清朝官员上朝示意图

饮食的“太常寺”之类的；最后就是各种不起眼的“监”，之前算命的钦天监就是其中之一，平时也没什么大事，也就是说说昨儿火星位置有变化之类的事，这种事玄烨自己就会算，都懒得搭理。

官员上奏的时候，不是像电视剧里那样站在皇帝的正下方，而是从东边走上来，走到御榻边上，朝西对着皇上，汇报完了再原路返回，西边不能去，那是起居注官员待的地方，负责给皇帝记录。因此不难想象，清朝皇帝御门听政应该是很随意的，起码不是正经坐着，不然得歪着头九十度看臣子，很可能落枕。

而且清朝上朝的时间也人性多了，也可能是皇上自个儿懒，把上朝的规矩给改了，以前明朝官员上朝时间偏早，四五点就开会，之后还不耽误吃早饭，玄烨给改成了“春夏于卯正一刻，秋冬于辰初一刻”，春夏两季大概是6∶15，不错了，起码看到了天亮，秋冬两季更是放缓到了7∶28，基本上让官员摆脱了“起得比鸡早”的命运，这种事皇帝其实比大臣辛苦。

即使是这样，照样有人叫苦，六七点打卡那是高三学生的标准，谁受得了天天高三呀。清朝京官的住房待遇比明朝要差一些，因为清朝王爷都在京城建房子，搞得京官都恨不得在五环开外租房子，也没地铁，上班通勤时间很长。

后来有个大臣，叫赵时楫，就代表同事们和老板谈判，说“诸臣每夜三更早起，朝气耗伤，未免日间办事，反难精密”，意思是上班时间太早，影响工作效率，您看着吧。玄烨没搭理他，之后又有人提议，说咱把“御门听政”这个规矩改一下，“或以五日，或以二三日为期”，别天天搞这个，两三天或者三五天来一回行不行？

玄烨怒了，心说这帮打工仔干啥啥不行，偷懒第一名，马上表示：**“念致治之道，务在精勤。励始图终，勿宜有间。”**翻译过来俩字：甭想！不过资本家也得讲点人性，最后玄烨稍微妥协了一下，“每逢大朝之期，及大雨、大雪”“或遇大寒大暑之日”，可以暂缓听政。

玄烨非常清楚，“御门听政”这个规矩，看似每天打卡，有时候甚至会降低行政效率，但当这项措施作为规定一经确定后，君主集权立马加强了，因为从御门听政这个流程可以延伸出奏折制度等一连串的政治改革。

以前我们说臣子给皇上递“折子”，这个说法其实不严谨，严格地说得叫“题奏本章”，简称“奏章”，分为两种，一种叫“题本”，另外一种叫“奏本”，臣子正常给皇帝上书，一般就用这两种。除此之外还有一种是“表”，就跟诸葛亮那个《出师表》一样，平常没什么事不用，过年的时候群臣会给皇上写一封“贺表”，上面全都是没营养的吉利话，当鞋拔子都嫌硬，嘉靖皇帝朱厚熜当年特别爱这一口，三天两头折腾手底下的大学士写，其他皇帝接过来就扔一边了。

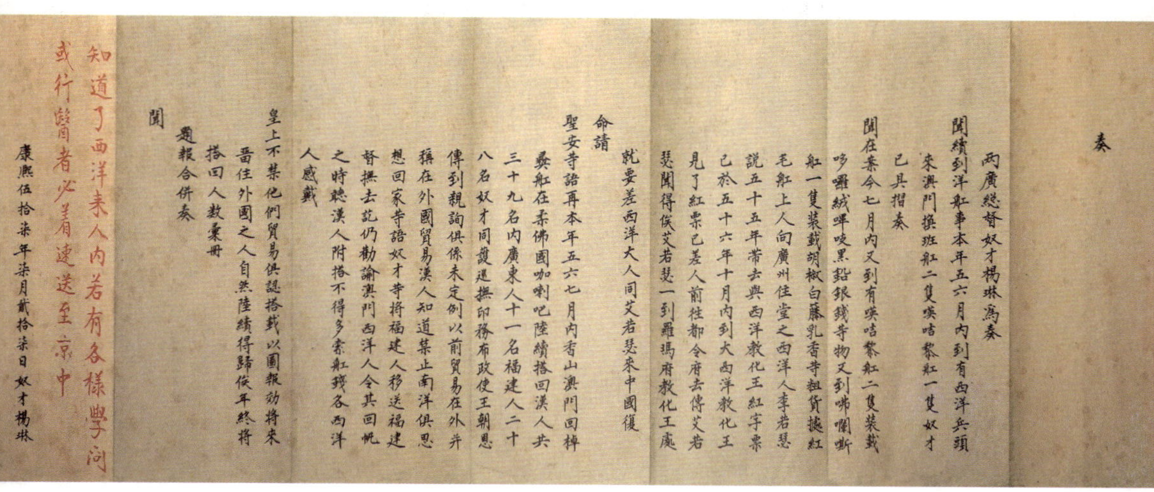

奏

兩廣總督奴才楊琳爲奏
聞續到洋船事本年五六月內到有西洋兵頭
來澳門換班船二隻𠸄咭嚟船一隻奴才
已具摺奏
聞在案今七月內又到有𠸄咭嚟船二隻裝載
哆囉絨嗶吱黑鉛銀錢等物又到咈囒嘶
船一隻裝載胡椒白藤乳香等粗貨據紅
毛船上人向廣州住堂之西洋人李若瑟
說五十五年帶去與西洋教化王紅字票
已於五十六年十月內到大西洋教化王
見了紅票已差人前往都令府去傳艾若
瑟聞得俟艾若瑟一到羅瑪府教化王處
就要差西洋大人同艾若瑟來中國復
命請
聖安等語再本年五六七月內香山澳門回棹
夷船在柔佛國咖喇吧陸續搭回漢人共
三十九名內廣東人十一名福建人二十
八名奴才同護理撫印務布政使王朝恩
傳到親詢俱係未定例以前貿易在外并
稱在外國貿易漢人知道禁止南洋俱思
想回家等語奴才等將福建人移送福建
督撫去訖仍勸諭澳門西洋人令其回帆
之時聽漢人附搭不得多索船錢各西洋
人感戴
皇上不禁他們貿易俱認搭載以圖報効將來
留住外國之人自然陸續得歸俟年終將
搭回人數彙冊
題報合併奏
聞

知道了西洋來人內若有各樣學問
或行醫者必着速送至京中

康熙伍拾柒年柒月貳拾柒日奴才楊琳

康熙朝朱批奏折

而“题本”和“奏本”的区别，则体现在使用的用途上。正常六部大员，以及各地军事长官给皇上的都是“题本”，这个偏正式一点，不能瞎写，跟现在红头文件差不多，皇上打眼一看大差不差，直接就可以作为正式文件下发。

什么人用“奏本”呢？告状的可以。比方说御史和给事中这种官，没事干了就开始打小报告，皇上，我觉得那谁和那谁谁不地道。这种东西肯定不是正式文件，基本上都是“奏本”，所以我们看电视剧里面，官员之间相互弹劾，那肯定是“奏本”，属于私人性质，告老还乡也属于这个范畴。再有就是给皇上提意见，像翰林院那群学生，平时要彰显一下自己的存在感，得给皇上出谋划策一下，那个也得用“奏本”。

乾清门

而所谓奏折的“折”字，就是从“御门听政”发展过来的，皇上看完文件之后，会对其中不满意的“题奏本章”上面折角，打回去让内阁（之前为“内三院”）重新整理。这些被“折”了的文件，还会再次出现在御门听政上审核。

一来一回，实际上朝廷内外关系，全都掌握在皇帝手里了。定好了规矩，把握了人事权之后，玄烨的目光开始向紫禁城外看去，在遥远的西南，帝国巨大的危机已然到了必须要处理的关头。

太和殿外平三藩

玄烨围绕着乾清门做的一系列文章，绝不能看作是一位君主权力欲的发作，而是清朝数代君王对明朝晚年弊政的一个总结。从努尔哈赤一直到多尔衮，他们大多亲眼见证了一个庞大的帝国晚年乏力而凄凉的苟延残喘，现在时代变迁，紫禁城里换成了自家人，那肯定得“悟已往之不谏，知来者之可追”，绝对不能出现皇上在北京城里吆喝，满朝文武没人搭理的情况。而手握生杀大权的玄烨，也终于可以腾出手脚实现自己的规划和抱负。

壹

俗话说，攘外必先安内，内部矛盾解决了，玄烨开始着手解决外部的矛盾了。这个矛盾跟明朝时候一样，即藩镇问题。

清朝的藩镇，跟明朝不是一回事。

明朝的都是同姓的王爷，只不过一个个手握军政大权而已，其实到明朝灭亡，也不能说完全解决了这帮王爷，只不过明朝早期的时候，这群王爷都是拿枪（朱棣就很典型嘛），后来感觉动刀动枪打不过中央，开始琢磨着搂钱了，明末被做成“福禄宴”的福王就是这样，平时死抠，最后因抠而死。

清朝这个不一样，清朝的贵族都是养在京城里，北京二环以内的房价全是这些王爷贝勒们炒上去的，八旗子弟天天在京城里斗鸡遛鸟，除了糟蹋钱别的没毛病，再说了，就是糟蹋钱，京城王爷的“炒房团”也没法和外地王爷的“圈地运动”去比，明朝王爷一开口，半个河南省的地没了。所以清朝真正的“藩镇割据”，来自南方的汉人军事集团。

在多铎一脚把南明政府踹了以后，南方就开始遍布各种散兵游勇，打着各种旗号搞武装斗争，“复明”不知道是真是假，抗清那是必然的，八旗军那会儿忙着圈地呢，再加上对南方地形也不熟悉，就把“宜将剩勇追穷寇”的任务交给了一些入关前的汉人降将，这些人在军功积累之下，成为了一批大军阀，包括“平西王”吴三桂、“靖南王”耿精忠以及“平南王”尚可喜等人，合称“三藩”。

其中最典型的，就是给清朝打开山海关的吴三桂，被封为“平西王”。吴三桂在顺治朝末年，清剿南明势力，一路追到了云南，最后把南明的永历皇帝勒死在了昆明。到了康熙初年，鳌拜这些人没脑子，觉得我们两黄旗在河北圈地就挺好，以前在东北那旮旯待着，现在来了河北，真爽，什么四川贵州云南咱也没去过，吴三桂想要咱就给了呗。

如此一来，吴三桂就越发嚣张起来，仗着军事特权不过期，开始在南方各省大肆安排自己的官员，号称“西选”，特别是云、贵两省，基本上就是吴家的大本营，严重影响了中央政府的集权，后面鳌拜他们反应过来的时候，已经有点处理不了了，吴三桂开始琢磨着想“家西南”，世代镇守于此。处理这个历史遗留问题的任务，落在了康熙帝玄烨的身上。

玄烨心里那个苦呀，心说这都什么世道，先是鳌拜，又是吴三桂，我爷爷辈的人怎么老和我对着干呢。没办法，摊上了，硬着头皮干吧，就开始跟索额图及明珠等人商量“削藩”的对策。

事情的转机，出现在康熙十二年（1673年），“平南王”尚可喜觉得年纪大了，想回辽东，自己上书请求撤藩，榜样都出来了，吴三桂和耿精忠也挂不住了，假惺惺地上书，说我们也可以撤嘛。

自请撤藩的奏折一上来，清朝上下都不淡定了，因为都知道这是最后通牒，你要是不同意，那就默认了平西王藩镇的合法地位，以后更没法处理。但点头行不行呢？肯定也不行，用脚指头都知道人家是客套，你敢点头人家就敢造反。最后这折子摆到了议政大臣会议上，都没人敢接茬，出头鸟先死。

玄烨的态度很坚决，**“撤亦反，不撤亦反。不若及今先发，犹可制也”**，先下手为强，现在不动手，以后更没辙，你们都没胆子负责，那我自己来吧。于是下了“特旨”，同意了吴三桂的撤藩请求。

吴三桂一把年纪，脑溢血都犯了，心里狂骂玄烨这熊孩子不守规矩，哪有这么直接的。两边这回撕破脸了，吴三桂不造反都不行，要不真就回家养老了。

吴三桂动手了，当年的十一月就杀了云南巡抚朱国治，并厚颜无耻地号称“原镇守山海关总兵官，今奉旨总统天下水陆大元帅，兴明讨虏大将军”，这名字可太有喜感了，山海关就是您老人家打开的，后面还跟了个“兴明”，不知道兴的是哪个“明”，反正不姓朱。不过吴三桂不管这个，匆匆宣布改明年为“周王”元年，然后拉上福建的耿精忠还有广东的尚可喜，正式反叛了。

贰

这时距离清军入关才不过三十年，中国人讲究三十年为一世。也就是说好多人父辈和祖辈的观念里还是大明的江山。再加上吴三桂这一忽悠，好多前朝遗老一起发力，马上就给了年轻的玄烨一记好看。

吴三桂竖起反叛的大旗后，除了名义上的“三藩”外，还有孙延龄在广西作乱，罗森在四川举兵，到最后，连康熙信任有加的“马鹞子”王辅臣都在陕西反叛了，最扯的是，居然北京城里都有人打着“朱三太子”的口号开始煽风点火了。一句话，当时的大半座江山都在反清复明，爱新觉罗氏面临着入关以来最大的统治危机。

下旨一时爽，全家上战场。眼看着战火烧遍五湖四海，年仅二十的玄烨当时一上火，本来想御驾亲征，结果被一群叔叔大爷们给摁了回去，意思就是您老贵为天子在紫禁城运筹帷幄就行，别跟太祖皇帝一样被人家一炮给轰了。

冷静下来的玄烨也琢磨过来了，大清朝啥都缺，就是不缺能打仗的，当年我们在东北靠着一个部落，都把明朝皇帝赶到缅甸去了，现在我手里起码半壁江山，虐你一个吴老头子还是绰绰有余的，只要自己稳住不乱就行。

这里玄烨使出了两记高招。

第一招，那就是联络汉族文臣。之前康熙九年就开始举行经筵了，三藩之乱开始后，玄烨表示：**“日讲原期有益身心、增长学问。”**表示问题不大，按时举行就可以，并且在乾清宫院子的西南处，设立了“南书房”。

现在中学历史课本把“南书房”的设立看作清代君主集权的一个标志，其实真不至于，南书房设立的时间是康熙十六年的十月份，那会儿玄烨都亲政快十年了，真要是集权也不会等到火烧眉毛的时候。

南书房附近的日精门

君主集权的加强，肯定不是非正式机构的设立，而是政治规制上一个正式的改革，涉及政务处理上的权力分配问题，像清朝入关前的“内三院”的设置，入关后我们说的“御门听政”，都是这个路子，南书房跟这个不搭边。

南书房一开始设立的初衷，就是一个教室，皇上平时叫一群文臣过来聊聊天或者上课，玄烨对明珠等人给的说法也是：“今欲于翰林内选择博学善书者二员，常侍左右，讲究文义。”这里面“善书”说的是书法，跟政治也没关系，纯粹是因为人家青年人爱学习，调了一群文化人开小灶。

一般不懂的人一看这架势，肯定得说这毛头小子怕不是傻了吧，战火连天了，您还搁这装文艺青年，殊不知，这是真正有帝王心术的人干的事，每逢大事有静气。当时的局势就摆在那里，别看吴三桂搞得看上去怼天怼地怼空气，其实战场基本上都在长江以南，江西以西，而只要东南乱不了，反清的浪潮就成不了气候。

东南都是啥人呀？除了读书人还是读书人，历朝历代，话语权永远掌握在这些读书人手里，读书人最大的梦想，不就是给皇上上课嘛，没关系，满足你们。通过稳定的经筵，玄烨放出了信号，我跟你们汉族文人是一伙儿的，别跟着吴三桂这老小子上蹿下跳。

第二招，则是多民族军队并用。满族人能打是不假，但很多满族臣子一开始都不看好削藩这件事，那玄烨肯定也不能把鸡蛋放在一个篮子里，像汉族将领中，如张勇、王进宝、赵良栋等人，也得到了重用和提拔。

从历史角度说，玄烨撤藩这个举动，赌博的成分很明显，但好在当时清朝马上得天下的功夫没有落下，八旗军还是当时中国最强的军队建制。所以经过几年的征伐，在投入了大量的人力财力以后，三藩之乱终于在康熙十七年取得了阶段性的胜利。

这一年，七十多岁的吴三桂在战争连续失利的情况下，衰病交加，一命呜呼。第二年年初，即康熙十八年，康熙帝玄烨兴冲冲地登上了午门，向天下宣读了这一喜讯。

只不过玄烨还是有点不够稳重，这年头干什么都别嘚瑟，很快玄烨就在战场之外的事情上吃了苦头。

叁

俗话说“福兮祸之所伏”，没承想就在喜讯读完没多久，当年七月份，一场大地震就在北京附近爆发了，史称“京师大地震”。

《清实录》记载这次地震**“声如雷，势如涛”**，包括德胜门和崇文门在内，连北京城门都震塌了好几座，更不用说紫禁城里的宫殿了。尽管当时没有明确的地震数据记载，但史学家根据破坏程度推测出，这次地震的级别至少在八级以上，也就是说跟汶川大地震差不多。

但过去设施跟现在没法比，像汶川一震，八方支援，各种救援物资顺着修复的公路就过去了，实在不行可以空投，受伤的治伤，去世的掩埋。但康熙时候没这待遇，加上信息不通达，所以京城附近的灾民一股脑地往京城跑，京城只能赈灾。

到最后康熙没办法，只能打开自己的小金库，拿了十万两白银出来，后来又追加了十万两，并宣布**“免通州、三河、平谷今年田租，香河、武清、永清、宝坻免十之三”**，意思就是大家伙共克时艰，灾区今年的税甭交了。

那时候还不像后来乾隆朝物价飞涨，白银的购买力相对较强，所以二十万两银子是相当大的一笔钱，更何况还有免税，相当于把明年的财政预算也砍了。再加上前线接连的战事，可谓“前线吃紧，后方紧吃”，大清的财政已经到了捉襟见肘的地步。

结果就在这个时候，康熙十八年（1679年）年底，太和殿等三大殿被一场意外的火灾烧了个干净。逼得康熙只能去武英殿办公了，所以说平三藩这段关键时间，玄烨也算是内外都不顺，外头打仗糟心，家里房子更糟心。

这次火灾的原因也很离奇，据说是因为御膳房出了问题，把火带过来了，结果三大殿全没了，反正肯定不是天灾，因为玄烨后来跟大臣们唠叨说的是**“殿廷不戒、被毁于火”**。这里有一个问题，御膳房的位置应该是乾清宫西边，按理说烧也是该烧乾清宫。估计很可能是因为给前面上班的贵族大臣们送饭，不知道怎么就着火了。

为什么说是满族大臣呢？这里需要单独说一说满族和汉族的饮食问题。

满族在这之前，一直吃的是“燔炙牲酒”，就是烧烤加炖锅，后来的清代文人袁枚点评各地美食，也说“满洲菜多烧煮，汉人菜多羹汤”，现在东北菜也是这样铁锅乱炖之类的，这次大火很可能也是东北菜自带的加热设施，把火带到了太和殿的范围内。

玄烨气不打一处来，满族这群老大爷们，一顿饭把三大殿给吃进去了，这饭钱可真贵，你说你非得吃什么“燔炙牲酒”，吃个炸酱面不行吗。

所以后来在康熙二十二年，玄烨给宫廷饮食也定了规矩，下旨说：“因礼臣奏筵宴事宜，谕议政王大臣等，元旦赐宴，布设满洲筵席，甚为繁琐，每以一时宴会多杀牲畜，朕心不忍。后元旦赐宴，应改满席为汉席。”

这一看就是说给满族老臣听的，不然这种小事不会“谕议政王大臣”，理由也比较搞，说准备宴席太麻烦，问题是你御膳房不就是干这个的吗？又说你们吃的这个太残忍，羊羊牛牛这么可爱，为什么要吃它们，一顿饭得杀多少小动物呀，不合适。知道的是康熙皇帝下的旨，不知道的还以为顺治爷福临复活了呢，立地成佛。

但甭管理由有多扯淡，玄烨改革的心思是非常坚决的，说得委婉点，是给你们留面子，再多话就砍了你们吃饭的家伙。这算是紫禁城里为数不多“硬件”影响

“软件”的掌故了，这场火灾在很大程度上改变了清宫的饮食习惯，当然这些都是后话了，那会儿真正要命的，是怎么在赈灾的基础上把三大殿修起来。

工部递了一个奏章（严谨一点，不是折子）上来，请示要重修三大殿，玄烨接过来一看大为恼怒，心说工部这什么脑子，你们知道修这玩意儿多少钱吗，于是给工部回复道：

“各路大兵现在进剿，军需浩繁。这所奏应修殿工，着候旨，行该部知道。”

这里面责备的意思很明显，就差骂手底下的人不长眼了，没看见前方打着仗吗？但就跟之前明朝再穷也得硬着头皮修三大殿一样，这三个建筑要是没有，整个皇家运转体系就瘫痪了，因此咬着牙修。基于这一理由，再加上当时的战争形势一片大好，玄烨最终点头。同意在次年重建太和殿。

谁承想好不容易手头有点钱了，另一个问题出来了——木头不够了。

肆

从明朝开始，修建宫殿以及家具使用就主要崇尚楠木，之前说了，这种木头坚硬且防腐，是宫廷建筑木料的不二之选，当年永乐帝修紫禁城的时候，派了人上蹿下跳地找，建紫禁城拖了许多年，很多时候都是在等木头运来。

在这之后，历代皇帝都有新修建筑，特别是其中还掺杂着嘉靖皇帝朱厚熜这种败家之主，自己不住紫禁城，在西苑修了一大堆建筑，转头又把紫禁城翻新了一遍。

问题是明朝一共多少年呀，不到三百年，十六个皇帝，放到改朝换代来说足够长了，可放到树的年轮上就不够看了。

楠木本来就属于珍稀树种，明朝不光宫殿在用，给皇上修陵也要用，而成材的楠木至少也得六十年以上，而像房梁这样的“大木”，基本上明朝以前就有了，属于“不可再生资源”，用完一根，等下一根长成这样的时候明朝早亡了。到了明朝后期的嘉靖年间，严嵩等人主持重修紫禁城就很紧张了，后来缩小三大殿的规模，未必没有缺木头的原因在里面，当时好多木头用的都是早年的存货，到了清朝的时候，基本上就不剩下什么了。

因此在康熙二十一年（1682年），朝廷开始派出人员去南方寻找合适的木材，准备重修三大殿。尽管当时长楠木的云南、四川等地都已经平定。但找木头的时间也花了六年之久，而且质量参差不齐。

要知道，修宫殿的木材尺寸非常讲究，不能随便拿捆柴火绑起来当柱子。

宋朝李诫写了本《营造法式》的书，算是中国古代建筑的标准课本了，里面根据“斗口”把木材分为了十一等，后来被清朝工部的《工程做法》沿用了，木材的尺寸从头等材一直到十一等材。但头等材基本上没人见过，很多人认为这是一种传说，据说只有永乐年间可以找到。

北京现在广渠门外有个地方叫黄木庄，当年叫神木厂，就是存放各地进献的上好木料的地方，在清朝的时候，还有两根永乐年间遗留下来的大木。

明末清初孙承泽写了一本叫《春明梦余录》的书，里面就记载这两根大木**“围二丈外，卧四丈余，骑而过其下，高可隐身”**，也就是说周长超过六米，长十二米以上，人在旁边骑马而过，木头另一边的人都看不到。这种级别的楠木别说现在，清朝时候的人都觉得不可思议，所以乾隆还特意去写了首《神木谣》。后来这两根大木因为时间太久，腐朽化成了飞灰。

康熙当然没有永乐帝的待遇，别说头等材，连五等材都没得找，现在太和殿用的木材都是七等材，就这还是拆了不少原来官署的旧房子找来的。堂堂天子，造个房子得用旧木料，可见当时楠木缺到什么程度。

因此自从修完太和殿以后，康熙帝痛定思痛，决定楠木这种建材，能不用就不用。一方面是太贵，南方找到以后再运过来，运费比木头都费钱，劳民伤财。另一方面是确实不好找，再继续用，估计过不了几十年，天底下的楠木就只剩下下脚料了。所以从这以后，清朝的宫殿修建都是用的东北的松木，毕竟自己家乡产的，产量有保证，运起来还方便，当然这是后话了。

勉强凑出木头还不够，还得有砖。皇宫的砖比木头还讲究，广东瓷砖厂批发那是不行的，特别是太和殿铺地的，得是“金砖”，现在我们去太和殿看，地上的砖依然乌黑铮亮，就是这种所谓的“金砖”。

“金砖”并不是金子做的，不过造价也不比纯金便宜，一般是由苏州等地专门的砖窑去烧制，敲起来要有金石之声才行。这种金砖，从选土到淘洗，再到后面的烧制完成，大概需要1—2年的时间，最后还要用近乎磨玉的工艺去打磨平整，再以桐油浸泡。具体工艺就不一一去说了，讲得通俗点，一般人现在花个千儿八百的买

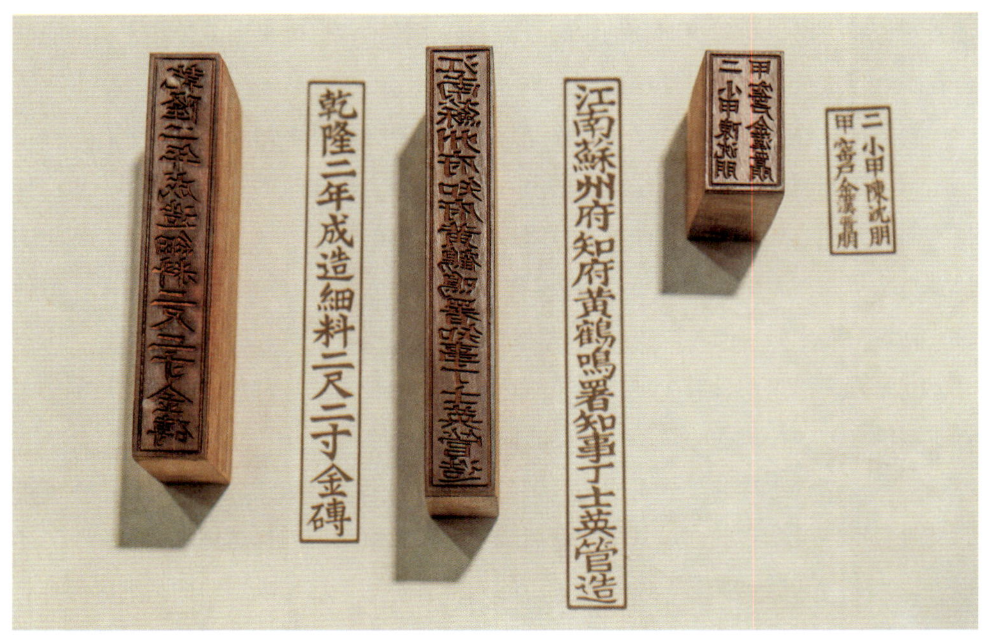

御窑金砖上特有的铭文，每一块金砖都可以追溯其生产的时间、地点以及工匠。

个紫砂壶，单论泥沙的精细都比不了太和殿脚底下的“金砖”。

这种金砖，都是有严格规矩的，规制是两尺见方，也有一尺七和两尺二的，每块金砖都得精确到工匠，单独建档案，绝不会允许外流。在明清时期，金砖绝对是排名前几的违禁品，谁家要是私藏金砖，基本上跟家里衣柜挂了龙袍差不多，能凌迟绝对不砍头。

唯一的例外，就是大臣致仕还乡的时候，皇上可以特别恩赐一方金砖，当纪念品，表示这大臣劳苦功高，以后不来北京了，拿着。这玩意儿到手以后你得供着，不能说我家厕所瓷砖缺了一块，拿这块补上，那属于大不敬。很多苏州园林（如拙政园）里就摆着这种金砖，平时园子主人和客人溜达溜达，然后故作漫不经心地说皇上赐的小玩意儿，也算是一种变相的炫耀。

有了木头有了砖，大殿基本上可以动工了。过去建房子不像现在，打完地基直接钢筋混凝土往上堆就行。当时负责的营缮司郎中江藻后来编了一本书，叫《太和殿纪事》。上面记载从康熙三十四年（1695年）二月开始动工，到康熙三十六年（1697年）七月十九日正式修建告成，整整用了两年半的时间。其中，光是油漆彩

太和殿内景

画就花了足足七个月。

从康熙十八年三大殿焚毁，再到后续准备材料和正式开工，重修三大殿这一工程，持续了近十八年的时间，而在这段时间里，玄烨也在紫禁城中经历着人生的酸甜苦辣，从祖母孝庄太后的逝世到自己儿子们的出生，生生死死，在紫禁城里不断轮回着。

康熙三十四年，三大殿完工，时隔十八年，玄烨再度来到太和殿中，主持殿试，经历了外忧内患，品味了生死离别，此时坐在龙椅之上的，已然是一位雄强的君主了，他将和他所建立的规矩一起，为一个帝国开启真正的盛世。

而这次重修，也是太和殿以及三大殿等家主真正意义上的最后一次重建，我们现在所看到的三大殿，就是在康熙三十四年修建完毕的。它的修建完成，象征着清朝真正意义上解决了建国初年的种种遗患，并全面继承了明代的大多数文化遗产。

修复的风雅

一代人有一代人的任务，在康熙朝的头二十年里，玄烨一直致力于做好一个“补锅匠”的活。扫除鳌拜，铲平三藩，这都是清朝前期的遗留问题；而重新丈量土地，修复与东南文臣集团的关系，则是明朝末年就已经存在的问题了。其实重修三大殿也差不多类似，反正都是苦差事。等这些都收拾完了，玄烨终于可以长舒一口气了，趁着宫里面搞工程，他也开始有闲情逸致，恢复一下前朝紫禁城里的“软件”。

壹

一个王朝的“体统”，除了“御门听政”这礼仪程序之外，还得有很多配套的东西，一板一眼，都得建立起皇家的规矩。万一哪天皇上和臣子们一唠嗑，爱卿你昨晚上喝的啥呀，臣子说喝的雪碧，皇上一挠头，巧了朕也是。那宫里的供应系统肯定是出了问题，皇上就算喝雪碧也得是明朝的陈酿，不然见了大臣们都抬不起头来，所以吃的、穿的、玩的、用的都得来个私人订制，这就需要一个庞大的团队来打理。

内务府和它旗下的造办处，就是在这种情况下应运而生的，不过在这之前，我们得先说一下清朝宦官的问题。

明朝的时候宫里面不太需要操心皇上吃喝玩乐这件事，太监公公们一手全包了，大大小小二十四个衙门，一些大太监的权力比六部尚书还大，尤其是御马监和司礼监，天上飞的地上跑的，只要皇上想要的，都能给你搞定。像天启帝朱由校不是喜欢当木匠吗，“九千岁”魏忠贤能直接把三大殿的工程款给安排到位。

想当初一进北京城，多尔衮一群人还没被紫禁城的气派给镇住，倒是先被明朝的太监数量吓了一跳，二十四监衙门，林林总总加起来差不多得二十万出头，这还是李自成进来后杀了一批之后剩下的。

多尔衮都是跟明朝打过仗的人，太明白明朝的太监们是群什么玩意儿了，干啥啥不行，误国第一名，但完全不要也不行，好歹人家对紫禁城里面这一套门儿清，就折中了一下，实行了大裁员，大概保留了一万多太监。

明朝耀武扬威了几百年的太监们，就此退出了历史舞台。之后福临亲政，虽然也设立了所谓的“十三衙门”，但这个衙门不是皇帝直接负责的，而是交给内务府去打理。后来虽有初步抬头之势，但却惹得满族老臣们极为不快，最后临终之前，福临遗诏里面也自责说：**“委用宦寺，朕明知其弊，不以为戒，设立内十三衙门，委用任使……以致营私作弊……是朕之罪一也。”**

清朝太监们的上升之路就此堵死，不过问题是，事情还得有人去干，因为随着政治上的成熟，各种规矩建立起来了，就得有对应的配置，这就让玄烨很是挠头。

举个例子，康熙十七年（1687年），当时的大学者，也是大学士王士祯跟几个大学士入值，玄烨一高兴，就让他和几个学士写了一首长诗，诗写得怎么样咱先不说，最起码你得裱起来让臣子带走吧，总不能让宫里的人拎着一路小跑到皇城外找个书画店排队等着干活。

类似的例子，不胜枚举，像册封皇后用的金册、皇帝平时打猎用的弓马，甚至太皇太后信佛需要的一些礼器，都得需要专门定制，这就是需要一个造办处。

贰

造办处的雏形，在顺治朝的时候就有，是在养心殿的东暖阁，那个比较简陋，具体设立的时间也不详。正式设立则是在武英殿区域，清朝皇帝对紫禁城的利用那叫一个见缝插针，刚好武英殿那块儿腾出来了，就被当作了造办处的“办公室”，时间很明确，在康熙十九年（1680年），《钦定大清会典事例》里说得很清楚“武英殿设造办处”。

造办处归内务府管着，最高级的官员是“总管郎中”，这个应该是兼职，因为品级不详，下面一层的就是“郎中”，正五品官，相当不小了，再往下是“员外郎

（从五品）”，其实这些人都不干活，正儿八经负责的，是那些六品及以下的“委署主事”等，包括一些不入流的“柏唐阿（满语，领头人的意思）”。

匠人这块说起来，就不太人性化，很多匠人都是“包衣”出身，本来可能就是谁谁谁家的家奴，送进来干活，而且等级分明，最低等的就是“匠”，如果干得好一点那就是“吏”了，最后才是“官”，官员一般都是由皇帝亲信的人来干，一般人想都别想。工匠们一辈子也没什么出头之日。唯一比较值得安慰的是伙食好像还不错，从清宫遗留的档案来看，这些工匠们“每名每日应领豆腐四两……豆芽菜四两”，有豆制品和菜，在那个时候算是很了不起的事情了。

而且那会儿活不累，都是些文玩件，可能工匠本身也不多。但到了康熙二十八年，事情出现了变化。

这一年，传教士白晋等人来到中国，给玄烨单独上数学课。这下要求可就高了，以前是给赏玩用的，玩的东西，主观性比较强，差一点也不要紧。可科学实验就不能这么随意了，皇上嘱咐你弄个直角三角板来，回头工匠们眼睛一斜，给造了一个八十度的出来，转过天来皇上就能亲自弄个八十度的铡刀斩了你。

所以这就对造办处提出了新的要求。再加上玄烨本人对科学兴趣浓厚，本着就近原则，造办处又搬回了养心殿，称为“养心殿造办处”。养心殿这个位置特别好，正好是内廷和慈宁宫中间的地方，从内廷月华门往西出来，就是养心殿院落的遵义门，走动起来非常方便。

说起来养心殿在用途上可以说是倒了血霉了，明朝时嘉靖皇帝朱厚熜在这后面的无梁殿里面炼丹，到了康熙朝又赶上玄烨这么一个科学狂人，除了烟熏火燎就是物理化学，中间穿插着玄烨他爹福临，就是在这驾崩的，也算是命途多舛。

在养心殿里，造办处得到了足够的发展，连传教士上课的教室都搬到了这边，并正式印发了“造办处”字样的红票，规定“凡行取应用物料，开明数目，向各该处领用”，打这开始，造办处才算有了独立的财权，许多门类，如玉作、铜作、弓作、大器作等，当时的传教士张诚曾经在日记里记载了养心殿造办处的盛况：

我们被领到皇宫内一处名为养心殿的地方。那里有一部分最巧的匠人，如漆画匠、木匠、金匠、铜匠等在工作，他们把数学仪器拿给我们看。这些都是遵照陛下的谕旨，放在用纸板特制的精致小匣或抽屉内……

可以想见，玄烨得意洋洋地向他的老师们炫耀造办处时的心情。

玄烨的实验做得很乐呵，但问题很快就来了。养心殿虽然不在中轴线上，但也算是深宫大内，您弄一帮工匠在这敲锤头，这属于扰民呀，宫里面大家敢怒不敢言，大臣们来乾清门这边汇报工作也受不了，很快玄烨自己也觉得不太好。

更何况这地方挨着后宫，女眷比较多，进进出出颇为不方便，尽管玄烨规定了“凡放匠之处，妃、嫔、贵人等不许行走，俟晚间放匠后方许行走”，可总不能为了一群工匠把后宫的规矩乱了吧，最起码的，给皇太后请安这种事就得经过养心殿。

再加上孝庄太后去世后，皇太后（福临正宫皇后博尔济吉特氏）死活不往慈宁宫搬，后来成了定律，此后清朝一二百年间也没有哪位不开眼的太后敢和孝庄太后抢地盘儿。这样一来，慈宁宫附近就空了出来，玄烨决定，把造办处除了裱作和弓作之外的衙门，搬迁到慈宁宫的茶饭房处。

这下子就方便多了，慈宁宫的茶饭房处不在慈宁宫的范围内，而是在西华门里面，紧挨着“内务府署”，《日下旧闻考》里说“内务府署在西华门内……其廨舍之数共四十有三间”，有了房子，就能腾出手脚干活了，清朝的宫廷艺术品就此也达到了一个新的高度。

以玻璃为例，现在一拍清宫剧，宫殿里都是玻璃窗，这个从历史角度上来说还真不算瞎扯，因为自打设立了造办处以后，下面就有玻璃厂，只不过产量可能没那么高。

现在故宫收藏的许多玻璃艺术品，尤其是单色玻璃艺术品，都是康熙年间生产的。到了康熙朝的晚年和后面雍正朝时期，宫里很多地方都开始用上玻璃窗了。玄烨的孙子乾隆帝弘历，那会儿还没当皇帝呢，天天瞅着玻璃窗子新鲜，还写过一首打油诗，诗的头几句就说：

西洋奇货无不有，玻璃皎洁修且厚。
小院轩窗面面开，细细风棂突纱牖。
内外洞达称我心，虚明映物随所受。
风霾日射浑不觉，几筵朗澈无尘垢。

不难看出，虽然贵为皇子，弘历对这些造办处的作品还是很感到新奇的。包括我们如果去看《红楼梦》，里面很多在当时堪称流行的贵族器物，都可以追溯到康熙三十年后造办处的作品身上。曹雪芹的爷爷就是正白旗的包衣出身，后来被派去做江宁织造，内务府得算是曹家的“娘家”了。清朝皇帝很大方，很多心爱之物都会赐给臣子，曹雪芹应该是从小耳濡目染，才能写出几近于皇家气度的四大家族。

叁

不过造办处也不是全能的，有些东西能在紫禁城里造，有些东西就不行，比如瓷器。

之前我们在明代的时候就说过，明朝以后，皇帝日用的瓷器都交给了江西景德镇的御窑厂打理，像“青花看宣德，彩瓷看成化”都成了古玩界的行话了。

清朝一开始是不太重视制瓷业的。关外的民族都这个特点，当年被明朝的禁运搞得痛不欲生，金银铜铁锡这种金属制品才是硬通货。据说当时萨尔浒之战的时候，努尔哈赤誓师大会上宰杀牲畜的刀都不利索，这得是多么惨痛的教训，谁家里要有口铁锅，那简直可以光宗耀祖。

过去在东北的时候，也不是没有所谓的“御窑”，那个是给沈阳故宫烧琉璃瓦的，偏向于建筑用瓷，贵族之间还是喜欢金属材质。进了关以后，满族人傻眼了，合着汉族农民的锄头都是铁做的，这不行，不能用了，太掉价，开始学着玩瓷器。

根据《景德镇陶录》的说法，大概在顺治十一年，福临开始琢磨着重新把官窑修复起来，问题是制瓷的工匠又不是股市里的韭菜，割完了接着长，李自成张献忠在江南祸害了一拨，之后多铎这屠夫又杀了一拨，制瓷工匠有点断档，最后没修起来。康熙初年的时候也想修起来，没想到三藩之乱又让江南动荡了一阵，最后玄烨不耐烦了，在平定叛乱后由工部派出专员，称为“督陶官”，到这为止，清朝的御窑烧制才算正式开始。

清朝的官窑烧造，跟明朝流程差不多，宫里面给出设计方案，再由御窑厂去制造，很多样式都是来自于内务府，玄烨以及他的一些近臣（如刘源等）都参与了设计。而在这之后，郎廷极以江西巡抚的身份督办瓷器，这哥们看上去起了一个不伦不类的名字，其实是个地道的汉人，学问和工艺水平都很深。在他的手下，御窑厂独创了“郎窑红”“郎窑绿”等釉色，在郎廷极任督陶官时期的御窑厂瓷器，甚至以“郎窑”著称，名贵一时。

可以说，在玄烨本人和内务府的推动下，官窑制瓷得到了长足的发展。但至于是不是接近甚至达到了明朝巅峰的水准，这个不好评价，时代不同，只能说是各有千秋，在这其中，皇帝本人的审美占很大一部分比重。

清朝皇帝跟明朝皇帝审美上最大的区别，基本上可以很明显地体现在瓷器的纹饰上。明朝皇帝不说全部吧，抛开朱元璋朱棣这种马上天子和朱常洛、朱由检这种苦命天子之外，基本上艺术修养都很高，而且是自修，所以我们看明朝的官窑瓷器纹饰相对比较淡雅，就跟文人画差不多，画花鸟都是寥寥几笔，画人物都有点模糊不清。

到了清朝，皇帝不能说没有艺术修养，但从福临和玄烨开始，他们把学习汉族的文化艺术当成是一种政治任务来办，你要比汉人玩得溜，你才能镇住场子。四书五经可以拿这个心态来练，那没问题，咱们看玄烨，动不动什么书就是每天一百二十遍地背诵，练书法，每天上千个字地写，最后成绩确实不错，你就是外行看了玄烨的奏折批复原本，都得夸一句，这字不错。

但文化艺术包括审美，没法按这种路子培养。你把吴道子的画临摹一千遍，你也成不了画圣，反而可能会落于俗套，要不然齐白石老先生怎么说“学我者生，似我者死”呢，艺术和审美一定是一种从内心流淌出来的精神感知。好比当初的朱瞻基，人家没想着报什么艺术辅导班，就是爱玩，喜欢斗蛐蛐，光烧个蟋蟀罐，结果硬生生创造了青花瓷艺术的新巅峰，一直到现在都是宣德的青花卖得最贵。

就这境界，玄烨估摸着一辈子也学不来，应该也不想学，见过学刻苦勤政的，没听说过学不务正业的。不过没关系，艺术不够，科学来凑，康熙朝晚期，清宫里面另辟蹊径，发明了堪称中西合璧典范的珐琅彩瓷器艺术。

珐琅彩瓷器其实正儿八经的名字应该叫“瓷胎画珐琅”，跟明朝那个“景泰蓝”异曲同工，只不过景泰蓝是“铜胎”，把珐琅彩画在铜器上，而珐琅彩瓷器则是由江西景德镇御窑厂先烧好白瓷，作为瓷胎，到了宫里面，造办处的工匠再以西方的珐琅彩提炼后绘画，当然也可以在上面书写，这个颜色就比较丰富了。在康熙朝的时候，诸如胭脂红一类的颜料比较流行。画完之后，再以六百度的高温烧制而成，这一步也是在造办处完成，属于名副其实的皇家御制产品，外面想仿都不好仿，原料就搞不到。

清朝的珐琅彩瓷，有点元青花画法的意思，饱满而艳丽，风格跟当时的青花画法一样，非常写实，一经烧成，立即受到了宫廷人士的喜爱，成为了陶瓷艺术史上

清康熙黄地珐琅彩四色牡丹纹碗

的一朵奇蕾，也造就了清朝特有的审美风雅。

如果说御门听政是玄烨在政治上立的“规矩”，那么以造办处为首所打造艺术珍品，则是一种皇权贯穿于文化领域的另类“规矩”。通过这些看似细枝末节的艺术品，在明朝士大夫文人把持的文化中注入了一种不同于以往的力量，这种力量将在紫禁城中生根发芽，并逐渐影响着一个民族在融合中的审美倾向。

第十五章 雍正亮剑

九子夺嫡见真龙

在即位之初，面对着巍峨庞大的紫禁城建筑群，年幼的玄烨也许不会知道，他将在这里度过六十个春秋，而在经历了一系列的风云变幻之后，也逐渐步入了老年的时代，继承人问题成为了他心头的一道阴霾。在清朝的前几朝，继承人问题都曾造成了朝堂上的巨大风波，而这一次，玄烨决心跳出这个“周期律”，让自己的接班人继续沿着自己既成的道路前进。

壹

纵观整个清朝，只有一个名正言顺的皇太子，即康熙朝皇太子胤礽。

康熙帝一生，生了三十五个儿子，踢足球都能凑两队，还外加裁判和教练组，而在这种情况下，选继承人就是一个甜蜜的烦恼。

清朝在康熙朝之前，都没有提前立太子的说法。努尔哈赤当年想立代善来着，没想到代善竟和阿巴亥传了绯闻出来，再加上努尔哈赤自己想搞分权，就没成。

之后几代的事我们前面也说了，皇太极是靠着兵强马壮起家的，顺治是靠着叔叔多尔衮临门一脚送进来的，就玄烨自己还算安稳，靠着免疫力坐稳了帝位。

这种不立继承人的做法，看上去挺爽，其实后患很大。皇太极用了五六年才摆平兄弟们，福临运气不错，八年熬死了多尔衮，再往后是玄烨十四岁除鳌拜，反正都是经典剧情。后来玄烨事后一琢磨，觉得人家汉族传统早立太子还是有点道理的，这种把锅甩给下一代的做法要不得。

康熙十三年（1674年）五月份，正值三藩之乱如火如荼期间，皇后赫舍里氏生下一个孩子，是为嫡次子，起名为胤礽，之前玄烨还有一个嫡长子承祜，但年仅两岁就夭折了，胤礽成为根红苗正的嫡长子。然而不幸的是，皇后赫舍里氏由于难产，生下第二个孩子后就撒手人寰了。

玄烨和皇后感情极深，加上自己有八岁丧父、九岁丧母的心理阴影，当即就把这个孩子立为太子，并于十二月十二日这天正式举行了册封礼。

从小的时候开始，玄烨就亲自带着孩子读书，要知道，那会儿正是三藩之乱忙得不可开交的时候，都是亲自教学，没办法嘛，摊上这么一个学神级别的爹，启蒙教育必须得安排上。到了胤礽六岁的时候，更是重新起用了詹士府这一太子直属机构，安排了大学士张英、李光地等人给孩子教学，全都是当世一流的学问家，其中张英就是那位写了**"千里书来只为墙，让他三尺又何妨"**的名臣，道德修养非常高，也看得出玄烨对太子的期望很大。

随后，在康熙十八年，玄烨还顶着财政上的压力，特地修缮了位于内廷奉先殿旁的一处四进院落，命名为"毓庆宫"，作为太子的宫殿。原来明朝的时候也有端本宫作为太子宫，只不过已经位于外廷了，估计是玄烨觉得孩子还小，想亲自带在身边，才选了毓庆宫的位置。

在这种精英式的教育下，皇太子以一个帝王的标准成长着，《清史稿》里称**"太子通满、汉文字，娴骑射，从上行幸，赓咏斐然"**，能文能武，而且随便指物作诗也是文采斐然，很有点明朝时候朱棣培养孙子朱瞻基的感觉，甚至连书法都达到了"于端楷中有飞动之致，兼晋、唐人之长，真一笔不苟"的程度，几乎是全方位无死角的帝王标准模板。

到最后，帝师汤斌等人甚至以身体原因推辞去做太子的老师，理由是太子实在是太优秀了。

上有父皇宠爱，下有名臣为师，这对于一个皇子来说已经是天胡开局了。但胤礽还有第三方的助力，那就是他的叔姥爷索额图，也就是人家天生自带一票的太子党。

到了康熙三十五年的时候，正好赶上玄烨御驾亲征，去西北平定准噶尔部落，我们前面说了，鉴于御门听政等一系列政治改革，帝国的政治离了皇帝玩不转。以前玄烨下江南考察民情，这种行程问题不大，奏章顺着大运河就能追上皇帝，可这次是去西北，人远地偏，怎么办呢？

玄烨给的答案是：**“凡事俱著皇太子听理；若重大紧要事，著诸大臣，会同议定启奏皇太子。”**翻译过来就是小事全部跟皇太子汇报，大事让皇太子跟他叔叔伯伯们商量一下，表现出绝对的放权，而胤礽也的确不负众望，在父皇在外面征战的时候稳住了后方，处理起政务来进退有度，深得朝臣的赞叹。

父慈子孝，看上去是很好的局面，只可惜，有一个致命的漏洞。

谁都没想到，康熙帝玄烨居然能在位六十年之久。

贰

在中国古代，太子是一个非常复杂的职位，典型的麻烦多好处少，端着皇帝的要求，干着太监的差事，稍不留神还可能被撸下来。归根结底，就是正常的政治秩序里没有太子的位置，因此太子又被臣子们叫作“半君”。

问题来了，咱们打个比方，一个公司，你作为副总经理，现在全公司都知道总经理滚蛋以后就是你上台，平时称呼起来都是“×总”，连个“副”字都不带，更要命的是你在公司里还有一票亲信，那请问，你会以一种什么姿态对待下属呢？反过来说，你让总经理怎么想？

人性总是相似的，帝王心术也不例外，随着玄烨的衰老，他本人觉得，胤礽也开始不老实了。而这种父子之间潜在的矛盾，随着其他皇子的陆续成长，像皇长子胤禔、皇四子胤禛、皇八子胤禩等都先后受到册封，这无形之中加剧了胤礽的危机感。

康熙朝的皇子都受到了严格的培训，在康熙二十三年的时候，玄烨就设立了“上书房”，专门给孩子们上课。上书房设置的位置很有意思，就在乾清宫的东南处庑房里。

现在有说法是康熙朝皇子们都在皇家园林“畅春园”里的“无逸斋”学习，这个其实有点偏差，那是人家皇太子胤礽专属的读书地盘，因为平时要陪着老爹去过个暑假什么的，一般人压根没这待遇。后来乾隆帝弘历曾回忆：“若我国家之制，诸皇子六岁以上即就上书房读书，即皇孙、皇曾孙亦然。”大家伙都一样，不可能轰隆隆一批人骑着马从紫禁城溜达到畅春园上课。

而上书房的设立，简直就是童年阴影一般的存在，因为它“近在禁御，以便上稽察也”，孩子们上课的教室紧挨着老爹的办公室，平时玄烨批折子累了，捎带着

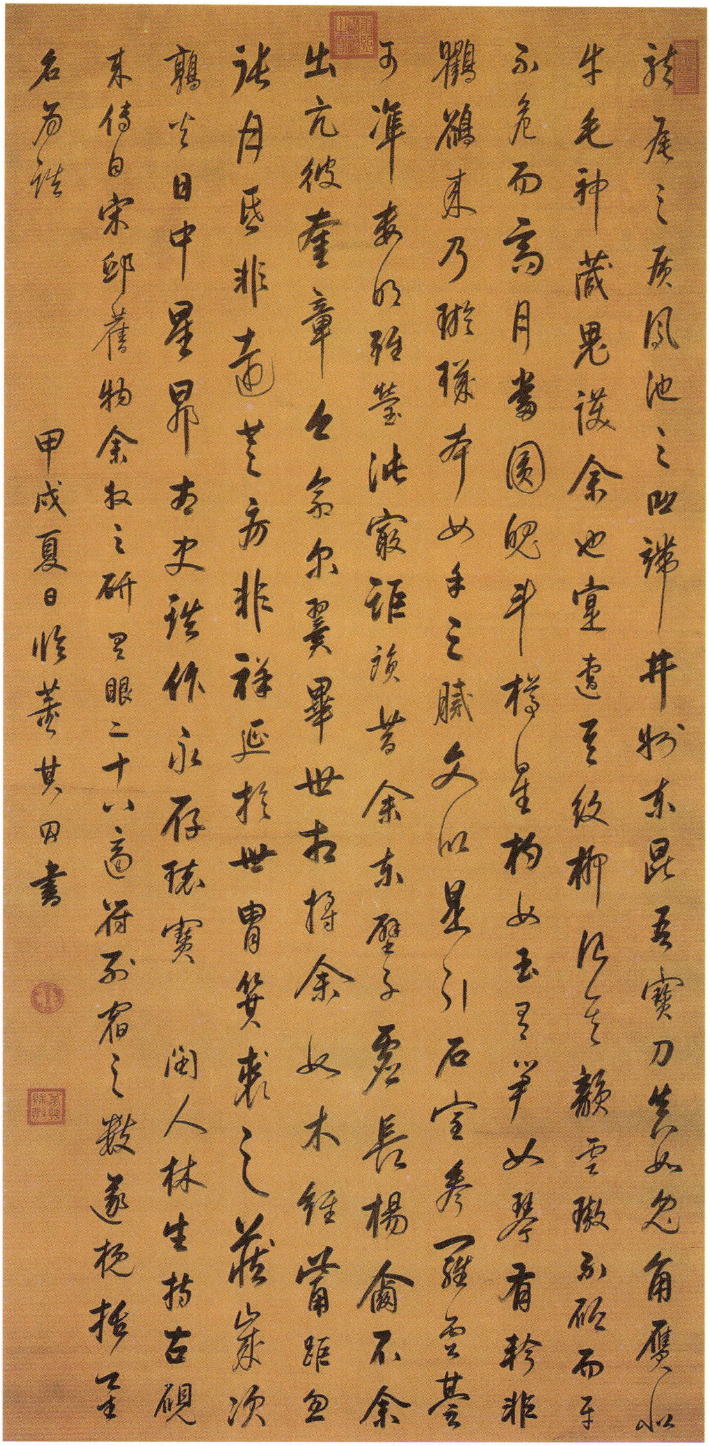

康熙临董其昌书法

就过来溜达溜达，根本没有哪个皇子敢上课不老实。

上书房一共是五个门，中间三门是中屋，号称“三天”，即“前垂天贶”“中天景运”“后天不老”，也就是说这三间是正常学习的地方，上面这些皇子们每天早晨寅时（凌晨三点）就得起来，起来后得按照自家老爹的习惯，先把之前学过的课文背上一百二十遍，然后再学满蒙汉三族文字，之后再是骑射，一直学到傍晚（下午五点）才算完。

而且这套程序几乎没有假期，只有“元旦、端午、中秋及本人生日”能休息，其他全年无休，也没毕业时间，只要你爹还没蹬腿，你就得按这个规矩来。所以在这种近乎变态的教学下成长起来的皇子，只要心理没崩溃，几年下来必然是人中龙凤，其中还不乏画家和书法家这种颇具艺术修养的特长生。

更要命的是康熙朝整天有仗打，平定了国内之后，玄烨的目光放在了西北的准噶尔汗国身上，这是一场旷日持久的国战。

准噶尔汗国算起来是明朝时候搞“土木堡之变”的也先的后代。他的领袖噶尔丹在顺治年间完成了统一，正式有了“国”的说法，巅峰时期曾经南控西藏，东窥蒙古，西接俄国，盛极一时。在康熙朝的后三十年，玄烨的主要精力，都投入到了准噶尔汗国的征战上，其本人更是多次御驾亲征。

上阵父子兵，很多跟着老爹打仗的皇子，就开始慢慢有了自己的势力。胤礽一看，心说我本来想拼爹，现在一看不行了，你得有自己的势力，不然迟早得让你们阴了，就开始频繁地接触外臣。

动作一大，玄烨不高兴了，心说你小子是盼着我龙驭宾天还是怎么样，干净利落地把索额图拿下，认为索额图“诚本朝第一罪人也”，不教你外孙子学点好，捎带着敲了太子一记警钟。如此一来，出现了反作用，胤礽心慌了，觉得我爹是不是要对我动刀子呀，这回是我叔姥爷，下回指不定该我了。

与此同时，其他兄弟也不断给胤礽告状，有些是真的，比如胤礽放纵自己的手下贪污受贿，以及外出的规格礼制接近皇帝；也有些不靠谱，想说胤礽欺负各位贝勒和贵族，这要是真的，人家早就告状了，哪轮得着皇子们去打小报告。但玄烨既然起了疑心，先入为主，自然对这些流言深信不疑，就为后续废太子的事情埋下了伏笔。

叁

事情的转折点，发生在康熙四十七年，玄烨正在外面带着一帮儿子巡游，忽然在某天宿营的时候，听见外面有脚步声，并且认出了外面的人是自己的宝贝儿子胤礽（一般人无法靠近皇帝的营帐），早有疑心的玄烨立即奓毛了。

我们已经无法知道为什么胤礽大晚上不睡觉要去自己老爹这边瞅一眼，反正肯定不是去说晚安，清朝不兴这个。因此玄烨有充分的理由怀疑，胤礽很可能给老爸买了意外保险，受益人还是他自己，等不及了，想提前上位。

玄烨当了一辈子皇帝，那思想多丰富呀，老年人睡眠不足，躺了一晚上，估计各种桥段都脑补出来了。

到了行宫，他就召集大臣，让胤礽跪在一边，自己痛哭流涕地表示“今观胤礽，不法祖德，不遵朕训。惟肆恶虐众暴戾淫乱，难出诸口。朕包容二十年矣”。翻译一下就是我忍了这熊孩子二十年，奈何这孩子不听话呀，各种作死，我这个当爹的都没说出口（虽然后面说了一大堆），当皇帝这么多年，玄烨在臣子面前就两次失态过，一次是孝庄太后去世，一次是这次批判太子。

大家都是演员嘛，皇上流泪了，大家立马“皆呜咽”，奏请皇上“以祖宗弘业为重、暂释痛愤、颐养圣躬”，您别生气，保重龙体要紧。回到北京之后，玄烨即奏请祖宗社稷，正式废了胤礽的皇太子之位，并把胤礽囚禁在咸安宫内。

咸安宫这个地方是很有讲究的，依然属于紫禁城之内，就在今天寿康宫的边上，离乾清宫也不远，玄烨要真想看儿子，抬腿就能过去。

这时候玄烨的心理应该是非常矛盾的，他这辈子最大的追求就是尽职，既想当一个完美的君主，也想当一个完美的丈夫和父亲。在人生中大多数时候，他都可以问心无愧地表示自己做到了，但随着皇太子的成长，当“君主”和“父亲”两者冲突的时候，他就必须承担双倍的痛苦。

山中无老虎，猴子们就开始纷纷探头探脑了。皇长子、皇四子以及皇八子开始纷纷活动起来。展开了持续十数年对皇位的冲击，史称“九子夺嫡”，其实没九个，“九”是虚数，真正有能耐的也就三四个。

在这其中，皇长子胤禔是个铁憨憨，而且他的叔祖是明珠，跟老二一样是后面有人，总觉得老二一倒下就该我这个老大了，殊不知自己这点道行早就被玄烨看在

郎世宁所绘的皇八子胤禩像

眼里了。玄烨早就知道老大不是个东西，之前行军打仗的时候，胤禔跟裕亲王福全一起征讨过噶尔丹，还就军事问题产生过分歧，并对后者不甚恭敬。

问题是福全是什么人呀，那是胤禔他大爷，玄烨的亲哥哥，当年玄烨能把这位子坐稳当，还是人家福全主动谦让，表示“愿为贤王”得来的，你胤禔今天敢吼你大爷，明儿指不定就敢冲着你爹瞎嚷嚷。

玄烨也是老阴谋家了，表面上啥都不说，还让胤禔去看管软禁的弟弟胤礽，等回了京，当着所有人的面说胤禔：“秉性躁急愚顽，岂可立为皇太子。”其实就是把自家老大当枪使了，用完就扔。之后更是对左右近臣明确地说胤禔“素行不端、气质暴戾……尔等俱悉闻之”，周围的人秒懂了，老皇上都这么说了，再跟着大阿哥混就是找死。

胤禔就此出局，皇位之争，落在了皇四子胤禛和皇八子胤禩的身上。

在这里面，老八胤禩是最有机会的一个，他从小跟着皇长子的亲妈惠妃一起长起来的，算是后宫有靠山。胤禩从小弓马娴熟，打猎所获的猎物比几个哥哥加起来都多，清朝弓马起家，很看重这个，而且文化素质也很高，跟江南文人集团也能打成一片。

说起来还是上书房这种培养皇子的方式太变态，不是文武双全你都不好意思跟别人打招呼，而老八能在诸位兄弟之间脱颖而出，实在是很有几分玄烨的风采。

老四胤禛就差点意思了，比较低调，文武全才那是基本素质，但也不拔尖，生母德妃乌雅氏也在后宫里面。老四没事的时候就跟着自己老爹到处跑，熟悉全国各地风情，也在许多衙门里帮过忙，但人很低调，自称是“天下第一大闲人”，还给老爹画过西藏的地图。

另外一头，被自己亲爹毙掉前程的胤禔还是不甘心，想押宝在自己的弟弟老八胤禩身上，觉得可以搞一手政治投机，好歹俩人是一个妈养出来的，两边势力一合并，就有点遮天蔽日的意思了，开始整天催着玄烨立储。

肆

如果我们结合无数史实回看这段历史，会为惠妃这个女子感到惊奇——能以一己之力培养出两个铁憨憨皇子，还都参与了立储这种高危险行业，这在整个清朝历史上都不多见。

雍正耕织图（节选）

老八胤禩压根就没看懂，皇太子被搞下来不是胤礽有问题，是皇太子这个位子有问题，你要说优秀，胤礽这位从小被老爹手把手教出来的，肯定比其他上书房的几位皇兄弟来得出色。

关键在于胤禩实在是太优秀，几十年的成长，优秀到都可以让老爹下台了。玄烨可不是朱元璋，朱元璋那是真正的家大于国，巴不得朱标赶紧接盘，朝廷大臣和太子府亲信全都是一套班子，只是没想到朱标走在了老爹前面。而玄烨则是国大于家，任何亲情都不能动摇自己的统治地位，请求立胤禩为皇太子的人越多，玄烨的心里就越膈应。

其实在废掉胤礽之后，玄烨在给祖宗的祭文里已经说得很明白了：**“臣**（在祖先面前的谦称）**虽有众子，远不及臣。如大清历数绵长，延臣寿命，臣当益加勤勉，谨保始终。”**潜台词就是这哥几个都不行，不如指望我多活几年，再操几年心。

这时候如果老八稍微有点脑子，就应该知道韬光养晦的道理，反正朝中势力已经是最大了，天时地利人和也都齐活了，你爹都眼瞅着六十了，人到七十古来稀，回头皇上龙驭宾天了，这位子大概率就是你的，皇太极那会儿就这样，老爹没留下太子，谁腰杆硬谁上。

可老八等得起，老大等不起呀，搞政治投机的人，得表现出自己的存在感，就想了一个馊主意。

于是乎，在胤礽被废的几个月后，在玄烨被朝野上下鼓噪着立皇八子的浪潮扰得不胜其烦的时候，胤禔站了出来，上了一个折子，宣称自己找了一个相面的，叫张明德，这人可神奇了，搭眼一看，发现我八弟“后必大贵”，他现在都王爷了还能怎么大贵呀，当皇上呗。

玄烨估计是没反应过来，被老大这番近乎逼宫的话给镇住了，毕竟是玩科学的，没见过这种拿着相面的结果来皇上面前忽悠的。

胤禔一看老爹愣在那里，以为把老皇上说得心动了，那老爹为啥不马上答应呢？他转念一想，肯定是废太子胤礽这货在那碍事，老爹好面子，不知道怎么摆他的位子，没事，我这个人最大的优点就是孝顺，立马拍着胸脯表示：**“今欲诛胤礽。不必出自皇父之手。”**父皇您甭操心了，我这边一条龙服务，直接替您把他处死。

经过短暂的沉默之后，玄烨暴怒了，这都是一群什么畜生呀，明目张胆地拿着算命的忽悠就算了，还敢当着皇帝的面说要杀了自己的亲弟弟。

玄烨立刻狂骂胤禔为“不谙君臣大义、不念父子至情之人、洵为乱臣贼子”，并认为他“天理国法、皆所不容者也”，这就在心里判了胤禔的死刑，随后后者被判圈禁，一直幽禁致死。同时玄烨对那个相面人张明德也没什么好脸色，你不是会相面吗，你看看朕的脸色怎么样，转头就把张明德给凌迟了。

这事你要说八皇子胤禩完全不知情，那简直就太扯了，胤禔干这种“好事”之前肯定得让自己弟弟知道，问题是一个真敢说，一个真敢点头。所以后续玄烨喷胤禩“到处妄博虚名，凡朕所宽宥，及所施恩泽处，俱归功于己”还真不算冤枉，同时玄烨也借机明确了自己的态度：**“如有一人称道汝**（胤禩）**好朕即斩之。此权岂肯假诸人乎。”**谁再夸老八，朕就砍了他，朕的权力就是朕的，谁也别想抢。

其实玄烨也知道，这种震慑只能管一时，没法长久，自己年纪摆在这里，不可能不考虑继承人的问题，所以思前想后，玄烨来到了阔别数月之久的咸安宫中看望废太子胤礽。父子俩在咸安宫里抱头痛哭，玄烨也慷慨地表示“自此以后，不复再提往事”，过去的事咱爷俩就别提了，从此之后，还是“大清好父子”，到了康熙四十八年正月，正式重新册立了皇太子。

胤礽一听贼高兴，殊不知，在这几个月的时间里，玄烨的心态早已经发生了变化，这个皇太子的身份已经从“继承人”变成了“挡箭牌”，后来玄烨自己也承认了，**“朕前患病。诸大臣保奏八阿哥。朕甚无奈，将不可册立之允礽放出”**，说白了皇太子这回出山就是给自己父皇当了一回工具人。

可胤礽自己没这觉悟，还以为自个儿是父皇的小宝贝，这世界上最尴尬的事情莫过于自作多情。胤礽一放出来就开始嘚瑟，又开始频繁和外臣联系，甚至开始琢磨着把之前没有办成的事给办了，比如让老皇上提前退位之类。

本来就敏感的玄烨，察觉到了儿子的不可控，两年之后，于康熙五十一年，再次废掉了胤礽，继承人问题再一次变得扑朔迷离起来。

伍

继承人的问题一拖，就拖了近十年，在之后的十年里，玄烨感受着时光在紫禁城以及自己身体中一点一滴地流逝，却始终回避着继承人问题。

其实到康熙六十年的时候，所谓“九子夺嫡”吵得很热闹，但继承人其实已经不剩下几个了。

老八本来还有那么一点希望，结果自己记吃不记打。在康熙五十三年的时候，当时玄烨带着几个儿子出去转悠，胤禩正好不在，那人不在礼总得到吧，胤禩就给老爹送了一对鹰。这也真是没脑子，野生动物能乱送吗，俩大鸟送过去眼瞅着就要断气了，成了“毙鹰”，玄烨的脸都要气绿了。

鹰这种动物，在满族内部有特殊含义，最早在辽代的时候，女真族就是给辽人负责捕鸟的，抓的就是鹰，其中最神骏者，则名之曰“海东青”，相当于女真族的图腾，现在你老八把“毙鹰”给我端上来，跟赤裸裸地诅咒也差不多了。玄烨之后一连串的话骂得非常难听，从胤禩的出身开始骂（“系辛者库贱妇所生”），紧跟着又扯到了张明德案上，并明确**“自此朕与允禩，父子之恩绝矣”**，彻底封杀了胤禩。

如此一来，能选择的人，其实只有皇四子胤禛和皇十四子胤禵，但胤禵是个将才，玄烨虽然格外厚爱后者，封其为“大将军王”，但明眼人都知道胤禵不是当皇上的料，而在夺嫡风波中胤禵更是公开表示支持自己的八哥胤禩，等于退出了继承人的争夺。

玄烨一直到人生最后，都没有对继承人问题给出一个很完美的答案，然而，岁月不会等人，生龙活虎了六十多年的康熙帝，最终还是带着遗憾离开了人世。

康熙六十一年十一月十三日，这位统治中国一甲子的皇帝，在北京郊区的畅春园中去世，直到去世前的几天，他都在为筹集平定准噶尔的军粮而连夜思考。在生命的最后时刻，玄烨留下遗诏：“雍亲王皇四子胤禛，人品贵重，深肖朕躬，必能克承大统。”表示将皇位传给四皇子胤禛。

胤禛的继位，究竟是不是康熙帝最后的答案，已然无从推测了，但由此而引发出的“雍正继位存疑”的说法，却在之后很长时间里，成为了一桩公案。

现在有一个很扯的说法是，胤禛是把遗诏给篡改了，本来玄烨是“传位十四阿哥”，胤禛拿毛笔给改了，改成了“传位于四阿哥”。这一听就不靠谱，能反驳的理由实在是太多了。

首先，无论原话是什么，遗诏里压根没这句“传位……”，能编出这话的，指定没看过《清实录》，人家前面还带着“雍亲王”仨字呢，原话刚才讲了，是“雍亲王皇四子胤禛”，“阿哥”跟“少爷”差不多，不是官方用词，不可能出现在正规文件里面。

再者，很多史学家也提过，语言对不上，清朝的正式文件，必须得用满汉两种文字，而涉及遗诏这种内容，肯定得再加上蒙古语，因为清朝皇帝从名义上讲也是蒙古人的大汗。那三种语言加一起，改正的可能几乎为零，胤禛要是有那能耐，还不如直接重写一份。

最重要的是，我们看《清实录》，玄烨去世前的一个月，胤禛已经开始有条不紊地接班了，甚至连南郊大祭这种活动都交给了胤禛，这已经很明显是皇太子的待遇了，以前胤礽也是这个待遇。而且下遗诏的时候，所有人全在场（“召皇三子诚亲王胤祉、皇七子淳郡王胤祐、皇八子贝勒胤禩、皇九子贝子胤禟、皇十子敦郡王胤䄉、皇十二子贝子胤祹、皇十三子胤祥、理藩院尚书隆科多至御榻前”），反倒是胤禛自己因为主持南郊大祭，晚到了很久，大家对遗诏也都没有异议。

一场持续了数十年的“九子夺嫡”风波，就此落下帷幕，登基的胤禛宣布改元为“雍正”，在这个年号的背后，也许胤禛也在悄无声息地宣布主权：雍亲王的继位，是正义且正确的，他将用之后人生中所有的时光，来实践这一宣言。

康熙六十一年的夕阳，在紫禁城的黄色琉璃瓦上恋恋不舍地洒下一层金色，就此黯然退场，而一个朝代和国家的晨光，才刚刚升起，并将在雍正的时代里，逐步走向巅峰。

四爷的新政

一直以韬光养晦、低调无闻著称的皇四子胤禛，在“九子夺嫡”中笑到了最后，登基伊始，就露出了自己的獠牙，那些跟他夺位子的兄弟，几乎都遭到了囚禁和流放，他们的党羽也在朝堂上受到了清洗。他将在养心殿内外展开一系列的改革，并亮出自己的政柄，为帝国的发展注入新的血液。

壹

玄烨病逝于畅春园，但葬礼不能在这办，前面说过，甭管怎么样，皇帝一定得在乾清宫发丧。如此一来，人们发现了一个比较尴尬的事情，那就是新皇帝住哪。

以前胤禛是有自己的府邸的，就是现在北京城的雍和宫，康熙朝的时候叫雍亲王府，明朝时是太监住的地方。不过当了皇帝，再住雍和宫就不合适了，最起码的，你得给老皇帝守陵，必须住在宫里，乾清宫又住不了，于是四爷灵机一动，决定在乾清宫的东庑暂住，等守孝完了以后再搬回乾清宫正殿。

这种暂住的地方一般被称为“倚庐”，意思是说这地方就跟玄烨当初给孝庄太后守灵时候搭的帐篷一样，过去父母逝世都得有这么一个草庐在坟茔边上，孩子在里面守孝三年，皇家特殊一些，都是二十七天。

胤禛很明白，自己这个雍亲王的继位不管到底“正”不“正”，他所面临的政治局面都不比康熙早年来得舒服，甚至更加棘手，他需要为自己争取时间，树立威信，因此在登基之后，他打出了一系列的组合拳，稳住了政局。

第一招是尽孝，他的老爹康熙帝以孝道著称，你要是做得差了，别人指定觉得基因有问题。所以在父亲玄烨的葬礼上，那些用于祭祀而摆设的器物，胤禛亲自一件件摆好，绝不假手他人；同时住在“倚庐”之内，一定是席地而睡，绝不违背礼节；每天夜半五更按时早起，去皇太后宫里请安；这样的效果相当明显，**“哀感群臣。咸痛哭地，莫能仰视”**，甭管群臣是装的还是真的，但大多数中立臣子都被新皇帝的做法感动了。

第二招是恩威并施，对于支持自己的人，玩命地赏赐，像皇十三子允祥（胤禛继位后兄弟们为避讳，改“胤”为“允”），之前一直默默无闻，胤禛继位当天，就封他为“和硕怡亲王”，这已经是满族贵族的顶配了，之后又让允祥担任总理事务大臣，协管内务府、西北军务。治丧、京城军队乃至水利都是一把抓，说是“二皇帝”都不为过。

而对于那些和自己对着干的兄弟，则下狠手圈禁起来，老八胤禩被改名“阿其那（猪）”、老九胤禟则被改名“塞思黑（狗）”，连号称“大将军王”的十四阿哥都被解除了军权，这些动作迅速震惊了朝野。

这种大规模的换血，没点动荡那是不可能的，这个时候，得有一面大旗，胤禛选择了第三招“尊先”，也就是推崇自己的父亲玄烨的功绩。

尊先和尽孝是两码事，尽孝是做好自己，是做人子的本分，尊先则是认可父亲的功绩来表达自己的政治倾向，当然前提是你爹得大差不差，要赶上明英宗朱祁镇之类的那还是算了吧。玄烨的功绩自然没得说，因此在给父亲的庙号上，胤禛也力排众议，圈定了“圣祖”。

为什么说是力排众议呢？正常来说一个朝代顶多是俩“祖”，一般就一个，即第一个是“太祖”，明朝那个“成祖”是朱厚熜不着调，擅自给祖宗朱棣改的，人家本来是“太宗”。清朝前几个皇帝里，努尔哈赤是“太祖”，皇太极是“太宗”，都没什么问题，福临是因为入关的功劳太大，和忽必烈一个待遇，都是“世祖”，按理说在之后就没“祖”这个说法了，都得是“宗”。

结果胤禛觉得自己老爹打下来的领土也快赶上一个国家了，提出“惟祖号、可以显彰大行皇帝之隆功”，拿针把自己指头刺破，用鲜血把“圣祖”俩字一圈，就这么定了。打这以后，清朝前期就有“三祖（太祖、世祖、圣祖）一宗（太宗）”的说法，估计玄烨在地底下听了这庙号能晕过去，“圣祖”都多少年没人用了，唐朝那会儿唐玄宗都是舰着脸追尊老子为“圣祖”，没想到自己用上了。

这还不算完，胤禛就跟着又提了，说“皇考大行皇帝、圣德神功。罕有比伦。实为亘古未有之圣君。朕亦不宜行近代相沿之典礼”，我爹太牛了，我觉得一般的丧葬习俗不太合适，提出**“朕思乾清宫、乃皇考六十余年所御。朕即居住。心实不忍”**，不去住乾清宫（这里指的是正殿，不是东庑），把养心殿稍加修缮，改住养心殿（“朕意欲居于月华门外养心殿”“守孝二十七月。以尽朕心”）。

胤禛这一手玩得太妙，他早就明白，清朝入关后百八十年的经营，这天下早就是爱新觉罗氏的天下了，他的统治危机只有可能来自于内部。现在他以守孝的命运坐镇养心殿，其实就已经处在了不败之地，大义在手，孝道在口，胤禛可以甩开膀子玩命干了。

养心殿内的“勤政亲贤殿”，其中“勤政亲贤”为胤禛手书。

而群臣们也想不到的是，皇帝这一出乾清宫，就再也没有回去过，从此开启了一个养心殿的“轴心时代”，后来胤禛的儿子乾隆帝弘历，也以这地为**“皇考十三年临御之地”**为理由，继续住在这里，从此之后，历代清朝皇帝，都居住在养心殿而非乾清宫，乾清宫变成了纯粹意义上的“办公室”。

贰

住的地方换了，政策当然也得换。

玄烨选择胤禛继位，很重要的一个原因就是胤禛的势力不像其他人那样盘根错节，手下的得力干将都是军方实权人物，这样对朝政处理起来也不用有太多顾忌。

一代人干一代人的事情，玄烨清楚，康熙朝接连不断的战争已经让这个国家出现了严重的隐患。因为战争的本质，其实就是调集民间潜藏的人力物力由国家集中进行调配，那在这个集中的过程中，中央必须下放一定的权力给征集钱物的官员，用脚趾头想都知道，肯定会出现各种贪污腐败。

《清史稿》里都毫不避讳地说：“圣祖在位六十年。政事务为宽大，不肖官吏，恒恃包荒，任意亏欠，上官亦曲相容隐，勒限追补，视为故事。”吏治非常黑暗，毕竟要让马儿跑又不让马儿吃草那是不可能的，因此到了康熙末年，已经有严重的财政危机了，胤禛一上台，第一个月，京城就面临着“米价腾贵”的问题，更不用说其他地方了。

说白了，玄烨的继承人可以不是一个治国的天才，也可以不那么多才多艺，但下手必须得狠，而且自己也得干净，老二和老八输就输在这一点上，无论他们谁上，都没法解决康熙朝遗留的弊政，只有胤禛可以，底子清白，手里有刀子（军方实权人物隆科多和年羹尧）。在这个基础上，胤禛开始坐镇养心殿，处理内外事务。

对内的第一要务就是搞钱和搞人，大清洗是必须的，但这是人治，不是法治，没法形成规矩。所以胤禛规定**“一应奏销钱粮米石，物价工料，必须详查核实……核估不实者，事觉将堂司官从重治罪”**，摆明了要和贪官污吏斗争到底，并在这基础上，推行了“火耗归公”。

以前把赋税往中央缴纳的时候，铜钱碎银子重新熔成整块，得有一个损耗，这个损耗，叫作“火耗”。雍正之前，这块默认是地方官的福利，胤禛上位一看急了，因为损耗这种事全凭一张嘴，结果各级盘剥下来，“火耗”一年比一年多，所以重新按照明朝的数据定规矩，不能比这个多，再多就不是技术性问题了，是人的问题，这就为清朝地方官的贪污问题划了一个下限。

官员们一开始不乐意了，因为清朝文官工资标准是按照明朝的数据定的，物价都起飞了，您还拿着朱元璋时候的价格说事，这是用前朝的工资恶心本朝的官呀。胤禛眼瞅着大棒奏效，马上抛出了自己的“胡萝卜”，开始实行“养廉银”，每个官员都可以领一笔数倍于工资的补贴，瞬间平息了官员们的愤懑之情。一个“火耗归公”和一个“养廉银”，尽显帝王权术，还把原来不透明的贪污变成了透明化的薪资，一举多得。

而对外，他则坚持西进，继续对准噶尔和西藏用兵，但在这个过程中，胤禛突然发现，自己手底下没人了。

雍正朝其实仗打得不怎么样，西边打得还算热闹，但比康熙朝差点意思，北边的贝加尔湖也是那会儿丢出去的，因为胤禛这个人上台太仓促了，朝中自己人不多，比较多疑。最早他是很信任隆科多和年羹尧的，这俩人里，隆科多是他舅舅，掌管中央军权，上朝的时候胤禛都是直接喊“舅”的；年羹尧是他的铁哥们，主要在外负责西北军事大局。没承想，一人得道鸡犬升天，这俩人没几年开始飘了。

先是老年同志，在西北打了几个胜仗，不知道自己姓什么了，平定青海之后回京，胤禛安排了各路王公大臣迎接功臣，结果年功臣居然直接大咧咧地骑着马走过去了，平时写个文件，更是出现了“令谕”这种字眼，纯粹是自己作，而且平时各种贪污受贿，跟雍正朝的新政对着干，多次警告年羹尧不听，最后把胤禛惹急了，雍正三年（1725年），下旨公布年羹尧罪状，将其赐死，其党羽也遭到了清算，西北大局就此面临无将的局面。

再之后，隆科多也不老实了。皇上叫你一声“舅舅”，你不能真拿人家当外甥呀。问题是隆科多这憨憨还真这么干了，纵容手底下的人随意干涉朝政，甚至自己私藏了“玉牒”，这就触及红线了。

玉牒这玩意儿是皇家家谱，别说是“皇舅”，就算是皇上本人都不能随便动，平时都得供着放在中和殿里，你隆科多说破大天也是“佟佳氏”，不是“爱新觉罗氏”。最后胤禛暴怒，把隆科多幽禁至死。

胤禛感到很寒心，他后来把隆科多和年羹尧二人比作了康熙朝的明珠和索额图，认为“明珠、索额图结党行私，圣祖解其要职，置之闲散，何尝更加信用？隆科多、年羹尧若不知恐惧，痛改前非，欲如明珠等，万不能也”，没承想俩人好的不学，走上了前辈的老路。

如此一来，胤禛在军队里的左膀右臂没有了，得自己操心军务，这才有了军机处的设立。

叁

雍正七年（1729年），为了处理西北的军务，胤禛在乾清门边上，设了军机处，一开始叫“军机房”，最早的目的就是为了“办理军机处、密行事件”，这样保密性比较强，不至于在外朝前三殿地方泄露机密。

其实“乾清门旁边”这个说法，在雍正朝看来有些不是很合适，更准确的说法应该是“养心殿以内，隆宗门以外”，毕竟皇帝是住在养心殿而非乾清宫，军机处的设立显然是为了前者而非后者。

在绝大多数涉及清朝的影视作品里面，军机处都能算得上是如雷贯耳，因此很多人一进故宫，就开始找军机处的牌子，但假如没有导游，这地方确实不好找，就是一排简陋的小平房，木板的，看上去比故宫的售票处都寒碜，里面除了桌椅长凳之类的也没别的了。之所以这么朴素，主要是因为最早胤禛设立军机处的时候没打算一直用，打算当临时办事处，只不过之后离不开了，变成了常设机构。

军机处最大的特点就是“无专员”，有点像明朝的“东厂”，机构的确是有，甚至礼部的备案里面也有这个地方单独的印章和办公用品。只要皇帝认为某个人有用，就可以把你变成“军机大臣”，但你的编制不在这里面，也不能在其中得到升迁。

那有什么好处呢？答案是简在帝心，你可以不在军机处升迁，但你在军机处干的活只要让皇帝满意，你就可以飞黄腾达。

这个机构从设立之初，就带着浓厚的专制色彩，毕竟当时军队上的事成为朝政的一大项，大家必须绝对服从皇帝，不能说打个仗大家三四个意见，最后咱们兵分三路，青海西藏新疆一块来，那指定全部完蛋。所以军机大臣们**“只供传述缮撰，而不能稍有赞画于其间”**，不能瞎说，上面怎么吩咐你怎么来，自己瞎写回头就把你撤了。

而如果把这种军事上的服从思想带到政治里面，就有了两面性，一方面是高效，而另一方面则是独裁。可偏偏雍正太敏感了，两者相较取其轻，选择了继续保留军机处，而这种军事专制思想也保留了下来，这在后世争议颇多。

后来日本汉学家内藤湖南在其著作《清史九讲》里面就认为：“整体而言确实不好多于好。”这位老先生写书的时候清朝还在，属于“当代史”，所以他的论断还是有一点道理的。

军机处建立的背景也很值得玩味。到了雍正朝的时候，议政大臣会议已经名存实亡了，因为玄烨实在是活得太久了，皇太极那会儿，议政大臣那是哥哥说弟弟，得听着；顺治朝时候，是大爷说侄子，也得听着；但玄烨活了那么久，在家族内部也是爱新觉罗氏辈分最长的，议政大臣全都是儿子辈，别说议政，坐姿不端正都不

军机处值房

行，议政大臣自然没什么人当回事了。

胤禛捡了一个现成的福利，设立起军机处自然也没什么压力，所以我们说，军机处的设立，在最早的时候，可能真不是处心积虑地为了收权，只不过后续慢慢感受到了很多好处而已，不然胤禛不至于收拾起年羹尧和隆科多来这么轻松，很可能就是图便利，用起来顺手。

这个“顺手”，不单单是说用人上，处理事务的速度上也快，清朝学者梁章钜在其主要论及军机处的《枢桓纪略》里就记载过：

“军机处有廷寄。凡机事虑漏泄不便发抄者，则军机大臣面承后，撰拟进呈。发出即封入纸函，用办理军机处银印钤之，交兵部加封发驿驰递。其迟速皆由军机司员判明于函外，曰马上飞递者，不过日行三百里，有紧急则另判日行里数，或四五百里，或六百里，并有六百里加紧者。即此一事，已为前代所未有。”

从这个思路上说，军机处的设立，无论是职能上还是客观条件上，确实让紫禁城里的皇权达到了一个巅峰。和老爹多次亲征以及下江南不同，从小天南地北转悠的胤禛，自打当了皇帝，就走向了另一个极端，在他十三年的皇帝生涯中，几乎没有出过北京城，这与军机处的高效是密切相关的。

园里宫内

在不惑之年登上帝位的雍正，在军机处这一部门的辅佐下，爆发了自己人生的全部潜能，高效与勤奋，在这位以隐忍而著称的帝王身上得到了最好的体现。雍正时代的紫禁城变成了中国最恐怖的政治机器，而在忙碌之余，胤禛也充分发挥了自己的艺术细胞，大到园林中的亭台楼阁，小到书房里的书画瓷器，处处都体现了这位勤政之君的闲情雅致。

壹

雍正朝对于国家的内在更新，可以说是一个渐进而全面的过程，这其中不仅是机构的设立，也有政务处理方式上细节的改革。

议政大臣会议不好使了以后，御门听政也就不那么合适了。胤禛登基的时候，眼瞅着五十的人了，早就该官窑杯子里泡枸杞了，哪能跟老爹年轻时那么放飞自我，天天上朝。更何况当年康熙朝设立御门听政，一是为了抓权，二是为了处理积压的政务。可玄烨当了一个甲子的皇帝，早就没有积压的政务了，皇权也高度统一了，实在没必要天天五六点爬起来干活。那时候更流行奏折办事，能递折子的就别见面了。

况且到了康熙朝末年，奏折制度也开始慢慢有了变化，因为大家发现一份文件，你要给皇帝密奏一份，皇帝点头后再来一份正式的，这很麻烦。特别是军机处设立之前，俩文件传输速度还不一样，非常折磨人。

以江南为例，密折传递速度跟正常文件比，大概能提前五天时间到京城。清朝皇帝都比较务实，特别是打仗多的时候，真这么干太耽误政务，就慢慢默许了都用折子汇报，其实跟现在大公司高层的办公差不多，都是走文件和信件。

康熙朝的时候，皇上批折子其实不累，因为只要批那些王公贵族和高级官员的折子就行了，等于是御门听政的书面化。但胤禛上台，根基不牢，对各路大臣都不熟悉，所以一咬牙，把奏事的权力给下放到了“知州”一级，也就是现在的“市”级，全国大大小小的官员都能给皇上汇报工作，而且汇报的东西也比康熙朝多，“其所陈奏皆有关国计民生……亦可于奏折中详悉批示，以定行止”，事无巨细都可以汇报，一下子就把皇帝的工作量翻了好几倍。而且这些全是“密折”，只能“天子亲笔批答，阁臣不得与闻”，胤禛必须全部一个人搞定。

后来有人统计了一下，胤禛在位十三年，一共批了大概两千万字左右，除去过年等一些必须参加的节日之外，平均到每天大概要批阅三千到五千字，非常惊人，全都是朱笔红墨加蝇头小楷，一个字一个字写出来，有些批示甚至比臣子本身的奏折都长，以至于好多臣子都不敢相信这些全是皇帝一个人干的，看得出当年上书房里没白练，一般人压根干不了这活，后来胤禛自己也说：“各省文武官员之奏折一日之间尝至二三十件，或多至五六十件，皆朕亲自览阅批发，从无留滞。”自豪之情，溢于言表。

这么多折子里面，内容也五花八门，我们不妨挑摘几个有意思的看看雍正朝的日常政务。

有的是纯粹来拍马屁的，胤禛上台之后让兄弟们名字的“胤”都改了“允”，以前没这说法，玄烨时候也就是宫里的“玄武门”改成“神武门”而已，有的官员就慌了，当时台湾总兵蓝廷珍，名字里字音和“胤”相同，就在雍正元年递了折子，说“臣本名廷珍……似于尊敬之义未协。请将臣名廷珍改为廷瑛字样，以符礼制”。

胤禛无语了，心说台湾岛的折子跨了海峡过来，就为了个名字，当即批复“不必”，之后可能怕他多想，又啰嗦了一堆：“从来只讳上一字。近来将下一字都要讳，觉太烦。况朕讳下字，同音者颇多。”说一般只避名字里第一个字就行，你这个太麻烦了，而且吐槽自己名字同音字太多，最后慷慨地表示**“你的名字朕甚喜欢，就是原字好”**，不用改了。

有的折子是皇上的亲信送来的，然后胤禛在折子里以比较私人的语气骂人，像苏州织造李秉忠上任以后，按例给皇上写了感谢信，一般这种江宁织造、苏州织造的职位都是皇帝的亲信官吏担任，捎带着要监察江南民情，所以胤禛说话相当不客气，上来就批道：

“你包衣人下贱奴才……负朕恩者甚多，连你此奏朕亦不敢信，只是行与朕看，看你的造化。”一趟大白话下来，估计挨骂的官员心里美着呢，这说明皇上还拿你当自己人，不见外。

而给年羹尧的奏折批复里，其实胤禛也说过：“朕览之，实实心寒之极！看此光景，你并不知感悔。上苍在上，朕若负你，天诛地灭；你若负朕，不知上苍如何发落你也。”这话在私信里都掰开了揉碎了讲，是真把老年当自己人了，奈何年羹尧不觉悟。

还有一类奏折，就是“请安折”，这种折子是最恶心皇上的了，因为完全是废话，就是问皇上您现在安好吗，皇上心说这不扯淡吗，我不安好怎么批你折子呀。但臣子不请安还不行，大家都请安你不请，那就是希望皇上“不安”，这就跟给领导拜年一样，领导记不住谁拜过，肯定能记住谁没拜；那折子上来，皇上不批也不行，人家千里迢迢送过来了，你不能冷了臣子的心吧，起码得写个“朕安”，也算是君臣互动的日常了。

后来胤禛也学聪明了，对奏折的细节进行了明确的规定，只有“请安折”是用黄折，其他的“奏事折”都是白折，然后“奏事折”又分为正常的奏事和贺表，贺表的白折外面得加个黄绫封面，这样皇上一看就知道了，黄折子往后放放，先挑着有事的白折看。

最令人惊讶的是，胤禛不愧是理财高手，连奏折用的纸张和大小都有说法，不允许用宣纸，太贵，大家都用竹纸写，一个折本是22厘米长，10厘米宽，打开以后单面是六行，一行十二个字，方便皇上阅读，跟科举考试殿试的卷子差不多。

这些折子我们现在在清朝档案里都能看到，非常多，清朝的折子都有规矩，你写完，皇上发下来你看完，不能私藏，因为是“密折”，信使得回收，不然天子来一句“下贱奴才”什么的，被人知道了显得没素质。

这些运回来的折子，会统一堆到乾清宫西庑的懋勤殿，紧挨着就是批本处，以供随时查验。后来鉴于火灾问题，也会备案一份去军机处存档，外朝不能看，所以这些文件又被叫作“宫中档”，满文汉文都有，浩如烟海，其整理工作到现在仍在继续。

贰

自打开始高强度批文件工作以后，上朝这种事就变得有些可有可无了，胤禛开始琢磨着，批折子在哪批都行，干吗非在养心殿里，索性换个办公环境，来到了京城郊外的圆明园中。

圆明园的位置紧挨着康熙帝逝世的畅春园，最早修建于康熙四十六年（1707年），胤禛还是雍亲王的时候，就看中了这里，请老爸把畅春园北边的地方赐给自己，建了这座圆明园。

关于“圆明园”这个名字，其实是因为胤禛当皇子的时候信佛，自己起了个“圆明居士”的雅号，拿这个名字命名院子，未尝没有暗示老爹自己比较佛系，不想争位子的意思。没承想之后居然真当了皇上，继续拿着佛语挂嘴边上就不合适了，所以胤禛就出来官方辟谣了一把，解释说**“圆而入神，君子之时中也；明而普照，达人之睿智也”**，暗合儒家的中庸之道。

康熙朝胤禛还是雍亲王，不能僭越礼制，圆明园装饰的稍微朴素了点，不过其本人很雅致，打理得井井有条，其中的牡丹园更是康熙帝每年必去的所在。等登基之后，立马就着手对圆明园改建，而这次改建，也让这处园林成为了清代皇家建筑最典范的所在，这也是清朝国力正式走向强盛的一个标志。

在这三年里，胤禛早已经对圆明园的修建思路以及所需材料有了准备，他先是派出人查验风水，然后再依据风水给出了设计图，下面的人给的意见很详细，认为**“正殿居中央，以建皇极八方拱向……正南九紫建立宫门……大殿系贪狼吉星，以理事殿佐之”**，这些理念显然早就超出了正常园林的范畴，如正北处的钟楼、西北处的佛堂也是根据风水所勘定的，都设计得差不多了，再交给皇家著名的御用工匠家族“样式雷”进行动工。

说起“样式雷”，也算是康熙年间就叫得响亮的名头了。雷家原来是江西人，“三藩之乱”后来了京城当工匠，第二代匠人雷金玉参与过三大殿的重修。当时太和殿正赶着上梁，玄烨亲自观礼，赶巧了榫卯卡不上，大家急了眼了，忙活了几年，最后一哆嗦拉了胯了，这等于是当着皇帝的面打脸。更要命的是上梁的人得是七品官，七品官哪懂这种技术性问题，关键时刻，雷金玉临危受命，穿了七品官衣，拎着斧头就上去了，两斧头下来，大梁顺利安放。

这事被玄烨大为赞赏，之后将之提拔为七品的内务府总理工程处章案，相当于执掌“样式房（皇家建筑设计院）”，并主持修建了畅春园，又让皇上很满意，“样式雷”的说法也就叫开了，雷家也入了内务府的“包衣”籍，成为了旗人，此后数代人都执掌皇家“样式房”。

后来清朝所有的皇家建筑，如颐和园、景山、天坛和承德避暑山庄等，皆出自“样式雷”家族的手笔。到了胤禛即位之初，第一代“样式雷”雷金玉已是晚年，但老而弥坚，亲自操刀修建了这座皇家园林，随后在雍正七年逝世，圆明园堪称是雷金玉的绝笔之作。

雍亲王时期的圆明园，建筑主要在后湖前面的“九州清晏”附近，一共前中后三座大殿，我们看胤禛登基之前的诗集《雍邸集》，许多诗写的就是圆明园的十二景，包括深柳读书堂、竹子院、牡丹室、耕织轩等都已经存在了。“九州清晏”的正堂门口还挂着康熙帝手书的圆明园牌匾，一直在原处没有动过，只不过后面在殿内添了副对联，上面写着：

每对青山绿水会心处，一丘一壑总自天恩浩荡

常从霁月光风悦目时，一草一木莫非帝德高深

简单地说就是触景生情，想起自己老爹赐园子的恩德。

而新的工程主要是往南边扩，《日下旧闻考》里说“构殿于园之南，御以听政”，形成了类似于紫禁城“前朝后殿”的形制，中间隔着湖，新添了正大光明殿、勤政亲贤殿等建筑，这里面复制紫禁城的意思其实很明显，“正大光明”是乾清宫正殿上的牌匾，顺治帝写的，“勤政亲贤”则是胤禛自己的手笔，就悬挂在养心殿的西暖阁里，用这俩名字，摆明了就是当办公室来用。

叁

圆明园修好是在雍正三年（1725年），正好赶上胤禛自称的守孝二十七个月满了，群臣们赶紧上书，请求皇上老老实实回乾清宫听政。可能大臣们也知道这规矩其实过时了，但没办法，你爹圣祖皇帝就是这么干的，你不干这不合适。

结果被胤禛义正辞严地拒绝了，认为“今之二十七月。并非勉强从事，沽取孝名。以为观美，祇求朕心之安耳，礼尽则朕心自安”，意思是我不回宫不是为了沽名钓誉，就是尽孝，什么时候安心什么时候回去，言下之意是你们少废话。随后就

经常以“避喧听政”躲了出去，这理由他老爹也用过，玄烨晚年其实也扛不住每天早起了，经常找个理由外出转悠或者去畅春园，现在这个传统被胤禛发扬光大了。

之后胤禛更是毫不掩饰自己想往圆明园搬家的想法，在一处批示中，他提出“郊外水土气味较城内稍清”，城里污染比较厉害，圆明园空气好，同时还说“朕在圆明园与宫中无异，凡应办之事照常办理”，正式明确了圆明园在政治生活“与宫中无异”的地位。

胤禛说到做到，在之后的近十年里，他在圆明园真的是两不耽误，一边处理着各种政务，一边享受着园林风光，《清实录》里面关于胤禛“幸圆明园”的记载，就高达近百次之多。

雍正十三年（1735年），这位忙碌了十三年的君主，在他心爱的圆明园中溘然长逝，享年五十八岁，在逝世前的最后两天，依然在案前埋首工作，处理着各个衙门送过来的诸多奏章，并在上面温情地批示“朕躬安适如常”，来宽慰臣子们的心思。对于胤禛来说，人生的那些最美好的时光，似乎都发生在这座园子里，他在这里陪着父亲享受了天伦之乐，也在这里度过了属于帝王的绝大多数生活，或许在胤禛的心中，紫禁城代表着冰冷、阴谋和死亡，只有在圆明园里，他才能感受到四季如春的温暖。

关于胤禛的突然离世，后世传出了诸多说法，如“丹药暴毙说”和“吕四娘刺杀说”等，其实都经不起推敲，胤禛虽然爱服丹药，但那时候的丹药就跟嘉靖帝朱厚熜吃的那个一样，只是一种保健品，吃不死人，后来炼丹药的那些人也没被处死。而刺杀的说法也靠不住，一介平民在圆明园这种地方别说知道皇帝在哪了，连路可能都找不到，刺杀更是无稽之谈。胤禛真正的死因，应该是过度劳累之下，加上夏季高温所引发的猝死，这也符合他之前有过中暑的病史。

另外一个反驳证据是，胤禛在死之前都保持了绝对的清醒，并亲自让大学士鄂尔泰和张廷玉撰写了遗诏，这封遗诏堪称清朝历史上影响力最强的一份遗诏了，因为对后来的继承制度影响深远。

遗诏一开始，胤禛先追溯了自己这十三年干的事，像打西北、火耗归公这些事都没提，只是说自己怀着“至诚之心”，各种行为全是追随自己老爹玄烨的脚步（“惟仰体圣祖之心以为心，仰法圣祖之政以为政”），然后暴露了一点佛家的思想，说现在眼瞅着要蹬腿了（“今朕躬不豫，奄弃臣民”），但“朕身生本无生。

去来一如”，看起来非常淡定，只是“志愿未竟，不无微憾”，有点可惜没为国家再服务两年，但就这些年干的事来说，“自信无负”。

接着，他又说了继承人问题，提出皇位传给四皇子宝亲王弘历，并在遗诏里说，这是我提前就定好的规矩，秘密立储，收藏在“乾清宫最高处”，也就是“正大光明”匾额的后面。这直接改变了清朝的继承人制度，打这开始，清朝没有再立过皇太子，到时候大家从乾清宫上面拿出来，一看就知道。

他还告诉继承人弘历，你老爸我继位的时候政局混乱（“人情浇薄。官吏营私。相习成风。罔知省改”），所以我玩了一手狠的，但这都是“欲暂行于一时”，别一直这么干，回头再按你爷爷那一套调整过来。

在遗诏最后，胤禛把好处留给了帮他起草遗诏的鄂尔泰与张廷玉，跟儿子说这

雍正圆明园行乐图　郎世宁绘

俩人都是我要保的，放心去用，用完之后，让这俩人进太庙，表示咱们皇家对得住人家（“二臣著配享太庙，以昭恩礼”），一下子拉住了两位功臣的心。写进遗诏里的东西，即使后来子孙不满，也不能推翻，否则就是不孝，后来鄂尔泰死后孩子犯了错，弘历也没敢把这位老臣从太庙里搬出来。

胤禛的这份遗诏，一如他十三年的帝王生涯一样，高效而实际，又带着几分温情与冷幽默。他接手的是一个如日方升却充满隐患的帝国，而在他离开时，留下了庄严的法度、便捷的机构、廉洁的吏治和一座美轮美奂的园林，他最终的谥号为“宪皇帝”，按照中国帝王谥号的传统，圣能法天曰宪，创制垂法曰宪，刑政四方曰宪，文武可法曰宪，无论从哪一方面，胤禛都是当得起这个称呼的。

乾清宫的“正大光明”匾

第十六章 最后的盛世

乾隆朝之民族大不同

雍正十三年的九月初三，当宝亲王弘历在太和殿中正式登基的时候，人们发现，一个崭新的时代已经到了，不同于祖辈的筚路蓝缕和父辈的战战兢兢，新的君主有着青年的锐意进取和极端自信，执意要在军事上继承先辈的荣光，而由此带来的不同民族的文化，将在紫禁城中展现不可思议的化学变化。清朝一直以来坚持的“汉化”之路也将在乾隆朝发生一个巨大的转折，并推动这个国家走向变幻莫测的未来。

壹

乾隆帝弘历的登基，是清朝开国以来最顺的一次，胤禛前面俩全是小孩，临时决定的，胤禛自己上位也很仓促，四十五岁登基的时候已经一把年纪了，还经历了“九子夺嫡”这种长期的宫廷斗争，这些经历让他们的性格里多了谨慎、敏感的成分。

但到了弘历这里，简直是天胡开局，运气好得不行。老爹还在韬光养晦装孙子的时候，他这个真孙子就已经比大多数皇子都受宠了。

玄烨晚年的时候，到圆明园里一见这个孙子，就非常喜爱，将弘历养在宫里，“亲授书课，教牖有加”，这种待遇连他爹都没有，后来在遗诏里面胤禛自己也承认弘历“圣祖皇考于诸孙之中，最为钟爱”，这种打小被爷爷宠起来的“皇三代”，上台之后自然自信心爆棚。

况且老爹胤禛还给他留下了如此丰厚的政治遗产：战场上，准噶尔汗国那时候

乾隆帝大阅图　郎世宁绘

已经是苟延残喘了，就等着摘桃子；吏治上，胤禛已经把官员都给收拾得很老实了，弘历只要表示恩德就能让他们感激涕零；班底上，满族有鄂尔泰，汉族有张廷玉，其中，鄂尔泰长期在地方上任职，在处理边疆问题上更是实行“改土归流”政策的大功臣，张廷玉的父亲就是之前给胤礽当过老师的张英，都是军机处最早的一班重臣。

在这种基础上，弘历格外向往自己祖父玄烨的功勋，对内宽仁，贪污上抓大放小，得到了百官的拥戴；对外则锐意进取，基本奠定了现在中国的疆域，所以弘历晚年十分得意，把打赢的仗凑了个“十全武功”，以此自夸。

而且在这位皇帝登基的时候，谁也没料想到，他的执政生涯会如此的长。弘历二十五岁登基，一直干到了八十五岁，整整一个甲子，之后退休还当了三年太上皇，加起来六十三年半。在这个漫长的过程中，他的思想也在逐渐发生着变化，尤其是对于汉文化的态度上，开始偏离清朝之前列位皇帝的认知。

之前清朝的皇帝，从皇太极一直到胤禛，走的都是汉化的路子，然后在这个基础上，保持满族自己原汁原味的文化，坤宁宫的祭神就是一个例子。特别是在雍正朝的时候，汉人的官吏得到了很大的重用，张廷玉的排名甚至还在鄂尔泰的前面，成为了清朝唯一一个配祭太庙的汉臣。

弘历却对这一点并不认同，在南征北战，建立“十全武功”的过程中，他开始频繁接触到各族文化，并且以一种开放的态度去接纳。

鲜有人知的是，弘历是清朝皇帝通晓语言种类最多的一个，大概在乾隆八年的时候，他开始自学蒙古语，乾隆二十五年的时候，平定了新疆回部，开始学回族语，到了乾隆四十五年，以七十岁高龄，又开始学习唐古特语（藏语的一支），他自己也很以此为荣，写诗说：**“弗藉舌人通译语，华灯联席共欢论。”**用不着翻译，在宴会上就能和各路少数民族头领把酒言欢，这种语言天赋简直是强到爆表。

由学语言这件小事，也不难看出，弘历的执政内在思路，是想改变原本以汉族儒文化为主、满族传统文化为辅的格局，希望重新搭建一个满族文化为核心，辅以汉族文化和其他民族文化的大框架，必须要弄明白这个思想，才能明白乾隆六十余年间，在朝堂上和紫禁城里发生的一系列变化。

贰

弘历首先要做的，就是把汉文化压住。

这一点在朝廷上就很明显，鄂尔泰和张廷玉就一直不太对路，分成满汉两帮臣子对着掐，弘历不光不制止，还放任了这种情况发展。之后鄂尔泰在乾隆十年（1745年）逝世，弘历就开始针对张廷玉。

张廷玉知道一朝天子一朝臣，自己七十出头了，再待着讨人嫌，好几次坚决辞官，问题是辞官前，老张开始犯浑了。汉族文官一般把名声看得很重，张廷玉生怕死后进太庙这件事吹了，就想让弘历写个保证书，弘历咬着牙写了一个，准备让这老头滚蛋。

没想到弘历答应了以后，左等右等，等到了张廷玉的儿子来谢恩，老张自己没来。

其实这里还真不是老张飘了，按理说老臣辞官，正常规矩就是先让孩子进来谢恩，表示自己走不动路了才辞官，让孩子来谢皇上批准，不然自己翻着筋斗生龙活虎地进来，会有欺君之嫌。等到正式离开之前，本人再亲自到紫禁城叩谢，谢的是这些年来皇家的照顾，那时候皇帝会赐予手杖、板凳一类的养老之物。弘历没管这个规矩，觉得张廷玉有臭毛病，让他自己过来。

这个旨意还没发出去，就被在军机处经营多年的老张提前知道了，然后老张来了之后，弘历就很震怒，夺去了张廷玉的爵位，后来又找理由夺走了之前皇家赏给张廷玉的所有御赐之物。只不过弘历最后还是没敢和自己老爹对着干，乖乖地让张廷玉进了太庙，但给的谥号却是文臣里最低一等的“文和”。

处理张廷玉只是一个引子，以此为理由，弘历又清洗了一遍军机处，并改革了大学士制度，从前的大学士是“四殿两阁”，弘历这人有强迫症，非得弄成对称，把“中和殿大学士”给取消了，加了一个“体仁阁大学士”。这一手其实是削弱了大学士（删了最高的中和殿，加了最末尾的体仁阁），加强了军机处的话语权。

之后的事我们猜都能猜出来，乾隆朝基本上没有出头的汉族臣子，全都是满族臣子节节高升，“十全武功”里，平定准噶尔的傅恒是满族富察氏（其实是弘历的小舅子），打大小金川的阿桂是满族正蓝旗出身，其中傅恒还是文武全职，当到了大学士里面最高的“保和殿大学士”，与之相反的，最低一等的“体仁阁大学士”

全都是一水儿的汉人。

打压朝廷里的汉臣只是第一步，紧跟着，弘历又通过“文字狱”和编纂《四库全书》两个项目，对整个汉族文人团体进行了打击。

“文字狱”在清朝政治史上都是值得大书特书的一件事，一直都有，但雍正朝的一些案子，还多少和西北军事有些关系，不能算完全不合理，但到了乾隆朝很多就纯粹是咬文嚼字了，最典型的，就是著名的“《字贯》案”。

《字贯》是一部字典，意思是把字像散碎的铜钱一样贯穿起来，才起了这个名，是江西一个老书生写的。当年玄烨编了一本《康熙字典》，《字贯》主要是用“部首检字法”，指出《康熙字典》在查找不便上的一些问题，纯粹学术问题。那边弘历不乐意了，觉得我爷爷圣祖皇帝弄的书，能有错吗？

然后拿《字贯》来一看，怒了，说这里面有我爷爷和我爹的名字，居然不避讳，最起码你也得少几个笔画呀。这纯粹是没事找事，人家编的是字典，缺斤少两的字典能看吗？弘历纯粹耍流氓，还是杀了这个名叫王锡侯的书生。

单看这件事的始末，我们会觉得弘历是过于敏感。但如果我们看看清朝的档案，才发现关于避讳这个问题，弘历有着完全不同的态度。

早在即位之初，鄂尔泰提议避讳，弘历就提出避讳是“区区拘泥之见”，并明确“嗣后凡遇朕御名之处。不必讳……尔部可传谕中外。一体遵行”，后来清朝皇帝登基后，也没有让兄弟们改过名字，而是故意改自己的名字为生僻字，不让兄弟臣子们麻烦，相当宽容。像弘历的儿子颙琰，以前叫“永琰”，当了皇帝后，兄弟们都没改，就他一个人改了，改的这个“颙”，一般人不翻字典压根见不着。所以说王锡侯这回事要是正常来说完全不是问题，纯粹是被弘历找了汉人的茬，杀鸡给猴看。

汉族文人们害怕了，后来清朝诗人龚自珍说“避席畏闻文字狱”，害怕到一说文字狱就哆嗦到吃不下饭的地步，连字典都不让写，那写点什么呢？弘历给他们找了一个差事，编写《钦定四库全书》。

这套书现在好多人都知道，而且都简称为《四库全书》，这不对。“四库”说的是“经史子集”，“经”就是儒家正统文化典籍，“史”就是前朝官方史书，“子”是先秦诸子百家著作，“集”则泛指其他文集，这些说法前朝都有，关键在“钦定”俩字上。

“钦定”就是皇上得过一遍，确定这些资料没有抹黑满族的内容，才能收入《钦定四库全书》，反之就给烧掉，算起来烧的比编进去的还多，而且编的质量也有待商榷，后来鲁迅给的评价是“清人纂修《四库全书》而古书亡，因为他们变乱旧式，删改原文”。

书编好了以后，弘历觉得很高兴，然后吸取了《永乐大典》佚失的教训，编这套书花了六年，抄为一式七份，放在了七个地方，北京文渊阁、辽宁沈阳文溯阁、

清代文渊阁内景

圆明园文源阁、河北承德文津阁、扬州文汇阁、镇江文宗阁和杭州文澜阁各有一套。紫禁城那个文渊阁跟明朝那个不一样，是乾隆四十一年（1776年）的时候新建的，也是在东华门的外面。

新建的文渊阁非常好找，我们现在如果去故宫，走到太和殿区域往东边看，能看到一座青砖黑瓦的建筑，和周围宫殿反差很大，那就是文渊阁。建的时候仿的是浙江宁波著名藏书楼“天一阁”的样式，选这个颜色也是因为风水学上说黑色属玄武，主水，用来防火，要真建成红墙黄瓦指不定哪天就着火了。

从收拾张廷玉，再到“文字狱”和《钦定四库全书》的编纂，弘历用了近半个世纪的时间，为清朝国内的汉族文化拴上了辔头，而与此同时，一种更多元的文化开始在乾清门以内的地方流行起来。

叁

这种多元的文化，在两座建筑上可以较为典型地体现出来，一座是位于宝月楼正对面的礼拜寺；一座是修建在紫禁城的雨花阁。

宝月楼是弘历的宠妃容妃的居所，位置很好找，正对着西长安街，今天中南海新华门所在的地方，就是以前的宝月楼。乾隆二十四年的时候，清朝刚刚平定了新疆的大小和卓叛乱，容妃就跟着大军一起回了，进入了后宫。那时候她已经26岁了，跟当年皇太极娶海兰珠一样，之前的来历是不可考的，据传说她之前有过婚姻，是霍占吉的妻子，而且体有异香，人称“香妃”。

但很显然，容妃作为回族女子的身份和其背后的政治意义，要比其本人来得重要，所以皇太后和弘历本人都对其恩宠有加，来的当年，就安排其住在了宝月楼。

很多人由此提出，宝月楼是专门给容妃修建的居所，其实不是，宝月楼修建的时候是“工戊寅之春（乾隆二十三年春天）”，新疆的叛乱还没有平定，后来弘历自己也在《御制宝月楼诗》里面讲：“瀛台皆前明所建，惟南岸向无殿宇，故为楼以配之”，说白了还是强迫症犯了，觉得西苑的建筑都是以前明朝建的，就南边缺着一块，于是在这里起了一座二层小楼，因为“池与月适当其前，抑亦有肖乎庶寒之庭”，北边正好能看到太液池里的月亮，故因此得名，让容妃住在此处，可能是害怕她在后宫受到一群老娘们的排挤，单独在这里金屋藏娇。

不过虽然宝月楼不是单独所建，但为了排遣容妃的思乡之苦，弘历特意在长安街的对面，设了“回子营”。找了一群新疆兄弟，搭了帐篷住在宝月楼的对面，而且在正对着宝月楼的地方，还修建了一所礼拜寺。这意义可就不一样了，因为礼拜寺的位置不是在宫内，而是在宫外，背后的意义，表现了皇家对这种宗教的默许和接纳。

而弘历本人，也对容妃的民族习惯表示了充分的尊敬，不光亲自学习了回语，而且平时饮食方面也特别给予了优待，从中不难看出，弘历是秉持了一种完全平等甚至是尊重的态度，去接纳其他民族的外来文化，且并非像他的祖父和父亲那样有一个非常明确且谨慎的主次观念。

雨花阁和其背后的藏传佛教，也是如此。

其实自从入关之后，佛教的影响在清皇室内部就一直没断过。之前我们讲过，顺治帝福临本身就是虔诚的佛教徒，而他的母亲孝庄太后本身也是信佛的，多次去五台山礼佛，慈宁宫后面也有大佛堂的存在。

后面俩皇帝里，玄烨玩的是科学，从小学的也是儒家正统，本身对佛教无感，只是出于孝道，对佛教相对亲近。这里所说的佛教，应该都属于藏传佛教，因为孝庄太后是蒙古人，蒙古人在忽必烈的时代就接受了藏传佛教，因此藏传佛教在清代不应该只和藏族联系起来，而是和蒙古文化紧密相关。

顺治九年（1652年）的时候，五世达赖进京觐见，福临当时刚亲政不久，信佛应该是这时候才开始。

到了康熙三十六年的时候，玄烨在紫禁城的西北处，修建了中正殿，规定“着供奉佛像，著喇嘛念经”。这地方以前在明朝的时候叫“玄极宝殿”，供奉的是道教的三清，不用问也知道，能在紫禁城修这种东西的，也就道君皇帝朱厚熜干得出来。玄烨修这个应该不是因为自己信，而是出于政治考虑，毕竟对西北的战争主要发生在藏传佛教分布区，为了收拢人心，做个姿态也正常。

弘历对佛教的信仰，应该是来自于父亲胤禛，胤禛跟前几位不一样，是正儿八经懂佛教的，而且对佛经奥义有着自己的见解。但胤禛对佛教一直保持一种私人化的态度，只是造办处倒是造了许多佛像之类的小物件，并没有“大而化之”。

弘历正是在这一基础上，于皇家建筑中大量引入了藏传佛教的元素，先是把自己老爹的潜邸雍和宫改建成了喇嘛庙，又在中正殿区域（中正殿以南）仿照西藏的托林寺，修建了“雨花阁”，用来传布藏传佛教，这次修建之后，藏传佛教开始在紫禁城里传播起来。

雍和宫

肆

在乾隆朝之前，一个皇帝无论对其他宗教怎么有倾向，有两条红线是不能碰的，第一就是“祭”，第二就是“礼”，可在乾隆的时代，这两根红线全被打破了。

“祭”的问题在宫廷里非常复杂，真要说起来能单开一本书。通俗点说，就是

皇帝向谁磕头的问题，一般除了祖宗就是天地，此外再加上一些对社稷有益的神灵，比如去黑龙潭向龙王爷祈雨等，任何一个仪式，都是绝对马虎不得的，比正常的政务还要重要。

像御门听政这种事，皇上说今儿头疼脑热，不去就不去了，但要是赶明儿祭天，只要皇上能爬起来，肯定得自己去，因为孔老夫子在《论语》里放了话了："吾不与祭，如不祭"，找人去还不如不去。

根据《钦定大清会典事例》，清朝皇帝一年要参加大概五十场祭祀活动，大多数需要皇帝亲至，只有在皇帝老了的时候，祭祀才能让别人协助，因为祭祀这种事非常累，不是磕几个头就完事了。

玄烨六十岁的时候，大臣们有人建议皇帝请人代为祭祀，玄烨依然坚持认为："朕今年已六十，行礼时两旁人少为扶助亦可。"到最后的时候，实在是起不来了，才让胤禛去南郊祭祀，基本上就默许了后者的继承人身份了，否则要是派老八祭祀，回头皇上一换，祭天的人变成"阿其那"了，老天爷肯定不乐意。

清朝的祭祀，原本分为"满""汉"两部分。

满族侧重于家，满族内部一般叫"堂子"，其实就是神龛，《啸亭杂录》中记载"国家起自辽沈，有设竿祭天之礼，名曰：'堂子'"，说的就是这个，但这个"堂子"不在宫里面，在宫外，《养吉斋丛录》里给的位置是"长安左门外，玉河桥东"，大概是后来的使馆区一带。这个跟坤宁宫祭神一样，都属于家族祭祀，汉族人是不参加的。

汉族则侧重于国，祭的是江山社稷，风调雨顺，没承想到了乾隆朝，弘历还嫌祭得不够，又加上了藏传佛教。

以前的时候，中正殿虽然有藏传佛教供奉，但史料中并未出现皇帝本人亲去礼佛的。玄烨晚年被太子问题搞得心烦意乱，也只是一个人在养心殿或畅春园里抄抄《心经》；胤禛佛学修为深厚，而且对佛经奥义有着自己的见解。但对礼佛一直保持一种私人化的态度，只是让造办处造了许多佛像之类的小物件，并没有“大而化之”。

但乾隆朝的礼佛，确实是搞得轰轰烈烈，不仅把先祖康熙帝的牌位供在了雨花阁里，更在后来把班禅额尔德尼的“佛牙”供奉在了养心殿西暖阁的禅房里。而且打这开始，清朝对藏传佛教的祭祀形成了常规。

在故宫档案里，有三卷中正殿的香火记载，虽然缺失了乾隆朝的部分，但根据这份档案，之后继位的皇帝每年都会来中正殿和雨花阁上香礼佛，连手上结的法印都有记载。

藏传佛教也渗透在了“礼”的方面。

清朝皇帝过生日的时候，照例应当有祈福的活动，一般都是道教人士出席主持。但弘历在给母亲皇太后和自己过生日的时候，加入了佛教的仪式，主要由喇嘛们诵经祈福，而且有时会连续多日诵经。

手下的官员们闻弦歌知雅意，生日的贺礼也都改成了送佛像，根据内务府的资料，在弘历七十大寿的时候，臣子们进献的佛像竟有2233尊之多，有些佛像至今仍被故宫博物院所收藏。看得出来，弘历对藏传佛教是真爱，跟爷爷玄烨为了政治和军事目的而设立中正殿完全不一样。

无论是回族风情还是藏传佛教，毫无疑问的是，在这种多元的民族融合下，弘历拥有了清代其他君主所不具备的广阔视野。而与此同时，紫禁城历经顺治、康熙、雍正三朝所树立的庄严法度，也逐渐走向了偏差。当帝国在“十全武功”烈日般的功勋下陶醉时，一股新风已然在这座古老的宫城上方吹拂，将历史带向了不可测的远方。

乾隆朝之后宫流年长

当我们把目光越过乾清宫和养心殿，偌大的紫禁城还有另外一批人的存在，即由无数女子构成的后宫，这也成为无数影视作品创作的灵感所在。但假如我们挑开清代后宫神秘的面纱，看到的也许并非风花雪月，而是由无数规则与家法构成的狭小天空。

壹

清朝家法的构建，其实要比“国法”的构建要晚得多。明朝和清朝很大的一个区别就在于，明朝把“国”和“家”从一开始就分得很明白，朱元璋、朱棣父子俩一上来就把后宫干政的路给堵死了。我们之前说过，明朝女子基本上都是小门小户出身，这样明朝的家法反而没那么严，因为女子先天弱势，政治上没什么发挥空间，就算是万历朝的李太后也得通过太监冯保来施展自己的威势。

清朝正好反着，清朝从东北起家那会儿，就是以联姻著称，这个时候得优先考虑“国”，“家”的概念顾不上，再加上满族旧有婚俗本来就很难和皇家礼仪制度配套。这样一来，清皇室对女性的约束规则建立得就很晚，一直到康熙、雍正、乾隆三朝，在不断地摸索中，才制定出一套森严的规则。

后宫大致的等级分布，《国朝宫史》里载**“皇贵妃一位，贵妃二位，妃四位，嫔六位，分居东西十二宫”**，加起来刚好十二人，其实一般凑不齐，因为皇后也不住坤宁宫，就在东西六宫里随便挑一个，不固定，纯看皇上心情。

乾隆朝的富察皇后在当年弘历还是宝亲王的时候，和弘历住在圆明园的“长春仙馆”，进宫后就选了西六宫里的长春宫。后来富察皇后由于爱子夭折，四十岁不到就香消玉殒了。弘历非常悲痛，因为是原配夫妻，而且富察皇后非常贤惠，《啸亭杂录》里说她“性节俭，平时惟插通草、织绒等花，不御珠翠”，算得上是模范贤后。

之后半个世纪，她所居住的长春宫都没有人居住，弘历下令保持原样，以此寄托哀思。后来由于爱屋及乌，富察家族在乾隆朝得到了重用，傅恒和福康安都是这个家族出身的。

皇后之下，就是皇贵妃了。清朝皇贵妃的设置跟前朝都不一样，是一个很特殊的存在。按照《周礼》的说法，**“天子之与后，犹日之与月，阴之与阳，相须而成**

长春宫中的铜鹤

者也”，皇后应该是后宫中独一无二的存在，除了乾清宫就是坤宁宫，但清朝受限于政治因素（可能全是联姻，一个皇后分不过来），又设了一个皇贵妃，位置等同于皇后的副手。

后宫其他妃嫔跟这两位完全不是一个档次。清朝宫里面，只有三个生日能被叫作节日，一个是皇上的，叫“万寿节”；一个是太后的，叫“圣寿节”；再往后就是皇后和皇贵妃过生日并列，都叫“千秋节”。这三个节日，宫里都要统一举行贺礼，其他人没有。俩娘娘千秋节的时候，下面的妃子得过来拜见，外朝的官员也可以放假一天。而且册封的金册，皇贵妃和皇后也差不多，都是十页，唯一的区别是皇后一页是“赤金十八两”，贵妃的是十五两。

正常情况下，皇后如果逝世，皇贵妃会递补成为皇后，前提是只要皇上看你顺眼就行。像富察皇后逝世后，皇贵妃乌拉那拉氏就以皇贵妃的身份“摄六宫事”，权力已然形同皇后，没几年就得到了正式的册封，成为了乾隆朝的第二位皇后。

再往下，就是贵妃两人，再加上“四妃六嫔”，这个就比较一般了，册封的金册都是四页，尤其是妃嫔，除非能得到皇帝的特别宠爱，或者生下皇帝特别宠爱的皇子，否则晋升无望。清朝的皇子最早都是“子凭母贵”，结果康熙朝的时候“九子夺嫡”太热闹了，胤礽母亲赫舍里氏那么尊贵都没用，胤礽扶不起来，反倒是让庶出的胤禛继了大统，打这以后，规矩改了，都是“母凭子贵”，谁的儿子混得好，谁就有可能上位。

弘历的母亲也不是皇后或者皇贵妃，一开始是“熹妃”，后来弘历慢慢长起来了，混到了“熹贵妃”（电视剧《甄嬛传》主人公的原型），后来当了四十多年皇太后，一直活到八十六岁，亲眼见证了五世同堂，而且儿子乾隆一直承欢膝下，陪着她巡游天下，极尽孝道，算得上是紫禁城有史以来最有福气的一位皇太后。

贰

以上这些，在后宫中都可以视作“妻妾”的存在，下面还有三等，即贵人、常在、答应，这三级就不能算正式妻妾，顶多算“皇帝的女人”，也没有固定的数字，好比我们算下来康熙朝后宫33人，这个数字就没把贵人、常在、答应算进去。

而且这些女子也没有固定的住处，都是跟着妃嫔一起住在十二宫的偏房里，其实跟后者的丫鬟有点像。理论上从宫里的称呼上来说，这些都能算是“主子”，但妃嫔贵妃这些被正儿八经册封过的不一样，会在前面加上封号，像熹贵妃就是“熹主子”。

至于常在、答应这些究竟怎么被称呼，现在史料上比较缺，《宫女访谈录》里的说法是有“主子”和“小主”俩说法，不过被很多人质疑，不太可信。还有一种说法是，如果大家都在一个宫里面，那么嫔妃们叫“主子”，其他答应、常在之类的可能是“二主子”“三主子”一类的叫法。

而且所谓“主子”，其实是宫女太监们私底下的称呼，明面上肯定不能直接叫，因为从最高级别的皇后到最低级别的答应，之间的待遇千差万别，你当着皇后皇贵妃的面管答应叫主子，那人家算什么，得把大家的差距体现出来。

以饮食为例，皇后和其下属的宫女太监们，一天下来“猪肉25斤、羊肉一盘、鸡鸭各一只”，其他蔬菜水果之类的就不说了，肯定想吃什么有什么，还时不时有皇太后和皇上的赐宴，而常在和答应们只能守着那点死工资（宫里面叫“宫份”）过日子。

根据内务府制定的《钦定宫中现行则例》，正常一个答应要配俩宫女（有时配不齐），每天分猪肉1.8斤，剩下就是蔬菜白米，加起来三个人分。

再说了，养宫女不是说给人一口猪肉吃就算了，好歹也得开个工资吧，答应每年能有三十两银子的收入，这是年薪，在乾隆朝大概是个什么概念呢？

乾隆十六年的时候，湖北省米价大概是不到二两一石（清朝一石大概为106斤），乾隆后期物价飞涨，城里一户正常家庭年收入大概就得三十两往上，合着忙活一年还不如小老百姓赚得多，估计宫女们对自己主子也没什么好脸色，干着最多的活，拿着最低的工资。从这个意义上说，后宫里贵人、常在和答应压根没心思争宠，都属于贫困线以下，离小康还远着呢。

而那些生活在水平线以上，有车有房的各位妃嫔，也是这山望着那山高，和前面那几位有质的差距。

平时宴会的时候，盘子颜色都不一样，皇后和皇太后可以用里外全黄釉的瓷盘，皇贵妃可以用外面是黄釉的，里面是白釉，贵妃和妃子一样，都是黄地绿龙彩的，嫔则用黄地蓝龙彩，到了酒席上一坐，光看盘子就有心理落差了。

有落差怎么办呀？那就得想方设法地往上爬。

最早的时候，大家的起点都差不多，基本上都是“选秀女”出身的。这项制度

妃子所用的黄地绿龙纹菊瓣盘（乾隆款）

是顺治朝制定的，但正儿八经被实行可能是康熙朝及以后，福临光一个董鄂妃就把他迷得神魂颠倒，没顾得上这一茬。

选秀女一般来说三年一次，由户部起草文书，必须从满蒙汉八旗里面挑选适龄女子（13—15岁），最早是只有贵族小姐能参加，后来范围变广了，“包衣”籍的女子也能参加，像后来嘉庆帝颙琰的生母就是包衣出身。

这里得先说明的是，选秀女的目的不见得是纯粹为了宫里面选妃子，是为了“备内廷主位，或为皇子、皇孙拴婚，或为亲、郡王及亲、郡王之子指婚”，也就是爱新觉罗氏全都有份，有点像家族相亲大会。

这一段其实很多清宫剧刻画得比较写实。被选的秀女们按照“旗”进行划分，一天俩旗（其实是六个，满蒙汉分开算），跟阅兵差不多，由旗统领带着，坐着车半夜三更到神武门外边排队，叫“排车”，人特别多，和今天北京二环路上堵车有得一拼，等到排进去就得第二天中午了。

这时候女子就要下车了，到御花园北门的顺贞门待着。这算是第一道坎，看看各位走路的时候是否缠足，因为满族女子严禁缠足，绝对不允许汉族女子的不正之风流入内廷，孝庄太后下过谕旨“有以缠足女子入宫者斩”，就挂在外面的神武门上。

查完这个，再由太监引领，进入内廷，五个一组，都有自己的牌子，牌子上写着“某官某人之女，某旗满洲（或者汉、蒙）人，年若干岁”，然后站在那里，不用跪，等着宫里的人端详。宫里觉得行，就留下牌子，以后喊你，叫“留牌子”，不行就叫“撂牌子”。

选出来的秀女，进宫后就有三六九等了，一开始最多不会超过贵人，一般来说只有诞下子嗣，才有可能打破从“贵人”到“嫔妃”的界限，在紫禁城里有一套独立的房子。但现实是，绝大多数答应、常在和贵人，可能一辈子也不见得有几次侍寝的机会。

在宫里面侍寝是得讲规矩的，清朝的规矩是“翻牌子”。

这规矩大概是雍正朝定下来的，由内务府底下的太监机构“敬事房”负责，敬事房的这个“事”，说的就是帝王的房事，清朝太监也就这点能耐了，跟明朝的老前辈们没法比。

每个妃子会有一块玉牌，上面有个人信息。侍寝的时候，皇上会翻牌子，翻完之后，“直趋卧榻，用红锦被裹而负之以行”，让太监去宫里，用红被子把妃嫔们背过来，但不能直接进，“至第一间房，除去衣锦，裸体而进”，这样做可能是为了防止刺杀，很多电视剧就拍到这，直接就见皇上了，那也不对，再往后还有第二间。“复取衾裯”，穿上工作服，不然裹成一团见皇上没法行礼。把这些弄完，最后才是见皇上。

皇帝临幸完，太监们会在一本叫作“承幸簿”的本子上记下日期和妃子的名字，万一之后有了孩子，可以按这个确认，这本“承幸簿”算是清宫里面最高级别的秘辛了，皇后都看不着，只有皇太后和皇帝两个人能看，皇帝逝世的同时，这本簿子就得立即烧掉。

说了这么大一串，估计有的人已经反应过来了，这里面猫腻太多了。别的不谈，皇上翻牌子，有的靠前有的靠后，太监们就很容易动点手脚，问题是人家凭什么给你动手脚，一是钱二是权。最后算下来，还是刚进宫的秀女们吃亏。

即使运气好，怀了孕，生下了皇子，青云直上了，也不见得可以长久，还得让自己不犯错才行。

乾隆朝时期，后宫规矩变得特别严。我们之前引用的《钦定宫中现行则例》就是出自弘历的手笔，弘历本人非常看重后宫内部家法的建设。

有一个小故事能够说明当时的规矩有多严。弘历刚继位的时候，皇太后还没搬到慈宁宫，皇太后的弟弟，也就是弘历的舅舅来宫里谢恩。那会儿正好后宫交接，都忙着搬家呢，乱七八糟的，皇舅稀里糊涂地走到了东六宫大门的苍震门里。

这下弘历不乐意了，训斥道："苍震门亦系宫闱之地，未奉旨意，岂可擅将外人领入门内？……若如此轻易带领，成何体制？"皇舅尚且挨了外甥的骂，后宫其他人就更不用想了，后来弘历还在苍震门内加了照壁，作为视线的阻挡。

肆

"一入宫门深似海"，看上去这些低等级的后妃们都比较惨，其实不然，惨这种事都是比上不足比下有余，跟宫里的另外一个弱势群体——宫女们比，那些答应和常在已经能算是人上人了。

清朝的宫女其实活得要比明朝强，倒不是说清朝皇帝更人道，而是因为明朝人数实在太多了，可能要数以万计。明朝时候紫禁城绝对不冷清，隔不了多远就能碰到一个人，人多了伙食费就不够，导致生活条件极差，甚至出现了有人饿死的情况，所以清朝一进紫禁城，就把宫女给遣散了，大幅度减少了宫中人数。康熙时期玄烨曾经感慨："明季宫女至九千人，内监十万人，饮食不能遍及，日有饿死者，今则宫中不过四五百人而已。"

这事是不是玄烨黑了一把明朝，不太好考证了，但他自己对清宫内给的这个数字，基本上属实。清朝宫廷里也基本上就是这个数目，到了乾隆朝就更少了，弘历在谕旨中称："其余给使女子，合之皇子皇孙等乳妪使婢，统计不满二百人。"加上奶妈都不到二百人，确实是历朝历代后宫中极为罕见的情况。

这些宫女，加上本身不多的太监，要肩负起偌大后宫的全部工作，辛苦程度可想而知，每个宫女上岗之前要历经为时一年的培训，从说话的声调到走路的姿势都会学到，而且还要断文识字（"日各以一小时写字及读书"），之后才会被分配工作。

分配就得看样貌了，"俊者侍后妃起居，次为尚衣、尚饰，各有所守，绝不紊乱”。长得好看才有可能被分配到宫里面，这种就是言情小说里常见的桥段了，某宫宫女被天子看上，开启后宫崛起之路，一路晋级到皇后，别想了，历史上这种事基本上没发生过，最起码清朝没有，明朝就一个，生下朱祐樘的纪贵妃，有多惨就不说了。而如果长得不那么好看，对不住，分配的时候老老实实去尚衣局，当一辈子苦力吧。

更要命的是，宫女们虽然接受的是贵族小姐的培训，但生活待遇却极差，虽然不至于像明朝时那样“日有饿死者”，但每天只有木桶装的米饭和咸鸭（鸡）肉吃，而且都“臭腐不中食”，平时都是睡在配殿边上的耳房里，十人大通铺，更离谱的是房子有时候还漏水（“所居屋漏墙圮”）。

就是这种生活，从十几岁进宫，宫女们至少得干到二十五岁才能出去，这是运气好的，运气不好，你被上面的“主子”看上了，一高兴再给你一份续约合同，又是十年，出去之后三十五了。

三十五岁在清朝什么概念呢？乾隆朝皇太后抱上长孙永璜的年纪，正好是三十五岁，基本上都是含饴弄孙的年纪，放出去那不叫颐养天年，那叫等死。

后宫中郁郁而终的嫔妃们，我们往往还能通过史书以及紫禁城中遗留的痕迹进行追寻和探索，而这些隐藏于深宫和历史角落里的宫女们，并没有见诸任何史册，只有清朝结束后，一些宫中人物的回忆录，展示了她们只鳞片羽的痕迹。流年匆匆，当我们追寻历史时，不应该忘记，东西六宫之中，有着一批又一批的女子，成为了清宫里森严家法的践行者和牺牲者。

乾隆朝之文艺两开花

作为人们耳熟能详的一位皇帝，乾隆帝弘历有着不同的面孔：他可以是养心殿里面处理政务的皇帝；也可以是周游河山，微服私访甚至闹出传闻的风流天子；他可以是康乾盛世的集大成者和中国疆域的奠定者；也可以是闭关锁国，妄自尊大，导致清朝由盛转衰的罪魁祸首。但无论从什么角度看，这位长寿的皇帝，都是整个十八世纪中清帝国最大的“顽主”，他在文玩、建筑、文学乃至饮食上等一系列孜孜不倦的钻研，将成为清朝宫廷文化中的标杆和不可或缺的一部分。

壹

一个人对艺术和生活的热爱以及闲情雅致，必须得考虑到年龄和心态的问题。弘历登基的时候，才二十出头，再加上皇家内部各种琴棋书画的培养熏陶，他对各种文学艺术都投入了极大的兴趣。

排名第一的就是文学。

虽然他本人就是文字狱的制造者，可弘历自己却对诗文极其爱好，他的老爹胤禛就有自己的诗文集传世，弘历更是打小接触诗文写作，时不时地就得来一首，而且质量不行，数量来凑。我们之前已经在很多地方都引用过弘历的“御制诗”，这实在不是一个巧合，事实证明只要你写得够多，总有几首能凑得上。

根据统计，弘历这辈子大概写了四万首诗，跟整本《全唐诗》的总数有一拼，平均到一天大概一首多一点，用文思泉涌都不足以形容这个庞大的数字，这简直是一个人在挑战一个朝代。

而之所以能这么高产，很大程度上得归功于弘历的创作路子与一般人不大一样，逮着什么都敢写，逢着自己老妈的生日，一写就是十几首。之后更是公然声称“拈吟终日不涉景，七字聊当注起居”，这诗不大好懂，翻译一下，就是我整天在这不是写风景，我都是拿诗词当日记（起居注）用。

再加上弘历这人跟爷爷玄烨一样，喜欢旅游，平时不爱在京城里待着，史书上说他一生中“南巡者三，东巡者三，幸五台山者三，幸中州者一”，每到一个地方，就会留下大量的诗篇，像回东北祭祖，直接写了个《巡幸铙歌大乐二十八章》，一下子就是二十八首。如果我们到全国各地旅游，如果导游很自豪地说我们这有一块“御制诗碑”，上面有以前皇上的诗，不用问，百分之九十是乾隆爷的杰作，除了他没人好这个。

发展到后来，弘历简直是成神了，简直是即物起兴，看到什么都能来一首，当然质量就不能要求了。比如下面这首《黄瓜》：

菜盘佳品最燕京，二月尝新岂定评。

压架缀篱偏有致，田家风景绘真情。

但凡学过诗的一读都知道这是打油诗，但弘历写得孜孜不倦，啃个黄瓜都得来这么一首。

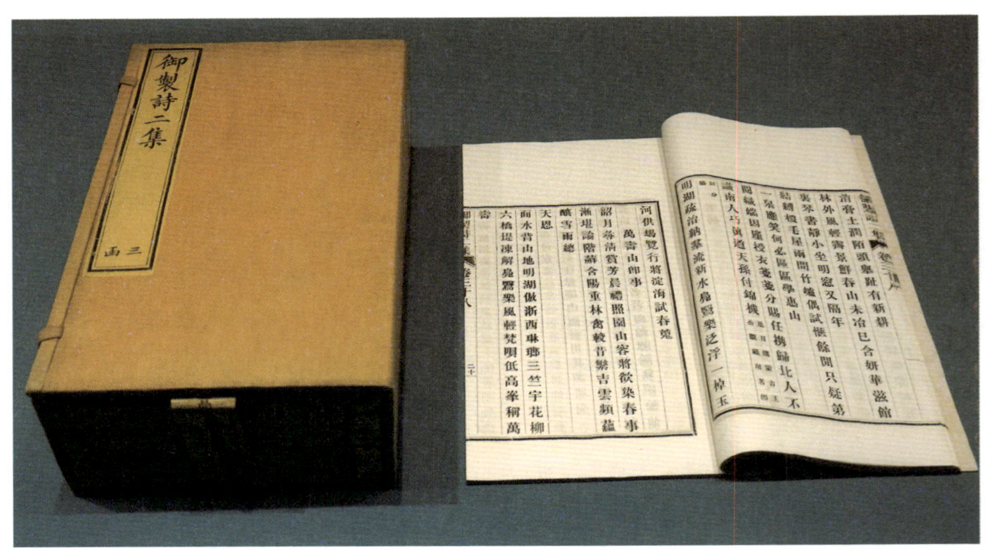

乾隆御制诗集

这种对文学的热情，也被弘历投入到了修书上。

乾隆朝是清朝官方修书最多的一个时代，除了我们前面提过的政治上的目的之外，弘历自己的文学倾向也很重要，这直接造就了中国历史上最大的“出版社”——武英殿修书处。

武英殿在雍正乾隆年间，已经变成了一个“闲殿”，雍正七年的时候，继承了当年康熙朝的武英殿造办处，改名为修书处，而后慢慢专业了起来，比如其中的“浴德堂”，就是专门“蒸书”的地方。武英殿到了乾隆朝的时候，就彻底发扬光大了，先后校对印刷了《十三经注疏》《大藏经》《二十一史》等一批大部头，后来的《四库全书》也是武英殿负责印刷的，而且还有专门卖书的“通行书籍售卖处”，“武英殿本”就此名噪一时，逐渐成为民间认可的官方版本。

这种认可，背后有两个原因，一是武英殿的印刷成本较为低廉，且印数颇大，二是弘历本人对其质量的要求把控。

成本主要和印刷手段有关系。虽然北宋毕昇发明了活字印刷术，可在中国一直没有普及开来，特别是私人印刷馆，更没有铜活字，毕竟铜在古代就是钱，中国字这么多，简单点说，能搞一套铜活字印书的人，基本上已经脱离低级趣味了，用不着靠印书挣钱了。康熙雍正那会儿武英殿是有铜活字的，结果弘历当皇帝之后没几年就发现不对劲，铜活字越来越少，再这么下去一套《千字文》都快凑不齐了。就取消了铜活字，重新改成了刻版印刷。

到了乾隆三十八年那会儿，因为印刷书目太多了，武英殿那帮印书的受不了了，递了个折子建议：“做枣木活字板一份，印刷各种书籍，比较刊板工料悬殊。”用枣木做活字去印刷，并得到了皇上的批准，还特意起了个名叫“聚珍”，所以咱们看古籍版本如果有注明是“武英殿聚珍版”的，那就是乾隆朝以后拿木活字印的。

和成本相对应的是监督，印刷是个细致活，特别是乾隆朝工程量特别大，出错很正常，但必须问责，不然大家都不当回事了，书的质量就会越来越差。

乾隆五十二年的时候，弘历去热河避暑山庄玩，一时兴起想翻阅保存在当地文津阁的《四库全书》，想当一回文化人，结果翻车了，书里面各种错别字就不说了，居然还有连续的空白页和错印，比盗版书还差劲。

这下皇上急了，不仅责罚了所有参与编写的人员，更对主要负责校对的陆费墀进行了罚款，让他自己出资，重新对文澜阁、文汇阁、文宗阁三阁的《四库全书》进行印刷和整修。一般家庭哪玩得起这个，没几年陆费墀就郁郁而终了。这还不算完，弘历坚持对陆费墀抄家，就给他家留了一千两银子，其他全部拿来修书了。

正是这种严肃处理的态度，让乾隆年间的武英殿印书处成为了业界标杆。

贰

弘历在文学上的高产和严谨，也延伸到了艺术和收藏领域，瓷器的烧造就是很典型的一方面。

远在江西的御窑厂，在乾隆朝迎来了一批大业务。在宫廷里面，御窑瓷器是最容易受到皇帝风格影响的一类事物，像朱厚熜喜欢道教，瓷器上全是道教的八卦太极；玄烨爱西洋之物，就出现了对应的珐琅彩瓷，以此类推，所以通过御窑瓷器，基本上能看出一个皇帝的审美风格。

弘历想上手精美的瓷器，有一个得天独厚的优势，那就是在雍正朝的时候，督陶官水平特别高，直接推动了御窑水平的发展。从顺治朝和康熙朝的例子我们就知道，御窑不是说有钱就能烧出来的，得有对应的工匠。

胤禛在督陶官的挑选上简直是开了天眼了，一开始是派了年羹尧的兄弟年希尧去担任督陶官。这哥们被胤禛称为“呆公子”，什么都好，是音律、美术、医学全能型人才，就是混不了官场，连奏章都不会写，就喜欢跟着西洋人学科学，钻研艺术。但没办法，家底子太好了，啥也不会干，只能凑合着当个干部，一路干到了广东巡抚（正二品），督陶官属于兼职，后来哪怕年羹尧倒台，年希尧都能继续在内务府做官。

年希尧这种人特别适合督陶官这个职位，因为人家是搞艺术出身的，绘画之类门儿清，并且从小玩着御窑长起来的，熟知皇家审美，更关键的是对待工匠极好，烧差了自己背锅，反正皇上不好意思骂，烧好了赏钱是大家的。所以雍正朝的瓷器号称“年窑”，某些方面更胜康熙时期的“郎窑”。

而胤禛这个人审美上非常内敛（毕竟年纪大了），烧的很多都是一些仿古瓷器，比如仿造过斗彩鸡缸杯之类的物件，纹饰风格也显得清秀雅致，有点像当年明朝成化时候的感觉。

年希尧卸任之后，督陶官改为了唐英。唐英的出身比较差，是内务府的包衣，

乾隆粉彩镂空回文葫芦转心瓶

所以刚来景德镇，唐英同志就开始下基层，和工匠们同吃同住同劳动，掌握了最细致的瓷器制造工艺，后来他也一直坚持“烧造瓷器虽系琐细工艺，必须谙练熟查，时与匠工讲究，方得全美”。因此在唐英的手里，清代的御窑瓷器发展进入了一个巅峰期。只不过作为巅峰的缔造者，唐英摊上了弘历这么一个老板，那就比较受罪了。

从乾隆元年（1736年）开始，宫里面瓷器的缺口开始大幅增加，如乾隆二年正月，唐英奉旨烧造瓷器四万七千一百二十件，而且要求五月五日之前就得烧好送走，时间紧任务重，要知道，雍正朝七八年下来，御窑厂也就烧了十几万件瓷器出来。

不光工作量大，唐英的创作压力也大，弘历喜欢新鲜的瓷器，经常自己琢磨一个样式去让唐英去烧，时不时给唐英弄点高难度的活出来。乾隆十二年的时候，信佛的弘历心血来潮，让唐英烧一尊白观音，这种有造型的瓷器烧起来格外费劲，因此唐英和工匠们琢磨了半天，最后拖了很久，随后弘历就开始责备了，说“唐英观音烧造不成，是因不至诚之故，著他至诚烧造”，整得唐英人都晕了，烧瓷器又不是跳大神，心诚又不能真把观音菩萨给请下来，皇上您这是唯心主义呀。

这还不是最过分的，乾隆八年的时候，烧好的瓷器送进了宫里，路上颠簸，出现了破损，宫里来信了，说“破损过多，责令赔补两千一百六十四两五钱三厘三丝五忽三微”，这数字真神奇，不知道弘历怎么搞出来的。唐英心里就更苦了，心说我又不是淘宝店，还得管着包邮，那会儿督陶官一年工资也就几百两，背了个锅两千多两银子飞了，没办法，不能和老板对着干，钱和命总得选一个吧，忍了。

所以不难看出，弘历在玩艺术上不光玩得认真，而且很创新，这种创新让乾隆朝的宫廷艺术呈现出与之前大相径庭的风格。乾隆朝的瓷器以繁杂、精细著称，出现了如象声瓷、转心瓶等一系列的新品种，就连仿古的宣德缠枝莲青花，上面的缠枝莲都比原本明代的要多一倍，由此也可见，弘历是一个喜欢热闹和向往繁华的皇帝，这与他所极力缔造的“盛世景象”息息相关。

叁

弘历的爱热闹一直持续到了八十多岁，并开始朝着他梦寐以求的退休生活前进。

早在登基之初，弘历不知道哪根筋搭错了，当着文武百官立了个誓言。说：**“昔皇祖御极六十一年，予不敢相比，若邀穹苍眷佑，至乾隆六十年乙卯，予寿跻八十有五，即当传位皇子，归政退闲。”**意思是说，我爷爷圣祖皇帝干了六十一年，我没法跟他老人家比，我不是二十五上去的吗，要是命好，活到八十五，我就退休，只干六十年，比我爷爷少一年。

一开始大家伙都没把这誓言当回事，可能弘历自己都不信，也就说着玩。开什么玩笑，你爷爷那是八岁上去干了六十年，你这都二十五了，中国历史上都没几个皇帝上八十的。可随着年纪的增长，等到了乾隆三十多年的时候，眼瞅着皇上过了六十大寿，人们开始觉得，六十年退位也不是那么遥远了，于是弘历乐呵呵地开始给自己准备退休后的“老干部疗养院”。

最早的疗养院，定的是圆明园附近的园子。之前因为弘历在圆明园住的是“长春仙馆”，所以在圆明园东边修建了长春园，到了乾隆三十五年左右的时候，他又

位于宁寿宫的畅音阁，是紫禁城中最大的戏台。

仿照苏州狮子林扩建了长春园，让苏州织造送了狮子林的模型过来，一年就修完了，因此长春园应该是弘历最理想的退休之所。

同时还在附近修了绮春园，绮春园本来是赐给大学士傅恒的春和园，结果傅恒病故之后，弘历这个姐夫不太地道，把园子收了回来，扩建成了绮春园，这样一来，新修的几个园子和之前的圆明园组成了一大片园林，足够弘历晚年游览了。

但随后，弘历又觉得退休以后拿着园子来住，不大符合“太上皇”身份，所以在乾隆三十七年开始，又把目光放在了外廷东路的宁寿宫身上，打算将这里改建为“太上皇宫”。

宁寿宫的改建，是清朝紫禁城最大的新建工程，甚至比当初康熙朝重修三大殿的动静还大，毕竟弘历比爷爷平三藩的时候有钱多了，而且有漫长的准备时间。

工程分了两期，第一期工程从乾隆三十七年开始，主要新建宁寿宫后边的建筑，原来宁寿宫在明朝时候是给太妃们住的，“移宫案”的李选侍就被赶到了这里，后来康熙朝的时候改建了一下，后面几乎没什么建筑，所以第一期工程主要是新建，一共砸了七十六万余两白银，这还不算器物摆设等物品。工程主要增加了“乐寿堂”“颐和轩”等一系列建筑，这名字一看就是跟“老头乐”的性质差不多，全是冲着养老去的，还加了一个“畅音阁”，五间三层的大戏台，给太上皇听戏用的。

此外，著名的“九龙壁”也是在这个时候修建的，是宁寿宫区域的影壁，总共用二百七十块琉璃构件拼成。琉璃这种材料很脆，容易碎，由此引发了一个小故事。

说当时完工的时候，一个工匠不小心，来了个“碎碎平安”，把一块琉璃给弄碎了，就是东边第三条白龙龙腹的地方。这个都是有工期的，而且时间紧急，不可

宁寿宫的“九龙壁”

能再烧一块了，就有一个叫马德春的工匠头站了出来，用楠木（一般木头过几年就变形了）雕了一块安上去，刷上了白漆，成功地忽悠过了所有人，而且一直到清朝末年都没人看出来，现在成为了九龙壁本身的一个看点。

第一期工程大概只用了一年的时间，到了第二年，第二期工程就开始了，主要是把以前的宁寿宫改建成了“皇极殿”，作为以后太上皇接受朝贺的地方，可以看作是“礼殿”，和第一批的工程预算加起来，一共花了大概一百三十万两银子，到乾隆四十一年才建好。

等这个工程建好，我们不难发现，宁寿宫变成了一片独立于紫禁城之外的建筑，甚至可以被称作“小紫禁城”。

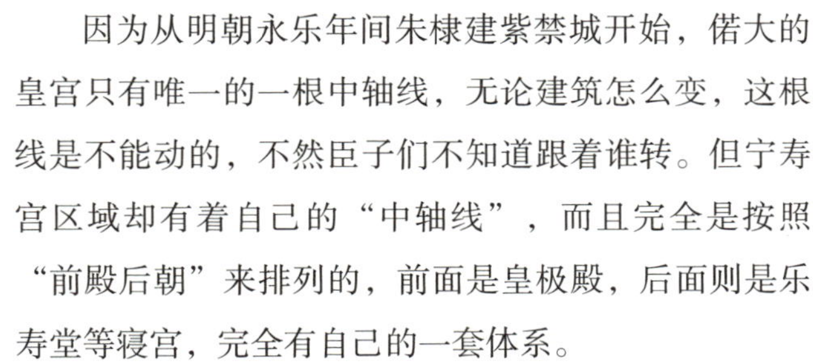

因为从明朝永乐年间朱棣建紫禁城开始，偌大的皇宫只有唯一的一根中轴线，无论建筑怎么变，这根线是不能动的，不然臣子们不知道跟着谁转。但宁寿宫区域却有着自己的“中轴线”，而且完全是按照“前殿后朝”来排列的，前面是皇极殿，后面则是乐寿堂等寝宫，完全有自己的一套体系。

然而很有意思的是，弘历虽然对宁寿宫心心念念了几十年，但自己却从来没有真正入住过。在当完六十年皇帝以后，按理说该退休了，他亲自从“正大光明”匾额后面拿出了密匣，拿出了传位诏书，传位给皇十五子颙琰，并定次年年号为“嘉庆”。

传位这件事特别突兀，本来大家都不知道谁会当皇子，眼瞅着老皇帝就要退位了，突然在乾隆六十年的一次皇家宴会上，弘历按惯例给所有人赏赐了宝物，唯独没给颙琰。就在大家一脸蒙，觉得这小子是不是犯了什么事的时候，弘历意味深长地来了一句：“尔则何用银为？”翻译过来就是你要钱有什么用呢？

话说完，大家更蒙了，这话信息量太大，谁跟银子有仇呀，只有皇上才敢说我不需要钱，因为天下都是人家的，想拿什么拿什么，到这为止，继承人才算浮出水面。

登基之后的颙琰，心心念念地想着干一番事业，没承想完全不是那么回事。老爹弘历虽然退位了，但却是“退而不休”，搞了个名头，说自己“训政三年”，我要老带新，再燃烧一把老骨头，而且说养心殿自己住习惯了，先不给新皇上了，把原本颙琰住的毓庆宫改建了一下，又在北边扩建了“继德堂”，给颙琰去住。

为了给新皇帝一点盼头，弘历又立了一个誓言，说我到九十岁的时候，就搬到宁寿宫去住，看来这种事有瘾，跟贷款一样，当初贷了六十年，现在又贷了个五年计划。只是这次，弘历没能按时还上这笔账。

嘉庆四年正月初三，统治中国六十四年的弘历，病逝于养心殿中，清冷的宁寿宫再也没能等来它的主人，这条新的“中轴线”，就此变成了一条“死龙”。一个盛世，在这一刻正式终结了，那些六十余年来积攒的文艺与繁华，将在紫禁城的夕照下，逐渐化为往日的泡影。

第十七章 风起萍末

盛世危言，刺王杀驾

历史在嘉庆四年拐了个弯，无论是紫禁城还是大清国都是江河日下，由盛转衰了。已然不年轻的颙琰坐在养心殿里，虽然有着“咸与维新”的想法，却是有心无力，死水般的气氛早已在这之前就开始弥漫，而在这种气氛之中，颙琰如同一个溺水之人，在挣扎中面对各种不可预知的杀机和危险。

壹

假如我们回过头来，去看所谓“康乾盛世”的这一百二十多年，会发现其中是有规律可循的。

康熙朝的任务是拓展，玩命地往外开疆拓土。到了雍正朝的时候，历史任务就变成了处理内政，因为前面说了，康熙朝一直在打仗，从三藩打到台湾再打到西北，半个世纪打下来，国内的问题很多，需要胤禛这么一把快刀，解决国内的诸多问题，所以雍正朝狠抓贪污，肃清吏治，发展农业。

到了乾隆朝，弘历走的是爷爷玄烨的路子，一开始玩命地打，并尽可能制造宽和的氛围，不但“十全武功”打下来，国家还要为了收拢民心时不时地“免税”。这下国内就开始出现各种问题了，而且问题要比康熙时候难得多，最起码，那会儿满汉民族问题还不尖锐，而弘历一套操作下来，朝廷里除了王公贵族就是各种“包衣”，国事家事牵扯到一块去了。

因此，老爹弘历刚刚龙驭宾天，颙琰在贪污上就开始“打老虎”，先一巴掌拍死了和珅。

和珅的崛起，在清朝历史上简直就是一个神话。

和珅是正红旗人，最早出身于满族钮钴禄氏（和乾隆朝的皇太后为一个姓氏），靠着聪明，进入了咸安宫官学。这个地方原来是监禁康熙朝废太子胤礽的地方，之后在雍正年间被改成了贵族学校，在这里，和珅无师自通地学习了满、汉、蒙、藏四族文字，为他以后飞黄腾达打下了基础。而且在乾隆三十三年的时候，和直隶总督冯英廉的孙女成婚，老冯当到过内务府主事，能干到这个位置的人，绝对是皇上的自己人。

这批咸安宫官学的毕业生，因为是满族的“自己人”，再加上冯英廉的运作，和珅被补到了乾隆帝边上做侍卫，天子脚下好做官呀。

据说在一次巡游途中，弘历在轿子里看奏折，估计不知道谁又惹事了，就吐槽了一句：“虎兕出于柙，龟玉毁于椟中，是谁之过欤？”看不懂没关系，这话出自《论语》中的《季氏将伐颛臾》一段，弘历来这么一句就是为了显示一下自己有学问，没承想和珅在侍卫里听到了，大着胆子接了一句“典守者不能辞其责耳”。

皇上一听，爽了，高山流水遇知音呀，说相声就得这样嘛，三分逗七分捧，平时满族侍卫里全都是一群官二代，除了不学无术就是混吃等死，居然能有这么一个文化人。弘历把奏折扔一边，就开始和和珅聊天。

一聊之下，发现这个侍卫长得一表人才，过去当官颜值非常重要，后来英国使者马嘎尔尼称和珅长得“白皙而英俊，举止潇洒，谈笑风生，真具有大国宰相风度”，所以给弘历的第一印象非常好。

再一问，居然是老冯的孙女婿，根红苗正的自己人，弘历就更高兴了，乾隆朝文化人不稀罕，满族人也不稀罕，有文化的满族人那就太难得了，在这种得天独厚的优势下，和珅就此开始了传奇一样的人生。

在之后的一系列事情中，弘历又发现，和珅的办事能力非常稳当。比如查办云南李世尧案，接见外交使臣等，都做得非常漂亮，最关键的是，和珅是一个搞钱能力强到不可思议的人，最擅长的就是从官员的兜里掏出钱塞到皇上的腰包里。

到了弘历晚年南巡下江南的时候，正好赶上刚修完宁寿宫，手头比较紧，弘历又好面子，不能拿着巡游加税。这时候和珅站出来了，发明了“议罪银”，就是说你犯了罪，可以拿银子来赎罪，然后告诉皇上，您敞开了用。

用完之后和珅跟弘历报账，吃喝玩乐外加建行宫，国库一分钱没花，老百姓一分钱没加，全是官员“孝敬”的“罚款”，弘历由此龙颜大悦，和珅一路加官晋爵，巅峰的时候，六部尚书转了一遍，还兼文华殿大学士、领班军机大臣和满洲镶黄旗军旗都统。

乾隆爷这一看就是老糊涂了，羊毛长在羊身上，和珅这明显就是经济矛盾转移，把国库看得见的搜刮，变成了手底下的人看不见的贪污腐败，最后的结果是官场风气全败坏了，官员们一个个都开始学着怎么捞钱更漂亮，反正到时候拿“议罪银”和皇上“分赃”。

而这其中，和珅就是老祖宗级别的存在，做人非常有原则，坚决和皇上站在统一战线上，只受贿绝不贪污，皇上的钱，我一分不动，但你们往上孝敬的钱，必须一式两份，皇宫里一份，和大人府上一份。

到了晚年的时候，弘历越来越离不开和珅了，平时传达的谕旨，尤其是口谕，其他人都听不清，只有和珅能明白，那这里面的猫腻就多了去了。等弘历当了太上皇，上朝的时候，和珅先搀着弘历走出来，坐在御座上，和珅站到一边儿，后面颙琰才出来坐在边上，所以当时文武百官都管和珅叫“二皇帝”。

大家都盯着老皇帝和“二皇帝”去了，那正儿八经的皇帝颙琰肯定就不乐意，因此在老爹去世没几天，清算“二皇帝”就显得势在必行了。

贰

嘉庆四年正月十三，老皇帝刚走不到十天，对和珅的清算战役就打响了，整个过程基本上可以用兵不血刃来形容，颁布了和珅二十大罪状，并予以白绫赐死，同时对和珅位于什刹海西南处的府邸进行了查抄。

如果有看过金庸先生小说《鹿鼎记》的朋友，一定对里面索额图和韦小宝给鳌拜抄家的片段有印象，基本上抄和珅的家就是这么个情况。

爱新觉罗家族的人一听说要给“二皇帝”抄家，那个激动呀，因为都等着钱修王府呢。根据史料记载，在抄家过程中，颙琰的兄弟永瑆和永璇带着侄子绵恩，连日常奉先殿的祭祖活动都没参加，可见大伙对抄家的热心程度。

然而即使是这样，当抄家的清单出来以后，所有人还是被数字给震惊了，我们可以稍微节选一部分和珅抄家的清单，看看这位“历史级巨贪”的奢华金库，这份清单同时也是清代贵族生活一个很好的写照。

位于北京“中轴线”上的和珅府，之后和珅府邸被先后赐予庆王永璘与恭亲王奕䜣，现为恭王府遗址。

和珅抄家清单（节选）

现金部分：

赤金元宝一百个（每个重一千两，估银一百五十万两）、白银元宝一百个（每个重一千两）、生金沙二万余两（估银十六万两）、赤金五百八十万两（估银八千七百万两）、元宝银九百四十万两、白银五百八十三万两、苏元银三百一十五万四百六十余两……

不动产：

御赐花园一所，亭榭楼台二十座，新添十六座……花园一所，亭台六十四座。田地八千顷。银号十处，本银六十四万两。当铺十处，本银八十万两。

珍稀玩物：

汉铜鼎一座、古铜鼎十三座、玉鼎十三座，宋砚十方、端砚七百十余方，玉磬二十架、古剑二把、大自鸣钟十架、小自鸣钟三百余架、洋表二百八十余个、玉马一匹（高一尺二寸、长四尺）、珊瑚树八株（高三尺六寸）…… 白玉大冰盘十六个、碧玉茶碗九十九个、玉汤碗一百五十三个、金碗碟三十二桌（共四千二百八十八件）、银碗碟三十二桌（共四千二百八十八件）、白玉酒杯一百二十个、水晶杯一百二十个、金镶玉箸二百副、金镶象箸二百副、赤金吐盂二百二十个、白银吐盂二百余个、赤金面盆四十三个、白银面盆五十六个、白玉鼻烟壶三百七十四个、汉玉鼻烟壶二百七十六个、镂金八宝大屏十六架、镂金八宝床四架（单夹纱帐俱全）、镂金八宝炕屏三十六架、赤金镂丝床二顶、镂金八宝炕床二十四张、嵌玉炕桌二十四张、嵌玉炕桌十六张。金玉朱翠首饰大小二万八千余件。

其他产业：

当铺七十五座、银号四十二座、古玩铺十五座、玉器库两间、绸缎库四间、磁器库二间、洋货库二间、皮张库二间（元狐十二张、色狐一千五百二十张、杂狐三万六千张、貂皮八百余张）、铜锡库六间（共二万六千九百三十七件）、珍馈库六间、铁梨紫檀库六间、玻璃器库一间（共八百八十余件）。

最后这些数字加起来大概有八亿两白银（也有说两亿两，但跟单子对不上），2001年的时候《华尔街日报》因此称和珅为“千年来世上最富之人”，这个数字在大清朝完全不应该和“贪污腐败”结合起来，用“富可敌国”来形容和大人都是一种侮辱，因为那时候清朝岁入最多的时候七八千万两银子，乾隆朝晚年可能没那么多了，五千万两出头，等于和珅家里放着清朝十几年的财政收入，因此有人说“和珅跌倒，嘉庆吃饱”，“二皇帝”太照顾新皇帝了，登基送了这么大一份厚礼。

而当所有的王公贵族在为了这个数字欢呼的时候，极少有人能意识到，这个庞大而赤裸裸的数字，已经把清朝的盛世画卷撕了个粉碎，在这个数字背后，隐藏着已经不可调和的社会危机。

这里我们得先明确两点。

首先，再次重申，和珅不是贪官，颙琰弄了个二十大罪状出来，里面没贪污，也就是说，和珅没对不住爱新觉罗家族，起码国库里的钱人家丝毫不取。

其次，和珅不是权臣，因为权臣的标志是党羽，颙琰收拾和珅这么顺利，就是因为和珅无党羽。当时颙琰问军机大臣吴熊光，说和珅这个人比起古代的王莽、曹操怎么样？意思就是暗示和珅是不是有不轨之心。吴熊光这么看和珅不顺眼的人都接不下去了，表示“**凡怀不轨者，必收人心，和珅则满、汉几无归附者，即使中怀不轨，谁肯从之**”，说一般人想搞事情，肯定要收买人心，和珅在朝廷上基本把能得罪的满汉臣子全得罪了一遍，他想造反，有人跟吗？

那问题就来了，一个人不是权臣，不是贪官，捞了八个亿，而在他捞这八个亿的十几年里，皇帝除了办宴席就是外出巡游，国库还照常运转，谁给这笔钱买单了呢？毫无疑问，在紫禁城外看不到的地方，无数的普通家庭早已不堪重负，这也是乾隆末年清朝开始进入衰落的原因，在后者得意洋洋的盛世之下，隐藏着千疮百孔的弊政。

叁

颙琰一开始也希望修复这一切，但很快他就发现，收拾和珅并不是他新政的起点，而是他新政的巅峰，“由奢入俭难”，他没法再像祖父胤禛那样提起屠刀，再一次革新大清朝的命运。他的老爹弘历打破满汉平衡的恶果也逐渐显露出来，整个官僚团队已经不再具备大规模换血的能力了，而这种沉闷腐朽的风气迅速蔓延开来，也让满族引以为傲的军队战斗力迅速下降，甚至连皇帝边上的太监和侍卫都受到了影响。

震惊嘉庆朝的“陈德刺杀案”和“天理教禁门之变”，就是在这种背景下发生的。

陈德原来是跟着包衣们在内务府做事的下人，干了三年以后出宫了，宫里的繁华看得比较多，心理本来就有点不平衡。加上表姐病故，以及老母瘫痪在床，本来就一脑门子报复社会的念头。

嘉庆八年的时候，他被自己打工的大户人家孟家给辞退了，加上求签的时候有人告诉他“将来我必有朝廷福分”，最后在酒馆里和人吵了一架，脑子一热，赶巧看到北京城里有黄土垫道，知道是皇帝要回宫，就去东安门酒铺子里喝了两碗酒，准备干一票大的。

嘉庆八年闰二月二十日这天，根据后来陈德自己的供述，他是“进东华门，穿过协和门、熙和门，走西夹道，到了神武门内，混在神武门内西厢房南面的人群之中”，看见皇帝的车驾就往外冲，捎带着掏出了随身的小刀。不过北京城那会儿好热闹，围观皇上的人很多，等陈德冲过去的时候，颙琰已经进了顺贞门，不知道后面有什么。

殿后的御前侍卫全都傻了，清朝开国都快二百年了，没见过刺杀的事，一群军士完全没拉住陈德，直到陈德都到眼前了，才由御前侍卫和几个王爷赤手空拳将其拦住，搏斗之中，侍卫丹巴多尔济挨了三刀，定亲王绵恩袖子被划破了，之后陈德就被擒住了。

后知后觉的颙琰知道这件事以后人都气坏了，神武门外头满满的八旗兵，到最

神武门

后连个伸手的都没有，还是御前侍卫靠肉搏把人挡住的，这是神武门又不是天桥，合着朕养你们是为了你们捧个人场吗？而且后来人家陈德说，本来就是求死，打算让侍卫们把自己“乱刀剁死”，没承想这群老爷兵连刀都不出。

事后陈德自然被凌迟处死，但这件事暴露出的后遗症却让颙琰心头一凉，他把这件事和明朝万历时期的“梃击案”相提并论，看作是宫禁松动的一个标志，并处理了神武门外的八旗军官。但很显然，这是一个治标不治本的举动，接下来发生的“天理教禁门之变”很好地证明了这一点。

天理教是白莲教的一个分支，这个宗教在宋朝就有，而且倾向非常专一，就是反政府。元朝的时候搞“重开大宋青天”的人里面就有他们，明朝那会儿跟老朱家干，这会儿又跟爱新觉罗家对上了。

当时天理教手下有个首领叫林清，琢磨着要干一票大的，正好他们的活动范围都是在京津附近，有些太监侍卫因为生活太苦也入了教，等于说林清在宫里面是有内应的。

说干就干，林清找了二百个人，分了两队，一路走东华门，一路走西华门，约定在“酉之年、戌之月、寅之日、午之时”行动，说了一大堆，其实就是嘉庆十八年（1813年）九月十五日。

这一天，两边各一百人，东边在太监刘金、刘得财带领下，率先往里走。没承想这批人成事不足败事有余，在东华门外面，跟宫里的运煤车吵了起来，一群人在经过了一系列争执后，天理教徒没忍住火，掏出了刀子，就此暴露了，大多数人被挡在了东华门外面。

东边不亮西边亮，西边的那队，明显比东边的智商高一点，悄悄地干活，跟着太监杨进忠，全部混了进来，关闭城门后大打出手，直接绕开三大殿直扑养心殿，一路杀到了内廷的隆宗门之外才被侍卫们拦住，可见那会儿紫禁城里的防卫松懈到了什么地步，人家扔个砖头都可能砸到养心殿的院子里。

后知后觉的王公大臣们也反应过来了，把军队和火器营调集到宫内，双方在隆宗门外展开了激战，天理教徒四散而逃。至今，隆宗门的牌匾上依然保存着一枚箭头，就在“宗”字的边上，依稀可以从中想象当年战况的惨烈。

幸运的是天理教的情报落后了，颙琰当时在木兰围场打猎，没在紫禁城里待着。倒是后来的接班人道光帝皇次子旻宁（当时还叫绵宁，继位后改为“旻”）正

隆宗门上的箭头

好在上书房读书，一听外面有动静，立马精神了。清朝皇子教育摆在那里，能文能武，难得有个机会逃学，旻宁抓起平时打猎用的火枪，三步两步来到养心殿前，亲手击毙了两名天理教徒。

稍后，旻宁派出人，一面快马加鞭去联系自己的老爹，一面下令关闭城门，让军队继续追击四散在宫里的其他天理教徒，自己则来到后宫安抚自己的母妃，初步展现了帝王的气概。后来老爹颙琰也承认“大内平定，实皇次子之力也”。

那边颙琰知道这件事以后，震惊到无以复加，人还没到，“罪己诏”已经到了，清朝皇帝之前极少有罪己诏的情况，除非是地震这种天灾人祸没办法才下一个。在这份诏书里，颙琰清醒地认识到“变起一时，祸积有日”，这种危机其实早就在酝酿了，并认为这次事件实在是“汉唐宋明未有之事”。

俗话说，千里之堤毁于蚁穴。紫禁城的防卫虽然是小事，却非常能反映出一个国家政治掌控力的问题，明朝发生“梃击案”的时候，整个国家也是在动荡和腐败之间徘徊，才能让王大臣拎着枣木棍大摇大摆地走了进来。

如今在嘉庆朝，一个拎着小刀临时起意的醉汉居然可以冲击天子的车驾，一群没有经过正经军事训练的乱匪竟然一路砍杀到隆宗门，说明那时候清朝的军队和官僚基本上从里到外全烂透了。

二十多年之后，鸦片战争爆发，远道而来的英国兵从广州打到了南京，本土作战的清兵却抵抗不力，最终被迫签订了屈辱的《南京条约》，彻底扯下了一个帝国最后的遮羞布。

一段漫长而屈辱的历史，即将被紫禁城所见证。

道光三十年的黄昏

摇摇欲坠的紫禁城迎来了清朝的第七个皇帝爱新觉罗·旻宁，“道光”这个年号响彻中国长达三十年之久，而“平庸”“软弱”“摇摆不定”也成为了这位皇帝无法摆脱的代名词。遗憾的旻宁在道光三十年时迎来了人生的终点，也是在这一年前后，发生的一系列事情，将彻底奏响一个帝国黄昏的乐章。

壹

旻宁跟颙琰一样，在清朝皇帝里都算是倒霉帝王，在登基的时候就不顺，一上来就赶上了所谓的“鐍匣案”。

嘉庆二十五年（1820年）七月，颙琰在避暑山庄逝世，这回和前面几个皇帝一样，属于暴毙，可能是因为颙琰人比较胖，再加上喝了点酒，死于脑溢血一类的疾病。

皇帝一驾崩，大臣们就开始找放着继承人名字的盒子，叫“鐍匣”，这盒子一般有俩，一个在“正大光明”匾额的后面，一个由皇帝随身带着。结果一打听，合着“正大光明”匾后面没有，傻了，紫禁城、颐和园加避暑山庄，仨地儿乱成了一锅粥（“从官多失措”）。

国不可一日无君，宫里面觉得这样不行，皇后（应该是皇太后了）钮钴禄氏斟酌了一下，觉得旻宁的优势太大了，毕竟天理教进宫叛乱的时候有平乱之功，没好意思大着胆子立自己的儿子，下了懿旨，由皇次子智亲王旻宁继位。

懿旨还在路上，那头避暑山庄也传出来消息了，说在一个内侍手上，找到了一个金盒子，上着锁却没钥匙，因为颙琰去世的时候身边没钥匙，这个内侍之前没说话，也就是说人家也不知道盒子里是啥。大家把锁拧开之后，果不其然是“鐍匣”，里面也是诏令旻宁继位，跟后面到的懿旨凑一块了，这才让旻宁登基。

从这也能看出来，“鐍匣”这东西其实有点靠不住，所谓一式两份，乾清宫那份到底有没有，谁也不知道，皇帝亲自带着的这份，不可能皇上像遛鸟一样天天在手里提着，得给身边的人保管，很容易被动手脚。历史上，旻宁的继位多少有些争议，就是因为“鐍匣”被发现得太晚，理论上算是被懿旨推上去的。

被盒子恶心了一把的旻宁，登基之后才发现，这把龙椅坐起来远没有想象中那么舒服。

最早的时候，旻宁拿的是爷爷弘历的剧本，跟弘历被玄烨宠爱一样，打小时候开始弘历也特别喜欢这个孙子。之后老爹颙琰当了皇帝，旻宁接受的也是最传统的宫廷教育。

在乾隆往后，清朝这种宫廷教育的问题开始慢慢暴露出来，说白了皇子都是流水线产品，就跟现在孩子一样，到什么年纪报什么特长班，期末考试一水儿的三好学生。这样的结果就是，培养出来的继承人按部就班，没什么缺点也没什么优点，对变革这件事缺乏兴趣和手段。

胤禛那是玄烨有目的地培养挑出来的，你老爹我玩命打地盘，你上来给我整顿内部，整顿完了你儿子弘历接着打地盘。可从弘历开始，这种循环断了，往后选继承人就没有站在一个国家的宏观角度去思考，我看这孩子顺眼，得，就你了。

那什么样的孩子顺眼，听话的孩子呗。明清都号称“以孝治天下”，弘历当初为啥没立皇长子呀，就是因为皇长子在自己后妈富察皇后的葬礼上哭得不走心，继承人就没他的份了。旻宁能继位，也是和他的听话有关系，但这种“听话”如果大而化之，就变成了政治思路上的延续，做不到康熙、雍正、乾隆三朝一代人干一代人的事了。

这就导致乾隆朝挖了坑，本来下一代人应该回填，选的继承人却只知道“听话”，觉得我爹说得对，接着挖，那最后就得把自己埋了。

从这儿来说，旻宁就属于被坑的那一代，自己也不想着回填，毕竟老爹就是按“听话”的标准挑的人，在当皇子的时候，旻宁堪称完美。

品德上，旻宁平时“珍奇玩好之物，略不关怀”，没有任何不良嗜好，而且后来《清史稿》里称他“恭俭之德，宽仁之量，守成之令辟也”，是个好好先生。

学问上，不光能拎着火枪打人，学习上也没落下，潜心读书，著有《养正书屋诗文集》四十卷，“养正书屋”是颙琰在登基后赐给旻宁的书房，现在故宫里藏的御窑瓷器中，有些都带有“养正书屋”的款号，典型的道光朝私人订制。

这么说吧，中国历史上百分之八十以上的皇帝，要是能有旻宁这么一个文武双全、品学兼优的继承人，估计能笑着从棺材里爬出来。

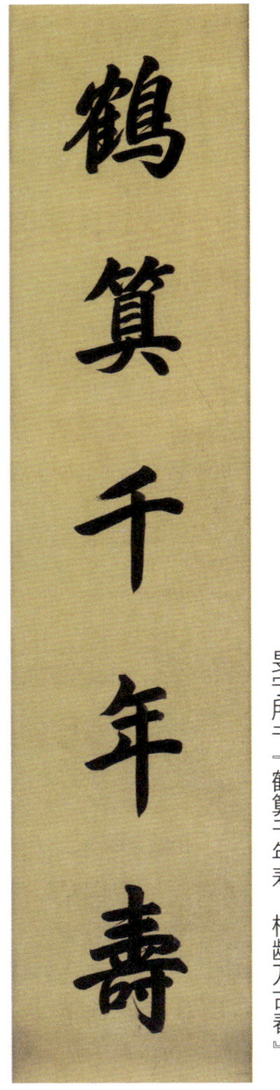

旻宁所书『鹤算千年寿，松龄万古春』。

只可惜，当皇上和当皇子是两码事，登基之后，旻宁虽然也推出了诸多改革措施，比方说改革盐税和吏治，平定了边疆的叛乱等，可有两大方面他先天缺失，已经没法再去调整了。

一方面是手里没兵，八旗和“绿营”全烂透了，军队变成了满洲贵族捞钱的地方，嘉庆朝的时候抄和珅家弄出来的银子，被平定“三苗”的军费全都耗空了，这让旻宁手里缺乏“改革的刀”。

另一方面，世界格局也不同了。在这之前，涉及领土问题时，能和清朝打交道的就一个俄国，清朝人的思维还停留在断掉对面贸易进而让敌国亏钱的层面上，没承想旻宁碰上了当时号称“日不落帝国”的英国，打输了鸦片战争，整个南方的民族矛盾开始被迅速激化，

大厦将倾，旻宁却已然回天乏术。道光三十年（1850年）年初，在圆明园的慎德堂中，旻宁抱憾而终，留下的是一个千疮百孔的烂摊子。

贰

老皇帝离世，就该是小皇帝继位了，号称清朝最没谱的继承人之一的奕詝就此登场。

旻宁老实巴交了一辈子，到了晚年，开始为继承人的问题发愁。一共俩孩子，一个皇四子奕詝，一个皇六子奕䜣。

最早的时候还有一个皇长子奕纬，本来有希望即位的，奈何早逝了，里面还有个故事，是晚清时期太监回忆的。说当初奕纬在上书房读书的时候，小伙子脾气不太好，跟老师顶撞了一下，随口来了句，我要当了皇上，先杀你个老不死的。

这回把老师气着了，马上找家长，跟旻宁告了状。旻宁一辈子推崇的都是儒家的“仁义孝道”，听完这件事之后火冒三丈，把奕纬叫过来骂，骂着骂着踹了一脚，旻宁那可是正儿八经练过的，一脚下去踢到要害，奕纬捂着小腹就躺那了，回去之后没多久就死了。

能和这个故事相佐证的是武英殿边上的一座“断虹桥”，这是现在紫禁城里最老的一座桥，也是为数不多剩下的元代建筑。后来旻宁从桥上走，看见桥上汉白玉石柱上刻着的石狮子里，有一只刚好是捂着小腹部的，想起误伤的大儿子，就用红布盖住了这座石狮子，以免睹物思人。

无论这个传说是不是真的，至少不是空穴来风，说明旻宁本质上是一个很传统的人，而且很讲究儒家标准那一套，这就为后来奕詝继位给出了理由。

其实放到今天标准来看奕詝和奕䜣两个兄弟，只要不是瞎子，都知道压根没法比。

奕䜣是无可争议的文武双全，而且文武双全得有点不像话。文的话，治国理政是一把好手，说起国家政策头头是道；武的话，能够自己发明“枪法二十八势、刀法十八势”，妥妥的武学宗师级别，放到武侠小说里早就开宗立派了。

而奕詝文不成武不就，还因为从马上摔下来过，是个跛子，后来北京城有个说法叫“瘸龙病凤掌朝堂”，“瘸龙”说的就是奕詝。

这个时候，奕詝的师傅杜受田站了出来，开始为自己的好学生出谋划策，而在杜受田的授意下，奕詝做了许多得到老爸认可的事情。

《清史稿·杜受田传》有这么一个段子，某一次在南苑，众皇子都去打猎，比谁猎得多。要是按正常情况走，奕詝肯定不行，奕䜣自然而然地“获禽最多”，天上飞的地上跑的，没有他打不着的，估计放到现在，奕䜣猎到的这些保护动物加起来都够判上二十年了。

结果人家奕詝一箭不发，老爹旻宁奇怪了，说你怎么不射箭呀。奕詝按照老师杜受田的教导，来了一句**“不忍伤生，以干天和”**，就是说我这人太善良，不忍心伤害小动物。

旻宁听了奕詝的话，激动地说**“此真帝者之言！”**，这才是皇帝说的话，打猎谁不会呀，这孩子不忍杀生，将来一定是仁君呀，皇位继承人就这么决定了。

《清朝野史大观》里还记了一件小事。说旻宁晚年的时候，把几个儿子叫过去问朝廷对策，来决定继位人。杜受田就告诉奕詝**“阿哥如条陈时政，智识万不敌六爷”**，论智商你和你弟弟没法比，那怎么办呢？进去之后，如果皇上“自言老病”，你什么话都别说，“惟伏地流涕，以表孺慕之诚而已”，哭就完事了，会哭的孩子有糖吃。

等奏对的时候，皇六子奕䜣进去，老爹问什么说什么，人家上书房天天学的就是这个，经天纬地扯了一大堆，而奕詝进去之后就按老师说的，嚎啕大哭，知道的是进去奏对，不知道的还以为在奔丧呢。旻宁很开心，觉得这小子孝顺，像我，这才把皇位传给了奕詝。

旻宁在继承人问题上，又犯了祖辈和父辈的错误，完全没考虑国情，那时候清朝的问题已经都摆在明面上了，需要的是一把快刀，而不是一个“孝子贤孙”。

之后三十年的历史将会证明，旻宁在继承人问题上的糊涂也许是他一生中最大的错误。

叁

在旻宁逝世的数月之后，也是在这一年，道光三十年的年末，远在紫禁城数千里之外，一位老人在潮州的会馆中病逝。

老人的名字叫林则徐，在那个时代，他被看作“鸦片战争”的“罪魁祸首”，而在之后的时代里，他和他的那句“苟利国家生死以，岂因祸福避趋之”成了一个民族的脊梁。

在因“鸦片战争”被革职发配新疆后，林则徐开启了他鲜为人知的人生苦难，他先是在新疆的冰天雪地里干了几年，在这几年里，他深刻认识到了新疆局势的不乐观，后来在和小老弟左宗棠的聊天中，他和左宗棠讲：“西定新疆，舍君莫属。”

嘱咐完了左宗棠，林则徐就紧急南下了，因为中国的南边又出了问题，新登基的咸丰帝奕詝，在杜受田的推荐下，把林则徐调回两广一带当钦差，主要为了剿灭在当地迅速发展的一个反叛团体，名叫“拜上帝教”，“拜上帝教”掀起了后来赫赫有名的“太平天国运动”。

洪秀全的发家史，跟上卷讲的李自成有的一拼。他本人是广西人，中国古代讲究“耕读”，种地攒点钱就去读书考试，考不上接着回家种地攒钱，都成了模式了。洪秀全考上了秀才，结果卡在府试考举人这一关上了，一来二去之下，洪秀才急眼了。

赶巧了，鸦片战争前后，很多外国人进来传教，他看了一本名叫《劝世良言》的传教册子，捎带着做了一个梦，梦见上帝跟他传道，就此发明了神奇的“拜上帝教”，进而走上了传教的路子。

他把自己当地孔子的牌坊砸了，仗着自己识字，编了一些通俗的歌诀吸引教众。我们通过史料很容易推断出这个“拜上帝教”纯粹是洪秀全拿来忽悠人的，因为在当了“教父”之后，洪秀全于道光二十四年（1844年）居然又去广州参加了一次府试，然后又落选了。在这种情况下，洪秀全开始加紧传教，准备发动起义。

仔细算下来，其实“拜上帝教”的起源完全没那么邪乎，清朝自打入关以来，这种乱七八糟的宗教就一直没断过，远的有天地会、铁枪会，近处来说天理教打进紫禁城也没过去多少年，只不过广西这个地方由于地理和历史问题，政府的管控力一向比较差，再加上家族思想根深蒂固，一个人信教一家人全信了，因此在道光二十七年，洪秀全的教众很快发展到了几千人。

人一多，当地政府反应过来了，不大对劲，自己是摆不平了，赶紧向上面汇报。林则徐正是在这种情况下出任“救火队员”的，在这之前，他已经在云贵等地平息了多起地方叛乱。

只是此时的林则徐，已然是重病在身，于老家福建养病。在接到命令之后，林则徐思索再三，毅然决定拖着病体前往广西，最终病逝于路途之上。道光三十年年底，清朝在他们鞭长莫及的岭南地带，丢掉了他们最锋利的“神剑”。

次年，洪秀全于金田村起义，建号“太平天国”，开始了自己的征途，兵锋所指一路向南，腐朽的八旗军和“绿营”这次连最后的遮羞布都没了，被广西涌出来的农民军打了个溃不成军。洪秀全这条路并不是很漫长，三年之后，咸丰三年（1853年），太平军就打下了南京城，清政府入关之后最大的危机，来得比所有人想象中更快一些。

肆

让我们把历史的镜头稍微向前推动一下，在这一年过完不久，咸丰元年（1851年），在紫禁城里，刚上任的咸丰帝奕詝摆出了一副“察纳雅言”的姿态，希望大臣们就洪秀全起兵这件事提提意见。

官场上提意见是一门大学问，最起码在当时的清朝来说，有的话能说，有的话不能说；在这些能说的话里面，很多话只有满洲贵族能说，汉人不能说。奕詝这摆明了是上台之后做的政治秀，没想到真有个愣头青，当时汉族的礼部侍郎（官职分满汉）上了一个折子，叫《敬陈圣德三端预防流弊》，折子很长，简单概括一下。

第一，说清朝当今的礼法太琐碎，“辨之不早，其流弊为琐碎，是不可不预防”，这话从礼部侍郎说出来就很诡异，不过确实是大实话，国家都到这份上了，还在那穷讲究。

第二，说广西洪秀全这件事为什么得不到解决呢？“其大者在位置人才，次在其审度地利，又其次在慎重军需。今发往广西人员不为不多，而位置之际未尽妥善”，用人，对策以及军队本身都有问题，尤其是用人方面，全都是用人不当。

奕詝听到这脸都绿了，谁用的人？你这折子里就差把朕的名字写出来了。

第三，奕詝之前发了一道谕旨，说“黜陟大权，朕自持之”，意思就是抓权，关键是这话太赤裸裸了，针对这一点，折子里说“苟见皇上一言拒之，谁复肯干犯天威”，明摆着说奕詝吃相太难看了，堵塞了忠臣发言之路。

折子奕詝都没看完，“览奏，大怒，摔其折于地，立召见军机大臣欲罪之”，气得把折子往地上一摔，就想让军机大臣把这个不知天高地厚的侍郎给干掉。周围的人赶紧拦住了，哪有皇上这么干的呀，人家说实话，你就是不想听也不能动手啊，以后再找机会收拾这小子。

所以就在上了折子后不久，这位名叫曾国藩的侍郎就被打发到江西当省级主考官了，赶巧了母亲去世，他就回了湖南老家。

有些作死的事情，用不着马后炮，在咸丰朝就得到了应验。

被踢出京城的之后，从江西回老家之时，曾国藩接到了命令，让闲居在家的各位官员组织“团练”，抵抗太平天国。这其实就是自己承认了八旗军不行，你们自己带着乡亲们打打游击吧。收到组织团练这个命令的大概有上百个官员，但只有一个曾国藩，凭借自己的实力闯了出来，最后灭掉了“太平天国”，而他和他手底下的一批人，也因此手握重兵，雄踞一方。

奕詝的祖辈们从来没考虑过这个问题，当汉人手里有了兵，而八旗军又提不动刀了，清朝该是一个什么光景。而这一切的变动实在是太快，以至于奕詝自己完全没琢磨明白，怎么刚登基没几年，乱七八糟的事情都来了。

唐朝的白居易说过一段很经典的话，他认为，天下兴亡，“非一朝一夕之故也，其所由来者渐矣”，什么事都得有一个量变到质变的过程，清朝入关近二百年，经历的农民起义起码也得数以千计，只有一个洪秀全，能在三年之内打下半壁江山。

所以归根结底，太平军的成功并不是因为太平军强，而是清朝变弱了。变弱的原因，曾国藩同志已经归纳得很明显了，高层对汉人的不信任，加上用人不当，让南方的汉民族开始对清政府离心离德，再加上清朝军队与官场上的腐朽，这才给了洪秀全机会。

位于湖南的曾国藩故居

风起于青萍之末，堤毁于蚁穴之间，晚清发生的许多事情，也许都能在道光三十年前后的某个瞬间找到答案，例如某个皇帝的驾崩，例如某个钦差的离世，例如某个农民军领袖的振臂一呼，再例如，摔在养心殿地上的一份奏折……

第十八章 太后垂帘

小印新携同道堂

在兵荒马乱的岁月里，奕詝度过了自己作为皇帝的十年，咸丰十年，英法联军入侵打到北京城，奕詝成为了清朝第一个逃出紫禁城的皇帝。次年八月，奕詝逝世，外有列强虎视眈眈，内则江河日下，一场新的风暴，即将在后宫和朝堂上同时掀起，紫禁城的政治中心，也将迎来第一位女性的身影。

壹

奕詝在位这十一年，北京城算是倒了血霉了，先是咸丰三年太平军北伐，几个月就打到了天津郊外，距离北京城也就咫尺之遥了，幸好太平军作战不专业，补给不够这才无奈退兵，其实那会儿京城附近都空了。但到了咸丰十年，第二次鸦片战争中英法联军从天津上岸，进逼北京的时候，清朝就撑不住了。

见势不妙，奕詝扔下紫禁城和京城百姓，以打猎为名，跑到了承德避暑山庄，把和列强谈判的事情扔给了自己的好弟弟奕䜣，没找到咸丰的英法联军恼羞成怒，连抢带烧，把历代君王苦心经营的圆明园付之一炬。

那一头，北京城里，奕䜣接到命令之后就开始准备和谈。奕詝登基后，奕䜣被封为恭亲王（府邸就是以前和珅的老宅子），这个亲王不是奕詝封的，是老爹旻宁的遗诏，在遗诏里规定亲王的名分，大清朝就这么一例，看来老爹也知道对不住这个儿子，打算让奕䜣像雍正朝的胤祥一样，做个一人之下万人之上的王爷。

但事实上是，奕詝和奕䜣俩人毕竟曾经当面锣对面鼓地抢过位子，因此没多久，奕䜣这个恭亲王就被挂了起来，最惨的时候，被赶到了上书房，快三十岁的人了，整天和自己的侄子们一块儿读书，屈辱可想而知。

第二次鸦片战争刚开始的时候，奕䜣是很坚决的主战派，当时奕䜣在清朝内部有个不太好听的外号叫“鬼子六”，就是说他跟洋人整天混在一块儿，对外国人足够了解。因此英法联军一登陆，奕䜣就建议直接打，把态度表明，洋人都是欺软怕硬，你不打就没得谈。但奕詝犯了跟老爹一样的毛病，犹犹豫豫，导致耽误了战机，最后仓皇外逃，留下弟弟这个“鬼子六”和侵略的联军们谈退兵的事，说白了就是背锅的。

事情到这一步，其实也没什么好谈了，家里皇上都跑了，这时候就是人家说什么就是什么，赶紧退兵就行，不然北京长期混乱，没两年全国就得崩盘，太平军还在南边盯着呢。

在这种逼不得已的情况下，咸丰十年九月，奕䜣签下了丧权辱国的《北京条约》，然后去避暑山庄交差了。

也是在这个时候，奕䜣上了一封名叫《通筹夷务全局酌拟章程六条折》的奏折，请求成立一个叫作“总理衙门”的特殊机构，其实就是加强版的“理藩院（外交部）”，当时兵荒马乱的，估计奕詝也没细看，觉得“鬼子六”就好这一口，便点头同意了，这就是“洋务运动”最早的开端。

值得一提的是，这个折子是一个联名的奏折，同时参与的，还有一批臣子，如军机大臣桂良和文祥等，这些人其实由于共同的政治诉求，已经形成了一个团体，即后来大名鼎鼎的“洋务派”，这就为后续的许多事情埋下了伏笔。

此时，得知英法退兵的奕詝，已经不急着回来了，在他的身边，也有一批满洲贵族伺候着他，像内务府大臣肃顺、怡亲王载垣（胤祥的五世孙）等人，这些人作为一个小团体，是名副其实的天子近臣，整天跟奕詝嘟囔祖宗章法那一套，等于是朝廷里的“保守派”。

在即将到来的一场好戏中，两方的演员都已经就位了。

打个比方来说，如果清朝是一家公司，那“保守派”就是拿着干股的董事，奕䜣勉强算个“副董事长”，但已经被边缘化了，现在联络了几个部门领导，准备调整公司的产品经营方向（实行洋务运动），只是董事长和董事会都不乐意。

大戏开场的时间，和董事长奕詝的健康状况有直接关系。

奕詝的身体，从来了避暑山庄以后一直不太妙，没办法，先天底子不足，平时

避暑山庄图　冷枚绘

都是靠喝鹿血等大补之物吊着，从北京城逃难的时候都没忘带上一批鹿，不愧是靠着“不忍伤生以干天和”的皇帝。而且奕詝各种不良嗜好，不光喜欢喝酒（“文宗嗜饮，每醉必盛怒”），还学会了嗑药，时不时得来点鸦片（“道光季年，五口通商，洋药弛禁，朝野上下，无不嗜之。文宗初立，亦常吸，呼为益寿如意膏”），加上从北京出逃以后担惊受怕，身体每况愈下，到了第二年八月，就已经病入膏肓了。

咸丰十一年八月二十二日，才三十一岁的奕詝病逝于承德避暑山庄的烟波致爽殿，只留下一个男孩载淳，跟当年顺治帝福临一个年纪，这么小的孩子，怎么能够保证不被夺权呢?

奕詝是这么设计的：安排了八个顾命大臣（“著派载垣、端华、景寿、肃顺、穆荫、匡源、杜翰、焦佑瀛，尽心辅弼”），外加孩子的两个妈（皇后以及载淳的生母懿贵妃）共同辅政，赐给了皇后和懿贵妃各自一枚印章，皇后的是“御赏”，懿贵妃的是“同道堂”，并规定，凡是顾命大臣拟出的上谕，得有这两枚印章加印才作数，否则不算。

自以为聪明的奕詝立完了“遗嘱”，安心地去了，到生命的最后一刻，他仍然防范着自己的弟弟奕䜣，而这直接导致了奕詝逝世后，好戏直接开场。

贰

奕詝驾崩立遗诏的时候，奕䜣还在北京转悠呢，倒不是他不关心老哥哥，实在是奕詝防着他，不让他去避暑山庄。等拿到遗诏之后，奕䜣更崩溃了，八个顾命大臣，论亲疏，我是小皇帝的亲叔叔，论能力功劳，洋人都是我摆平的，现在你告诉我连董事会我都进不去了，这不是开玩笑吗。

但现实就是，遗诏定下了，董事会的权力也摆在那里，奕䜣一个人势单力薄，干不过八个顾命大臣，奕䜣感觉到，得找个帮手过来。

于是他到了避暑山庄以后，尽管八大臣一直阻拦他和其他人接触，但奕䜣化装成了萨满，还是想办法和遗诏中的另外俩人，也是自己的两个嫂子，见了一面。那时候俩嫂子已经被尊为皇太后了，皇后被尊为“母后皇太后”，懿贵妃则被尊为“圣母皇太后”了，由于前者住在烟波致爽殿的东屋，后者则住在西屋，因此又分别被尊为“东太后”和“西太后”。

这次历史性的会面大概有两个小时的时间，正是在这次会面中，奕䜣开始意识到，大嫂子“御赏（东太后）”不太行，反倒是小嫂子“同道堂（西太后）”是个绝对的聪明人，实际上在这之前，他就是通过内务府大臣宝鋆和西太后的心腹太监安德海接上头，才有了这次的秘密会晤。

这位西太后，就是后来我们很熟悉的老佛爷慈禧太后，只不过当时的“老佛爷”还不老，年仅二十六岁。而她在这之前的经历，基本上能写一本后宫小说了。

慈禧太后最早出身于镶蓝旗，属于“叶赫那拉氏”，家里面算是官宦世家，他的外祖父最高混到了归化城（山西）副都统，是正二品的官，父亲做过吏部文选司的主事，不过之后在地方上面对太平军临阵脱逃，被撤职了，慈禧太后自己则是因为家庭原因，被选秀女选到了宫里面，入宫的时候虚岁是十七岁，年纪已经偏大了

（正常为13—15岁），可能是因为在家多待了几年，所以学习了官宦家中一些处理文件和事务的能力。

慈禧最早的封号是“兰贵人”（也有说法是“懿贵人”），被分到西六宫的储秀宫里面住，后来载淳也是在储秀宫里出生的。

别误会，咱之前介绍过，只有摆脱“贵人、常在、答应”三个等级，才能有自己独立的寝宫，那时候兰贵人还没混到老佛爷级别，住的是储秀宫的西配殿，正殿“丽景轩”住的是“英嫔”，而且西配殿可能也不是老佛爷一个人住，根据记载，“丽贵人”“伊贵人”等都在这里住着，属于“合租”关系。

在这么多“贵人”里面，“兰贵人”怎么出头的，历史上比较有争议。后来晚清宫廷里有一个说法，据说在入宫之后的某一天，奕詝在逛御花园，赶巧了当时兰贵人也在，而且是夏天，慈禧老佛爷穿得比较“三俗”，简单点说就是“紧薄漏透”，跟维密的模特有一拼了。奕詝以前没见过这架势，毕竟清朝妃子们的衣服都比较保守，登时就被迷住了，随后“兰贵人”就有了身孕。

而在生下载淳之后，“兰贵人”的封号一路升级，从“懿嫔”再到“懿贵妃”，顺风顺水，直到挂上了“太后”的名头。

但无论是“圣母皇太后”还是“母后皇太后”，此时都开心不起来了，因为原本按照她俩的设想，应该是“共同执政”，要和八大臣一样参与决策，尤其是小皇帝的亲妈慈禧太后，提出一个说法叫“听政”，就是辅政大臣在跟小皇帝汇报的时候，俩太后跟着听，之后可以拿着朱笔参与“批红”。

八个辅政大臣压根没把这俩太后放眼里，提出“太后但钤印，弗得改易”，让太后盖章就完事了，条拟的旨意一个字都不让改。在他们看来，“听政”就是个笑话，清朝开国多少年了，就没有女性干政的例子，哪怕是当年的孝庄太后都不行。有人说“听政”这说法是从孝庄太后开始的，其实不是，最早应该来自于“太上皇”弘历的“训政”。

八个辅政大臣实在是太强势了，不联合的话，别说奕䜣没得玩，小皇帝都可能被他们给换一个，重压之下，嫂子和小叔子站在了一起，决定联合解决掉这八个辅政大臣。

这一幕似曾相识，想当初，福临也是六岁登基，老妈孝庄太后和小叔子多尔衮联合，干掉了其他权臣，如今历史转了个圈，还是在差不多的地方打转。

储秀宫

叁

在这场被后世称之为“辛酉政变”的事件中，恭亲王奕䜣必须得同时满足“天时、地利、人和”三个条件，才有可能成功，否则等政局稳定下来，他这种在咸丰朝就不被待见的肯定挨刀。很巧的是，在咸丰十一年的九月，这三个条件刚好具备了。

先说天时，这时候刚刚打完第二次鸦片战争，议政八大臣手里的兵并不是很多，加上仓促逃出北京，南边和太平军的战斗正打得如火如荼，清朝中央政府的力量之弱，已经是入关以来的最低点。

再说地利，这是最关键的一环，奕詝的梓宫，当时停在避暑山庄。而紫禁城在过去数百年间，功能性是不可替代的，清朝皇帝即位，在什么地方都可以，但老皇帝的葬礼，必须得在紫禁城举行，否则这个“礼”就不能完成，新皇帝则会背负上“不孝”的骂名，这是绝对不允许发生的。

这里参照了嘉庆帝颙琰在避暑山庄逝世的例子（“查照嘉庆二十五年成案”），众人一致决定，梓宫将于九月二十三日启程返京。

避暑山庄被八大臣经营了一年，插不上手，可到了京城，便成了主场作战了。也就是说，奕䜣想改变这个“八大臣+两太后”的格局，还有最后一个机会，那就是回到在紫禁城里布置一个局，干掉这八个人，完成绝世翻盘。

最后就是人和的问题。“鬼子六”在当时的清朝官场上明显更吃得开，无论是和附近的驻军（如僧格林沁所部），还是和外国的洋人们，关系都不错。而且在避暑山庄内，也有许多人支持奕䜣。因为奕䜣一进避暑山庄，对着哥哥的梓宫，马上“伏地大恸，声彻殿陛，旁人无不下泪”，甭管真的假的，起码八大臣没人家哭得狠，这让奕䜣无形之中增加了很多潜在的人望。

事情的波折，开始于九月十日这天，一个八竿子打不着的官员——山东道监察御史董元醇——递了一个折子上来，一下子引发了轩然大波，这个折子叫《奏请皇太后权理朝政并另简亲王辅政》，内容都不用讲，看题目就让人头皮发麻，直接把两太后与八大臣的矛盾给引爆了。

折子递上去以后，八大臣和两太后开始就折子怎么批的问题开始争执，毕竟最后要形成旨意下达。这时候八大臣开始飘了，公然声称“请太后看折亦系多余之事”，自行拟了圣旨让两位太后盖章并且大声和两个太后嚷嚷，声音特别大，以至于“天子惊怖，至于啼泣，遗尿后衣”，小皇帝都吓尿了。

慈禧太后也害怕了，服个软，说要不咱各自退一步，这折子咱们干脆留着不发，来个沉默是金。

按理说人家堂堂太后都求到这份上了，差不多也就得了。

然而八大臣越发张狂，干脆明示“不开视，决意搁车”，“搁车”就是罢工，意思是你要不同意，咱就把车停这，不走了，反正你老公的棺材在这放着，看着办吧。最后没办法，太后们只能同意盖印，发出来的谕旨里是这样写的：“载垣等八人，令其尽心辅弼，朕仰体圣心，自有深意”，夸完自己以后，还不忘加了一句“奏请皇太后暂时权理朝政，甚属非是……该御史……是诚何心！所奏尤不可行”。

这道谕旨一发出来，朝野上下都不乐意了，因为你们明摆着不是“辅政”，而是“挟天子以令诸侯”。小皇帝不可能自己说我妈帮我是“甚属非是”，一看就知道是你们这群叔叔大爷们在欺负人家孤儿寡母。

这时候，八大臣的注意力已经被转移了，全都琢磨着怎么限制太后的权力。有一个小细节是，“董元醇奏折事件”发生在九月十日后，八大臣和两位太后的争吵发生在十四号，而在九月十一日的清晨，奕䜣就已经回北京城布局了，脱离了八大臣的视线，没有引起对方的注意。

而借着争吵，太后们带着小皇帝，提前两天回到了紫禁城，这里倒不是八大臣大意了，葬礼的礼节就是如此，皇太子是不能“护送”梓宫的，必须要在宫里等着梓宫回京。

慈禧太后一到京城外面，见了来接驾的官员们（主要是“洋务派”）就开始哭。京城这群官本来就跟八大臣不对路子，看见太后如此委屈，当即拍了胸脯，表示皇太后您说句话，我们替您干掉这八个乱臣贼子，慈禧太后假装问道：**“彼为赞襄王大臣，可径予治罪乎？”**人家是辅政大臣呀，不太好吧。

都到这一步了，大家都懂的，马上说：“皇太后可降旨，先令解任，再予拿问。”只要有了旨意，我们就是合法队伍了。奕䜣等人迅速控制了城里的军队，布置好了天罗地网，就等着鱼上钩了。

两天之后，十一月一日，护送来到紫禁城的八大臣还没见着皇上，就被下诏撤职逮捕了。载垣和端华两个人当时在值房，一听说诏书，俩人全蒙了，还反问道

“我辈未入，诏从何来”，随后看到恭亲王奕䜣，才明白过来，合着被“鬼子六”给算计了，认栽道“焉有不遵？”，肃顺脾气比较暴躁，被抓的时候还在咆哮说“坐被人计算，乃以累我”，意思是被人给套路了。最后这哥们最惨，拖到菜市口砍头的时候都在爆皇家的黑料，骂得很难听，据说被用大锤子砸断了腿才跪下的，也算一名硬汉。

在两位太后（其实主要是慈禧太后）与恭亲王奕䜣等人的联合下，对八大臣势力的绞杀犹如手术刀一般精准而锋利，短短六天之后，紫禁城已然换了新天，皇帝还是那个皇帝，而年号已改，慈禧太后明显对之前所拟定的年号“祺祥”不甚满意，将之改为“同治”。

至此，“垂帘听政”之路，已然是畅通无阻了。

肆

垂帘听政这个说法，在历史上算不得新鲜，汉朝的时候“少帝即位，太后即代摄政。临前殿，朝群臣，太后东面，少帝西面”，太后和皇帝坐对脸。不过清朝肯定不能这么干，礼教摆在那里，得弄个东西挡着，这就是所谓的“垂帘”。

由于之前明清没有过“太后听政”的说法，况且帘子后面一坐坐俩，比较难搞。礼部的官员费了些脑细胞，在政变结束后的十一月十六日，就拿了一个《垂帘章程》出来。

根据这份章程，“垂帘听政”的地点，是在养心殿的东暖阁（“皇太后皇上同御养心殿”），只不过挂的不是真帘子，而是黄纱屏风，两个太后在屏风后面坐下，慈安太后在南边，慈禧太后在北边。议政的时候，不是说大家呼啦啦一起进来，因为养心殿暖阁不大，比较窄，得一个个进。

当然，作为大臣，也不能直接和太后接触，这事传出去有伤风化，所以在屏风外面的御榻边上，一般会有两个辅政大臣站着，即恭亲王奕䜣等人，小皇帝在御榻上朝西边坐着，大臣们从外面进来，不能看太后，直接朝着皇帝行礼磕头，再汇报。

汇报也有讲究，如果是京官，一般折子都批过了，让你来肯定是有折子里说不清楚的事，这种叫“奏对”，太后们会隔着屏风去问话，问完之后再磕头出去。地方官就没这个运气了，有的官出京城的时候还是道光朝，完全没什么交情，得先把“绿头牌”递给恭亲王或者其他军机大臣，再转交给太后。“绿头牌”有点像皇上

养心殿东暖阁内景，“垂帘听政”发生的地方。

在后宫翻的那个牌子，但宫里那个是玉制的，档次比较高，地方官的则是木头制成的，交完牌子，递上工作报告或者是折子，再由两太后批示后用印。

在这两位太后之中，慈安太后对朝政是不太感兴趣的，平时政务处理都是由慈禧太后来负责的。

毕竟处理朝政这种事也不是谁上都行，经验和精力缺一不可，而且慈安太后是一个很明白大体的人。清朝历史上很少有嫡子继承的情况，一般都是俩太后并存，作为名义上的正牌皇太后，怎么和皇上他亲妈相处早就成为皇后的必修课了，人家慈禧太后作为亲妈肯定也不会坑自己儿子，因此俩人各司其职。

《清朝野史大观》里评价**“东宫优于德，而大诛赏大举措实主之；西宫优于才，而判阅奏章，及召对时咨访利”**，两位太后一个抓细节，一个掌控大局，并不是像外面所传的那样，西风压倒东风，慈禧太后一家独大。

安德海的死可以很好地说明这个问题。

在“辛酉政变”中出了大力的太监安德海，在“垂帘听政”时期被慈禧太后所重用，一路当到了宫里的总管大太监，之后越发目中无人，连小皇帝和恭亲王奕䜣都开始不放在眼里了。同治八年，载淳大婚，大婚就寓意着可以亲政，因此朝廷上下非常重视，安德海逮着机会，就跟慈禧太后打报告，说要去南方给皇帝定做龙袍。慈禧太后脑子一热，没多想，就把他给派出去了。

这下安总管直接化身蹿天猴，飞出了紫禁城，打出了龙凤旗帜，沿着运河公然索贿，平时宫里面严呀，现在出来了，可劲地捞吧。安德海一路南下，在河北省还没有人管，好歹算天子脚下，到了山东的德州，被人截住了。

当时德州的知州叫赵新，看见一个太监打着钦差的名号要钱，登时感觉自己穿越了，心说我一个大清的五品官怎么梦回明朝了？顺治朝的时候明文规定“寺人不过四品，凡系内员非奉差遣。不许擅出皇城”，太监没有特殊情况是不能出皇城的，你说你安总管是钦差，那钦差到达之前军机处会提前下文件，天子使者到了，要提前打扫街道，再说了，钦差都是有品级的，钦差哪有太监当的。

不过这事太大了，赵新连忙报告给了自己的顶头上司山东巡抚丁宝桢。

丁宝桢是靠着硬仗打出来的官职，听完这事二话没说，就把安德海抓了起来，安德海威胁他道：“你们别给自己找不痛快（汝辈自速辜耳）”，刚说完，丁宝桢就直接把他就地正法了，杀完之后才给京城两个太后打报告，说**“宦竖私出，非制。且大臣未闻有命，必诈无疑”**，语气很硬，意思是这哥们出来不大合规矩吧，可能是假的，我替二位太后处理了。

接到丁宝桢的报告，慈禧太后就尴尬了，顺治朝到那会儿都二百多年了，早忘了太监不能出宫这一茬了。关键时刻，慈安站了出来，谕令军机处，对丁宝桢进行了嘉奖。后来丁宝桢也没有因为这件事被宫里面打击报复，一直升到四川总督，在号称“天府之国”的四川主政了十几年，死于任上。

从这件小事能看得出来，慈禧太后和慈安太后在宫中起到的作用是不一样的。

这种“垂帘听政”的情况，一直持续到同治皇帝载淳亲政，载淳这皇上当得比较作，同治十二年亲政，一年出头就死了。慈禧太后又选了醇亲王家的载湉做了皇帝，即光绪皇帝，七年之后，慈安太后逝世，慈禧太后继续一个人“垂帘听政”到了光绪十五年，前后一共实际执政二十八年。

这一段时间，在史书上又叫作“同光中兴”，一场轰轰烈烈的洋务运动在两位太后以及奕䜣、曾国藩、李鸿章等一批名臣的主持下开展，整整三十余年，算得上是晚清历史上极为浓墨重彩的一笔，但随之而来的甲午海战与庚子之乱，宛如滔天巨浪，淹没了最后的一缕余晖，紫禁城历史上最大的劫数即将到来。

宫廷内外话同光

同治加光绪两朝近五十年的时间，紫禁城内外，也发生着剧烈的变动，不同于明朝灭亡前五十年的修修补补，在“清”这个漫长时代的尽头，紫禁城依然保持着完整而庞大的规制，在这其中，宫廷的奢华，被侵略的屈辱，新政的朝气、王朝的衰败，这些杂乱而矛盾的碎片，刻画出一个王朝末世的剪影。

壹

紫禁城在同治朝，进入了一个有些类似于顺治朝的运行模式，但其中存在的诸多变数，却让这个被称为“中兴”的时代平添了许多波折。

最大的变数，就是同治皇帝载淳的不靠谱。

按理来说，清朝上书房也建了一百多年了，教育体系绝对是完美的，俩太后也肯定不能把这孩子往歪路上带，可无数史料都证明，载淳压根不是学习的料。当时给载淳请的老师，是咸丰六年的进士翁同龢，这算是在近代史上比较有争议的一个人，可甭管争议啥，翁老师既然能考到状元，学问上绝对是过硬的，结果载淳课上差点把翁老师给搞崩溃了。

在号称“晚清四大日记”之一的《翁同龢日记》里，我们经常能看到翁老师这样的记载：“膳后必有六七刻倦怠，颇费口舌（吃完饭一个多小时不学习）”“生书前后四日尚未成诵，难极矣（新学的课文四天都没背过，我太难了）”“午初来，满书极吃力，午正二始毕，讲折尤不着力，真无可如何也（满文学不会，分析奏折也听不进去，我真不知道怎么办了）”。

翁同龢传统读书人出身，平时写日记肯定知道“为尊者讳”的说法，能这么吐槽皇帝，实在是已经忍无可忍了。自打入关以后，清朝没听说哪个皇帝是不爱学习的，玄烨、胤禛是真文化人，弘历是装文化人，到了载淳这一代，连装都不装了，我爹就生了我一个，你还能废了我不成？

同治十二年（1873年），载淳刚刚开始亲政，就开始琢磨着败家了，好的不学，先学着祖辈们建园子，说是我要给俩太后建一个退休后养老的地方。

问题是这倒霉孩子不知道怎么想的，非得要修复圆明园，老臣们听完以后就炸窝了，往事不堪回首呀，同时暗骂这孩子是不是没有脑子，圆明园被烧毁才多少年，你不想着居安思危就罢了，还琢磨着大兴土木。

更何况，那会儿清朝真没有大兴土木的资本了，左宗棠还在西北打仗，直隶永定河的大堤又决了口子，翻翻那一年的《清实录》，全都是各地在汇报哪里哪里缺钱。所以修园子这种事，很快就被大臣们批判了，御史沈淮上书说要不咱省着点花？载淳年轻气盛，肯定不乐意呀，想了一个特别损的招，不花国库里的钱，改为“总管内务府大臣设法捐修”，而内务府大臣，说的就是恭亲王奕䜣、醇亲王奕𫍽这些叔叔大爷们。

一开始，大臣们觉得，小皇帝刚亲政，总不能上来就闹掰了吧，每个人给了几万两银子，凑了几十万意思一下。但那时候物价飞涨，几十万别说修园子，光买木头都不够，况且木头也不好买，这就导致了后续出现了堪称奇葩的“李光昭案”。

李光昭是商人出身，靠“输捐（买官）”混到了“知州”，当听到皇上缺木头的时候，他灵机一动，把这事大包大揽下来，说可以给宫里提供三十万两的木头。载淳一听，忠臣呀，就把这事托付给了李光昭。李光昭拿了鸡毛当令箭，去南方和法国人定了三船木料，一共价值五万出头，回来报账说三十万，而且就交了十块钱定金，相当于空手套白狼。

等木材到了天津港，麻烦来了，皇宫里的规矩严，这种事你想承包，得自己把钱先垫上，可李光昭连五万块钱都凑不出来，法国人不干了，拿着合同，就找到了曾国藩的学生，当时担任直隶总督的李鸿章。

李鸿章“洋务派”出身，应付外国大使都是一把好手，想随手就把这法商给打发了，结果拿过合同来，李鸿章感觉自己的世界观都碎了，因为合同上签的名字居然是“圆明园李监督代大清皇帝”，翻译过来就是欠人家钱的是“大清皇帝”，李光昭是代签合同的。

涉及皇家颜面，李鸿章可不敢自作主张，丢人都丢到法兰西去了，回头闹大了，指不定明儿法国报纸都能把“大清皇帝”当老赖的消息给登出来，事不宜迟，李大人赶紧和宫里面做了汇报。

事情闹到这份上，恭亲王奕䜣看不下去了，侄子荒唐到不像话，就带着一群大臣，包括帝师翁同龢、李鸿藻等人，递了个名为《敬陈先烈请皇上及时定志用济艰危折》的奏折，从清朝开国一直说到现在，让侄子把圆明园的工程停了，还捎带着爆了自家傻侄子一大堆黑料，比如平时微服出行什么的。

刚说了没几句，载淳便不耐烦了，一拍桌子吼道：“此位让你何如？”皇上我不当了，你们来。此言一出，群臣震惊，皇上说这种话，已经属于不要脸的范畴了。文祥当年政变都是一脸从容，这会儿直接跪在那里开始哭，哭着哭着就晕过去了。奕䜣心说这位子三十年前就该是我的，但不能真说出来，不然就成造反了，所以也跪在那里。载淳一看长辈们这反应，更生气了，干脆罢免了所有人的职务。

消息传到宫里面，俩太后赶紧出来救场，颁发谕旨说“十年以来，无恭邸（恭亲王）何以有今日？皇上少未更事，昨谕着即撤销”，这才挽回了局面。奕䜣内心那是相当憋屈，累死累活十几年，养了个白眼狼出来。

不过奕䜣也没憋屈多久，也就过了一年多，载淳就莫名其妙地暴毙身亡了，死的原因众说纷纭，宫里的官方说法是天花，也有人说是因为小皇帝微服出去逛窑子，得了梅毒而死。而无论哪种说法，都无法挽回一种结局，那就是，载淳并没有留下血脉，爱新觉罗帝系的直系，就此断了，一个处于中兴之年的国家，也丧失了培养了十几年的继承人，这使得朝堂上的局势瞬间微妙了起来。

在这样的背景下，出现了同光时代的第二个变数——老佛爷慈禧太后开始一家独大了。

贰

载淳一死，最伤心也是最担心的就是载淳他亲娘。因为之前说起来，“东太后”和“西太后”是并列，但谁都不傻，人家“东太后”是太后，是因为那是先帝爷的皇后；而你“西太后”则是母凭子贵上位的，现在子没了，这个太后到底值不值钱还两说。

基于以上情况，慈禧太后利用自己平时积累的威望，提出“溥字辈无当立者”（“载”字辈下一代为“溥”字辈），坚决否定了立自己孙子辈的几个候选人继承皇位的可能，反而指定了醇亲王的儿子载湉作为新皇帝，并确立年号为“光绪”。立载湉为帝的消息甚至都没通知过载湉他爹，得到消息的奕譞在地上痛苦地撒泼打滚。咋看也不是什么光宗耀祖的好事，从这之后，载湉就跟自己没什么关系了。当年同治皇帝能被立是因为“幼年丧父”，自己要是不小心一点，老佛爷也能让载湉“幼年丧父”。

慈禧太后之所以选择载湉，是因为载湉的生母是她的亲妹妹，老佛爷得确保自己和新皇帝之间的血缘关系，才能确保自己晚年的安全。这种担心并非空穴来风，慈禧太后平时也读历史，前朝嘉靖皇帝朱厚熜就是个例子，被张太后从遥远的湖北弄到京城当皇上，当上以后就翻脸不认人了，最后张太后连自己的亲弟弟都没保住，没血缘关系嘛，谁会把一个过气的太后放在眼里。前事不忘后事之师，慈禧太后绝对不会犯这种错误。

仅仅不到两年，“垂帘听政”又开始在紫禁城里实行，只是这一次，帘后的慈禧太后明显有了更敏感的心思和算计，在光绪七年慈安太后去世之后，她又于光绪十年以中法战场失利为理由，借口“委蛇保荣，办事不力”，将恭亲王奕䜣等一干党羽驱逐出了军机处。这次事件其中的惊心动魄，不亚于一场宫廷政变，史称“甲申易枢”，至此，紫禁城空空荡荡，只剩下慈禧太后苍老的女声在宫廷中回荡。

反对者的消失，再加上对西北军事的胜利，使大权独掌的慈禧太后很快就膨胀了起来，并开始以自己的意愿对紫禁城进行了一系列的改建。

慈禧太后在历史上以“太后”的身份为人们熟知，但其实如果我们去看她掌权之后一系列宫殿建设，都多多少少有一些补偿心理，当初做妃子的时候待遇不行，现在好不容易“母仪天下”了，怎么高兴怎么来。

本着这种心理，慈禧太后对当年住过的储秀宫进行了改建，从前储秀宫都不能独占，现在敞开了住吧。光绪十年（1884年），慈禧太后五十大寿，为了庆贺寿辰，她决定移居储秀宫，之前这地方是同治皇后阿鲁特氏的居所，逼死儿媳妇之后，这处宫殿就没人敢住了。正常来说，皇太后是要住寿康宫的，不过自打咸丰朝开始，后宫人数极少，再加上同光两朝都是少年天子继位，后宫大多数时间面临住不满的情况。

在搬进来之前，慈禧太后砸了63万两银子，把储秀宫与前面的翊坤宫后堂连了起来，中间建了一个穿堂殿，名曰“体和殿”，前院还叫储秀宫，在原来是翊坤宫的后殿部分，挂着慈禧太后亲笔写的匾额“有容德大”。慈禧太后的书法在清代后宫中属于很不错的了，起码批奏折没问题，《清稗类钞》说她“喜作大字，用丈余库腊笺，书龙虎松鹤等字，岁多至数百幅”，在题字方面和乾隆爷有一拼。

而在后面原本储秀宫的后殿“思顺斋”更名为“丽景轩”，而慈禧太后原本住过的西配殿，则特意改为了“猗兰馆”，以纪念自己“兰贵人”的名号。

在细节上，因为是贺寿的缘故，开门及窗格上都用了楠木材质，这在当时是一件相当奢侈的事情，游廊的墙壁上，则贴上了以琉璃烧制的《万寿无疆赋》，六十三万两不是白花的，许多奢华之处，完全可以媲美乾隆时代。

慈禧执政时代对紫禁城的修建，大致上都是围绕着后宫进行，并没有涉及前朝。无论权力有多大，花钱有多阔绰，慈禧太后依旧保持着内心的一份清明，即使是坐轿子，她也会避开前朝的中轴线，走西边的小道进后宫，这种“不逾矩”应该是慈禧太后能够成为政坛常青树的重要原因。

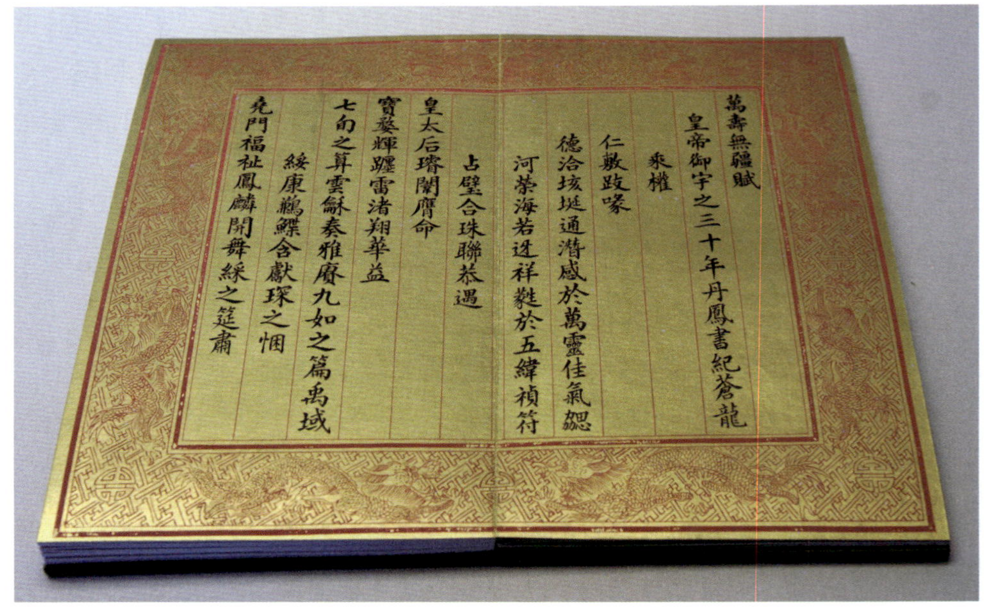
萬壽無疆賦
皇帝御宇之三十年丹鳳書紀蒼龍
乘權
仁敷政喙
德洽垓埏通潛感於萬靈佳氣
河榮海若迓祥甡於五緯禎符
占璧合珠聯恭遇
皇太后璿闈膺命
寶婺輝躔雷渚翔華益
七旬之算雲龢奏雅賡九如之篇禹域
綏康鶼鰈含獻琛之悃
堯門福祉鳳麟開舞綵之筵肅

故宫收藏的《万寿无疆赋》册

叁

宫殿修了，权力收了，紫禁城似乎又恢复了昔日的荣光，慈禧太后在荣华富贵和享受中一天天老去，小皇帝载湉也在一天天地成长着，而这个皇帝本身的存在，却是那个时代紫禁城里的第三大变数。

帝师翁同龢在经历过载淳的“摧残”后，对载湉那是一百八十个满意，读书上进，聪明伶俐，除了有点口吃，其他没什么问题，绝对是“三好学生”级别的存在，因此当载湉成长到可以亲政的时候，已然是一个“春秋方富，抱大有为之志”的有为青年了。如果他面临的是同治朝的局面，那么也许真的可以有一番作为，可时过境迁十几年，朝堂上的势力早已经是乱成一锅粥了。

最显眼的，就是“保守派”和“洋务派”的争执还在继续，并且在地方上，李鸿章等汉族官员羽翼已丰，只能小心驾驭而不能随意调动，牵一发而动全身。

问题是以上这些官员，还不见得都效忠于载湉，人家跟慈禧太后都不对付。而且更关键的是，慈禧太后虽然名义上是载湉的“母亲”，但很明显老佛爷没法像信任亲儿子那样，老太太今天可以把你当儿子宠，明儿她也可以找一群侄子来当“儿子”，最后数着指头算下来，只有翁同龢等一批“清流”读书人，勉强算是载湉的心腹。

载湉很明白这一点，危机感特别强，“颐和园”就是为了让自己敬爱的“母亲”颐养天年才修建的。最早这园子是乾隆年间的“清漪园”，第二次鸦片战争的时候跟圆明园一样被英法联军给烧毁了。

慈禧太后喜欢热闹，想修复起来自己住，正好载湉也巴不得这老太太别在紫禁城里晃悠，方便自己亲政掌权，两边“母慈子孝”，共同顶着压力，筹集了大量银两，将颐和园修建了起来，自打光绪十五年载湉亲政以来，慈禧太后就一直住在颐和园中，将紫禁城让给了载湉，只是让后者不爽的是，他隔三差五要去颐和园早请示晚汇报，大事还抓在老太太手里。

这会儿其实清朝官场上已经乱成一锅粥了，修园子就得要银子，官场上自然除了贪污就是腐败，光绪二十一年（1895年）的甲午海战失败，其实就是清朝官场爆炸的一个体现。

论火药武器，洋务运动搞的工厂，全都跟内务府造办处一个路子，按管衙门的办法去管军工厂，只要贵的不要对的，花里胡哨的表面隐藏着各种华而不实，给老佛爷做的鼻烟壶可以搞这个路子，但火药炮弹也这么搞，一发炮弹打出去跟蹿天猴似的，炸不炸全看天吃饭，差不多打起仗来就是等死。

论军事战略配合，在中央军机处主政的是载湉他亲爹醇亲王奕譞，作为大清朝顶级的包工头，奕譞主政十几年，最大的功劳就是侵吞国库和挪用军费，转化为工程款去修颐和园。而打仗的主力交给了建设北洋水师的李鸿章，李中堂是汉族文官加地方军事势力的代表，平时把北洋水师看作宝贝疙瘩，战场上奉行的是能动口的绝对不动手，生怕自己这点家底子没了被中央政府清算，最后就是因为太㞞，导致了北洋水师的全军覆没。

载湉是个热血青年，看见打了败仗就急了。载湉这辈子最崇拜的人就是康熙帝玄烨，我们从光绪朝的御窑瓷器就能看出来，和康熙朝的风格完全一致，甚至有些造型难辨真假，从这个细节不难看出，载湉是把自己所处的朝局比作了康熙初年——外有强敌环伺，内有权臣离心，需要来一场轰轰烈烈的改革破开这个死局。

后来我们很熟悉的“戊戌变法”就是这么来的，载湉带着一群南方来的读书人，稀里糊涂折腾了一顿，打算把康熙帝时期的“懋勤殿”再利用起来，重新掌控

光绪御笔之宝

大权进而实行变法。

最后也很想当然地失败了。在变法后的短短几十天里，载湉罢免了许多六部高官，其中不乏皇亲国戚。一群人被罢了官，就跑到颐和园去跪了一排，请慈禧太后主持公道。慈禧太后坐着车回到紫禁城，见面就训斥了载湉，捎带着也熄灭了改革的火焰。

载湉没看明白的是，改革和整顿局面的第一要素就是人，没人就甭琢磨了。张居正当年能成，是因为把李太后冯保外加内阁群臣都捆在了自己的战车上；康熙帝能成，是先摆平了满洲传统贵族；到了载湉这里，八字还没一撇，一张口就是变法，摆明了就是得罪人。

其实剧本还是同治朝的剧本，皇帝瞎搞，大臣罢官，太后出来调整局面，只不过慈禧太后对载湉实在是没有对亲儿子的耐心，直接把后者给囚禁到了中南海边上的“瀛台”。

“雨洗苍苔石兽闲，风摇朱户铜蠡在”，打这开始，皇上和皇太后都不在紫禁城住了，原本就人不多的宫城，也就变得越发萧索起来。数年之后，八国联军侵略的战火烧到了北京，慈禧太后仓皇逃到了西安，昔日威严的紫禁城，第一次毫无保留地呈现在了侵略者的眼中。当皇冠开始落地的时候，一个帝国的崩溃，已然变得不可扭转。

黄龙旗的降落

历经了庚子之乱的清朝，终于丧失了最终一丝生气，宫禁不再森严，老去的人和物随着时间渐行渐远，外界的风穿过朱漆的大门与汉白玉的栏杆，来到了这座有着五百年历史的皇宫之中。幼小的溥仪在啼哭声中，成为了紫禁城中最后一位帝王，他在成长中所见证的紫禁城，将是与祖辈们不同的风景。

壹

光绪三十四年（1908年）十一月，号称“五十年间天下母”的慈禧太后已然奄奄一息，在人生最后的十几年里，这位颇受争议的老太太一直在花钱和斗争中来回折腾。

花钱这块儿是大家都看得见的，光修个颐和园就扔了几百万两银子进去，再弄个北洋水师都够了，更不要提五十、六十、七十三次大寿以及平时的各类花销，换算下来，差不多是拿着清朝的国库在烧钱玩，即使是庚子年（1900年）的逃难中，慈禧太后在到了西安后也保持了奢华的排场。

斗争上，跟洋人去斗，老佛爷基本上没赢过，但在跟光绪皇帝载湉的斗争中，慈禧太后还是安排得明明白白，不光一直囚禁着载湉，在临终之前，捎带着提前把自己的大外甥带走了，载湉的死期就比慈禧太后早了一天，后来根据尸体化验，在载湉的头发里发现了大量的砷，证明是砒霜致死的。

在人生的最终时刻，老太太一边操心着大外甥什么时候殡天，一边开始为下一代考虑。一回生二回熟，老佛爷手里都换过俩皇帝了，在经过深思熟虑之后，慈禧太后选择了醇亲王奕譞的孙子溥仪来做皇帝，说起来醇亲王奕譞也是晚清一个神奇的存在，儿子（载湉）和孙子（溥仪）全是皇帝，自己却给慈禧太后当了大半辈子的奴才。

溥仪当时才三岁，被抱到了皇宫里，关于这一段，溥仪在他的回忆录《我的前半生》里记载得比较详细：

光绪三十四年旧历十月二十日的傍晚，醇王府里发生了一场大混乱。这边老福晋不等听完新就位的摄政王带回来的懿旨，先昏过去了。王府太监和妇差丫头们灌姜汁的灌姜汁，传大夫的传大夫，忙成一团，那边又传过来孩子的哭叫和大人们哄劝声。摄政王手忙脚乱地跑出跑进，一会儿招呼着随他一起来的军机大臣和内监，叫人给孩子穿衣服，这时他忘掉了老福晋正昏迷不醒，一会被叫进去看老福晋，又忘掉了军机大臣还等着送未来的皇帝进宫。这样闹腾好大一阵，老福晋苏醒过来，被扶送到里面去歇了，这里未来的皇帝还在“抗旨”，连哭带打地不让内监过来抱他。内监苦笑着看军机大臣怎么吩咐，军机大臣则束手无策地等摄政王商量办法，可是摄政王只会点头，什么办法也没有……

这里的摄政王，指的是溥仪的父亲载沣，把孩子抱到宫里面去之后，慈禧太后看了孩子一眼，等到光绪帝逝世后，慈禧太后就下诏书册立了小皇帝。那时候老太后已经病入膏肓了，册立完不久就在中南海的仪鸾殿里逝世了。临走之前，慈禧太后也知道这些年干的问题很大，留下了遗训：**“此后，女人不可预闻国政。此与本朝家法相违，必须严加限制。尤须严防，不得令太监擅权。明末之事，可为殷鉴！”**

只是大家明白，有些东西，历经五十年的风雨沧桑，已经不可能回去了，当传统的政治偏离紫禁城的中轴线时，许多错误已然不可避免。

老佛爷一死，紫禁城内外瞬间乱成了一锅粥，因为慈禧太后的死和光绪皇帝的死就差了一天，宫里面同时要办两场葬礼和一场登基仪式，麻烦得很，所以上一任皇帝载湉虽然是十一月十四日逝世的，但溥仪的登基大礼一直拖到了十二月，这在清朝是极少见的。主要是因为那时候紫禁城已经很久没举行过大典了，上一次搞大场面还是光绪皇帝大婚的时候。

电影《末代皇帝》对登基这段拍得比较写实，参考了一个小细节，当时正好是十二月，天气特别冷，登基仪式这种事比祭祖都麻烦，不是说大家磕几个头就完事的。从中和殿准备好，再到太和殿的宝座上，三岁的溥仪早就不耐烦了，开始哭闹起来，高喊："我不挨这儿！我要回家！我不挨这儿！我要回家！"一边儿的摄政王载沣也相当尴尬，只能宽慰儿子说："别哭别哭，快完了，快完了。"

这话被周围大臣听到，脑门上的汗都出来了，老百姓过年说话还讲究一下呢，登基大典您来了一个"快完了"，这不是疯狂暗示我大清要完吗？

摄政王载沣当时真没想这么多，醇亲王家族很大程度上能代表清朝最后皇族的态度，事不关己高高挂起，除了想混混日子也没其他追求，慈禧太后从这一支里面挑皇帝还是有原因的，其他有追求的都死了。后来徐世昌说过："大清之亡，不是亡于革命党，而是亡在一班'小爷们'身上。"这种"小王爷"的出现，应该要从"奕"字辈算起，做皇帝的奕詝与政坛常青树的奕譞都是其中的代表人物，到了载沣这一辈，基本上被发扬光大了。

载沣的这种"烂好人"性格，当其混合在历史中的时候，我们很难去评价其好坏。但就载沣本人的遭遇来说，未必是一件坏事。在袁世凯威逼清帝逊位的时候，作为父亲和摄政王的载沣开始和老袁谈判，毕竟自己儿子才六岁，什么都不要就说不过去了。

最后袁世凯和载沣，这两个斗了好几年的政敌互相退了一步，谈妥了以下几个条件：

一、紫禁城不能给，小皇帝要住，以后长大了可以搬到颐和园。

二、不光活人的房子留着，历代祖宗的那些陵寝也不能碰。

三、最关键的一条，逊位之后，清王室每年可以领四百万两银子，作为日常开销。

等袁世凯点了头，载沣很痛快地签了字。

在慈禧太后去世三年后，同样是一个冬天，1912年的二月十二日，北京城的百姓，见证了象征清政府的黄龙旗在紫禁城中缓降下。在冰冷的寒风中，人们开始意识到，这并不仅仅是一个268年朝代的结束，而是一个近两千年的帝制时代在这一天告别了中国政治的中心。

贰

留在紫禁城里的幼小的溥仪还没明白，这位被他视为“最失败”的老爹，给他留了一份什么样的遗产。

因为随着成长，溥仪开始慢慢发现，钱不够用了。

造成这种情况的客观原因之一，是自打清帝逊位之后，北京城的老大走马灯一样地换，这四百万两银子，就第一年给了足数，到了第二年就剩下二百八十万了，之后逐年递减，几年之后就剩下了一百六十万左右。

按理说银子虽然打了折，溥仪一个人也不应该花这么多，但紫禁城旧有的规制摆在那里，加上乱七八糟的贪污，溥仪小朝廷经常处在一个入不敷出的处境里。

以看得见的“吃”为例，紫禁城里照样保留了“御膳房”和皇上用餐的规矩。清朝的御膳房正常分为两处，一直在景运门外，叫“外御膳房”，皇上不吃这个，一般宫里面大宴才由这里掌勺。皇上自己还有一个“养心殿御膳房”，这个才是真正意义上做“御膳”的地方。

这个御膳房虽然只为皇帝一个人服务，但规格上一点都不小，下面设五个局：荤局（肉菜）、素局（素菜）、挂炉局（烤肉、烤鸭等）、点心局（如清宫常吃的“饽饽”）、饭局（粥、饭），林林总总加起来要近百号人，这还没算内务府其他的一些和“吃”有关的机构，像内务府“广储司”下面储存茶叶的“茶房”、“掌仪司”下面存水果的“果房”、“庆丰司”圈养的牛羊牧群等。

这些人平时都不闲着，因为皇上吃饭的排场在那里。清朝皇帝都是“日食两餐”，中间穿插着各类点心，只不过时间不固定，康雍乾三朝养成的习惯都是批奏折批累了再吃，皇上这边喊一声“传膳”，几分钟之内，一直被温着的菜肴就必须被端上来。皇上吃饭，讲究的是精细和快捷，正常皇帝吃饭时间不会多于二十分钟。

而且有个规矩，叫“菜不过三匙”，无论菜好不好吃，皇上不能吃超过三次，不然万一有刺客觉得皇上好这一口，下回给您加点“料”，那就麻烦了。当然，皇上要是真多下了几筷子，伺候的太监们也不敢多嘴，只不过三个月之内，皇上肯定是见不着这道菜了。

这一套程序走下来，菜的味道怎么样就不说了，起码数量摆在那里，许多菜即使是摆在那里做样子，也少不了花销。正常来说，溥仪那时候已经用不着防刺杀了，但规矩这种东西，立起来了就不好破，慈禧太后执政的时候一桌上有百道菜，溥仪小朝廷没那么多，至少也得几十道，一年下来光是“饭钱”就是天文数字。

巨额的花销，再加上还有一大堆宗室遗老，时不时地来宫里面捞一手，小朝廷经常处于入不敷出的状态，从很小的时候开始，溥仪就得琢磨着从哪去搞钱。

他把目光放到了宫里面的珍玩古董上。

叁

大概在1920年前后，溥仪就开始大量倒卖故宫里的文物了，而实际上，围绕故宫所展开的文物倒卖工作，则要远比这早得多。后来负责整理故宫古物的吴敬恒先生写了一篇文章，名字就叫《冤哉溥仪先生，危哉溥仪先生》，在里面，吴敬恒提到溥仪周围围绕着三种“动物”，其中之一就是“鳄鱼”，即各类古董贩子。

清帝逊位以后，宫里面依旧保留了大量的太监，保守估计可能有上千名之多，已经是落地凤凰的内务府无法再管控这些太监，有些太监甚至公然在地安门附近开设了古玩店，溥仪从自己的英文老师庄士敦那里听到了这个消息，他自己也深深感受到了宫里面越发猖獗的盗窃，因为就在大婚后不久，皇后头冠上的首饰就被换成了赝品，基于以上种种，溥仪决定对整个内务府进行整顿，清点一下位于建福宫的藏宝库数目。

没承想，就在1923年6月26日晚上，紫禁城的西北处突然着起大火，由于紫禁城当时处于封闭状态，救火不及时，建福宫和其中无数珍宝古董全被付之一炬。

明面上，这次火灾的原因是电线漏火导致的（溥仪喜欢在宫中看电影），但大家都不是傻子，当时《申报》就很明确地指出：“宫中起火，系某太监平日将宫内所存御用宝物，私自运出盗卖，价值数十万之多，因虑某太监揭发……预施此计，暗下火种，以为灭迹之计。”

根据事后统计，这次大火共烧毁房屋120余间，金佛2665尊，字画1175件，古玩435件，古书几万册，事实上，这串冰冷的数字远不能说明这次火灾的损失，自从乾隆帝弘历营建建福宫花园以来，清宫数代帝王的珍宝积淀皆在此处，其中不乏国宝级别的文物存在。尽管缺乏证据。溥仪还是被太监们的胆大妄为给震惊了，随后下令遣散大多数太监，只是大多数珍宝再也无法挽回了。

溥仪在宫里所用的网球拍，建福宫烧掉之后，溥仪将空地改为了网球场。

当然，溥仪也没什么资格和太监们发脾气，因为当时紫禁城里第一号的文物贩子，就是宣统皇帝本人。为了换钱，溥仪曾多次以“赏赐”和“抵押”的名义，将故宫中的文物大批卖给外界，换来钱财，贩卖的文物里，甚至包括册封皇太后的金册和爱新觉罗家族的“玉牒”，可能也就是清西陵离紫禁城有点远，不然指不定能把陪葬品也给刨出来。

卖的时候胆子大，运文物的手法也很高明。

那时候溥仪和弟弟溥杰都在毓庆宫里上学，后者是溥仪的伴读，每天放学溥杰出宫的时候，人们就看着他背着个大书包，里面全都是“御赐”的物品，一天一趟，时间久了就有人问，说这些都是“御赐”的吗？可能溥杰也不好意思了，再“御赐”也得有个度，现在弄得跟搬家差不多，就说有些是“御赐”，有些是“借”，反正也从没还过。后来在清查毓庆宫档案时，光是“赏溥杰”的物品，就

“皆属琳琅秘籍，缥缃精品，天禄书目所载，宝笈三编所收，择其精华，大都移运宫外”，主要以书画和珍贵的宋版书为主。

这种倒卖文物的恶劣行为，一直持续到溥仪离开紫禁城。1924年，军阀冯玉祥的手下大将鹿钟麟，将废帝溥仪驱逐出宫，随后成立的“清室善后委员会”入驻紫禁城，这座笼罩着神秘色彩的宫城，第一次毫无保留地呈现在世人面前。

经过委员会一年的辛苦清点，一部皇皇二十八册的《故宫物品点查报告》出炉，按宫殿分布，总共分为六编，各类珍贵文物共计117万余件，这批文物成为了“故宫博物院”成立的基础。

而事实上，受限于人手和时间，这份报告的六编中只有“乐寿堂”“阅是楼”“南三所”等地方，并不是紫禁城文物的全部，根据估算，即使是经历过清末民初的种种天灾人祸，故宫中的文物也至少有数百万件之多，堪称中华文明史上一座不朽的宝库，这样的文化结晶，若以私人名号加之其上，实在是一种莫大的侮辱，正如驱逐清室的鹿钟麟在后来宣告的那样：**“清宫古物，非清室之私产，乃我中华历代文化艺术之结晶。凡属中国国民，人人无私有之权，人人有保护之责。”**

1925年的“双十节（10月10日）”，“故宫博物院”正式举办了成立仪式，院长李石曾亲书“故宫博物院”的匾额悬于神武门之上，无数人穿梭于紫禁城中，第一天的参观人数就有上万之多。

终章 文化殉节与皇城奥义

紫禁城的“史事”，在故宫博物院成立后，慢慢化作历史的余晖，但一百余年来，对这座宫殿的研究却从未停止。时光荏苒，明清易代，当初雄伟的皇城已然走过了六百年的春秋，抛开红墙黄瓦建筑和金银玉石的收藏，紫禁城的文化和历史意义究竟意味着什么，也许我们可以从王国维之死的历史疑案中，窥得一丝半缕的玄机。

壹

1927年6月2日，五十岁的国学大师王国维，在颐和园鱼藻轩前徘徊良久，随后投湖自沉而死，这位被梁启超誉为“不独为中国所有而为全世界之所有之学人”的国学大师，在遗书中声称“五十之年，只欠一死。经此世变，义无再辱”，他所提出的“辱”字和他的死因，成为中国近代文化史上的一桩公案。

要理解王国维之死与紫禁城之间千丝万缕的联系，我们必须要追溯王国维的身世。

王国维于光绪三年（1877年）出生于海宁的书香门第，与发掘“大内密档”的罗振玉为至交好友，两个人互相结为儿女亲家，并一起留学日本。在这期间，王国维开启了自己宛如神话一般的学术研究，不但对甲骨文、宋元戏曲、古代钟鼎铭文的领域有开创性的发展，更在哲学、美学、文学等方面大有建树，是中国近代第一批真正意义上“贯通中西”的学者，我们很熟悉的《人间词话》，就是王国维以西方美学思想透析中国传统文学的典范。郭沫若曾这样评价王国维：“留给我们的是他知识的产物，那好像一座崔嵬的楼阁，在几千年的旧学城垒上，灿然放出了一段异样的光。”

王国维与紫禁城的缘分，起源于清帝逊位之后，经罗振玉等人推荐，他加入了溥仪的“教师团队”，被赐予“南书房行走”的称呼。清朝之前的规矩是，非“翰林（一甲二甲进士）出身”不能担任“南书房行走”，溥仪那时候也不管什么规矩了，王国维虽然是“秀才”出身，但也得以享受这个“荣誉”。

这个时间段的王国维，体现了“忠君”和“开放”，两方面的特点，他曾经在留学日本期间减掉了辫子，但在清亡后又续了起来，这是其本人忠的地方；而另一方面，他曾经给溥仪递过折子，里面提道：“今有一策，有保安皇室之利而无其害者，臣愚以为莫若开放禁城离宫之一部为皇室博物馆，而以内府所藏之古器、书画陈列其中，使中外人民皆得观览，如此则禁城之内，民国所辖地面，既有文渊阁之四库全书，文华、武英诸殿之古器、书画，皆我皇室之重器，而皇室所辖地面，复有皇室博物馆陈列内府之重器，是禁城一隅，实为全国古今文化之所萃，即与世界文化有至大之关系。”

这话有没有被溥仪听进去，不清楚，大概率是没有，溥仪那时候刚经历了建福宫火灾，看谁都像太监，生怕被别人弄走。不过他也没纠结太久，一年之后，“北京政变”发生，溥仪就被赶出了紫禁城，王国维结束了他的“南书房行走”生活。

在溥仪出宫之后，王国维和他的朋友们做了一件在当时和现在人看来都觉得不可思议的事情，他们相互约定，在神武门外的御河内投水自尽，只是因家人的阻拦而未能成行。

一年之后，在北伐军隆隆的炮声中，已经是“清华国学院”导师的王国维，乘着小车，来到了颐和园的昆明湖，在这里，王国维抽完了人生的最后一支烟，安静地离开了人世。在他青少年时期，正是慈禧太后坐镇颐和园的时候，在他的心中，颐和园也许是紫禁城的另一种延伸。

贰

中国历朝历代的文人，逢国破家亡、天下革新之际，都会有类似“投水”的举动，远者有屈原，近者如陆秀夫，皆是如此。而王国维的死之所以成谜，是因为他的自杀所殉节的对象，是一种模糊不清的概念，而非如史可法之“数点寒梅亡国泪”，谭嗣同之“我自横刀向天笑”。

说王国维“殉清”，于情理上是说不通的，王国维并未参与任何复辟的活动，在溥仪被赶出宫去之后，王国维也并未跟随后者，郭沫若也认为：“当时时局即使危迫，而逊帝溥仪还安然无恙，他假如真是一位愚忠，也应该等溥仪有了三长两短之后，再来死难也不迟。”但王国维却选择了令人完全意想不到的时间节点，似乎对于他而言，紫禁城中“有人”，要比这个人是谁更为重要。

王国维的好友，学者陈寅恪在给王国维的《王观堂先生挽词并序》中提出了著名的“文化殉节说”，他认为“凡一种文化值衰落之时，为此文化所化之人必感苦痛，其表现此文化之程量愈宏，则其所受之苦痛亦愈甚；迨既达极深之度，殆非出于自杀无以求一己之心安而义尽也”。

无独有偶的是，和王国维同样学贯中西的一代怪杰辜鸿铭，在看遍了西方文明后，反而脱下了一身西装，穿起了长袍马褂，留起了长辫，王国维的“殉节”与辜鸿铭的辫子，也许都是陈寅恪所谓“文化衰落”时无可奈何的体现。

这种被陈寅恪所谓的“已然衰落的文化”，并非传统的“仁义礼智”或“忠君爱国”所能限定，但无可争辩的是，在明清两代五百余年的历史中，紫禁城无疑是这种“文化”最宏大和集中的一个载体，在这座昔日皇宫的每一处，都曾是历史鲜活的见证：

在五凤楼头，曾有朱棣金戈铁马，涤荡漠北。

在太和殿上，曾有于谦，功成不居，自称“国家多难，臣子何敢自安”，声彻朝野。

在左顺门旁，曾有杨慎振臂一呼“国家养士百五十年，仗节死义，正在今朝”，挺直了一个时代最后的脊梁。

在乾清宫里，曾有少年玄烨临危不惧，平三藩而收台湾，定西北以拓疆土，成就一代帝业。

在养心殿内，曾有胤禛老骥伏枥，殚精竭虑，成为那个时代最出色的“糊裱匠”。

……

颐和园昆明湖

从永乐朝的兴建，到多尔衮志得意满驰入满是废墟的紫禁城，再到今天游客如织的故宫博物院，时光的镜头与文化的厚重感在这些古老的建筑上层层叠叠，共同造就了紫禁城这座不朽丰碑的地位。

或许正如王国维诗中感慨：**“定陵松柏郁青青，应为兴亡一拊膺。”**人与物，生与死，在轮回中兜兜转转，终究不过是王朝兴亡的一声长叹。

参考文献

一、基本史料

[1]（明）宋濂等著：《元史》，北京：中华书局，1974年。

[2]（宋）李诫编：《营造法式》，北京：中国建筑工业出版社，2006年。

[3]（清）张廷玉等著：《明史》，北京：中华书局，1974年。

[4]《明实录》，中国社会科学院，1983年。

[5]（意）色伽蓝、郭鲁柏著，冯承钧译：《马可波罗游记》，上海：上海古籍出版社，2020年。

[6]（明）沈德符著：《万历野获编》，北京：中华书局，1980年。

[7]（清）于敏中等编：《日下旧闻考》，北京：北京出版社，2018年。

[8]（清）谷应泰著：《明史纪事本末》，北京：中华书局，1977年。

[9]（明）王世贞著：《弇山堂别集》，北京：中华书局，1985年。

[10]（明）杨士奇著：《三朝圣谕录》，左都御史张若澥家藏本影印。

[11]（明）尹直著：《謇斋琐缀录》，《国朝典故》本影印。

[12]（元）熊梦祥著，李志忠等辑校：《析津志辑佚》，北京：北京古籍出版社，1983年。

[13]（元）陶宗仪著：《南村辍耕录》，北京：中华书局，2004年。

[14]（明）申时行等编：《明会典》，北京：中华书局，1989年。

[15]（清）龙文彬著：《明会要》，北京：中华书局，1998年。

[16]（明）萧洵著：《故宫遗录》，北京：北京出版社，2018年。

[17]（明）王鏊著：《震泽长语》，上海：商务印书馆，1937年。

[18]（明）王世贞著：《觚不觚录》，《四库全书》本。

[19]（清）计六奇著：《明季北略》，北京：中华书局，1985年。

[20]（清）孙承泽著：《春明梦余录》，北京：北京古籍出版社，1992年。

[21]（明）谈迁著：《国榷》，北京：中华书局，1959年。
[22]（清）查继佐著：《罪惟录》，杭州：浙江古籍出版社，2012年。
[23]（清）鄂尔泰、张廷玉等编：《国朝宫史（上下）》，北京：北京古籍出版社，1987年。
[24] 赵尔巽著：《清史稿》，北京：中华书局，1998年。
[25]（清）昭梿著：《啸亭杂录》，北京：中华书局，1980年。
[26]《清实录》，北京：中华书局，1987年。
[27]（清）徐珂著：《清稗类钞》，北京：中华书局，1984年。

二、专著、译著

[1] 孟森著：《明史讲义》，上海：上海古籍出版社，2008年。
[2] 陈高华、史卫民著：《元代大都上都研究》，北京：中国人民大学出版社，2010年。
[3] 姜舜源著：《故宫史话》，北京：社会科学文献出版社，2012年。
[4] 孙克勤著：《一个人的紫禁城》，北京：清华大学出版社，2018年。
[5] 叶兆言著：《南京传》，南京：译林出版社，2019年。
[6] 祝勇著：《故宫六百年》，北京：人民文学出版社，2020年。
[7] 林徽因著：《中国建筑常识》，北京：北京理工大学出版社，2017年。
[8] 周良霄著：《元史》，上海：上海人民出版社，2019年。
[9] 阎崇年著：《大故宫六百年风云史》，青岛：青岛出版社，2020年。
[10] 晁中辰著：《明成祖传》，北京：人民出版社，1993年。
[11] 孟凡人著：《明代宫廷建筑史》，北京：紫禁城出版社，2010年。
[12] 单士元著：《从紫禁城到故宫：营建、艺术、史事》，北京：北京出版社，2017年。
[13] 赵汝珍著：《古玩指南大全集》，西安：陕西师范大学出版社，2010年。
[14] 景德镇市陶瓷考古研究所编：《成窑遗珍——景德镇出土成化官窑瓷器》，1993年。
[15] 李燮平著：《明代北京都城营建丛考》，北京：紫禁城出版社，2006年。
[16] 杨新华、卢海鸣著：《南京明清建筑》，南京：南京大学出版社，2001年。

[17] 黄仁宇著：《万历十五年（精装版）》，上海：三联书店，2015年。
[18] 刘敦桢编：《中国古代建筑史》，北京：中国建筑工业出版社，2008年。
[19]（日）内藤湖南著，武琼译：《清史九讲》，上海：华文出版社，2019年。
[20] 施展著：《枢纽：3000年的中国》，南宁：广西师范大学出版社，2018年。
[21]（美）魏斐德著，陈苏镇等译：《洪业：清朝开国史》，北京：新星出版社，2017年。
[22] 刘敦桢：《中国古代建筑史》，北京：中国建筑工业出版社，2008年。
[23]（美）罗威廉著，李仁渊、张远译：《哈佛中国史 最后的中华帝国：大清》，北京：中信出版社，2016年。
[24] 吴十州著：《紫禁涅槃：从皇宫到故宫博物院》，北京：社会科学文献出版社，2018年。
[25] 郑天挺著：《清史探微》，北京：北京大学出版社，2011年。
[26] 孟森著：《清初三大疑案考实》，南宁：广西师范大学出版社，2010年。
[27] 故宫博物院编著：《清宫藏传佛教文物》，北京：紫禁城出版社，1998年。
[28]（美）罗友枝著，周卫平译：《清代宫廷社会史》，北京：中国人民大学出版社，2009年。
[29] 信修明等著：《太监谈往录》，北京：紫禁城出版社，2010年。
[30] 爱新觉罗·溥仪著：《我的前半生》，北京：群众出版社，2003年。

三、期刊、论文

[1] 方志远：《“传奉官”与明成化时代》，《历史研究》2007年第1期。
[2] 刘新园：《明宣宗与宣德官窑》，《南方文物》2011年第1期。
[3] 陈绍棣：《论徐杲——兼及明代的“匠官”》，《史学月刊》2018年第5期。
[4] 刘渝龙：《明代文职大臣廷推制度探略》，《湘潭大学学报》1992年第1期。
[5] 张金奎：《明锦衣卫侍卫将军制度简论》，《史学月刊》2018年第5期。
[6] 李燮平：《“五门三朝”与明代宫殿规划的若干问题》，《中国紫禁城学会论文集（第二辑）》，1997年。
[7] 李元龙：《明嘉靖皇帝朱厚熜与北京皇家祭祀建筑》，《科学发展：文化软实力与民族复兴——纪念中华人民共和国成立60周年论文集（下卷）》，2009年。

[8] 李文杰：《清代的“早朝”——御门听政的发展及其衰微》，《故宫博物院院刊》2016年第1期。
[9] 李军：《析清代紫禁城坤宁宫仿沈阳清宁宫室内格局及陈设的意义》，《文物世界》2013年第6期。
[10] 刘璐：《清帝大婚礼仪小考》，《紫禁城》1996年第4期。
[11] 石利锋：《清代宫廷教育综述》，《多维视野下的清宫史研究——第十届清宫史学术研讨会论文集》，2011年。
[12] 白新良：《康熙擒鳌拜时间考》，《满族研究》2005年第3期。
[13] 陈锋：《清代造办处作坊的匠人待遇与银两来源》，《故宫学刊》2017年第1期。
[14] 张学渝、李晓岑：《清宫造办处成立若干问题新探》，《广西民族大学学报（自然科学版）》2015年第4期。
[15] 钟景超：《清代皇贵妃制度研究》，《神州》2012年第29期。
[16] 崔欣：《清前期帝王与藏传佛教信仰研究》，《青藏高原论坛》2019年第3期。
[17] 项旋：《清代内府铜活字考论》，《自然科学史研究》2019年第2期。
[18] 汪凌川：《乾隆四年的唐英与“唐窑”——雍乾时期督陶官制度的建立及其影响》，《景德镇学院院报》2016年第1期。
[19] 郑凯旋：《癸酉之变：天理教攻袭紫禁城事件始末》，《兰台世界》2017年第6期。
[20] 王开玺：《辛酉政变与正统皇权思想——慈禧政变成功原因再探讨》，《清史研究》2002年第4期。
[21] 张恒：《浅析清朝幼帝皇权的代行与回归制度》，《世纪桥》2011年第1期。
[22] 滕德永：《清宫御膳房若干问题考实》，《四川旅游学院学报》2017年第5期。
[23] 李晓丹：《康乾时期玻璃窗和玻璃制品探究》，《清史研究》2007年第3期。
[24] 张小李：《乾隆帝学习民族语言述略》，《西部蒙古论坛》2012年第1期。
[25] 张宏、张晨怡：《建福宫失火事件》，《出版参考》2006年第35期。
[26] 张学渝：《技艺与皇权：清宫造办处的历史研究》，北京科技大学博士学位论文，2017年。
[27] 郑南：《清代宫廷御膳礼制演变述论——清宫〈御茶膳房〉档案的文化史研

究》，黑龙江大学硕士学位论文，2003年。
[28] 郑硕：《雍正朝满文朱批奏折再研究》，河北大学硕士学位论文，2014年。
[29] 张美娜：《清代后宫制度论述》，贵州大学硕士学位论文，2009年。